教育类专业基础课系列教材

家庭教育学

（第二版）

主　编◎黄河清

PARENTAL EDUCATION

PARENTAL EDUCATION

华东师范大学出版社
·上海·

图书在版编目(CIP)数据

家庭教育学/黄河清主编. —2 版. —上海:华东师范大学出版社,2023
ISBN 978 - 7 - 5760 - 3949 - 8

Ⅰ.①家… Ⅱ.①黄… Ⅲ.①家庭教育—教育学—教材 Ⅳ.①G78

中国国家版本馆 CIP 数据核字(2023)第 139389 号

家庭教育学(第二版)

主　　编　黄河清
项目编辑　范美琳
审读编辑　赵建军
责任校对　李琳琳
装帧设计　俞　越

出版发行　华东师范大学出版社
社　　址　上海市中山北路 3663 号　邮编 200062
网　　址　www.ecnupress.com.cn
电　　话　021 - 60821666　行政传真 021 - 62572105
客服电话　021 - 62865537　门市(邮购)电话 021 - 62869887
地　　址　上海市中山北路 3663 号华东师范大学校内先锋路口
网　　店　http://hdsdcbs.tmall.com

印 刷 者　浙江临安曙光印务有限公司
开　　本　787 毫米 × 1092 毫米　1/16
印　　张　18.75
字　　数　407 千字
版　　次　2024 年 3 月第 2 版
印　　次　2025 年 3 月第 3 次
书　　号　ISBN 978 - 7 - 5760 - 3949 - 8
定　　价　49.00 元

出 版 人　王　焰

目 录

上编 家庭教育的理论概述与历史发展

中编 家庭教育与儿童发展

下编　家庭教育与社会发展

上编

家庭教育的理论概述与历史发展

第一章 绪论

本章导语

家庭对每一个人都是弥足珍贵的，它是每个人诞生和成长的地方。

家庭是人们最初的生活环境，是个体步入社会的人生起点。每个人的意志品质、礼仪道德、人生理想、性格特征、兴趣爱好等都是首先在“家庭”中获得熏陶与启迪的。洛克曾说：“我们幼年时，最初的意识就像江河水的源泉，活泼而无拘束，只要一点点力量就能转变它的流向。……人和人之所以不一样，就是因为后天受到的教育方式不同。在幼年的意识中留下的印象，哪怕是微不足道的，都会在未来漫长的一生中发挥重要的影响。这正如河流一旦在源头上被导向某一方向，整条河流的流向就受到决定性的影响，不管这条河将来流得有多么长。”[①]家庭教育之所以重要，就是在于它虽然只拥有那“一点点力量”，但这“一点点力量”恰恰是影响儿童一切发展的“源头”。

家庭教育是一种重要的教育形式，它既是学校教育、社会教育的基础和延伸，又与学校教育、社会教育共同构成国家整个教育体系。苏霍姆林斯基曾说过，“社会教育是从家庭开始的。形象地说，家庭教育好比树木的根须，供养着教育的树干、枝叶和花果。学校教育的成果是建立在良好的家庭道德基础上的”。[②] 在某种意义上，家庭教育负有全人类教育的责任。

中华民族历来重视家教、家风。党的十八大以来，习近平总书记多次强调家庭教育、家风建设的重要性。2018 年，在全国教育大会上，习近平总书记提出：“家庭是人生的第一所学校，家长是孩子的第一任老师，要给孩子讲好‘人生第一课’，帮助扣好

① [英]约翰·洛克.家庭学校[M].张小茅，译.北京：京华出版社，2001:1.
② [苏]瓦·阿·苏霍姆林斯基.睿智的父母之爱[M].罗亦超，译.石家庄：河北人民出版社，1999:2—3.

人生第一粒扣子。”2021 年 10 月 23 日颁布的《中华人民共和国家庭教育促进法》(以下简称《家庭教育促进法》)将家庭教育从“家事”提升为“国事”,进一步明确了家庭教育的重要性,为家庭教育的实施提供了法律依据。

为了更好地了解家庭、揭示家庭教育的规律、有效地实施家庭教育、开展家校合作等相关工作,本书第一章将从家庭概述、家庭教育概述、家庭教育学概述三个方面阐述与分析几个最基本的问题。

学习目标

1. 掌握家庭、家庭教育的概念。
2. 理解家庭教育的独特价值,明确家庭教育的优势及其局限性。
3. 对家庭教育学这门学科形成初步的、整体的认识。

第一节 家庭概述

每个人的生命周期都与家庭息息相关:他(她)在家庭中诞生、成长,到了一定的年龄,离开赖以生存的父辈家庭,开始组建自己的家庭(不论是一般意义上的男女两性组成的家庭,还是单身家庭)。从某种意义上讲,人只有离开父辈的家庭,组建了自己的家庭,才真正地独立和长大。当这个家庭孕育了新的生命,它又开始了新的轮回。

一、家庭的概念

尽管每个人都有自己的家庭、每个人都难以离开家庭,但若要给"家庭"下个定义,却并不容易。

以下将从比较权威的并有代表性的学者的界定入手(主要通过社会学和教育学的视角),来探讨"家庭"这个概念的内涵。

费孝通[①]认为:"父母子形成的团体,我们称作家庭。"此界定从家庭最基本成员构成的角度,从社会角色的视角概要地阐述了家庭的含义。

王兆先等[②]认为:"家庭即以婚姻关系为基础,以及由血缘或收养关系组成共同生活的社会细胞(即社会组织单元)。"类似的说法有彭立荣[③]:"家庭是以姻缘和血缘(包括拟血缘关系)为纽带,以这些人共同生活为特征的社会生活共同体。"邓佐君[④]认为:"家庭是以婚姻和血缘关系为纽带的社会组织形式,是社会的细胞。"杨宝忠[⑤]认为:"家庭是人类社会发展到一定历史阶段的产物,它是指人们以一定的婚姻关系、血缘关系或收养关系组合起来的社会生活组织形式,是关系密切、共同生活的小型群体,是社会的基本单位与细胞。"还包括赵忠心[⑥]认为:"家庭是以婚姻为基础,以血缘为纽带而形成的社会生活的基本单位,是社会最微小的细胞。"以上几位专家从家庭性质的角度,用描述性的语言,通过"婚姻""血缘""社会细胞"等几个涉及家庭的核心概念对"家庭"的内涵进行了概述与界定。

有些学者对家庭概念的界定则更为宏观。陈桂生[⑦]认为:"家庭是以一定的婚姻关系、血缘关系或收养关系组合起来的初级社会群体。就社会群体的发生来说,家庭是人类社会最原始的社会结合形式。在复杂的社会有机体中,它又可算是社会的缩影。就人类个体的生长来说,它是个人最初加入的群体,是个人与社会联系的桥梁。"叶霞翟等[⑧]认为:"'家庭'是

---

① 费孝通.生育制度[M].北京:群言出版社,2016:79.

② 王兆先,等.家庭教育辞典[M].南京:南京大学出版社,1992:1.

③ 彭立荣.家庭教育学[M].南京:江苏教育出版社,1993:27.

④ 邓佐君.家庭教育学[M].福州:福建教育出版社,2013:1.

⑤ 杨宝忠.家庭教育学[M].太原:山西高校联合出版社,1995:60.

⑥ 赵忠心.家庭教育学:教育子女的科学与艺术[M].北京:人民教育出版社,2001:2.

⑦ 陈桂生.教育原理[M].上海:华东师范大学出版社,2012:129.

⑧ 叶霞翟,等.新家政学[M].台北:华欣文化事业中心印行,1993:23.

人类社团中的首要社团,'家'是人类社会中最基本的组织,是人类精神和物质生活所寄托的所在……"以上的界定是从家庭对个体及社会功能的视角出发对概念进行定义的。

苏雪玉[1]认为:"在英文中,home、family、household 三字的含义类似中国文字中的'家''家庭''户'间的关系。'home'一词指的是'家''住家',通常用以称居住的房舍。household 指'户'或'家眷',也可以指'一家人'或'家庭'。family 是由拉丁文转化而来,原义是一个社团,包括父母、子女、仆人、奴隶等。"这一界定相对独特,它从中英文词源的视角,分析了 home、family、household 及对应的"家""家庭""户"几个含义类似的概念的关系与区别,分析了"家庭"一词的原意是指由家庭成员组成的类似社团的组织。

综合分析以上这些概念的含义,我们将"家庭"界定为"家庭是以夫妻婚姻关系为基础,以亲子关系(包括血缘与收养关系)为纽带的社会组织,它是个体与社会联系的中介,也是家庭成员,特别是未成年人精神和物质生活的寄托所在"。

二、家庭定义的内涵与解读

在对"家庭"这一概念界定以后,我们试图进一步探究这一定义的内涵并对其进行解读。

1. 婚姻是约定夫妻共同担负抚育子女责任的契约

家庭是男女两性以婚姻关系形成的社会组织,是具有也应是唯一具有人类再生产职能的社会组织,家庭的血缘关系是婚姻关系派生出来的(衍生物)。因此婚姻和血缘是家庭的基础和纽带。通常情况下,我们一般这样认为,男女两性的生物需要是人类社会婚姻制度产生的基础。而婚姻契约的要旨在于:保证婚姻中的男女必须永久地、共同地担负抚育子女的责任。

在自然界中,动物的抚育是单系的。费孝通[2]说:"雌雄生殖细胞的重要区别之一就在前者带有给子体的营养原料,而后者不带。……它固然给子体以生命,可是并没有帮助子体得到生活。……从生物层上说,抚育作用是以单系开始的。"

而人类的抚育则不仅仅是"养活"下一代,费孝通[3]进一步阐述自己的观点:"抚育作用所以能使男女长期结合成夫妇是出于人类抚育作用的两个特性:一是孩子需要全盘的生活教育,二是这教育过程相当长。……因之,抚育作用不能由一女一男单独负担,有了个母亲还得有个父亲。""一个完整的抚育团体必须包括两性的合作。两性分工和抚育作用加起来才发生长期性的男女结合,配成夫妇,组成家庭。"[4]所以,他又说[5]:"婚姻是人为的仪式,用以结合男女为夫妇,在社会公认之下,约定以永久共处的方式来共同担负抚育子女的责任。"

---

① 转引自台湾家庭教育学会. 家庭教育学[M]. 台北:师大书苑有限公司,1999:2.
② 费孝通. 生育制度[M]. 北京:群言出版社,2016:24.
③ 费孝通. 生育制度[M]. 北京:群言出版社,2016:30.
④ 费孝通. 生育制度[M]. 北京:群言出版社,2016:30.
⑤ 费孝通. 生育制度[M]. 北京:群言出版社,2016:32.

事实上，无论是在性观念封闭的过去，还是在相对开放的现代，男女两性满足生理需要并不需要婚姻的约束。但是非婚生子，常常不能充分享受一个完全的社会分子所有的权利。而且社会对有了孩子准备离异的夫妻，通常首先考虑的是破裂后的家庭中孩子的抚养问题，也就是明确离异的夫妻各自对抚育孩子所不可推卸的责任。为了确保对孩子的抚育责任，社会制定了婚姻的契约。

随着社会的开放，多元的家庭开始出现，单身家庭、单亲家庭、丁克家庭、同居家庭，甚至同性恋家庭，这些家庭只有单亲家庭与孩子有关，其他类型的家庭并没有影响到孩子生存的状态，至于试管婴儿的出现和克隆技术的发展，也使亲子关系发生了很大的变化。但是，这些新技术引起的变化还没有成为社会的普遍现象，所以本书暂时不把焦点集中到这些家庭上。

2. 父母的姻缘关系带来了亲子的血缘关系

家庭是亲子两代（也可以超过两代）以血缘关系或收养关系形成的社会组织。洛克[①]在《家庭学校》一书中说："每一个人都不是他（她）自己要出生的，父母的一次欢愉，使他或她偶然来到这个世界，来到了一个他（她）自己无法选择的家庭，有了一对永远不能变换的父母。"因此，我们每个人都是被动地来到这个世界，有了一双命定的父母。但这双父母能不能有效地履行婚姻所赋予他们的神圣使命，往往与父母自身的素养有深刻的关联。

3. 家庭是社会的细胞，是儿童与社会联系的桥梁和纽带

家庭是儿童的出生地，也是孩子最早生活和成长的地方，是个体最初加入的群体，每个人都是通过家庭走向社会的，家庭是个体与社会之间的桥梁。家庭又是社会最小的细胞，个体即使从家庭走向社会，但他（她）一刻也没有离开家庭，所以家庭也是个体与社会联系的纽带。

4. 家庭是个体，特别是未成年人精神和物质生活的寄托

对于每个人，特别是尚未独立的未成年人，他（她）的生存与发展必须有其可以依托的物质与精神生活作保证。在这种情况下，是家庭，或者说唯有家庭有可能提供最为自然与完善的支撑，使这种保证成为可能。因此从这个意义上说，家庭是个体，特别是未成年人精神和物质生活的寄托。

第二节 家庭教育概述

家庭教育的定义也像家庭的定义那样丰富，每个学者和专家站在自己特有的立场上给"家庭教育"下定义。了解这些定义及其内涵，有助于我们知晓家庭教育的范畴，更好地分辨

① ［英］约翰·洛克. 家庭学校［M］. 张小茅，译. 北京：京华出版社，2001：1.

家庭教育与其他教育形式的区别。

一、家庭教育的概念

有关“家庭教育”的概念,比较有代表性的如下。

顾明远①认为:“家庭成员之间的相互教育,通常多指父母或其他年长者对儿女进行的教育。”

王兆先等②认为:“家庭内部的教育。广义的指父母与子女的相互教育,是一个双向的过程。狭义的指父母或家庭中的年长者自觉或不自觉地、有意识或无意识地对未成年的儿童施加的教育和影响,是一个单向过程。一般意义上,它专指狭义而言。”

邓佐君③在其主编的《家庭教育学》中指出:“家庭教育是在家庭生活中发生的,是以亲子关系为中心,以培养社会需要的人为目标的教育活动,是在人的社会化过程中,家庭(主要指父母)对个体(一般指儿童青少年)产生的影响作用。”

杨宝忠④认为:“广义的家庭教育就是指:在人类社会家庭生活中,家庭构成人员之间所实施的一种教育和影响活动。狭义的家庭教育是指:在人类社会家庭生活中由家庭的长者构成的教育群体,对年幼者所实施的一种教育和影响的活动。”

缪建东⑤认为:“家庭教育是人类的一种教育实践,是在家庭互动过程中父母对子女的生长发展所产生的教育影响。广义的家庭教育既包括家长对子女的教育,又包括子女对家长的教育,甚至包括双亲之间、子女与子女之间、子女与祖辈之间相互产生的教育影响。狭义的家庭教育是指父母对子女所形成的影响。”

赵忠心⑥指出:“狭义的家庭教育是指在家庭生活中,由家长,即由家庭里的长者(其中主要是父母)对其子女及其年幼者实施的教育和影响。广义的家庭教育,应当是家庭成员之间相互实施的一种教育。”

以上几位专家学者对家庭教育概念的界定观点和视角基本一致,他们关于家庭教育概念的认识主要包括以下几个方面:从教育性质来看,存在于家庭(内部)成员之间;从教育者与受教育者的关系来看,父母(年长者)对子女;从教育方式来看,自觉不自觉、有意识或无意识地教育和影响;从教育范围来看,广义的教育是各成员之间的相互教育,狭义的教育指的是父母(年长者)对子女的教育。

一般而言,家庭教育学著作中所采用的概念大多是从狭义的家庭教育概念的角度出

---

① 顾明远.教育大辞典(第1卷):教育学.课程和各科教学.中小学校[M].上海:上海教育出版社,1990:11.
② 王兆先,等.家庭教育辞典[M].南京:南京大学出版社,1992:3.
③ 邓佐君.家庭教育学[M].福州:福建教育出版社,2013:6.
④ 杨宝忠.家庭教育学[M].太原:山西高校联合出版社,1995:80.
⑤ 缪建东.家庭教育社会学[M].南京:南京师范大学出版社,1999:2.
⑥ 赵忠心.家庭教育学:教育子女的科学与艺术[M].北京:人民教育出版社,2001:5.

发的。

此外，彭立荣[①]认为："在家庭中对子女进行培养、教育和影响，使其长大成人，成为社会中的一员，就是家庭教育。"陈桂生[②]在《教育原理》中认为："家庭作为人降生后第一个归属的社会群体，使未成年人初步掌握母语、形成生活习惯，自然地接受爱与主动地爱，从而奠定人格与个体社会化的初步基础。"在这里，两位学者都十分强调家庭对孩子社会化的作用。

综上所述，我们对家庭教育的界定是：广义的家庭教育指的是家庭成员之间的相互教育与影响，狭义的家庭教育指的是父母对子女的教育、培养与影响。

需要说明的是，首先，以上的定义突出了作为教育者的"父母"，强调了父母既是孩子的监护人，也是孩子成长的第一责任人，他们对孩子的教育担负着义不容辞的责任。其次，这个定义强调了家庭教育中，除父母对子女有意识地进行的教育之外，还包含父母在日常生活中无意识地对孩子施加的影响（既有正面也有负面影响）。再者，这个定义中的"子女"主要指的是家庭的下一代——从出生（或孕育胚胎）至18周岁的未成年人。在全书中，"儿童""孩子"和"子女"指的是同一类对象。

本书研究的重心是狭义的家庭教育，也就是探讨作为教育者的父母如何教育孩子与影响孩子的成长。

二、家庭教育定义的要素与解读

本书所指的家庭教育多侧重于狭义的教育，即父母对子女的教育、影响。尽管如此，我们认为，作为教育者的父母，如果仅仅认识到自己对子女有教育责任和影响力，是远远不够的，下文将做进一步的分析。

（一）亲子之间的影响是双向的

实际上，上文所描述的广义的家庭教育更符合家庭教育的实际状况。这是因为：

第一，父母和孩子是两个相对的又互为存在条件的概念，如果没有孩子，人永远不会成为父母。有位西方学者说得好："婚姻的价值不是父母生了孩子，而是孩子生了父母。"[③]离开了子女一方，父母的概念就不存在了。同理，在家庭中，如果离开了受教育者，就谈不上教育者。

第二，父母作为教育者，他们的教育目的、内容、方法和手段无不要考虑孩子的年龄特点和个性特点。否则，教育就不可能成功。这就是为什么家庭教育没有可以完全照搬照套的模式，也是为什么同样的教育对不同的孩子会有不同的结果。心理学家贝尔（R. Bell）曾对儿童社会化的一系列研究进行了重要解释。他认为，儿童的气质特点决定了他以后的攻击

---

① 彭立荣.家庭教育学[M].南京：江苏教育出版社，1993：28.
② 陈桂生.教育原理[M].上海：华东师范大学出版社，2012：131.
③ 转引自王振宇，等.儿童社会化与教育[M].北京：人民教育出版社，1992：11.

性或顺从性,父母是根据儿童的特点来调整纪律训练方式的。换言之,父母倾向于使用对他们自己的孩子最为有效的任何教养方式,有些儿童自身的气质特点对特定的纪律训练方式能作出较好的反应;另一些儿童的气质特点则对另一些训练方式反应较好。因而在贝尔看来,父母教养方式与儿童行为之间的相互关系正好与一般推测相反:不是父母的行为模式引起了儿童的某些行为,而是儿童的行为模式导致了特定的教养方式,父母则采取与他们相适应的方式作出反应。① 在这种情况下,孩子表达自己的思想,显示自己的气质和特长是有意识的行为。

第三,孩子是家庭中新生的力量,我们把家庭中的未成年人界定为18周岁以下的儿童。随着年龄的增长,他们对父母的教育和影响日益加大。现代传播媒介的发展使子女有可能比父母更早、更易、更快接受新鲜事物,汲取新知识、新观念和新方法。他们的独立性和自我教育能力越来越强,他们直接接触新鲜事物,不带先入为主之见,因而他们的思维具有时代特征和未来趋势。做父母的应该虚心学习孩子对新生事物的热情和好奇,对知识如饥似渴的追求欲望,敢于怀疑批判的锐气,不盲从、不迷信的民主意识,敢于开拓、勇于创造的精神以及对理想和美好人生的追求。这样的父母才能不断地成长,并与孩子保持长久的双向影响。

不过,家庭中作为教育者的父母与学校中作为教育者的教师是有区别的,这种区别在于学校的教师受过专门的教育和培训,而针对父母的专门培训则相对欠缺;学校教师传授给学生的知识领域相对单一,而父母给孩子的教育是全方位的;学校教师的教学形式是集体的,通过班级授课,而家庭中父母对孩子的教育是一对一的;学校教师对学生的教育是非常有目的性和有意识的,而家庭中父母对子女教育的目的性和意识往往不如学校那么强烈。

因此,无论从哪个角度看,亲子之间的影响都是双向的。

我们强调儿童对父母的影响,同时并没有否认父母在塑造儿童发展方面的作用。因为父母毕竟是相对成熟的个体,是社会价值观、信仰、社会行为的直接传播者和体现者,是儿童生存环境的直接构建者。我们应关注父母对子女的教育和影响,同时尊重每个儿童的个性特点,二者不可偏废。

(二) 家庭教育对儿童的影响方式是影响、培养和教育

彭立荣②认为:"在家庭中对子女进行培养、教育和影响,使其长大成人,成为社会中的一员,就是家庭教育。"这里,"家庭教育"涉及三个概念:影响、培养和教育。

与另外两个概念相比,"影响"是中性的。因为,家庭对孩子的作用常常是潜移默化的,是不被完全意识到的,这就是影响。而父母对子女可以有好的影响,也可以有不好的影响。

---

① Bell. R. q. Reaserch stratiges[C]. In R. Q. Bell & L. V. Harper(Eds). *Child effecis on adults*. Hillsdale. N. J. Erlbaum:1977.

② 彭立荣. 家庭教育学[M]. 南京:江苏教育出版社,1993:28.

家庭教育是“自然过程，家庭不像学校，学校是作为专门从事教育的机构而创办的，家庭则首先是私生活的据点。确保精神的舒畅和安定同生儿育女一起，构成了家庭的重要职能。在家庭里也没有像学校的教师那样的教育专家。因此，家庭教育倘若过于理想地刻意追求，反会招致种种的破绽。它是在现实的日常生活中自然而然地进行的。与其说它是教育，毋宁说是一种社会化更为贴切”。[①]

“培养”这个概念包含了养育和培育，前者主要从身体的角度着眼，后者主要从心理的角度着眼。父母在承担这一责任时，总会以自己的孩子为特定的对象，考虑这个特殊对象的发展需求。

“教育”在父母的行为中，更显示其目的性与规范性。父母作为家庭中的教育者、成年人、监护人，他们对孩子的教育应该起主导作用，特别是在孩子年幼时。家庭中也有子女对父母的教育，但做子女的往往不像父母那样具有非常明确的目的性，或者说没有父母这么有意识。做父母的只有懂得向孩子学习的必要性，在这种逆向的教育发生时，才可能非常清楚地意识到。

三、家庭教育的价值

1. 家庭[②]对儿童意味着不可选择的遗传素质和最为深刻持久的生长环境

家庭相对学校来说对儿童的成长意义更大。父母给予子女的遗传素质，在个体的身心发展中有着相当重要的作用，这已经是不争的事实。正是父母的遗传素质，奠定了儿童的身心发展的基础。

在纷繁的社会环境因素中，对个体心理发展影响最直接、最深刻、最持久的就是家庭环境。家庭是人们出生的地方，是个体接触和生活的第一个环境。正如马卡连柯所说：“家庭是最重要的地方，在家庭里，人初次向社会生活迈进。”[③]刚刚出生的孩子身体柔嫩，心理像一张白纸，极容易接受周围的环境影响。家庭生活对个体早期发展的影响是特别深刻的。

2. 作为后续的学校教育，永远不可能替代家庭的影响

家庭教育是教育的源头。家庭作为人降生后第一个归属的社会群体，使未成年个体初步掌握母语、形成生活习惯，自然地接受爱与主动地爱，从而奠定人格与个体社会化的初步基础。[④] 家庭是个体最初接触到的社会生活组织形式，在此接受着最初的影响和教育，这种影响和教育又将成为个体继续接受各种形式教育的基础，并将持续终身。

教育研究者对家庭教育在教育中的地位做了许多科学论证。美国教育家伯顿·L·怀

---

① [日]筑波大学教育学研究会. 现代教育学基础[M]. 钟启泉，译. 上海：上海教育出版社，1986：148.

② 本书在谈及家庭对儿童的影响时，通常指儿童的原生家庭。

③ 转引自赵忠心. 家庭教育学：教育子女的科学与艺术[M]. 北京：人民教育出版社，2001：26.

④ 陈桂生. 教育原理[M]. 上海：华东师范大学出版社，2012：131.

特从幼儿早年教育和追踪研究中得出:“家庭给予儿童的非正规教育,比之后正规教育制度对儿童总的发展所产生的影响还要大。如果一个家庭在孩子生活的早年向他提供基础稳固的启蒙教育,那么他将可能从之后的正规学校教育中得到最大的收益。在这种情况下,几年质量不高的学校教育大概也不会对孩子有什么严重妨碍。”[①]

在家庭教育过程中,双亲及其他年长者教给年幼者以广泛的知识和技能。而这一知识、经验、技能的传授与获得,具有一种先入为主的定势作用,影响着个体在以后生活和教育中知识的掌握和观念的形成。家庭教育在个体幼年时期传授给其的知识经验是个体终身发展的参照系,在个体人格的形成上起着极其重要的作用。因而,家庭教育自然地成为个体继续接受教育的起点和基础。

同时,在个体独立地进入学校接受教育,或成年以后继续接受社会教育时,家庭教育就像是一个过滤器,对个体在家庭以外接受的影响进行过滤、净化,并有选择地强化或淡化外界的影响,规范着个体发展的方向、速度和水平。

家庭教育不仅是基础的,而且是主导的。家庭教育对孩子的影响以及它的精髓之处,学校教育永远也代替不了。因而,家庭教育是教育系统大厦的基石,是教育系统的重要组成部分。这一基础工程的质量如何,直接关系着整个教育系统的质量。

3. 混沌理论与蝴蝶效应的启示

混沌理论认为在混沌系统中,初始条件十分微小的变化,经过不断放大,会对其未来状态造成巨大的差别。我们可以用在西方世界流传的一首民谣对此作形象的说明,这首民谣说:

丢失一个钉子,
坏了一只蹄铁;
坏了一只蹄铁,
折了一匹战马;
折了一匹战马,
伤了一位骑士;
伤了一位骑士,
输了一场战斗;
输了一场战斗,
亡了一个帝国。

马蹄铁上一个钉子是否会丢失,本是初始条件的十分微小的变化,但其“长期”效应却决定着一个帝国的存与亡。

① 转引自孙志飞.德育视角下的农村留守儿童家庭教育探析[J].理论观察,2009(01):111—113.

爱德华·罗伦兹1963年在一篇提交纽约科学院的论文中分析了这个效应。“一个气象学家提及，如果这个理论被证明正确，一只海鸥扇动翅膀足以永远改变天气变化。”在以后的演讲和论文中他用了更加有诗意的蝴蝶。对于这个效应最常见的阐述是：“一只蝴蝶在巴西轻拍翅膀，可以导致一个月后得克萨斯州的一场龙卷风。”这就是军事和政治领域中所谓的“蝴蝶效应”(The butterfly effect)。

蝴蝶效应在社会学界用来说明：一个坏的微小的机制，如果不及时地引导、调节，会给社会带来非常大的危害，被戏称为“龙卷风”或“风暴”；一个好的微小的机制，只要正确指引，经过一段时间的努力，将会产生轰动效应，或称为“革命”。

这种理论在家庭教育中同样具有其现实意义，也就是要求人们关注人类初始状态及其生长发育的环境条件。

四、家庭教育的特点

家庭教育之所以对儿童产生深远而持久的影响，是同其特殊性密切相关的，下文将分析家庭教育的优势与局限，以便从家庭教育的特点出发，发挥其优势，克服其局限。

(一) 家庭教育的优势

儿童青少年正处于成长的关键期，也是学习和人格陶冶的最重要时期。因而，把握儿童社会化方向的“舵手”自然非家长莫属。家庭教育的优势具体表现在以下几个方面。

1. 启蒙性

家庭教育是人生最初、最早接受的一种教育。据史料记载，我国自周代开始就有了胎教的思想和具体措施。[①] 在现代社会里，胎教的科学性已逐步得到实验和实践的证明，也被越来越多的人所承认和接受，并构成优生优育工作的重要组成部分。从新生命诞生的那一时刻起，双亲便对其进行抚养和教育，并在家庭生活中教会他(她)做人的最起码的基本技能和基本知识，这是一个最普遍的事实。正是通过家庭教育，才使初离母体的生物个体(自然人)逐步向社会人转化。

2. 情感性

家庭教育是在家庭范围内、在父母和子女之间进行的。家庭中的教育者和受教育者之间的关系，不同于学校中的教育者和受教育者。他们之间不仅存在着一定程度的不可离异性，而且有着十分亲密的感情上的联系。家庭是成员之间关系最亲密的社会团体，父母与子女的关系尤为如此，这种天然的感情是无可比拟的。这种以血缘为纽带的情感关系，使得父母在促使子女社会化的过程中，发挥着一种特殊的权威性影响，这种权威性影响又常常被浓

---

① 马镛. 中国家庭教育史[M]. 长沙：湖南教育出版社，1997：66.

厚的情感所强化。于是,家庭就以其独特的地位和方式,影响着个体基本的生活习惯、生活态度和行为方式的形成,从而奠定个体社会化的基础。

童年期,儿童对父母有一种强烈的情绪依赖性。这种情绪依赖性的产生一方面是由于父母能够满足儿童获得抚爱、关心和赞扬的需要;另一方面,就父母而言,他们也有一种抚育儿童的情绪需要。正是这样的相互依赖,使得儿童的社会发展在他们和父母相处的经验影响下逐渐成形。

3. 持久性

"家庭群体关系在时间上最为持久。"①家庭是一个小社会,而且是幼龄儿童全部的社会,儿童由出生到两三岁,往往完全是在家庭中度过的。入学以后,一般而言,除去在学校的 8 小时以外,儿童仍在家庭中度过大部分时光。如果将学龄儿童的时间分配计算一下,则更明显。一年共 52 周,一周入学 5 天,每天 8 小时,一年为 2 080 小时,余下校外的每天 16 小时,以及 52 个周末,总计起来,学校教育仅占家庭教育的四分之一时间,其中还没有扣除学校每年寒暑假的两三个月时间。

教育的过程,从某种意义上来说,是一个培养习惯的过程。要形成某种习惯,即形成稳定的行为方式,必须经过连续而不间断的反复训练,不断重复,不断强化。如果教育和训练工作不能持之以恒,一曝十寒,或是要求不一、前后脱节,就会大大削弱教育的作用,而家庭教育有条件保持教育和训练的连续性,更是其实现预期教育效果的重要保证。我们每一个人身上所形成的各种习惯、观点、生活方式、品质、性格、兴趣、爱好、特长等,都和自身所受的连续的家庭教育和家庭影响有着极为密切的关系。

4. 针对性

人们常说:"知子莫如父。"子女从一生下来,就进入家庭生活,同父母生活在一起,朝夕相处,形影不离。父母对子女深切而真挚的爱和望子成龙的迫切感、责任心,促使父母几乎时刻都在注视着子女的一言一行,洞察子女瞬间的情绪、情感的变化。子女的优点、长处,在家庭生活中表现得最充分,缺点、短处也暴露无遗。子女在父母面前的坦率、直爽,使得父母有可能做到比其他任何人更加真实、深刻、全面地了解和掌握子女本质的思想面貌和个性特征。

父母对子女情况全面深刻而系统地了解,使家庭教育能比较容易地做到从孩子的实际出发,因材施教,"对症下药",从而进行有针对性的教育。家庭教育针对性的优势体现在:在孩子出现问题时,能抓得准,抓得及时,可以马上采取有效的预防措施,防微杜渐,把问题处理在萌芽状态之中。

5. 灵活性

家庭教育不像学校教育那样,一般没有什么固定的"程式",也不受时间、地点、场合、条

---

① 鲁洁. 教育社会学[M]. 北京:人民教育出版社,1990:478.

件的种种限制,可以随时随地进行。“遇物则诲”,相机而教。在休息、娱乐、闲谈、家务劳动等各种活动中,都可以进行教育。还有不少家长很有教育意识,在孩子走亲、访友、逛商店、参观、旅游等活动中,也能利用一切可能利用的条件和机会,对孩子进行教育。由于教育内容丰富多彩,家庭教育的具体方式比较容易做到具体形象、机动灵活,适合儿童、青少年的心理特点,易于为子女所接受。这与学校教育相比,在方式方法上更灵活多样。

需要指出的是,以上所阐述的这些家庭教育优势非自然而然的优势,它们是潜在的优势,只有通过父母科学的家庭教育,这些潜在的优势才能转化为现实。而我们常见的情况往往是,尽管与孩子朝夕相处,但父母有时并不真正地了解子女;家庭教育的方式有很多,但父母未必熟悉并能有意识地运用。

(二) 家庭教育的局限

虽然家庭教育有诸多优点,然而其并非万能的。与学校教育相比,家庭教育也有其局限性。家庭教育的局限有以下几个方面。

1. 非专职的角色

家庭的教育者并未接受过专门的“职业”培训。家长往往都各有自己的社会职业,在社会发展日益加速和竞争日益激烈的情况下,父母既要胜任自己的工作,还要不断地学习、“充电”,因此,很可能无法将主要的时间和精力放在子女教育工作上。现在有不少父母将孩子送到寄宿制学校,将大部分教育孩子的责任委托给学校,可能也是无奈之举。即使是走读的孩子,父母的教育也只能在工作、劳动之余进行,因此花费的时间和精力相对来说是有限的。

2. 非专业的水平

正因为父母是“兼职”的教育者,一般都没有接受过系统的职业训练,也缺乏教育理论修养和知识,许多父母会在教育过程中出现教育价值观、教育方法的迷茫,从而对学校产生过分的依赖。

3. 无监督的场所

“家庭则首先是私生活的据点”①,家庭也是最私密的场所,这些特点决定了家庭成员在家庭内的言行举止,不可能像在其他场合那样,受太多的约束。因此,父母的有些言行举止对儿童、青少年的影响可能是积极的、有益的,有些言行举止对儿童、青少年的影响可能是消极的。比如,家庭成员之间的矛盾与争吵、父母在言行举止上违背教育原则等。这些无法回避的负面影响,往往会给子女的发展带来障碍。

4. 难把握的身份

家庭教育中的教育者和受教育者之间的关系不是单一的。从社会学的角度讲,家庭中

---

① [日]筑波大学教育学研究会.现代教育学基础[M].钟启泉,译.上海:上海教育出版社,1986:148.

的教育者和受教育者,都是双重社会地位、双重角色,亦即双重身份:在家庭生活中,父母、长辈对子女、晚辈来说,既是家长又是教育者;子女、晚辈对父母、长辈来说,既是子女、晚辈,又是受教育者。家庭教育中的教育者和受教育者之间的关系,同时是家长和子女之间的关系。

家庭教育中的教育者和受教育者之间所固有的血缘关系,决定了他们之间的感情非常深厚、真挚;他们之间根本利益一致的关系,决定了家长教育子女的责任感和迫切感更为强烈。但由于教育者和受教育者双方都是一身而二任的,是双重角色、双重身份,容易发生角色"错位"和冲突,当教育者在严格要求教育对象的同时,难免夹杂着血浓于水的情感色彩,造成教育的某种困难或者失败。所以,古时有人"异子而教",是因为教别人的孩子这种单一的角色容易把握。

尽管如此,我们需要辩证地看待家庭教育的这些局限性,过于强调"专职"和"专业"有可能走向问题的反面。不少经过训练的专职、专业教师把家庭当作第二学校,那就偏离了家庭教育的本意了。

综上所述,我们认为家庭教育需要与学校教育、社会教育合作才能扬长避短,真正实现科学育人的目标。

第三节　家庭教育学概述

对于任何一门学问、学科的创立来说,揭示并能准确地阐明其研究对象的特点及其规律性,那就把握住了它的关键。然而,由于家庭教育的研究起步较晚,研究基础相对薄弱,要揭示其内部各要素的必然联系并不容易。本节试图在家庭教育的理论构建、家庭教育学学科的形成、家庭教育学学科的性质,以及家庭教育学的研究框架等四个方面作出探索。

一、家庭教育的理论构建

长期以来,家庭教育的理论研究严重滞后于实践。因此,首先需要讨论家庭教育理论构建的必要性与可能性问题。

(一) 家庭教育理论构建的必要性

家庭教育实践需要理论的指导。当代社会与传统社会有着本质的区别,这主要体现在两大方面:一是发展与变化迅速,二是多元与多样。因此,每个人所得到的经验,乃至每一代所积累的经验,都很难以经验的方式直接迁移到其他人身上。同时,在社会迅猛发展的当下,社会竞争愈来愈激烈,社会对人才的要求愈来愈高,广大父母对子女所寄予的期望之高、对子女教育的重视程度都不言而喻。但是,如果父母不具备一定的教育水平,他们的关注度和参与度越高,在孩子的教育上失败的可能性则越大。他们做出与培养目标背道而驰的行为,其教育效果必定事与愿违。因此,广大家长迫切需要科学的家庭教育理论来指导其实践活动。

但是，我国的家庭教育科学化尚处于起步阶段，理论工作主要是致力于学科建设，也由于我国的家庭教育理论研究基础薄弱，水平偏低，对家庭教育的实践进行导向和引领的效果并不理想。这无形中为经验主义的泛滥打开了方便之门，于是大量所谓的家庭教育指导书籍充斥市场，良莠不齐的现象在所难免，父母面临的教育难题却往往无法解决。

（二）家庭教育理论构建的可能性

长期以来，“家庭教育”能不能成为一门学问，亦即是否有进行理论研究的可能一直受到质疑。究其原因，是传统的思想仍然在束缚着人们的头脑。所以，只有提高认识，才能为家庭教育理论的构建扫清障碍。

1. 家庭教育的私密性与公共性

家庭教育以一个个家庭为单位，而家庭是私生活的据点，一般呈封闭状态，具有很强的私密性。外界对家庭内部的活动无法知晓，也很难渗透和干预。千百年来，我国的家庭教育一直被视为家庭的内部行为。尤其是在社会生产力水平低下的传统社会，社会对个体的社会化水平要求简单，更多地侧重于个体的道德修养方面。因此，在家庭教育过程中，年长者可以凭借自己的经验对未成年人进行教育。对家庭而言，子女是家庭的下一代，对子女的教育及其水平完全是家庭（家族）的责任，外人无权过问和干预；对社会而言，未成年人的管理与教育责任，则是完全下放给家庭（家族）的。

然而，在现代社会，以上的观点受到了巨大的挑战。这是因为家庭教育的任务和对父母的要求发生了根本性的变化。事实上，家庭教育既具有私密性也具有公共性。社会以法律的形式确定父母是儿童的监护人与教育者，其具有教育子女的权利和义务。未成年人的教育及其素质养成，不仅关系到家庭的兴衰和发展，更关系到国家和民族的利益。因此，儿童不只为家庭私有，他们也是未来社会的公民。家庭教育不再是家庭的私事和父母随心所欲的行为，而是要为社会培养具有一定文化素质和道德素养的合格公民。无疑，这一培养目的的变化，对作为教育者的父母而言，大大提高了教育的责任和教育的难度。但是，在国家和社会收回家庭教育私权之后，也就是说家庭教育在由私人领域转向公共领域时，代表社会的政府却又未能及时对家庭教育行为作出相应的规范与指导，尤其是缺乏对父母的教育，从而使家庭教育处于一种放任的、盲目的、无序的境地。①

2. 家庭教育的经验性、特殊性与规律性

家庭教育与社会中的每个人密切相关。每个人都做过子女，因此，家庭教育是每位父母都曾有过的经历；而每对父母也都经历过养育孩子的生命历程。所以，长期以来，家庭教育被人们视为经验活动。在大多数人看来，家庭教育活动的经验是自然习得的过程，它通过生活中的口耳相传、以身示范、简单模仿、体验感悟等方式获得；它伴随年龄的增长而实现量的

---

① 杨宝忠. 大教育视野中的家庭教育[M]. 北京：社会科学文献出版社，2003：36—38.

积累;它是在多次教子实践中不断修正经验并构筑的各具特色的经验体系。所以,家庭教育者的资格,可以通过社会角色(父母)的确立而自然生成,无须经过培训、考核、任命等一系列程序;家庭教育活动的组织者,能够凭借儿时受教育的经验、自己的观察和想象,把家庭教育活动纳入正常的"轨道",使其流畅地运行。传统社会的父母也确实是通过自己的经验教育孩子的。家庭教育不仅重视经验而且也具有特殊性,这是因为家庭教育是以一个个不同的家庭为单位,也就是以一对对不同的父母、一个个不同的儿童为教育者和受教育者。不同的父母和家庭千差万别,因此许多因素与条件都不容易把握。在一个家庭成功的教育方案,也许无法在另一个家庭收获相同的结果。

虽然家庭教育具有经验性和特殊性等特点,但事实上,家庭教育实践仍有规律可循。从成功和失败的家庭教育案例中,我们可以发现,家庭教育尽管在不同的家庭中进行,但是无论是成功还是失败,其中都蕴含着一些值得研究与探讨的因果关系,这些因果关系具有共性和规律性。这些具有共性和规律性的因果关系需要研究者去发掘和探讨,以便给广大父母提供科学的家庭教育观念、目标、原则、方法。而发现与研究家庭教育的规律就是家庭教育理论工作者的任务。

二、家庭教育学学科的形成

我国是世界各国家庭教育研究中开展最早、成果最多的国家:据《中国丛书综录》记载,上起南北朝,下至民国初年,我国家庭教育方面的专门书籍共有117种。[①]

吴康宁认为一门学科在形式上成为独立学科,主要有三个标志:一是有关大学普遍开设课程或系列讲座;二是成立全国性的学术团体;三是出版学术刊物。[②] 依据他对学科建设三个衡量标志的看法,大致可以了解我国家庭教育学科形成的状况。

(一) 课程开设情况

在我国20世纪80年代后期,北京师范大学在全国率先开设了家庭教育学课程,选修人数创造了学校选修课人数的最高纪录。随后,华东师范大学、中国女子干部学院、首都师范大学、上海师范大学、河北师范大学、华南师范大学、青海师范大学、福建师范大学等,也先后开设了家庭教育学课程。[③] 根据2009年底不完全的调查和统计,目前全国开设家庭教育课程的大专院校至少有92所,这些学校中听课人数少则四五十人,多则四五百人,听课对象有全日制的本科生、研究生、大专生,也有非全日制的成人教育学员,如夜大学和函授的学员。开设家庭教育课程的主要为大专院校小学教育、学前教育、特殊教育、社会学、家政学、心理学、青少年工作与管理、艺术教育等专业。课程性质有通识教育、必修课、公共选修课等。以

---

① 骆风.20世纪90年代以来我国家庭教育研究进展述评[J].教育理论与实践,2005(09):51—55.

② 吴康宁.教育社会学[M].北京:人民教育出版社,1998:25.

③ 王渝.对高等院校开设家庭教育课程的探讨[J].中国家庭教育,2004(04):4.

上调查显示，家庭教育课程无论从开设的学校数量，还是从开设的专业分布来看，已经受到越来越多的关注。

资料链接

教育部积极推动高校开设家庭教育专业

针对政协十三届全国委员会第三次会议第2803号（教育类258号）提案（《关于在相关高校开设家庭教育专业，为构建覆盖城乡的家庭教育指导服务体系培养专业人才的提案》），教育部作出答复，表示积极推动高校加强家庭教育相关专业和课程建设，提高相关人才培养质量。

一是支持高校依法自主设置家庭教育相关专业。支持高校依据《普通高等学校本科专业设置管理规定》，根据国家重大战略需求和区域经济社会发展需要，立足学校办学定位和办学特色，依法自主设置相关本科专业。对于国家控制布点专业和尚未列入本科专业目录的新专业，高校可自主申请设置，由教育部审批；对于其余本科专业目录内的专业，高校依法自主设置，实行备案制。其中高校设置申请尚未列入目录的新专业，要明确该专业与所属专业类中其他专业的区分情况和专业基本要求，需对新专业的科学性、可行性以及专业名称规范性进行论证，经高校申报，教育部组织专家评审，符合相关条件后予以设置。

二是支持高校加强家庭教育相关课程建设。2018年发布的《普通高等学校本科专业类教学质量国家标准》，支持高校在相关专业开设家庭教育相关课程，南京师范大学的"家庭与社区教育"、上海师范大学的"家庭教育"、温州大学的"家庭教育学"等课程在中国大学MOOC平台上线，面向社会开放。

三是加强家庭教育相关创新创业实践。依托国家级大学生创新创业训练计划，支持北京外国语大学、江苏师范大学等高校开展"探究家庭教育与少数民族青少年对本民族认同的关系——以凉山彝族自治州雷波县和黔南布依族苗族自治州都匀市为例""农村留守儿童家庭教育现状及需求调查——以隔代抚养家庭为例"等家庭教育相关项目。

下一步，将继续支持师范院校等有条件的高校依法设置家庭教育相关专业，支持高校加强家庭教育相关课程建设，促进优质课程资源共享，为构建覆盖城乡家庭教育指导体系建设提供专业人才储备。

资料来源：关于政协十三届全国委员会第三次会议第2803号（教育类258号）提案答复的函[EB/OL]. (2020-12-9)[2022-09-15]. http://www.moe.gov.cn/jyb_xxgk/xxgk_jyta/jyta_jiaoshisi/202101/t20210128_511581.html.

（二）学术团体情况

1989年9月，第一个全国性的家庭教育学术团体"中国家庭教育学会"（一级学会）在北京成立,该学会团结了一大批来自全国的家庭教育事业的骨干力量。随即,全国各省市、自治区先后成立了家庭教育的学术团体,开始酝酿家庭教育理论研究工作。[①] 2003 年,经中国教育学会和教育部批准,成立了"中国教育学会家庭教育专业委员会"。

(三) 专业刊物情况

1980 年《父母必读》在北京市创刊。1983 年,浙江省妇联主办的月刊《家庭教育(中小学生家长)》(曾用名:《家庭教育(中小学家长)》《家庭教育》)在浙江省杭州市创刊。同年,浙江省妇联、浙江省家庭教育学会主办的《家庭教育(幼儿家长)》在浙江省杭州市创刊(曾用名:《家庭教育(婴幼儿家长)》)。该期刊社为中国第一家以家庭教育为专业分工的期刊社。2002 年,中国教育学会和国家基础教育实验中心主持创办了我国第一本全国性的家庭教育学术刊物——《中国家庭教育》杂志。

(四) 专著出版情况

专著是学科专家所撰写的关于某一学科或主题的专门性学术著作。从内容上来说,专著是对某一知识领域的梳理和探索,是具有创新性的学术研究成果。

根据邹强的研究,1949 年至 2008 年出版和翻译的家庭教育方面的著作共计有 806 种,其中改革开放以前出版的著作仅有 47 种。1949 年后至改革开放前的这段时期,我国家庭教育著作主要以翻译出版的著作为主,翻译、引进的家庭教育著作差不多占到这一时期总出版数的 75%。而翻译的家庭教育著作,绝大多数来自苏联。1958 年到 1978 年近 20 年的时间里,仅出版家庭教育著作 4 部。改革开放后,我国出版的家庭教育著作占新中国成立以来家庭教育著作总数的 94%。特别是进入 21 世纪后的 8 年时间里,相继出版家庭教育著作共计 353 种,占改革开放以来出版总量的 46.5%。[②] 可以说社会的进步与发展,催生了对家庭教育学科建设的需求。大量著作的出版亦为家庭教育学学科的建设奠定了基础。

1981 年,我国出版了自 1962 年之后的第一本家庭教育学类的专著。[③] 1981 年全国共出版了家庭教育学类著作 8 种,包括译著、讲座稿选、专著等,大大超过了前 20 年任何一年的同类作品的出版量。[④]

---

① 赵忠心. 中国家庭教育理论研究三十年的发展历程[J]. 中国家庭教育,2009(01):4—8.

② 邹强. 中国当代家庭教育变迁研究[D]. 武汉:华中师范大学,2008.

③ 因陈鹤琴著的《家庭教育:怎样教小孩》(教育科学出版社 1981 年版)为 1925 年旧著再版,故没有列在其中。此处特指在大陆出版的学术性著作,事实上,从 1979 年起至 1981 年间,有不少译著及普及型家庭教育学相关书籍问世。如 1979 年上海教育出版社出版的《怎样关心子女学习》。参见邹强. 中国当代家庭教育变迁研究[D]. 武汉:华中师范大学,2008.

④ 这 8 种著作包括:[日]井深大. 怎样教育婴幼儿:从零岁开始的教育[M]. 骆为龙,陈耐轩,译. 北京:中国农业机械出版社,1981. 上海教育出版社. 幼儿家庭教育随笔[M]. 上海:上海教育出版社,1981. [波]加莉娜·费利普楚克. 您了解自己的孩子吗[M]. 杜志英,译. 北京:教育科学出版社,1981. 叶恭绍. 家庭育儿百科全书[M]. 北京:北京出版社,1981. 熊章. 家庭教育漫谈[M]. 西安:陕西人民出版社,1981. 林巧稚. 家庭教育顾问[M]. 北京:中国青年出版社,1981. 少年儿童出版社. 父母信箱[M]. 上海:少年儿童出版社,1981. 宋子成. 独生子女养教指南[M]. 北京:知识出版社,1981. 参见华东师范大学图书馆目录资料及邹强. 中国当代家庭教育变迁研究[D]. 武汉:华中师范大学,2008.

1984年湖南教育出版社出版的由湖南师范大学郑其龙、肖声馥、廖德爱、涂爱辉四位专家编著的《家庭教育学》，是在新时期历史条件下写出的第一部具有中国特色的社会主义家庭教育教科书。[①] 1994年人民教育出版社正式出版赵忠心的《家庭教育学》，1999年教育部指定其为全国中小学教师继续教育教材，2000年又指定其为全国高等院校文科教材。[②]

根据著作出版、学术论文发表及专业期刊创办等情况，我们认为1981—1983年间是我国家庭教育学研究复兴的起点。在1985年任素芳编写的《新兴学科手册》中，将家庭教育学列为“我国创立的新兴学科”。[③]

学科的发展和繁荣必然建立在前人的基础上。自1981年以来，在我国虽然没有研究者整体地追溯家庭教育学的发展，但有十几位研究者试着从各个角度撰写了家庭教育学专著。以下是1984至2007年间家庭教育学的专著出版情况，如表1-1所示。

表1-1 家庭教育学著作出版情况：1984—2007

出版年份	著(编)者	书名	出版社
2007	李天燕	家庭教育学	复旦大学出版社
2003	赵忠心	中国家庭教育五千年	中国法制出版社
	杨宝忠	大教育视野中的家庭教育	社会科学文献出版社
2002	吴奇程、袁元	家庭教育学	广东高等教育出版社
2001	吴熹等	家庭教育	知识出版社
	赵忠心	家庭教育学：教育子女的科学与艺术[④]	人民教育出版社
2000	关颖	社会学视野中的家庭教育	天津社会科学院出版社
	缪建东	家庭教育社会学	南京师范大学出版社
1998	刘荣才、陈丽梅	家长学	陕西人民教育出版社
	秀诚钧、李顺根、王国民	家庭教育学	浙江大学出版社
1997	马镛	中国家庭教育史	湖南教育出版社
1995	邓佐君	家庭教育学	福建教育出版社
	杨宝忠	家庭教育学	山西高校联合出版社

① 陶春芳，段火梅.简明妇女学辞典[M].北京：大地出版社，1990：366.

② 赵忠心.中国家庭教育理论研究三十年的发展历程[J].中国家庭教育，2009(01)：4—8.

③ 任素芳.新兴学科手册(上册)[M].沈阳：辽宁人民出版社，1985：195.

④ 其中，2001年人民教育出版社出版的《家庭教育学：教育子女的科学与艺术》一书是赵忠心在1988年由黑龙江少年儿童出版社出版的《家庭教育学》一书的修订与发展。

续 表

出版年份	著(编)者	书名	出版社
1994	陈佑兰、焦健	当代家庭教育学	科学普及出版社
	赵忠心	家庭教育学	人民教育出版社
1993	彭立荣	家庭教育学	江苏教育出版社
	骆风	现代儿童家庭教育艺术	中国妇女出版社
1992	吕建国	家庭生态与教育	山西教育出版社
	黄恩远、曹永毅	现代家庭教育	青岛出版社
1991	孙俊三、邓身先	家庭教育学基础	教育科学出版社
1990	陈佑兰	家庭教育	北京大学出版社
	彭德华	现代家庭教育学	甘肃教育出版社
1989	赵忠心	家庭教育	中央广播电视大学出版社
	徐应隆等	家庭教育理论与实践	北京燕山出版社
	张福斋等	家庭教育学	新疆人民出版社
1988	赵忠心	家庭教育学	黑龙江少年儿童出版社
1984	郑其龙等	家庭教育学	湖南教育出版社

虽然从课程开设、学术团体、专业刊物、专著出版等方面看,家庭教育学在我国已经成为一门独立学科,但依据杨宝忠关于成熟学科的理论,[①]应该承认,我国家庭教育学无论是在成形的学科方法论,还是严密的概念范畴、理论体系以及在理论界被认可的程度等方面,与成熟的学科都还存在着很大的差距,家庭教育学的学科建设依然任重而道远。

三、家庭教育学学科的性质

有关学科的性质,我们可以从对该学科概念的界定方面入手,20 世纪 80 年代以来,研究者们对家庭教育学的定义共有九种,按时序排列如下。

---

① 杨宝忠认为一门成熟的学科须具备:成形的学科方法论;具有一系列相互关联的、严密的概念与范畴;具有结构完整、彼此联系的理论体系;学科理论被理论界所认可;学科理论被实践界接纳并广泛应用。参见杨宝忠.大教育视野中的家庭教育[M].北京:社会科学文献出版社,2003:60.

表 1-2 家庭教育学的学科性质

出版年份	著(编)者	书名	对家庭教育学的定义
1985	任素芳①	新兴学科手册(上)	……是我国创立的新兴学科,它是一门以家庭为研究对象,……与许多学科密切关联:人才学、社会教育学、教育学、家庭学、儿童心理学、青年心理学、青年学、德育心理学、妇女心理学以及婚姻家庭关系心理学。
1989	韩寿根等②	学科大全	它是教育学的一个分支学科。家庭教育是整个教育事业的重要组成部分。家庭教育学的根本任务就在于探索家庭教育的理论和实际问题。
1990	陶春芳、段火梅③	简明妇女学辞典	……以研究家庭教育特点和规律为对象的一门学科,它是教育学的一个分支。
1993	彭立荣④	家庭教育学	……顾名思义,是关于家庭教育的理论和学说。
1993	倪文杰等⑤	现代交叉学科大辞库	……是对家庭现象和问题的研究,去揭示家庭教育规律,以指导人们更自觉地、更有计划地进行家庭教育活动的一门学科。它是涉及教育学、心理学、伦理学、生理学、卫生学、营养学等多门学科理论的综合性学科,是教育科学的一个分支。
1994	陈佑兰、焦健⑥	当代家庭教育学	……是研究家庭教育现象,揭示家庭教育规律的学科。家庭教育现象,主要指在家庭生活中,父母对子女所进行的教育活动。家庭教育规律,主要是指在家庭教育的矛盾运动中,事物之间所存在的内在必然联系。
1997	北京市科学技术委员会⑦	科教兴国词语释义	教育学的一个分支,是研究家庭教育现象,揭示家庭教育规律的一门交叉学科,它涉及心理学、教育学、卫生学、伦理学、遗传学、营养学、社会学等学科。
2002	吴奇程、袁元⑧	家庭教育学	……是通过对家庭教育现象和问题的研究,去揭示家庭教育的规律,以指导人们更有效地进行家庭教育活动的一门学科。
2003	杨宝忠⑨	大教育视野中的家庭教育	……是以系统地探索家庭教育活动规律为主旨的学科。

(参见傅琳.家庭教育学之学科发展分析:1980—2007[D].上海:华东师范大学,2009.)

① 任素芳.新兴学科手册(上册)[M].沈阳:辽宁人民出版社,1985:195—197.
② 韩寿根,等.学科大全[M].沈阳:沈阳出版社,1989:209.
③ 陶春芳,段火梅.简明妇女学辞典[M].北京:大地出版社,1990:366.
④ 彭立荣.家庭教育学[M].南京:江苏教育出版社,1993:1.
⑤ 倪文杰,等.现代交叉学科大辞库[M].北京:海洋出版社,1993:208—209.
⑥ 陈佑兰,焦健.当代家庭教育学[M].科学普及出版社,1994:1.
⑦ 北京市科学技术委员会.科教兴国词语释义[M].北京:学苑出版社,1997:215—216.
⑧ 吴奇程,袁元.家庭教育学[M].广州:广东高等教育出版社,2002:1.
⑨ 杨宝忠.大教育视野中的家庭教育[M].北京:社会科学文献出版社,2003:1.

以上对家庭教育学的界定当然并未包括所有“家庭教育学”的定义,但是可谓具有代表性。从1985年到2003年,可以从表述中发现其中的传承关系、学科发展,以及观念理解的变化。第一,家庭教育学是教育科学的一个分支学科,它是教育学的一个分支。第二,家庭教育学是一门与多学科有关的交叉学科,或曰综合性学科,家庭教育学在诞生之初就明确是跨多个学科的“综合性学科”,①与家庭学、心理学、教育学、社会学都有着不可分割的关系,还与遗传学、生理学、卫生学、营养学、伦理学等有着密切的联系。第三,家庭教育学是研究家庭教育现象与规律的学科。

四、家庭教育学的研究框架

要厘清当代家庭教育理论发展的情况,首先应弄清楚家庭教育理论所涉及的内容。换句话说,家庭教育学科理论体系应该涉及哪些方面?关于家庭教育学科体系,可谓众说纷纭。

根据对家庭教育学概念界定中的有关内容,我们注意到在20世纪80年代学科建立之初,家庭教育被视为支持社会建设、减少青少年犯罪的重要手段,因而家庭教育学的研究内容和重点也由此聚焦在家长素质的提高、如何教育子女遵纪守法等方面。进入90年代初,家庭教育学的著作纷纷问世。家庭教育学开始关注家庭和社会更为深层的联系,研究内容也将个体的身心各方面包括了进来。随后,关于家庭教育的理论和学说不断涌现。家庭教育的规律也不断地被总结,除了传统的研究主题外,新的研究点不断被开发,家庭教育学的系统化研究被提上日程。

高淑清曾把美国的相关研究分为三类:第一类是家庭教育基本研究,包括家庭教育本质的研究、家庭教育专业化的研究;第二类是家庭教育务实研究,包括婚姻教育方案研究、性教育方案研究、亲子教育方案研究、家庭资源管理研究;第三类是家庭教育特殊议题研究,包括价值和价值教育、性别议题与家庭教育、种族议题。②

骆风参照美国的家庭教育研究将我国家庭教育内容分为三大类17个方面:一是家庭教育的基础研究,内容包括家庭教育的性质(含特点)与功能、亲子关系、家长教育观念(含目标)、家庭教育投入、家庭教育研究方法等;二是家庭教育应用研究,包括家庭教育内容、家庭教育方法、家长素质、家庭教育环境、家庭早期教育、家庭教育评价标准、家庭与学校合作、家长学校管理;三是家庭教育的专题研究,包括单亲家庭子女教育、独生子女家庭教育、家庭教育误区、国外家庭教育评价等。③

厉育纲、赵忠心认为家庭教育理论体系包括:家庭教育基本学科理论(如家庭教育心理学、家庭教育社会学等);各阶段家庭教育理论(如幼儿期家庭教育、小学生家庭教育、中学生

① 综合性学科是以特定的客观世界作为研究对象,采用多学科的理论和方法进行系统的综合的研究的学科。参见任素芳.新兴学科手册(上册)[M].沈阳:辽宁人民出版社,1985:前言.

② 林淑玲,等.家庭教育学[M].台北:师大书苑有限公司,2000:321—336.

③ 骆风.20世纪90年代以来我国家庭教育研究进展述评[J].教育理论与实践,2005(09):51—55.

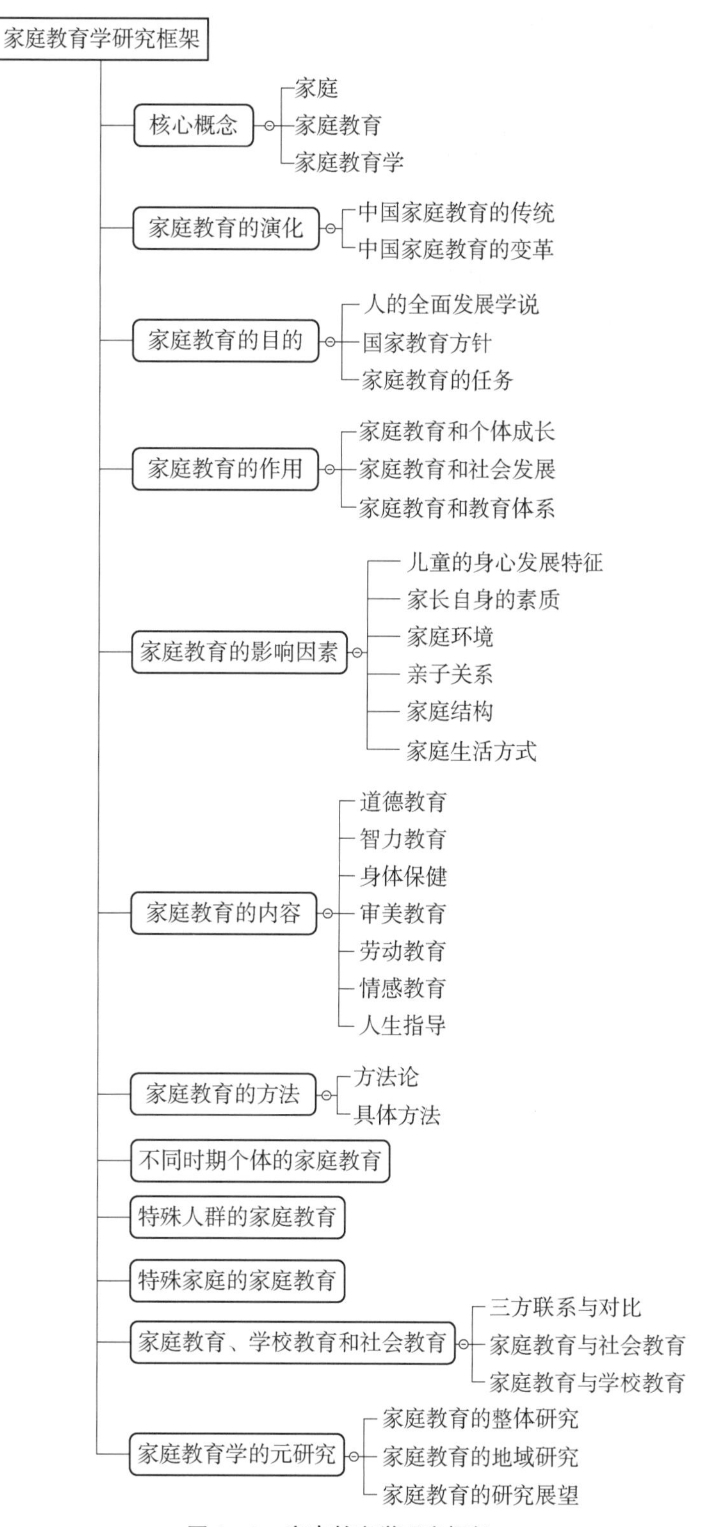

图 1－1 家庭教育学研究框架

（转引自傅琳.家庭教育学之学科发展分析：1980—2007[D].上海：华东师范大学，2009.）

家庭教育等);家庭教育原理(如家庭教育本质、功能、目的、内容、方法等);家庭教育评价与管理理论等。[①]

杨宝忠认为,家庭教育的理论体系可以分为:学科理论篇;基础理论篇;实践操作篇(包括操作的理论与技术);未来发展篇。[②]

傅琳在其以"家庭教育之学科发展分析:1980—2007"为题的硕士论文中,分析了1980年至2007年间出版的家庭教育学著作的写作结构后,归纳出了目前家庭教育学教材、专著的研究框架。[③] 首先是核心概念部分,基本围绕家庭、家庭教育、家庭教育学三个概念阐述。其次为家庭教育的演化、目的及作用。而后是三个家庭教育学的主要研究课题:其一为家庭教育的影响因素,其二为家庭教育的内容,其三为家庭教育的方法。最后是三个不可或缺的部分,包括不同年龄阶段、不同儿童及不同类型家庭的家庭教育,家庭、学校与社区教育的合作以及对家庭教育研究的研究。

综合以上各方面的研究,我们将本书的家庭教育学框架按家庭教育的理论概述、家庭教育与儿童发展、家庭教育与社会发展三个部分展开:第一部分是上编,主要为家庭教育的理论概述与历史发展,包括三章内容:绪论;我国家庭教育的历史发展;家庭教育的功能。第二部分是中编,主要为家庭教育与儿童发展,侧重从微观角度探讨家庭教育,包括五章内容:家庭教育的基本要素;家庭教育的影响因素;家庭教育的实施:目的与内容;家庭教育的实施:原则与方法;不同年龄阶段儿童的家庭教育。第三部分是下编,主要为家庭教育与社会发展,侧重从宏观角度探讨家庭教育,包括四章内容:社会转型期不同类型家庭的教育;现代社会环境下家庭教育的问题;家庭—学校—社区合作;未来家庭教育展望。

延伸阅读

1. 中华人民共和国家庭教育促进法[EB/OL].(2021-10-23)[2022-9-5]. http://www.gov.cn/xinwen/2021-10/23/content_5644501.htm.
2. 习近平.习近平谈治国理政(第二卷)[M].北京:外文出版社,2017.
3. 费孝通.生育制度[M].北京:群言出版社,2016.
4. 杨雄,刘程.新时期家庭教育学科发展与课程建设思路研究[J].当代青年研究,2021(02):5—12.
5. 高书国.论我国家庭教育知识体系的构建[J].南京师大学报(社会科学版),2022(01):47—56.
6. 孔晓娟.我国家庭教育政策40年:嬗变与前瞻[J].教育科学研究,2022(05):11—17.

① 厉育纲,赵忠心."加强家庭教育学科建设"学术研讨会综述[J].教育研究,2001(07):80.
② 杨宝忠.大教育视野中的家庭教育[M].北京:社会科学文献出版社,2003:57.
③ 傅琳.家庭教育学之学科发展分析:1980—2007[D].上海:华东师范大学,2009.

第二章 我国家庭教育的历史发展

本章导语

我国家庭教育历史悠久。从一夫一妻制的产生开始,我国的家庭教育已有几千年的历史。漫长的古代,历经诸朝,我国家庭教育从产生到发展,并在各个不同的历史时期形成了自身特色。而如何从我国古代家庭教育的历史中汲取优秀传统,摒弃其中的消极因素,则是我国家庭教育学当代发展的重要议题。从1840年开始,我国家庭教育开始进入近代,虽然时间跨度较短,但近代家庭教育在对古代家庭教育继承的基础上所作的变革,为我国现代家庭教育的发展奠定了基础并标明了方向。

本章的任务是对我国古代、近代家庭教育理论与实践的概况和发展进行梳理与归纳。

学习目标

1. 了解我国古代家庭教育发展脉络。

2. 客观认识我国古代家庭教育的优秀传统与消极因素,并积极发扬家庭教育思想的精华。

3. 掌握我国近代家庭教育变革的特点。

第一节 我国古代家庭教育

我国的历史源远流长,家庭在一定的历史时期产生并发展,与此同时,家庭教育也随之产生和发展。

一、我国古代家庭教育的产生与发展

(一) 家庭教育的产生

家庭教育的产生以家庭的产生为基础,而家庭是以婚姻为基础、以血缘为纽带的一种社会生活组织形式。[①] 因而我们在考察家庭教育产生的过程时,必须从研究婚姻家庭形态的发展变化入手。马克思和恩格斯认为,自从人类产生以来,人类的婚姻家庭发展经历了乱婚、血缘家庭、普那路亚式家庭、对偶家庭、一夫一妻制家庭等五个阶段。中国古代家庭的发展史,从总体上说,与人类婚姻家庭的发展脉络大体是一致的。

在原始社会初期,男女之间的两性关系处于完全没有限制的杂乱状态,即"每个女子属于每个男子,同样,每个男子也属于每个女子"。[②] 在这样的情况下还未形成一定的婚姻关系,因而不可能形成家庭,家庭教育也就无从谈起。

随着生产力的发展,原始社会末期出现了婚姻的萌芽,也形成了人类早期的家庭。在社会的发展过程中,人们逐渐地意识到无限制的杂乱的性行为会影响后代的身体素质。大约在170万年前,人类处于蒙昧时代的中期,就出现了以通婚限制为主要标志的家庭形式。[③] 人们排除了父母与子女之间的性关系,主张同一辈分的男女互称兄弟姐妹,互为夫妻,在这种"同辈而婚"的婚姻基础上形成了"血缘家庭",其是群婚制家庭的初级形式。后来,人们又排除了同一氏族内兄弟和姐妹的性关系,开始由内婚制变为外婚制,由此形成的家庭称为"普那路亚式"家庭,其是群婚制家庭的高级形式。在群婚制后期,一对男女在或长或短的时期内过着偶居的生活,在其一生众多的配偶中,最终选择和一个被认为是最主要的丈夫或妻子长期同居,这就是所谓的"对偶家庭"。不论是群婚制家庭抑或是对偶家庭,其家庭都是一种公共家庭,而且受当时生产力发展水平的限制,人们也不可能单独抚养自己的子女,新生一代属于公共所有,家庭教育实质上是一种公共教育。

生产的发展,尤其是人类分工的发展,提高了男子在社会中的地位,私有观念的产生使得男子产生了独占妻子以及确认其孩子身份以继承其财产的要求,这样,人类社会开始由母系氏族社会向父系氏族社会转变,一夫一妻制开始取代对偶婚制,个体家庭由此产生。一夫

---

① 赵忠心.家庭教育学:教育子女的科学与艺术[M].北京:人民教育出版社,2001:47.

② 马克思,恩格斯.马克思恩格斯选集(第四卷)[M].中共中央马克思恩格斯列宁斯大林著作编译局,译.北京:人民出版社,1972:27.

③ 赵忠心.家庭教育学:教育子女的科学与艺术[M].北京:人民教育出版社,2001:52.

一妻制产生后，对新生一代的教育开始由大家庭成员集体承担转变为个体家庭单独进行，家庭教育由公共教育变成了一种私人教育。而我们现代意义上的家庭教育正是这种私人教育，即由一夫一妻制婚姻所产生的狭义的家庭——个体家庭的教育。也就是说，家庭教育的产生是以一夫一妻制个体家庭的诞生为标志的，家庭教育并不是最原始的教育形式。

（二）各历史时期家庭教育的发展

从距今约 5 000 年时家庭教育的诞生至 1840 年是我国家庭教育的古代时期，其间历经诸朝，我国家庭教育得到了较大发展。先秦时期是我国家庭教育的形成和初步发展时期。秦汉时期是我国封建家庭教育框架定型时期。魏晋南北朝则是我国家庭教育发展的第一个高峰，其中颜之推所著的《颜氏家训》是我国现存最早的家庭教育专著。唐宋时期我国家庭教育发展平稳。而明清时期是我国古代家庭教育繁荣并趋向衰落的时期。[①] 在下面的论述中，我们将首先介绍各历史时期我国家庭教育发展的概况，进而根据各朝代的发展，选取该时期有代表性的家庭教育理论或实践进行阐述。

1. 先秦家庭教育

（1）概况。

先秦家庭教育是指从家庭教育的产生（距今约 5 000 年的原始社会中后期）至公元前 221 年秦始皇统一中国为止的家庭教育。这是我国家庭教育的形成和初步发展时期。大致可分为三个阶段：一是距今 5 000 年左右一夫一妻个体婚姻家庭的产生至公元前 21 世纪夏朝的建立；二是夏、商、西周阶段，这是中国奴隶制由产生、发展到鼎盛的时期；三是春秋战国阶段，这是中国奴隶制走向衰落，封建制产生并初步发展的时期。

我国有着悠久的家庭教育历史。在中国古代，家庭教育与一夫一妻制家庭几乎是同时产生的，两者都产生于距今约 5 000 年前的黄帝时期。例如《商君书 · 画策》中说，“故黄帝作为君臣上下之义、义子兄弟之礼、夫妇妃匹之合”，[②]也就是规定了君臣、父子、夫妇的道德规范，其中包含了家庭教育的内容。这些记载说明黄帝时期家庭教育的萌芽已经产生。作为家庭教育的萌芽状态，当时家庭教育主要传授生产劳动知识和原始科学技术，其典型形式是天文学、农学的家业世传。[③]《史记 · 历书 · 集解》：“家业世世相传为畴。律，年二十三传之畴官，各从其父学。”“畴人之学”作为家业世传的代表对后世影响深远，一直延续到西周。

自从我国历史上第一个王朝——夏建立后，我国开始进入奴隶社会。与人人平等的原始社会不一样，奴隶社会是人类历史上第一个阶级社会，由于家庭隶属于不同的阶级，因而家庭教育也随之被打上了阶级的烙印。奴隶社会除了有奴隶主和奴隶阶级，还有一个平民阶层。由于各阶级政治经济地位不同，其家庭教育的实施状况也各不相同。随着农业经济

---

① 马镛. 中国家庭教育史[M]. 长沙：湖南教育出版社，1997：297.

② 黄崇岳. 中华民族形成的足迹[M]. 北京：人民出版社，1988：2—3.

③ 邹强. 中国当代家庭教育变迁研究[D]. 武汉：华中师范大学，2008.

尤其是青铜文明的发展、典章制度的完备、礼乐文明的发展，奴隶社会的家庭教育获得了很大的发展。尤其是在奴隶制达到鼎盛的西周，原始的家业世传逐渐发展为比较系统的家庭教育：不仅形成了上至帝王将相、下至平民百姓的各层次家庭教育，而且家庭教育内容涉及胎教、儿童教育、为政教育、德育、智育以及劳动教育等诸多方面，[①]奠定了我国古代家庭教育的基础。

春秋战国时期是个社会大变革时期。经济上，新的封建生产关系在奴隶制的母胎里逐渐成熟，铁器的推广极大地促进了农业的发展，商品经济也日渐繁荣，奠定了思想、文化、教育发展的物质基础。政治上，社会矛盾异常激烈，没落奴隶主贵族和新兴地主之间、地主阶级和农民阶级之间、地主阶级不同阶层之间往往就某一问题展开错综复杂的斗争，这为战国时期思想学术、文化教育的发展提供了社会基础。面对社会变革，不同阶级和阶层的人们纷纷著书立说，产生了一批著名的学者和学派，形成了我国历史上“百家争鸣”的特殊时期，极大地繁荣了我国的思想和文化。在家庭教育上，由于礼崩乐坏，官学废弛，私学兴起，文化知识开始进入平民家庭，许多家庭开始注重家庭教育。在这种背景下，家庭教育也发生了巨大的变化，家庭教育逐渐从以王室、贵族为主，转向以士阶层为主，而士阶层的杰出代表——诸子的家庭教育思想勃兴，形成“百家争鸣”的格局。[②] 各派对家庭教育的观点虽然各异，但大多重视环境影响、重视家长以身作则、重视道德教育，并由此形成我国传统家庭教育思想的基本特征，为我国家庭教育的发展奠定了基础。

(2) 儒家与法家的家庭教育思想。

春秋战国时期，是我国诸子百家思想争鸣的繁荣时期，限于篇幅，这里仅对儒家与法家的家庭教育思想作阐述。

第一，儒家家庭教育思想。

儒家是战国时期最著名的学派之一，其始于孔子，后经孟子、荀子等人的传承与发展，形成了我国传统文化的基本格局。他们三人的思想中，包含了家庭教育的内容。

孔子(前551—前479年)，名丘，字仲尼，鲁国陬邑(今山东曲阜)人，伟大的教育家和思想家，儒家学派的创始人。在家庭教育上，孔子重视早期教育，提出了“少成若性，习贯之为常”[③]的著名观点。他认为小时候形成的习性根深蒂固，对人的一生影响深远。孔子还提出了择友的标准，“益者三友，损者三友。友直，友谅，友多闻，益矣；友便辟，友善柔，友便佞，损矣”。[④] 强调要纯化个人的朋友圈子，选择正直、诚信和见多识广的人为友。最后，在父子关系上，针对当时父子相残的现象，孔子主张“父父，子子”，[⑤]要求做到“为人子，止于孝；为人

① 邹强. 中国当代家庭教育变迁研究[D]. 武汉：华中师范大学，2008.
② 邹强. 中国当代家庭教育变迁研究[D]. 武汉：华中师范大学，2008.
③《大戴礼记 · 保傅第四十八》。
④《论语 · 季氏篇》。
⑤《论语 · 颜渊篇》。

父，止于慈”，[1]父慈子孝的观点成为孔子处理父子关系和进行家庭教育的基本观点。[2]

孟子（约前372—前289年），名轲，字子舆，战国中期邹（今山东邹城）人，孔子学说的主要继承者，有“亚圣”之称。与孔子一样，孟子也非常重视家庭教育，并将其与国家治理联系起来，形成了他的“家国同构”的思想。“人有恒言，皆曰‘天下国家’，天下之本在国，国之本在家”，[3]孟子这一思想是此后《大学》著名的“修、齐、治、平”[4]理论的雏形，[5]也为我国上至统治者下至平民百姓重视家庭教育和修身教育奠定了基础。在家庭教育的内容上，与其“明人伦”的教育目的相一致，孟子强调“五伦”教育，“父子有亲，君臣有义，夫妇有别，长幼有序，朋友有信”，[6]在“五伦”中，其尤重父子——“孝”和兄弟——“悌”这两种关系，因为“不得乎亲，不可以为人”。[7] 这种“明人伦”即重视道德教育的传统对我国家庭教育的内容与实施产生了深远的影响。“身不行道，不行于妻子；使人不以道，不能行于妻子”，[8]在家庭教育的方法上，孟子强调家长必须以身作则，只有这样才能树立教育子女的威信。

荀子（约前313—约前238年），名况，字卿，战国末期赵国人。荀子所处的时代，社会正大踏步地向统一迈进，诸侯长期割据称雄的局面行将结束，已基本上形成秦、齐、楚三国对峙的局面。[9] 荀子吸收儒家王道、礼制思想和管子法制思想，试图以此为建立大一统国家服务。[10] 在人性论上，荀子主张“性恶论”，“今人之性，生而有好利焉，顺是，故争夺生而辞让亡焉”，[11]而教育的目的就在于“化性起伪”，因而在教育中，他非常强调“隆礼”，在家庭中则强调家长的地位，“君者、国之隆也，父者，家之隆也。隆一而治，二而乱。自古及今，未有二隆争重，而能长久者”。[12]

第二，法家家庭教育思想。

法家是战国时期重要学派之一，其渊源可上溯到春秋时的子产，后经管仲、李俚、商鞅的发展，战国末期的韩非子成为法家思想的集大成者。韩非子（约前281年—前233年），战国时期最著名的思想家之一。与儒家相比，其思想有很大的区别：在政治上，完全否定“仁义”和先王之教，强调“以法为教”，实行严厉的法治；教育上，从其绝对的“性恶论”出发，禁止私学，强调“以吏为师”。与其政治思想和教育思想相对应，韩非子的家庭教育思想片面强调一

---

① 《礼记 · 大学》。
② 马镛. 中国家庭教育史[M]. 长沙：湖南教育出版社，1997：26.
③ 《孟子 · 离娄章句上》。
④ 即为：修身、齐家、治国、平天下。
⑤ 马镛. 中国家庭教育史[M]. 长沙：湖南教育出版社，1997：30.
⑥ 《孟子 · 滕文公章句上》。
⑦ 《孟子 · 离娄章句上》。
⑧ 《孟子 · 尽心章句下》。
⑨ 孙培青. 中国教育史[M]. 上海：华东师范大学出版社，2000：74—75.
⑩ 马镛. 中国家庭教育史[M]. 长沙：湖南教育出版社，1997：32.
⑪ 《荀子 · 性恶篇》。
⑫ 《荀子 · 致士篇》。

个“严”字。在家庭中,他强烈否定父母尤其是慈母溺爱子女的行为,主张“慈母之于弱子也,爱不可为前(超过)”,[①]认为“父薄爱”的结果优于“母厚爱”——“故母厚爱处,子多败,推爱也;父薄爱教笞,子多善,用严也”。[②] 不仅如此,面对“不才之子”,若“父母怒之弗为改,乡人谯(同‘诮’,责备)之弗为动,师长教之弗为变”,[③]韩非子则主张依靠国家机器——“州部之严刑”的力量来制服他。韩非子的家庭教育思想对后世影响深远,其反对父母溺爱子女的做法是正确的,但他混淆了正常的父母之爱和溺爱,片面地强调严厉,依靠惩罚甚至是法律来管制和恐吓孩子,完全无视儿童的身心发展规律和自主性,对后世家庭教育思想产生了不良影响。后世流传的“家庭之内肃如公堂”“棍棒底下出孝子”等“格言”与之不无关系。[④]

2. 秦汉家庭教育

(1) 概况。

秦汉时期约440年,历经秦朝(前221—前207年)和汉朝(包括西汉和东汉,前206—公元220年)两个朝代,这是我国封建专制主义中央集权确立的时期,也是“我国封建家庭教育框架定型时期”。[⑤]

秦朝是我国历史上第一个统一的中央集权的封建国家。为了维护国家统一和君主集权的封建统治制度,秦朝崇尚法家,在教育上奉行严格的文化专制和愚民政策,包括统一文字、严禁私学和吏师制度等。在家庭教育方面,秦朝开始以国家的身份介入其中,并用强制手段推行其主张和政策。例如秦朝颁布“行同伦”的法令,强制推行家庭伦理,实行父母送惩权制度(家长将不孝或不听从教育的子弟送官惩处),这些都对后世家庭教育产生了重大影响。

农民起义推翻了秦王朝的统治,刘邦赢得了楚汉战争的胜利,中国历史从此进入汉朝。汉初统治者吸取秦亡教训,崇尚“黄老之学”,主张“无为而治”。在教育上,统治者放松了对其的钳制,允许开办私学,并废除了“挟书律”,[⑥]为教育和学术的繁荣与发展提供了宽松的环境。汉武帝统治时期,西汉进入全盛时期,不安现状的他立志要把汉初那种“无为”政治转变成一种具有进取精神的政治,[⑦]历来强调“文事武备”的儒家学说顺应时代需要登上了历史舞台。汉武帝接受董仲舒的建议实行“罢黜百家,独尊儒术”的政策,确立了以儒学为主导的统治思想。从此,儒学成为我国封建社会的主流统治思想,也确立了其在教育中的独尊地位。在家庭教育上,以“三纲”“五常”为核心的儒家伦理道德逐渐成为家庭教育的基本内容,教子

---

① 《韩非子·八说》。

② 《韩非子·六反》。

③ 《韩非子·五蠹》。

④ 马镛.中国家庭教育史[M].长沙:湖南教育出版社,1997:35.

⑤ 马镛.中国家庭教育史[M].长沙:湖南教育出版社,1997:43.

⑥ 秦朝禁止人们收藏、携带《诗》《书》等书籍,所以在法律中有“挟书律”一项,规定对拥有书籍者进行惩处。汉惠帝四年(前191年)删除了此项法律,允许人们自由收藏、携带、讨论《诗》《书》。参见孙培青.中国教育史[M].上海:华东师范大学出版社,2000:102.

⑦ 孙培青.中国教育史[M].上海:华东师范大学出版社,2000:103.

读经热兴起。其中，在这个时期逐渐发展成熟起来的胎教理论和女子家庭教育理论大大丰富了我国古代家庭教育理论的内容。

（2）胎教理论和女子家庭教育理论。

第一，胎教理论。

我国的胎教始于西周，[①]至汉代，贾谊、刘向、王充等人总结前人的胎教经验，形成了丰富的胎教理论。

贾谊（前200—前168年），洛阳（今河南洛阳）人，西汉初年杰出的政治评论家、文学家，曾任梁怀王和长沙王太傅。贾谊在总结前人经验和思想的基础上，主张人的教育应从胎教开始，并作了专门论述。他认为胎儿期是人生的初始时期，是生命的起点，胎儿发育是否良好，素质如何将决定他未来的发展前途，固应该“慎始”，[②]否则“失之毫釐”[③]则“差以千里”。[④] 他的胎教思想包含以下内容：①慎选婚配对象。贾谊认为，先辈尤其是母亲的遗传与品德会对子女产生直接影响。“故凤凰生而有仁义之意，虎狼生而有贪戾之心，两者不等，各有其母。”[⑤]基于此，为了后代的素质着想，他认为子女的婚配对象应选择“孝悌世世有行义者”。[⑥] ②优化胎儿的发育环境。胎儿的发育环境，一方面指母体本身的环境，另一方面指母体周围的外界环境。对于前者，贾谊主张怀孕的妇女“立而不跛，坐而不差，独处不倨，虽怒不骂”，[⑦]要求孕妇保持身体的自然姿势和情绪的稳定。由于母体的周围环境也会对胎儿产生间接的影响，贾谊以西周胎教为例，主张孕妇不应居住在嘈杂的居室环境中，不听怪诞的音乐，不吃过于刺激的食物。由上可知，贾谊的胎教思想已包含现代优生优育的内容，具有一定的科学性。

刘向、王充等人发展了贾谊的胎教理论，例如：刘向重视外部环境对胎儿的影响，“故妊子之时，必慎所感。感于善则善，感于恶则恶”，[⑧]提出了“慎感”的思想，主张孕妇应有选择地感受外界事物，“目不视恶色，耳不听淫声，口不出敖言”。[⑨] 王充则从母亲身体出发，意识到少生优育的重要性，“妇人疏字者子活，数乳者子死。何则？疏而气渥，子坚强；数而气薄，子软弱也”，[⑩]认为妇女生孩子过多，孩子的体质则差，少生则体质好。

汉代胎教为我国古代胎教理论的发展奠定了基础，其中蕴含的重视母亲素质和外部环境的影响，主张少生优育等优生优育思想具有一定的科学性，至今仍具有指导作用。

---

① 马镛. 中国家庭教育史[M]. 长沙：湖南教育出版社，1997：66.
②《新书·胎教》。
③《新书·胎教》。
④《新书·胎教》。
⑤《新书·胎教》。
⑥《新书·胎教》。
⑦《新书·胎教》。
⑧《列女传·周室三母》。
⑨《列女传·周室三母》。
⑩《论衡·气寿篇》。

第二,女子家庭教育理论。

男女是自然界对人的最大分工,在漫长的农业社会中,由于身体条件的不同,男女社会经济地位不同,接受教育的内容也各异。早在西周,《礼记·内则》篇已表明家庭教育的内容男女有别。到汉代,随着“三纲五常”的确立,“男尊女卑”“夫为妻纲”的思想成为女子家庭教育的基本内容,在这种背景下,也出现了一批专门论述女子地位和行为规范的女子家庭教育理论,班昭的《女诫》是其中的代表作。

班昭(约49—约120年),一名姬,字惠班,扶风安陵(今陕西咸阳北)人,东汉史学家班彪之女、班固之妹。博学多才,著有《女诫》,此书是我国封建女子教育的重要著作,后世的女教理论大都以此为蓝本。《女诫》分为卑弱、夫妇、敬慎、妇行、专心、屈从和叔妹七篇,该书站在封建礼教的立场上,集中论述了女子的地位及其应遵守的行为规范。“阴阳殊性,男女异行,阳以刚为德,阴以柔为用;男以强为贵,女以弱为美”,“夫者,天也。天固不可逃,夫固不可离也”。在女子的地位上,班昭从阴阳两性出发,认为男为阳,女为阴,女子必须以卑弱为根本原则,“以夫为天”,这样女子就成为男子尤其是丈夫的附属品,处于从属地位。从以上原则出发,班昭提出了包括“妇德”“妇言”“妇容”“妇功”在内的女子行为规范,形成了较系统的女子修身大纲。女子除了“以夫为天”、提升自我素质外,还应处理好和公婆以及叔妹的关系,屈从公婆,顺从叔妹。总之,班昭的《女诫》向女子描述了一幅完整的行为标准图,女子在其中地位低下,受到诸多束缚,是封建礼教对女子压迫的重要表现,对后世女子教育影响深远。

3. 魏晋南北朝家庭教育

(1) 概况。

魏晋南北朝是中国历史上大分裂大动荡的时代,自司马氏篡魏建立西晋后经八王之乱,匈奴、鲜卑、羯、氐、羌等北方少数民族入主中原,灭亡西晋,夺取政权,立国称帝。东晋建立后,北方先后经历了北魏、东魏、西魏、北齐、北周五朝,南方则在公元420年东晋灭亡后依次建立了宋、齐、梁、陈诸朝,直至公元589年隋文帝灭陈,才统一全国结束了分裂动荡的局面。

在魏晋南北朝时期,由于政局经常动荡,官学时有兴废,家学的重要性日益凸显出来。“政乱于上,而家治于下”,如何在乱世中建设家族文化,增强家族凝聚力就显得必要和迫切。人们在保全门户观念的影响下,自觉地对子女进行家庭教育。对家庭教育的重视增强了魏晋南北朝家族文化建设的自觉性,从而促使众多家训的问世,如曹操的《诸儿令》《戒子植》《遗令》,刘备的《遗诏敕后主》,诸葛亮的《诫子书》《诫外甥书》,嵇康的《家诫》等,被誉为“古今家训之祖”的颜之推的《颜氏家训》也在这时诞生。

魏晋南北朝时期,社会动荡促进了文化融合。在这一时期,既有南方文化与北方文化的并立与交融,又有汉文化与少数民族文化之间的碰撞与汇合,也有中外文化的相互交流与冲击。与汉代“独尊儒术”相比,这时在文化上最突出的表现就是儒、释、道三教的并立,反映在家庭教育中,阮籍、嵇康等人的家庭教育思想中蕴含丰富的玄学理念,而《颜氏家训》的主要思想仍然是以“孝悌”为中心的儒家思想，但其中尤其是在卷五的《省事》《止足》《养生》和《归心》等篇中也深受佛教以及老庄学说的影响。

(2)《颜氏家训》中的家庭教育思想。

颜之推(531—约591年)，字介，祖籍琅琊临沂(今山东临沂)，于梁武帝中大通三年生于建业(又称江陵，今江苏南京)。他为学勤敏，博览群书，经历南北两朝(包括梁、西魏、北齐、北周和隋五个朝代)频繁的政权更替，史评其为“著名的历史学家、文学音韵学家、教育思想家”。[①] 颜之推最为后世所知的著作是《颜氏家训》。《颜氏家训》是我国现存最早的家庭教育专著，书中第一次系统地对家庭教育理论作了论述。全书七卷共20篇，其内容丰富，在文字学、训诂学、声韵学、历史学、民俗学、教育学等方面都具有较高成就，是研究魏晋南北朝史的一部重要史料，可以满足不同学科的研究需要。在《颜氏家训》中关于家庭教育方面的主张主要集中于第一卷中的《序致》《教子》《兄弟》《后娶》《治家》五篇以及卷三《勉学》篇和卷五中的《省事》《止足》《养生》等篇，其中所包含的一些家庭教育思想至今仍被现代人奉为家庭教育的瑰宝，具有很高的理论价值和实践意义。

《颜氏家训》中包含丰富的家庭教育思想，下面将从四个方面对其进行概述。

第一，提倡早期教育。

颜之推认为幼儿期是一个人发展的奠基时期，家长应抓紧时机及早对婴幼儿进行教育，并且越早越好，甚至要早到胎教。他对古代圣王实施的胎教大加赞同：“古者，圣王有胎教之法：怀子三月，出居别宫，目不邪视，耳不妄听，音声滋味，以礼节之。”[②]对于一般家庭没有实施胎教的条件，但也应该在“当及婴稚，识人颜色，知人喜怒”[③]时开始教育。

在颜之推看来早期教育的效果最佳：其一，“人在年少，神情未定”。人在小的时候各种思想观念没有形成，可塑性大，易受到教育与环境的影响。其二，“人生小幼，精神专利”。颜之推认为幼儿心理状态集中专一，认知能力敏锐，教育效果好；长大以后，则注意力分散，思想难集中。所以家庭教育必须不失时机地抓住幼儿期这个得天独厚的年龄段。

第二，重视道德教育。

重视德育是中国古代家庭教育的基本特征。这一特征在中国古代家训中有非常鲜明的体现，颜之推的《颜氏家训》也继承了儒家以德为重的思想，主张从各个方面对子女进行道德教育，引导其向善：

① 以“孝悌”为中心的人伦教育。家是中国传统文化结构的核心，由“家”而“家族”而“群体”而“社会”而“国家”。在家庭中，夫妇、父子和兄弟，尤其是父子和兄弟间的关系是家庭人伦关系中最为重要的关系，其他的人伦关系都是由这几种关系派生出来的。《颜氏家训》主

---

① 沈灌群，毛礼锐. 中国教育家评传(第一卷)[M]. 上海：上海教育出版社，1988：423.

②《颜氏家训·教子篇第二》。

③《颜氏家训·教子篇第二》。

张对子女进行以“孝悌”为中心的人伦教育,包括“父慈子孝”的父子关系及“兄友弟恭”的兄弟关系。在父子关系中,颜之推认为“父子之严,不可以狎;骨肉之爱,不可以简”,[①]子女应孝敬尊重父母,父母则应严慈相济对子女进行教育。在如何处理兄弟关系上,颜之推主张“兄友弟恭”,父子关系与兄弟关系互为前提,相互依存。只有处理好父子和兄弟间的关系,才能维护家族的团结和稳定,只有内部安定,才能外有成功。

② 以“仁义”为中心的品德教育。颜之推认为,对子弟进行仁义教育是儒学道德教育的重要任务。当仁义与利益发生矛盾时,他从儒家传统的价值取向出发,主张重义轻利。他反对置礼义廉耻和民族气节于不顾的媚世态度,主张为仁义而献身,是死得其所的君子行为,君子在此时应不吝惜生命。

颜之推依照儒家的道德规范来培养教育子弟,将家庭道德教育的内容融入日常生活中,从家庭人伦出发培养子女的孝悌意识,然后由家庭而至社会,教育子女立志为国行仁义。这种家国一体的道德教育思想在今天仍具有很大意义。

第三,生存教育。

颜之推撰写家训的目的是让子孙后代能够立足于乱世并且光耀门楣。如何在乱世中生存,如何为人处世,《颜氏家训》有大量篇幅阐述此问题:

① 谨言慎行。“病从口入,祸从口出”,口舌给人带来无数是非,颜之推深谙此理,专门写下《省事》一篇以警示后人。该文开篇就引用了刻在铜人上的一句铭言:“无多言,多言多败;无多事,多事多患。”[②]在颜之推看来,少言少事是一种处世智慧,多言多事会给自身及家庭带来灾祸。这与他所生活的乱世环境息息相关,也是其经历了世事沧桑、宦海沉浮之后的经验之谈。

② 少欲知足。满招损,谦受益,人生贵在知足。在封建时代尤其在乱世中,有无数人或因权势过大,或因财富过多,或因攀附权贵而身败家灭。颜之推吸取他们的教训,认为“《礼》云:‘欲不可纵,志不可满。’宇宙可臻其极,情性不知其穷,唯在少欲知止,为立涯限尔”。[③] 颜之推之所以教育子孙后代要少欲知足是害怕“树大招风”,以求在乱世中明哲保身。正所谓“天地鬼神之道,皆恶满盈。谦虚冲损,可以免害”。[④]

③ 全身保性。颜之推的养生观以道家思想为基础,认为无“身”则无以养“生”。指出“夫养生者先须虑祸,全身保性,有此生然后养之,勿徒养其无生也”。[⑤] 其认为养生之人首先要远祸避患,保住身家性命,然后才能对其进行保养,如果生命都不存在了,养生也毫无意义。在养身方法的选择上,他不主张子孙专心致力于神仙之事,但其中的调养身体之法可学,即

---

①《颜氏家训·教子篇第二》。
②《颜氏家训·省事篇第十二》。
③《颜氏家训·止足篇第十三》。
④《颜氏家训·止足篇第十三》。
⑤《颜氏家训·养生篇第十五》。

养成良好的饮食起居等日常生活习惯，适当注意药物调护，反对骄奢淫逸，强调“抑情养性”。

以上几点，可以说是颜之推“苟全性命于乱世”的诀窍。但千万不要以此就认为颜之推是一个贪生怕死、毫无气节之人。颜之推认为为追求欲望满足、心存恶念而丧身是不值得的，但如果是因为“行诚孝而见贼，履仁义而得罪，丧身以全家，泯躯而济国”①则是值得推崇的。君子则应以坚持自己的原则、道德标准为重，即使为此而丧身也不能苟且偷生。在此颜之推把对生命的态度上升到社会价值的高度，比单纯地谈养生更具有社会意义。虽然时代背景已大不相同，但对于如何养生，如何在社会中更好地生存，《颜氏家训》中的生存哲学仍能给予我们很多启示。

第四，学习论。

在《勉学》篇中，颜之推系统地论述了其学习理论，包括学习的重要性、学习的目的与方法。

① 学习的重要性。颜之推历仕四朝，始终靠自己的才学立足于乱世，自己的生活经历再加之目睹当时士大夫子弟养尊处优、不学无术的学风，使他非常重视子弟的学习。“父兄不可常依，乡国不可常保，一旦流离，无人庇荫，当自求诸身耳。”②其主张不论尊卑、不论老幼都应好好学习，《颜氏家训》中的学习论带有强烈的实用性和实践性的特点。

② 学习的目的：修身利行。“夫所以读书学问，本欲开心明目，利于行耳。”③颜之推主张以读书来开启心智和眼界，丰富头脑，明白事理，以之作为为人处世的依据和根本。他非常重视对儿孙道德品质的培养，告诫子孙不可为做官而谄事富贵。

③ 学习的方法：勤学、博学、眼学、切磋、学以致用。在《勉学》一篇中，颜之推对如何读书为学论述得非常详细。关于学习的方法问题，其认为：“自古明王圣帝，犹须勤学，况凡庶乎！”④任何一个学习者，只有依靠自己的勤勉努力才能学有所得。颜之推极力反对士大夫自以为是的学习风气，主张学习需要勤学不辍，以求上进。并且以“古人勤学，有握锥投斧，照雪聚萤，锄则带经，牧则编简，亦为勤笃”⑤的例子来勉励子弟勤奋学习。

在学习的内容上，颜之推主张要博学。所学内容除儒家“五经”外，兼及“百家之书”，还包括农、工、商、贾与书、画、数、医、琴、棋、射、投壶等各种技艺和知识。他认为，只有博学，才能“兼通文史，不徒讲说也”，⑥进而“学备古今，才兼文武”。⑦ 当然，博学也不是蜻蜓点水、浅尝辄止，需要专精，更需要把博与专结合起来，博专相须才能学有长进，否则就可能产生偏差。像

---

①《颜氏家训·养生篇第十五》。
②《颜氏家训·勉学篇第八》。
③《颜氏家训·勉学篇第八》。
④《颜氏家训·勉学篇第八》。
⑤《颜氏家训·勉学篇第八》。
⑥《颜氏家训·勉学篇第八》。
⑦《颜氏家训·勉学篇第八》。

"博士买驴，书券三纸，未有驴字"[1]般繁琐而不得要领的"博学"，是颜之推极力反对的。

颜之推反对士大夫的"耳学"，即那种把道听途说的东西当作学问，不愿扎实钻研的学习态度和方法。相反，他提倡"眼学"，要求子孙对事物亲自观察和深入钻研，直到获得真知。在颜之推看来，"眼学"应包括书本知识和实践经验两个方面：对于书本知识必须阅读典籍，查阅原文力求获得第一手资料，确保其准确性；对于实践经验方面的知识，也必须亲自考察方可信实。

子曰："三人行，必有我师焉。择其善者而从之，其不善者而改之。"[2]《礼》云："独学而无友，则孤陋而寡闻。"[3]颜之推认为个人见闻和所学知识往往是狭隘的，学习需要相互交流、相互切磋，以取长补短，共同进步。

颜之推所处的时代崇尚玄学，空谈之风盛行。他尖锐地批评了当时士大夫不知世事，缺乏"应世经务"能力的缺点："吾见世中文学之士，品藻古今，若指诸掌，及有试用，多无所堪。居承平之世，不知有丧乱之祸；处庙堂之下，不知有战阵之急；保俸禄之资，不知有耕稼之苦；肆吏民之上，不知有劳役之勤：故难可以应世经务也。"[4]只有"起而行之""思欲效之"，即将所学知识合理地应用于生活实践，"学"才会真有所"得"。

4. 唐宋家庭教育

(1) 概况。

这一时期主要包括唐朝(618—907 年)和宋朝(960—1279 年，分为北宋和南宋)，共 650 年左右的历史。公元 589 年，隋朝结束了三百多年的南北朝分裂局面，实现了全国大一统，但隋朝国运不长。之后我国先后进入唐朝和宋朝(结束五代十国的割据状态)，唐宋是我国封建社会发展的鼎盛时期：农业、手工业发达，商业繁荣，对外贸易频繁，科学技术领先(有世界意义的我国古代四大发明均在此时完成)。唐宋经济、社会的发展为教育的发展奠定了坚实的物质基础，再加上统治者均重视"文教"(宋朝还确立了"兴文教，抑武事"的国策)，[5]重科举，广兴学校，唐宋在中央和地方建立起了完备的官学教育体系。这一时期的家庭教育也发展迅猛，取得了丰硕成果，如出现了李世民的《帝范》，把中国古代帝王家教推向了巅峰；[6]司马光的《温公家范》对后世影响深远(赵忠心认为其与《颜氏家训》是我国最著名的古代家庭教育著作[7])；叶梦得的"治生"(谋生计)思想，反映了此时商业的繁荣等。另由于科举制度的推行与发展，使得家庭教育越来越与科举考试结合在一起，出现了家庭教育学校化的倾向。[8]

---

① 《颜氏家训·勉学篇第八》。
② 《论语·述而篇》。
③ 《礼记·学记篇》。
④ 《颜氏家训·涉务篇第十一》。
⑤ 孙培青. 中国教育史[M]. 上海：华东师范大学出版社，2000：189.
⑥ 马镛. 中国家庭教育史[M]. 长沙：湖南教育出版社，1997：131.
⑦ 赵忠心. 家庭教育学：教育子女的科学与艺术[M]. 北京：人民教育出版社，2001：14.
⑧ 毕诚. 中国古代家庭教育[M]. 北京：商务印书馆，1997：88.

（2）唐宋时期的蒙学教材。

我国历来重视家庭教育尤其是早期教育，所谓“蒙以养正，圣功也”。① 在我国封建社会时期，一般是 8 至 15 岁儿童的“小学”教育阶段，称为“蒙养”教育阶段。② 由于家庭教育要以识字启蒙教育为基础，所以编写蒙学教材成为人们普遍关心的一件大事。③

我国古代一直重视蒙学教材的编写，概括来说，唐宋以前被保存下来的蒙学教材有秦朝李斯的《仓颉》，汉朝史游的《急就篇》和蔡邕的《劝学》一卷，梁朝周兴嗣的《千字文》一卷，其中《急就篇》和《千字文》对后世影响深远。唐宋时期的蒙学教材，继承和发展了前人的经验，突破了以往单一的识字课本类型，开始出现按专题编写的现象，主要包括以下几类。

一是识字教学的教材，如《开蒙要训》《百家姓》《三字经》等。这些教材主要目的是对儿童进行识字教育，同时也辅助性地介绍一些基础知识。《开蒙要训》流传于唐朝五代，全书 1 400 字，多为生活常用字，用四言韵语的格式依次介绍自然名物、社会名物、身体疾病、器物工具等内容。《百家姓》相传为宋初所编，作者佚名，全书集各种姓氏编为每句四字的韵语，便于诵读，共 400 多字。《三字经》相传为宋末王应麟所编，全书共有 356 句，每句三个字，句句成韵，叙述了教育的重要性、三纲五常十义、五谷六畜、四书五经、历朝史事等。《百家姓》和《三字经》是我国古代最著名的蒙学教材，与《千字文》合称为“三、百、千”。

二是伦理道德的教材，如宋吕本中的《童蒙训》、吕祖谦的《少仪外传》、程端蒙的《性理字训》等。我国历来极其重视对子女的道德教育，以往的《孝经》《论语》中包含大量此类教育，唐宋时期的蒙学教材开始分专题对此进行编写。此类教材侧重于向儿童传授伦理道德知识（包括“三纲五常”“三从四德”“礼义廉耻”等）以及为人处世、待人接物的准则。

三是历史教学的教材，如唐李翰的《蒙求》、宋王令的《十七史蒙求》、胡寅的《叙古千文》和黄继善的《史学提要》。这类教材有的叙述历史的发展，有的是选编历史故事或历史人物的名言善行，在介绍历史知识的同时渗透思想教育。

此外，唐宋是我国诗歌发展的顶峰时期，为了对儿童进行文辞和美感教育，当时也编写了大量有关诗歌教学的教材，如朱熹的《训蒙诗》、陈淳的《小学诗礼》及谢枋的《重定千家诗》等。

唐宋时期的蒙学教材开始分类按专题编写，丰富了其内容和形式，且蒙学教材遵循儿童的心理特点，采用韵语形式，便于记诵，并力求把识字教育、基础知识教育和伦理道德教育结合起来。

5. 元明清家庭教育

（1）概况。

元明清（鸦片战争前）包括元朝（1271—1368 年）、明朝（1368—1644 年）和清朝前期

---

①《易经·第四卦　蒙》。

② 孙培青. 中国教育史[M]. 上海：华东师范大学出版社，2000：210.

③ 毕诚. 中国古代家庭教育[M]. 北京：商务印书馆，1997：121.

(1644—1840年),共600年左右的历史。元朝是中国历史上第一个由少数民族(蒙古族)建立并统治全国的封建王朝,虽然其统治时间较短,家庭教育成果较少,但也有独特的成就,如耶律楚材的家庭教育,为祖国大家庭民族文化的交融做出了贡献,也为我国家庭教育宝库增添了新的内容。[①] 明清是我国封建社会的发展由盛转衰时期,也是我国古代家庭教育由繁荣逐步走向衰弱的时期。明朝确立了"治国以教化为先,教化以学校为本"的文教政策,统治者一方面竭力强化皇权,另一方面大兴文教。重文政策促进了文化教育的恢复与发展,学校教育、科举比前代更为兴盛,读书受到特殊的尊重。在这种情况下,教子读书做官被许多人视为振兴门户的必经之路,家庭教育由此兴盛起来,并达到了繁荣和鼎盛阶段,表现为:家训著作急剧增多,层出不穷,数量之多远远超过了以前各个阶段家训著作的总和。据《中国丛书综录》记载,中国古代家训类书籍总共有114种,其中明代28种,清代62种,两项总计占古代家训类书籍总数78%以上。[②] 其中有些还对后世影响深远,如朱柏庐的《治家格言》。

为了加强思想控制,明清实行文化专制统治,竭力推崇程朱理学,屡兴文字狱,科举制也逐步沦为八股取士。文化专制尤其是程朱理学对我国家庭教育也产生了一定影响,如在家庭教育中,父权制家长作风盛行,重视从严治家,注意家风、家纪的教导和灌输,重视伦理道德的说教。虽然明清时期我国家训著作较多,但大部分家训内容大同小异,新意不多,表明我国明清家庭教育在繁荣的同时,也呈现出了衰弱的迹象。这说明中国古代家庭教育到此已接近尾声,它必将随着时代的步伐,走向一个新的阶段。[③]

(2) 明清商人的家庭教育。

我国古代社会是一个按士、农、工、商分等的四民社会,在士农工商的"四民"中,士为贵、农为本,工、商居末位,这一直是主宰世人的主流价值观,重农抑商也一直是我国的基本国策。然而,明清时期,商品经济迅猛发展,资本主义萌芽出现,重商思潮勃兴。这一时期,由于商人势力的急剧膨胀,中国社会结构发生了显著变化,士、商两大阶层的升降分合极其醒目,商与士的界限渐趋模糊。[④] 从"士为贵,农为本,工商为末"到"士与农商常相混"[⑤]再到"四民不分"。[⑥] 在商人集中的徽州、山西和东南沿海地区,商业甚至排在各业之首。如雍正皇帝对山西子弟重利而不重名批道:"山右大约商贾居首,其次者犹肯力农,再次者谋入营伍,最下者方令读书。"[⑦]

上述社会价值观念的变化也反映在家庭教育尤其是商人的家庭教育中,此时的家庭教育从过去单一的教子读经变为读书、从商并行,或干脆教子经商,并从素质培养和技能训练

① 马镛.中国家庭教育史[M].长沙:湖南教育出版社,1997:193.
② 杜成宪,王伦信.中国幼儿教育史[M].上海:上海教育出版社,1998:53.
③ 马镛.中国家庭教育史[M].长沙:湖南教育出版社,1997:300.
④ 余晓宏,宗韵,钟曙阶.明清商品经济发展与传统家庭教育观的更新[J].宿州学院学报,2009,24(01):34—37+23.
⑤ 归有光:《震川先生集》卷13《白庵程翁八十寿序》,文渊阁四库全书本。
⑥ 沈垚:《落帆楼文集》卷9《费席山先生七十双寿序》。
⑦ 张正明,薛慧林.明清晋商资料选编[M].太原:山西人民出版社,1989:24.

两方面对子弟进行教育。第一，积极鼓励子弟走经商之路。商人把功利和实效作为衡量职业好坏的标准，引导子弟选择见效显著、利润丰厚的经商之业。正如徽州祁门倪人穆教育子弟所说的“人生贵自立耳，不能习举业以扬名，亦当效陶朱以致富”，[①]认为从商也是实现自立和自我价值的途径之一。第二，为了将子弟培养成应付自如的成熟商人，明清徽商着重从素质和技能两方面入手对子弟进行集中训练，商业成功是综合素质共同作用的结果。在素质方面，不仅重视对孩子进行诚信教育，而且还注重培养子弟的意志、冒险精神（“前世不修，生在徽州，十三四岁，往外一丢。”这句流行于徽州地区的俗语就如实地反映了明清徽商怎样心狠地将年少子弟推向社会，通过“吃苦教育”“挫折教育”来磨炼其意志和勇气[②]）和勤俭意识（如歙商郑敬伟就明确告诉他的三个从商之子“非勤无以生财，非俭无以足用”[③]）。在技能训练方面，提高子弟的书（识字书写）、算（计算）能力，并向其传授一套行之有效的经营手段和经商理论，包括教子弟趋时逐利（“时”即市场行情变化的趋势和规律性）、远出射利（采用长途贩运的方法）和慎择经商之地等。

二、我国古代家庭教育的传统

我国家庭教育源远流长，在数千年的历史中，积累了丰富多彩的家庭教育实践经验和日趋成熟的家庭教育理论，构成了家庭教育的宝贵文化遗产。但必须承认的是，长达两千多年的封建社会文化对我国古代家庭教育不可避免地产生了一些消极影响，有些至今仍禁锢人们的头脑。为了形成与发展具有中国特色的家庭教育理论体系，充分认识并继承传统中的精华，剔除其中的消极因素是十分必要的。

（一）古代家庭教育中的优秀传统

1. 重视家庭教育

我国素有重视家庭教育的传统，在中国传统观念中，父母为子女提供生活资料、抚养其长大是天经地义的事，教育子女成才更是不可推脱的义务。《三字经》中的“养不教，父之过”，《老学究语》中的“不怕饥寒，怕无家教，惟有教儿，最关重要”和“有儿不教，不如无儿”都说明了这一点。

我国古代社会非常重视家庭教育，其原因是多方面的。其一，家庭教育对实现家族的兴旺与发达具有特殊的意义。我国古代是以自给自足的自然经济为主的农业社会，从文化生态学的观点来看，以农业为重心的经济生活与社会生活，势必以家族为主要运作单位，家族是人们赖以生存的群体，家族利益至上。再加上受封建等级制度的影响，我国历来重视“光耀门楣”“光宗耀祖”，子女是否加官晋爵、出人头地，对全家的命运至关重要。于是在强烈的

---

① 《祁门倪氏族谱》卷下，光绪刊本。

② 宗韵. 明清徽商家庭教育研究[D]. 芜湖：安徽师范大学，2004.

③ 宗韵. 明清徽商家庭教育研究[D]. 芜湖：安徽师范大学，2004.

家族主义的影响下,父辈对子辈的品行、前途格外重视,寄予厚望,因而十分重视家庭教育。

其二,家庭教育在维护国家稳定,促进社会发展方面发挥着重大作用。我国自古强调"家国同构"的社会政治模式。孟子说:"天下之本在国,国之本在家。"[①]《大学》则更明确地说:"欲治其国者,先齐其家""家齐而后国治""其家不可教,而能教人者无之"。在我国,国家是放大的家庭,家庭则是缩小的国家。家庭的发展对维护国家稳定和促进社会的发展具有重大作用,因而在"家国同构"的政治模式中,注重家庭教育已经成为中国古代社会的"共同意识",上至帝王将相,下至平民百姓,皆重视家庭教育。再加上"夫同言而信,信其所亲;同命而行,行其所服",[②]家长与孩子天然的血缘关系、亲密的感情、共同的生活空间等都为家庭教育的实施提供了客观保证。

2. 修身为本的家庭教育内容

冯天瑜曾把中国文化称之为"德性文化",张岱年也认为在小农自然经济的生产方式和家国一体的宗法社会政治结构基础上产生的必然是以伦理道德为核心的文化价值系统。[③] 与我国伦理型本位的社会和教育模式相一致,我国古代家庭教育尤其重视人的培养,因而以修身为本的伦理道德教育便成为我国古代家庭教育的重要内容。孔子曾说:"弟子入则孝,出则弟,谨而信,泛爱众,而亲仁。行有余力,则以学文。"[④]明人高攀龙在《高子遗书家训》中指出教子做人的重要,认为"吾人立身天地间,只思量做得一个人,是第一义,余事都没要紧";[⑤]郑板桥也认为"夫读书中举,中进士做官,此是小事,第一要明理作个好人"。[⑥] 以上论述,都说明教会子弟做人、做好人,不仅是中国传统家庭教育的主流,也是其所追求的基本目标和基本价值取向之所在。我国以修身为本的家庭教育内容主要包含以下几个方面。

(1) 立志教育。

立志是修身的基础,因为志向是人行为的强大动力,只有确立志向,才会明确努力的方向,才会克服各种艰难险阻向着目标前行。古人非常强调立志在成才修养中的作用,如诸葛亮在其《诫子书》中写道:"夫学须静也,才须学也。非学无以广才,非志无以成学。"[⑦]嵇康说:"人无志,非人也。"[⑧]既然志向如此重要,那么应教育子女树立什么样的志向呢?古人要求子女要立圣贤之志,要立志以报其国。诸葛亮在《诫外甥书》中说:"夫志当存高远,慕先贤,绝情欲,弃凝滞,使庶几之志,揭然有所存,恻然有所感;忍屈伸,去细碎,广咨问,除嫌吝,虽有淹留,何损于美趣,何患于不济。若志不强毅,意不慷慨,徒碌碌滞于俗,默默束于情,永窜伏

---

① 《孟子·离娄章句上》。
② 《颜氏家训·序致篇第一》。
③ 南钢. 我国家庭教育的近代转型[D]. 兰州:西北师范大学,2001.
④ 《论语·学而篇》。
⑤ 马镛. 中国家庭教育史[M]. 长沙:湖南教育出版社,1997:344.
⑥ 《郑板桥集》。
⑦ 李时人. 古训新编[M]. 何满子,审定. 上海:上海科技教育出版社,1998:2.
⑧ 《稽中散集·家诫》。

于凡庸，不免于下流矣！”[①]教子立大志，重爱国之情，重民族之节，小家与大家相连，个人与民族一体，是我国古代家庭教育的优良传统。

（2）待人教育。

如何待人以及如何与人相处是古代家庭教育的重要内容。待人教育首先是教育子女如何对待父母和兄弟，这是待人教育的基础。对于父母应孝敬，“孝”是中国传统伦理道德的核心，是一切道德的出发点，孝顺父母既要“养”也要“敬”。在兄弟的关系上，主张“兄友弟恭”。其次是教育子女如何对待他人，在教育子女对待他人方面，古人重视教育后代要谦让待人、与人为善、和睦相处。《周易》中，“善不积不足以成名，恶不积不足以灭身”，“积善之家必有余庆；积不善之家必有余殃”；[②]向郎则说，“惟和为贵，汝其勉之”。[③] 诚实守信也是古人强调的在待人方面的一个重要内容，“曾子杀猪”的故事是古代信而无欺的典范。

（3）勤学教育。

对于学习，古人认为其不仅可以增长知识、明白事理、获得功名，而且也是提高自身道德修养的重要手段和方式。因此，古人在家庭教育中特别重视对子女的勤学教育。如颜之推在《颜氏家训》中就列举了许多古人勤学的例子，“古人勤学，有握锥投斧，照雪聚萤，锄则带经，牧则编简，亦为勤笃”，[④]以此来教育后人勤学，不虚度时光。

（4）勤俭教育。

我国古代家庭教育中非常重视对后代进行勤俭教育，在传统家训中，节俭不仅强调生活资料的节用，更是作为修身养德的手段之一。诸葛亮在《诫子书》中说：“夫君子之行，静以修身，俭以养德。”司马光专门写有《训俭示康》，他引用鲁国大夫御孙的话“俭，德之共也；奢，恶之大也”以告诫子孙“由俭入奢易，由奢入俭难”等哲理；朱柏庐在其《治家格言》中则教导后代“一粥一饭，当思来之不易；半丝半缕，恒念物力维艰”。古人这种教子以俭的思想是我国古代家庭教育的重要特色。

（5）行为习惯教育。

古人认为，人的一言一行无不包容于礼的规范之中，道德修养在很大程度上体现为行为规范的训练，因而非常重视对子女进行行为习惯的培养。如《礼记·内则》中就提出按照儿童的年龄，有计划地进行行为习惯的培养的思想。后人继承这一思想，并不断丰富和发展，在举止、言谈、饮食、起居等诸多方面都提出了详尽的要求。这种主张发展至宋代更趋于理论化，朱熹认为童蒙之学应始于衣服冠履，次及言语步趋，次及洒扫涓洁，次及读书写字，及杂细事宜，皆所当知。并著《童蒙须知》从这五个方面制定了一个详细的儿童行为准则。如“大抵为人，先要身体端整。自冠巾衣服鞋袜，皆须收拾爱护，常令洁净整齐”；“凡为人子弟，

---

① 谷忠玉. 我国古代家庭教育思想论要[J]. 辽宁师范大学学报(社会科学版)，2001(05)：39—41.

② 易经[M]. 梁海明，译注. 太原：山西古籍出版社，1999：16.

③ 向郎(168—247年)，三国时蜀名臣，有遗言诫子。见《三国志·蜀志·霍王向张扬费传》及注。

④《颜氏家训·勉学篇第八》。

须是常低声下气，语言详缓，不可高声喧哄，浮言戏笑”；“凡为人子弟，当洒扫居处之地，拂拭几案，常令洁净”；“凡读书，须整顿几案，令洁净端正”；“读书有三到：谓心到、眼到、口到”；“凡写字，未问写得工拙如何，且要一笔一画，严正分明，不可潦草”，[①]等。

3. 丰富多样的家庭教育原则

我国古代在长期的家庭教育实践中积累了丰富的经验与理论，同时也形成了富有特色的教育原则与方法，如重视早期教育和环境的作用，主张严慈相济和循序渐进的教育原则。

（1）重视早期教育。

我国传统家庭教育特别重视早期教育，甚至从先秦时期起，中国就有了实行胎教的记载。[②] 后经贾谊、刘向、王充、孙思邈等人的发展形成了较为完善的胎教理论。一般家庭虽无法进行胎教，也应进行早教，“当及婴稚，识人颜色，知人喜怒，便加教诲”。[③] 古人重视早教，是根据儿童的智力发展规律提出来的。《颜氏家训·勉学》篇指出，“人生小幼，精神专利，长成已后，思虑散逸，固须早教，勿失机也”，“人在年少，神情未定”。人在年少时具有很强的可塑性，且年轻时记忆力较好，有利于接受知识和形成良好的品德。颜氏还现身说法，说他在7岁的时候，就背诵了《灵光殿赋》，以后每隔10年再看一次，竟能终生不忘。而20岁以后背诵的经书，如果间隔一个月不复习就会全部忘记。

（2）重视环境的作用。

环境对人的发展有重要影响，对年幼的孩子来说更是如此。墨子以“染丝”说明环境的作用：“染于苍则苍，染于黄则黄，所入者变，其色亦变。”[④]荀子则认为“蓬生麻中，不扶而直；白沙在涅，与之俱黑”。[⑤] 基于这种对环境影响的认识，古人在进行家庭教育时，特别强调要为孩子创设良好的受教育环境，重视对孩子所接触的环境的选择。为此，孔子有“里仁为美”的论断，众所周知的孟母为教子而三迁的故事，就是对此的最好例证。除了重视对外部环境的选择外，由于父母对孩子的影响巨大，因此古人非常重视家长自身素质的提高，强调家长要以身作则，言传身教。孔子曾论述身教的作用：“其身正，不令而行；其身不正，虽令不从。”[⑥]父母是儿童最主要的模仿对象，父母的一言一行都会对儿童产生巨大的影响。这种重视环境熏陶的思想也是我国古代家庭教育思想的精华。

（3）主张严慈相济。

在处理爱与教的矛盾方面，我国古代家庭教育形成了严慈相济的教育方法。我国历来反对溺爱孩子，有“慈母多败儿”一说。对于该如何教育孩子，颜之推则明确把“慈”与“严”结

---

① 转引自王建军.论中国古代家庭教育思想[J].华南师范大学学报(社会科学版)，2001(02)：99—106+123.

② 李天燕.家庭教育学[M].上海：复旦大学出版社，2007：55.

③《颜氏家训·教子篇第二》。

④ 孙诒让.墨子间诂(上)[M].孙启治，点校.北京：中华书局，1986：10.

⑤ 梁启雄.荀子简释[M].北京：中华书局，1983：327.

⑥《论语·子路篇》。

合起来，提出“父母威严而有慈，则子女畏慎而生孝矣”，还说“父子之严，不可以狎；骨肉之爱，不可以简。简则慈孝不接，狎则怠慢生焉”。[①] 司马光更进一步地发展了这方面的思想，在爱与教的矛盾上提倡慈训并重、爱教结合。他说“慈而不训，失尊之义；训而不慈，害亲之理。慈训曲全，尊亲斯备。”[②]严慈相济在当今社会也不失为家庭教育的一条重要原则。

（4）强调循序渐进。

循序渐进是根据子女不同时期发展的特点进行教育。同我国重视早期教育的优良传统相一致，我国在很早就发现儿童在不同阶段具有不同的发展特点，并提倡根据这些发展特点实施不同的教育。如早在西周时期，周代贵族家庭就有一套按照儿童年龄安排教育的程序，《礼记 · 内则》中对这一程序做了介绍：“子能食食，教以右手。能言，男唯女俞。男鞶革，女鞶丝。六年教之数与方名。七年男女不同席，不共食。八年出入门户及即席饮食，必后长者，始教之让。九年教之数日。十年出就外傅，居宿于外，学书计。”孔子认为“弟子入则孝，出则弟，谨而信，泛爱众，而亲仁。行有余力，则以学文”，[③]主张先进行道德教育，再进行知识教育。朱熹则基于对人的心理特征的初步认识，把一个人的教育分为“小学”和“大学”两个既区别又有联系的阶段，并提出了不同的任务、内容和方法。如小学以“教事”为主，“小学是事，如事君，事父兄等事，只是教他依此规矩做去”；[④]而大学教育的重要内容是“教理”，重在探究“事物之所以然”，“大学是发明此事之理，就上面讲究所以事君、事父兄等事是如何”，[⑤]这种依据儿童不同年龄阶段的特点学习不同内容的教育方法具有一定的科学性。

（二）古代家庭教育中的消极因素

我国有两千多年封建社会的思想文化，其保守性与专制主义在家庭教育中也有相应反映。为了更好地发展我国现代家庭教育，我们很有必要分析家庭教育传统中这些消极因素的表现与产生的根源。我国传统家庭教育中的消极因素主要有以下几个方面。

1. 封建家长制

“父为子纲”是中国封建社会亲子关系的道德规范。[⑥] 中国传统家庭教育产生并延续于父权制社会，在父母与子女之间，是绝对权威与服从的关系，天下无不是之父母。儒家强调“父父子子”，就是要求父亲要有父亲的样子，儿子要有儿子的样子，角色必须明确。《弟子规》则认为“父母呼，应勿缓；父母命，行勿懒；父母教，须敬听；父母责，须顺承”，强调子女对父母的绝对服从。这种建立在父母绝对权威下的封建家长制致使家长对子女的教育带有强烈的自我随意性，甚至采取体罚的方式，严重制约子女身心的发展，扼杀他们的健全个性和

---

① 《颜氏家训 · 教子篇第二》。
② 司马光：《家范》。
③ 《论语 · 学而篇第一》。
④ 《小学书题》。
⑤ 《小学辑说》。
⑥ 李天燕. 家庭教育学[M]. 上海：复旦大学出版社，2007：58.

创新精神,对孩子的健康成长极为不利。

2. 男尊女卑

中国在进入父系氏族社会后,男性在社会上的地位逐渐得到提高,承担的社会责任也随之加重。中国封建社会的"礼制"制度更是促使了男性在社会、在家庭中至高无上的地位的形成,从而最终使得封建社会时期的中国成为"男权社会"。无论朝廷还是家族、家庭都实行"父权制",女性只是男性的依附者,没有社会地位,即使在家庭中,女性也没有任何权力去决定家庭事情。受封建父权制的影响,男尊女卑是古代家庭教育的一大特征,男女从出生之日起就受到不同的对待。比如生男曰弄璋,生女曰弄瓦。① 璋,指白玉,即希望男孩子的品德像白玉一样高尚纯洁;瓦,指纺锤,即要求女孩将来从事家务,擅长女工。我国历来主张"男主外,女主内","男不言内,女不言外",②女"主内"的主要内容为育婴、烹饪、缝补、浆洗等家务杂事。到了宋元时期,女子往往受"三从四德"的限制,在家庭中地位很低。③ 致使"世俗生男则喜,生女则戚,至有不举其女者"。④ 生男孩就举家欢庆,生女孩家人则气愤不已,这种社会现象在中国民间一直被流传下来。这种重男轻女、男尊女卑的思想贬低了广大女性的地位,人为地造成了男女不平等,是非常错误的。

第二节　我国近代家庭教育

本节中的中国近代特指从1840年鸦片战争开始到1949年中华人民共和国成立的这一段时期。1840年的鸦片战争,英国用坚船利炮打开了中国的大门,我国开始了近一个多世纪的屈辱的近代史。随着外国资本主义的入侵,我国在政治、经济方面发生了极大变化,逐步沦为半殖民地半封建社会。同样,"传统的儒学文化体系也无力守住阵脚而败下阵来","随之而来的是西方文化的传播"。⑤ 传统的教育制度和教育观念逐渐崩溃,新的教育理念、教育内容和教育方法逐步兴起,成为文化教育领域的新鲜事物。家庭教育作为教育的一个组成部分,与近代社会和教育的变革相一致,也开始了转折和变化的历程。

近代中国社会的变革并不是我国原有封建制度自然衍变和发展的结果,而是在外国资本主义的入侵和压力下进行的。同样,我国近代家庭教育的发展一方面继承了我国古代家庭教育的传统,另一方面也顺应了时代的变迁,反映了近代中国社会政治经济制度的变革,尤其是"西学东渐"的影响。因此在整个百年家庭教育近代史中,始终呈现出历史与现实、传统与现代、民族性与世界性的双重矛盾和双重关注。⑥

---

① 参见《诗经·小雅》。
② 《礼记·内则》。
③ 万建中,周耀明,陈顺宣.汉族风俗史:第三卷(隋唐·五代宋元汉族风俗)[M].上海:学林出版社,2004:501.
④ 《家礼》。
⑤ 龚书铎.中国近代文化探索[M].北京:北京师范大学出版社,1988:16.
⑥ 南钢.我国家庭教育的近代转型[D].兰州:西北师范大学,2001.

一、对我国古代家庭教育的继承

任何一种文化形态，一经形成便具有一定的延续性和稳定性。虽然随着社会的变迁尤其是西方教育思想的引进，我国近代家庭教育发生了很大的变化，传统家庭教育受到了很大的冲击，但我国古代传统家庭教育的精华显示出了强大的生命力，不仅没有被批判，反而得到了众多思想家和教育家的继承和发展。

强调道德教育是我国传统家庭教育最主要的特征，到了近代，道德教育依然是家庭教育的重要内容。清末名将曾国藩曾说"凡人一家，只有'修德读书'四字可靠"，并且提出"勤、俭、刚、明、忠、恕、谦、浑"①八德。陈毅则在诗中写道："尤其难上难，锻炼品德纯。"②傅雷则在给其儿子傅聪的家书中说"我们大家都来不断提高自己，不仅是学识而尤其是修养和品德"。③ 与传统家庭教育一致，在近代，立志教育在家庭教育中极受重视。彭玉麟曾说，"志贵立言立行立德立功"，④徐特立曾教诲儿媳"要有自己的终身志愿"。⑤ 受儒家思想的影响，我国传统家庭教育强调光宗耀祖，"修齐治平"和"行道利世"，是一种典型的实学思想。到了近代，家庭教育吸收了古代实学思想的精华，并发展为"经世致用"，强调学以致用。如张之洞曾教诲儿子"学成归来得以泽民耳"，⑥罗荣桓则对儿子说"理论学习必须联系实际"⑦等。

当然，除了上述几个方面外，我国近代家庭教育对古代家庭教育的继承还有很多，例如重视早期教育和环境教育、主张严慈相济、强调言传身教等，在此就不一一赘述。

二、我国近代家庭教育的变革

虽然我国近代家庭教育保留了一些古代的优良传统，但由于受社会变迁尤其是西方教育思想的冲击，我国近代家庭教育发生了很大的变革，主要表现在以下几个方面。

(一) 家庭教育的制度化

家庭教育的最大特点是长期分散到各家各户进行，具有相当强的独立性和特殊性，因而在中国古代史上，家庭教育向来是"家长"自发进行的，从来没有纳入国家的教育体系之中。⑧ 在近代，随着向西方学习的不断深入，其议会制度、法律制度的逐步引入直接促进了我国家庭教育制度化的发展，其最主要的表现则是政府颁布的关于家庭教育的一系列法令。

---

① 曾国藩. 曾国藩往来家书全编(中卷)[M]. 钟叔河，汇编校点. 海口：海南出版社，1997：111.
② 陈毅. 陈毅诗词选注[M]. 辽宁第一师范学院中文系，选注. 北京：北京出版社，1978：397.
③ 傅敏. 傅雷家书[M]. 沈阳：辽宁教育出版社，2003：276.
④ 谢宝耿. 中国家训精华[M]. 上海：上海社会科学院出版社，1997：101.
⑤ 谢宝耿. 中国家训精华[M]. 上海：上海社会科学院出版社，1997：104.
⑥《张文襄公全集》。
⑦《老一代革命家家书选》。
⑧ 李天燕. 家庭教育学[M]. 上海：复旦大学出版社，2007：45.

1903 年,张之洞、张百熙和荣庆拟定了《奏定学堂章程》,后经皇帝批准在全国范围内推行,这就是历史上著名的"癸卯学制"。在这一学制中,清政府规定了新的学校教育制度,从蒙养院到大学毕业共计 30 年,分三段七级。其中,对蒙养院的四年教育则专门通过了另一部《蒙养院及家庭教育法》。《蒙养院及家庭教育法》是我国近代第一个家庭教育法令,也是中国教育史上第一个有关家庭教育的法令。① 在这一法令中,政府第一次对家庭教育的作用、教育目的、教育对象、教育内容和方法等做了全面的规定,虽然由于清政府的腐败无能,致使其成了一纸空文,但其标志着家庭教育第一次被纳入整个国家的教育体系之中,具有划时代的意义,成为我国家庭教育制度化的开端。

南京国民政府则在 1938—1945 年间颁布了以下六部关于家庭教育的法令:《中等以下学校推行家庭教育办法》②《推行家庭教育办法》③《家庭教育讲习班暂行办法》④《家庭教育委员会暂行组织通则》⑤《推行家庭教育办法》⑥和《家庭教育实验区设施办法》。⑦ 由此可见,我国民国时期形成了较为完备的家庭教育法令体系。除了对家庭教育的目的、对象、内容等一般问题进行探讨外,还对推行家庭教育的实施组织(由早期的"家庭教育会"发展为"家庭教育班",最后为"家庭教育讲习班")、专门管理机构("家庭教育推行委员会")及推行主体(由最初单纯的"中等以下学校"扩展到大专院校及其他社会教育机关,最后以"家庭教育实验区"进行试点)进行了规定,这些措施有效地指导了家庭教育的实施。

(二) 家庭教育的科学化

与自给自足的小农经济相对应,我国古代家庭教育呈现出强烈的经验性,注重的是长辈对晚辈人生经验的传递与教诲。流传下来的对于家庭教育的论述也是相关经验的总结,缺乏理论依据和科学基础。近代以来,尤其是进入 20 世纪后,随着西方教育理论的传入,尤其是对福禄贝尔、蒙台梭利、杜威等幼儿教育思想的吸收,我国家庭教育开始逐步走上科学化

---

① 李天燕. 家庭教育学[M]. 上海:复旦大学出版社,2007:46.

② 1938 年 12 月 8 日,国民政府教育部公布了《中等以下学校推行家庭教育办法》,令各省教育厅转饬令所属单位,自 1939 年春季开始一律遵照实施推行家庭教育,并将各地办理家庭教育的情形呈报教育部备核。

③ 1940 年 9 月 28 日,国民政府教育部公布了《推行家庭教育办法》,此前颁布的《中等以下学校推行家庭教育办法》即刻废止。

④ 1941 年 5 月 28 日,国民政府教育部按照《推行家庭教育办法》第八条规定"中等以下学校及社会教育机关推行家庭教育以举办家庭教育班为主要工作"制定了《家庭教育讲习班暂行办法》。这一暂行办法是对《推行家庭教育办法》的具体化,也是方便各级教育机关按照法令推行家庭教育必要的补充说明。

⑤ 1941 年 10 月 24 日,国民政府教育部又根据《推行家庭教育办法》第三、五两条之规定分别制定《各县市家庭教育委员会暂行组织通则》及《各学校家庭教育委员会暂行组织通则》。通则指出"家庭教育委员会"为推行家庭教育的主要管理机构,是主持推行家庭教育的直接领导实体。

⑥ 1945 年 8 月 17 日,国民政府教育部公布了新的《推行家庭教育办法》。国民政府教育部此次颁布的办法,与其在五年之前规定的法令同名且内容相似,只是从行文格式上及委员会名称等细节上稍微做了些调整。

⑦ 1945 年 9 月 10 日,国民政府教育部又公布《家庭教育实验区设施办法》。在国民政府教育部 1945 年 8 月颁布的《推行家庭教育办法》中,提及了一个新的推行家庭教育方式,即指定某些学校实验家庭教育,试图用这种先个别试点再作经验推广的方式更有效地推行家庭教育。

的道路。其中，康有为、梁启超、鲁迅、陈鹤琴、陶行知、郑晓沧、张宗麟等一批先进的知识分子都对我国近代家庭教育尤其是幼儿教育的理论进行了革新。例如：康有为在流亡日本期间，借鉴福禄贝尔的经验，提倡在初等教育阶段设立“胎教院”“育婴院”“慈幼院”等，全面系统地论述了学前教育。[①] 郑晓沧早年留学美国，认为儿童教育的原则和方法可以用一句话概括“方法问题，实即儿童兴味与能力发达之问题也”，[②]以此强调儿童兴趣的重要性。而我国近代著名的家庭教育家陈鹤琴则认为家庭教育必须建立在家长对儿童身心发展特点和规律的了解以及对儿童尊重的基础上。“必须根据儿童的心理始能行之得当。若不明儿童的心理而妄施以教育，那教育必定是没有成效可言的。”[③]他把心理学作为其家庭教育思想的理论基础，并以此对其家庭教育的原则和方法进行论述。而其1925年出版的《家庭教育》一书，也可视为我国家庭教育系统化和科学化的重要标志。

（三）家庭教育的民主化

在我国古代，“父为子纲”的封建家长制使得父母对子女亨有绝对的权威，父母往往将子女视为自己的私有物品，子女毫无自由、平等可言。近代以来，随着封建专制制度的逐步瓦解，尤其是西方自由、民主、平等思想的传入，我国传统的儿童观受到强烈冲击，家庭教育开始朝着民主化方向发展。著名学者鲁迅一针见血地指出了我国传统家庭教育的弊端，“所有的小孩，只是他父母福气的材料，并非将来‘人’的萌芽”，正因如此，鲁迅呼吁“救救孩子”，要求父母对于子女“应该健全的产生，尽力的教育，完全的解放”，以此改革家庭教育。[④] 著名家庭教育家陈鹤琴主张民主、平等的儿童观与教子观，他认为“儿童与成人一样的，儿童的各种本性本能都同成人一色的，所不同的就是儿童的身体比较成人的小些罢了”，[⑤]因而他在家庭教育的原则和方法上提出：“做父母的不可常常用命令式的语气去指挥他们的小孩子”“做父母的应当同小孩子做伴侣”“做父母的不要常常去骂他们的小孩子”。

资料链接

教育大师陈鹤琴的教子经

陈鹤琴是我国著名现代教育家、儿童教育家。他非常重视家庭教育，从孩子一生出就进行连续的跟踪观察，并写成了《家庭教育》一书。

重视道德品质教育

陈家的几个儿女，待人接物一向是诚恳和蔼、谦恭有礼，因为他们从小就是在这种氛围

---

① 南钢. 我国家庭教育的近代转型[D]. 兰州：西北师范大学，2001.
② 转引自南钢. 我国家庭教育的近代转型[D]. 兰州：西北师范大学，2001.
③ 陈鹤琴. 家庭教育[M]. 上海：华东师范大学出版社，2013：1.
④ 中央教育科学研究所. 鲁迅论教育[M]. 北京：教育科学出版社，1986：7.
⑤ 转引自南钢. 我国家庭教育的近代转型[D]. 兰州：西北师范大学，2001.

中长大的。从最大的儿子一鸣到最小的女儿秀兰,谁都没有受过父亲一句呵斥,更没有挨过打。陈鹤琴要求孩子们有礼貌。他自己先做到对孩子有礼貌。他叫孩子做了事,一定说“谢谢”;他出门以前一定对孩子们说“再见”。陈鹤琴用他那和蔼的态度和以身作则的行动达到别的父母用棍棒都不能达到的教育目的。

教育儿女要刻苦勤奋

陈鹤琴喜欢勤劳,反对懒惰。他自己从不闲着,也不喜欢孩子们闲着。只要看到谁在闲逛,他马上会给孩子一本书或者分配一件什么工作叫他们去做,并说:“来,别闲着,浪费光阴是可耻的。”为了教育孩子们,陈鹤琴常常给他们讲自己早年的生活、学习和工作情况。据陈鹤琴自己讲述,他年少时,家境贫寒,有一段时间依靠母亲为别人洗衣服的微薄收入来维持生活,根本没钱上学。可是他酷爱读书,后来,姐姐把嫁妆变卖了供他上学。由于他只读过三年私塾,基础较差,要赶上其他同学,只有加倍努力,勤奋读书。黎明即起对他来说已经是迟了,他常常在黎明以前起床,迎着第一道晨曦去读书。在陈鹤琴的言传身教下,他的七个子女都很勤奋,几乎都是在十几岁时就离开家参加工作,或者边上学边工作,以自己工作所得来贴补生活,没有一个依赖家里的。

鼓励孩子为他人服务

1937年“八一三”事变,那一年,女儿秀霞十五岁,秀瑛十二岁,秀云十一岁。学校停课,陈鹤琴说:“你们也来为难童做一点事吧。”他把三个女孩子带到离家不远的一个难民收容所里。秀霞三姐妹的工作是帮助看护人员给婴儿喂奶、换药、清洗……陈鹤琴叫她们别怕脏怕臭。他说:“人不能只为自己,要为别人服务,要帮助受苦的人。”他在家里的客厅支起小黑板,摆上小板凳,他家就变成了流浪儿的课堂。秀霞、秀瑛、秀云都担任过小先生,教难民识字、唱歌。

转引自:赵忠心.教育大师陈鹤琴的教子经[J].中华家教,2018(10):44—45.引用时有删改。

(四) 家庭教育的开放性

在古代,封闭的自给自足的自然经济占统治地位,与此相适应,我国古代的家庭教育也具有强烈的封闭性:在教育内容上,重视行为习惯的培养和伦理道德的灌输,内容相对狭窄。在教育形式上,各自以家为政,交流较少。进入近代后,“西学”的传入丰富了我国家庭教育的内容,其由传统的道德型教育逐步过渡到知识型教育。除了传统家庭教育的基本内容外,西文、西艺以及西方的政治、经济、军事、历史、地理等知识也逐渐加入我国家庭教育,大大促进了其发展。“西学”的引入使我国近代家庭教育内容呈现出开放性和知识性的特征。在教育形式上,清末尤其是20世纪以后,许多家长都送孩子出国留学,国际教育交流逐步增多,家庭教育打破了其原有的藩篱,家长“开始用一种新的家庭教育形式来实现让孩子接受新式教育的愿望”。①

纵观我国近代家庭教育的历史，它是在对我国古代家庭教育传统的批判继承以及西方先进教育思想的吸收和融合基础上形成的。在保存了家庭教育优良传统的同时，它呈现出了制度化、科学化、民主化和开放性的新特点，为我国现代家庭教育的发展奠定了坚实的基础。

延伸阅读

1. 陈鹤琴.家庭教育(升级版)[M].武汉：长江文艺出版社，2021.
2. 曾国藩.曾国藩家书[M].李鸿章，校勘.南昌：江西人民出版社，2016.
3. 曾仕强-家庭教育全24集[EB/OL].[2022-9-6]https://list.youku.com/albumlist/show/id_15440663.html?sf=71000

① 南钢.我国家庭教育的近代转型[D].兰州：西北师范大学，2001.

第三章 家庭教育的功能

本章导语

在对儿童发展研究日益丰富的当代,越来越多的研究成果证明了早期教育对个人成长的重要性。马卡连柯告诫家长:“主要的教育基础是在五岁以前奠定的,还有,你们在五岁以前所做的一切等于整个教育过程里的百分之九十的工作。”[①]随着社会的发展,儿童的成长环境越来越复杂多变。家庭教育作为最基础的教育形式,应该引起教育研究领域更多的重视。未来的社会取决于我们如何去面对和解决现有的问题,而对家庭教育功能的理性认识与正确把握,将直接影响家庭教育的成效。

本章将从家庭教育的作用和意义、家庭教育功能的理论基础、家庭教育功能的分类三个方面阐述家庭教育的功能。

学习目标

1. 了解家庭教育对儿童成长和社会发展的意义。
2. 理解家庭教育功能的类型划分,了解家庭教育的具体功能。

---

① [苏]安·谢·马卡连柯. 马卡连柯全集(第四卷)[M]. 耿济安,高天浪,王云和,译. 北京:人民教育出版社,1957:510.

第一节　家庭教育的作用和意义

家庭是社会生产力发展到一定阶段的产物，是社会的细胞。家庭作为社会组织结构的一部分，担负着承继人类文化和社会生活的责任。社会学家认为，“在男女分工体系中，一个完整的抚育团体必须包括两性的合作”。[①] 这是因为，“孩子需要全盘的生活教育，而且这教育过程相当地长”。[②] “每个儿童都要从家庭中学会说话、走路和交往；然而，更重要的是从父母及其他成员中学习价值观、信仰和处世态度。”[③]由此，我们认为家庭教育是家庭众多功能中重要的组成部分。可以说，只要有家庭存在，家庭的教育功能就永远存在。

“修身，齐家，治国，平天下”曾是我国古代社会由人的发展进而促进社会发展的崇高理想。古代社会，家庭教育不仅承担着为社会造就人才的任务，还承担着传播社会道德规范的任务。学校教育的出现和强化，使家庭的教育功能出现了弱化甚至异化的现象。种种现象表明家庭教育的缺失对儿童的社会化以及人格的发展带来了许多负面的效应，这些问题若不解决显然会阻碍社会的发展与进步。所以，“家庭教育并不是一家一户的私事，而是一件国家大事”。[④] 家庭和家庭教育不仅对个体发展有特殊作用，对社会发展亦有重要作用。

一、家庭教育对儿童成长的作用

“儿童是人类的未来。”[⑤]儿童受教育的优劣直接影响其以后的生存质量以及人类的发展方向。“家庭是儿童早期生活最基本的环境，约占其全部生活时间的三分之二。”[⑥]国内外研究表明，儿童的早期生活经验，将深刻地影响其一生。儿童接受教育的顺序是先家庭，后幼儿园、学校、社区、社会，所以家庭教育为儿童的发展打上了底色。“在有关校园生活和被访者自我的叙述中，我总能看到他们的家庭的影子：家庭生活、家庭教育塑造了他们，家庭的存在也影响着他们对事物的看法和行为选择。”[⑦]

正如美国社会学家库利指出的，家庭作为初级社会群体“具有亲密的、面对面的结合和合作的特征……对个人的社会性和个人理想的形成是基本的”。[⑧] 由于家庭成员的这种亲密性和面对面的特征，家庭教育是建立在伦理关系上的教育活动。这种特征导致家庭不像学校教育那样有明确的教学大纲、教育计划，也不像学校那样有严格的规章制度保证其实施。家庭教育是伴随着家庭生活而进行的全面的教育活动，家庭教育的内容、方式和意图，完全

---

① 费孝通. 乡土中国[M]. 上海：上海世纪出版集团，2007：443.
② 费孝通. 乡土中国[M]. 上海：上海世纪出版集团，2007：443.
③ 邓佐君. 家庭教育学[M]. 福州：福建教育出版社，1995：35.
④ 赵忠心. 家庭教育[M]. 北京：中央广播电视大学出版社，1989：36.
⑤ 联合国教科文组织. 教育——财富蕴藏其中[M]. 联合国教科文组织总部中文科，译. 北京：教育科学出版社，1996：1.
⑥ 何齐宗. 现代外国教育理论流派述评[M]. 南昌：江西高校出版社，2006：117.
⑦ 陈向明. 在行动中学作质的研究[M]. 北京：教育科学出版社，2003：296.
⑧ 转引自关颖. 社会学视野中的家庭教育[M]. 天津：天津社会科学院出版社，2000：44.

蕴含于日常生活中,取决于家长对教育目标的理解及其自身的教育能力。

家庭教育具有一种潜移默化的教育力量,家庭生活规范是个体最早接触到的社会规范。年幼者以家庭中长者的言行为认同对象,通过同化作用,逐渐形成自己的行为习惯和人格特征。

在现代,家庭教育还肩负着促进个体终身教育进而终身学习的责任。“终身教育概念是进入21世纪的一把钥匙。……在生活的传统范畴发生深刻变化之后,迫使我们要更好地了解他人、更好地了解世界的迫切需要。……以此作为教育基础提出并阐明了四个支柱之一,即通过增进对他人及其历史、传统和精神价值的了解,学会共同生活。……另外三个支柱是学会共同生活的基本因素:学会认知、学会做事,尤其要学会生存。”[①]学会共同生活、学会认知、学会做事和学会生存这四个对人才培养提出的要求都不可避免地要借力于家庭教育。

二、家庭教育对社会发展的作用

联合国前秘书长加利在1996年5月15日“国际家庭日”发表的纪念文稿中说:“家庭作为最活跃的社会细胞,把个人与社会联系在一起,它必须适应全球性的变化,这些变化是深远的,它不仅影响人类的物质生活,还将影响人类的价值观念和信仰。”家庭是个体认识社会的窗口,家庭为社会补充新生力量,社会为家庭的持续发展提供保障。家庭教育是个体发展的源头和后盾,个体作为一个社会人,他的发展最终表现为社会发展的一部分。家庭形成了社会成员最初的社会关系和社会规范,而家庭教育则影响着人类的群体生活。

在我国,鲁迅先生十分重视家庭教育和社会发展的关系。他亲眼看到不重视家庭教育的状况,感慨地说:“穷人的孩子蓬头垢面地在街上转,阔人的孩子妖形妖势娇声娇气地在家里转。转得大了,都昏天黑地地在社会上转,同他们的父亲一样,或者还不如。”[②]儿童的状况一定程度上决定了社会未来的状况。鲁迅深刻地指出:“所以看十来岁的孩子,便可以逆料二十年后中国的情形;看二十多岁的青年,——他们大抵有了孩子,尊为爹爹了,——便可以推测他儿子孙子,晓得五十年后七十年后中国的情形。”[③]鲁迅的观点提示我们,若一代人没有受到良好的教育,将会影响其下一代的教育乃至整个国家的发展。

资料链接

习近平谈家风家教

家庭是国家发展、民族进步、社会和谐的重要基石,正所谓“天下之本在国,国之本在家”。习近平总书记非常重视家风家教问题,党的十八大以来,他曾多次在不同场合强调家

---

① 联合国教科文组织. 教育——财富蕴藏其中[M]. 联合国教科文组织总部中文科,译. 北京:教育科学出版社,1996:8.
② 鲁迅. 鲁迅作品集[M]. 太原:北岳文艺出版社,2004:349.
③ 鲁迅. 鲁迅作品集[M]. 太原:北岳文艺出版社,2004:349.

风、家教的重要性。2016年在会见第一届全国文明家庭代表时，他对家庭、家风、家教的作用做了许多经典的论述：

家庭是社会的细胞。家庭和睦则社会安定，家庭幸福则社会祥和，家庭文明则社会文明。我们要认识到，千家万户都好，国家才能好，民族才能好。国家富强，民族复兴，人民幸福，最终要体现在千千万万个家庭都幸福美满上，体现在亿万人民生活不断改善上。

家庭是人生的第一个课堂，父母是孩子的第一任老师。孩子们从牙牙学语起就开始接受家教，有什么样的家教，就有什么样的人。家庭教育涉及很多方面，但最重要的是品德教育，是如何做人的教育。

广大家庭都要重言传、重身教，教知识、育品德，帮助孩子扣好人生的第一粒扣子，迈好人生的第一个台阶。要在家庭中培育和践行社会主义核心价值观，引导家庭成员特别是下一代热爱党、热爱祖国、热爱人民、热爱中华民族。

家风是社会风气的重要组成部分。家庭不只是人们身体的住处，更是人们心灵的归宿。家风好，就能家道兴盛、和顺美满；家风差，难免殃及子孙、贻害社会。

习近平会见第一届全国文明家庭代表[EB/OL].(2016-12-12)[2022-09-16]http://cpc.people.com.cn/n1/2016/1212/c64094-28943655.html.

第二节　家庭教育功能的理论基础

家庭教育究竟承担着怎样的育人功能？家庭教育在实践中是如何实现这些功能的？要从客观上回答以上问题，首先需要从对家庭教育功能的认识开始。他山之石，可以攻玉。杜威认为，“一切的科学判断，无论是物理的，还是伦理的，最后都是要用客观的（即一般的）名词来陈述经验以指导进一步的经验的，那么一方面，我们将会毫不犹豫地去利用那些在形成其他判断的过程中有用处的任何种类的判断，而在另一方面，我们将会想不到去抹杀任何类型经验所具有的独特的特征”。[①] 以下将以教育学的视角，探讨家庭教育功能的理论基础，以体现其理论的独特性。

一、社会学理论与家庭教育功能

一个社会系统的存在必然有其一定的社会功能，家庭教育作为教育系统的一部分，必然有其功能，对家庭教育功能的认识能更好地指导家庭教育实践的进行。美国社会学家默顿在其“中层功能”分析范式中提出了其功能分析的概念，默顿认为功能是“有助于既定系统的

① 唐莹.元教育学[M].北京：人民教育出版社，2002：102.

适应或调整的可观察的结果”,[①]是一种客观范畴。他反对把主观范畴的动机与客观性的功能混淆起来,并提出了著名的“显性功能”和“隐性功能”的概念。“显性功能”是“指某一具体单元(人、亚群体、社会系统和文化系统)的那些有助于其调适并且是有意安排的客观后果”,[②]是参与者所预料的、认可的;“隐性功能”则“不是常识,而是未被意料到和未被广泛认识的社会后果和心理后果”。[③]

在功能分析范式的探索中,必须澄清显性功能、隐性功能与正功能、负功能几组概念间的联系与区别。显性功能和隐性功能主要是为了区分主观目的与客观后果一致或不一致的情况。而正负功能也涉及客观后果,从定义上看,正功能与显性功能的范畴有较大重合,它们都是指有助于一定系统调适的客观后果,只是正功能强调的是社会活动对系统的正面贡献,显性功能强调的则是为系统参与方期望和认可的后果;负功能和隐性功能的概念区分较大,负功能是“观察到的那些削弱系统之调适的后果”,而隐性功能强调的是“未预期到的后果”,这种未预期到的后果包括三种类型:“(1)对所指定的系统具有正功能的那些后果,这些后果构成潜正功能。(2)对指定的系统具有负功能的那些后果,这些后果构成潜负功能。(3)那些与系统无关的后果,它们既不在正功能上,也不在负功能上影响这一系统,即非功能后果中那些实际上很不重要的后果。”[④]由此可见,对显性功能和隐性功能的探讨还应当包括对正功能和负功能的分析。在本章第三节家庭教育功能的分类中,我们将首先阐述家庭教育的显性功能与隐性功能。

显性功能和隐性功能概念的提出,为我们更好地考察家庭系统的功能拓宽了视野。在探讨家庭教育功能的问题上我们需要充分考虑家庭教育本身的特殊性,以及它对个体与社会产生的影响。

家庭是一个初级的社会系统,运用默顿的分析框架,家庭这个系统的功能,就是有助于社会系统的适应或调整的可观察的结果的一种客观范畴。家庭是通过家庭成员适应社会系统来观察结果的,家庭在促进儿童社会化方面必须依赖于父母对子女的教育,也即家庭功能的实现在一定程度上受家庭教育的制约。任何教育都有其一定的社会功能,家庭教育也不例外。家庭的社会功能通过家庭的教育功能来体现,其最主要的就是实现子女社会化的功能。用默顿的功能概念来分析,其“显性功能”就是家庭教育达到了其预料和认可的子女社会化的目标,家庭生活幸福,有益于社会发展;其“隐性功能”也就是家庭教育出现了父母事先所没有预料、认可的结果,也即子女未完成社会化或偏离了正常社会化的轨道,甚至影响了家庭的正常生活,阻碍了社会发展。

“结构功能论有学者将之称为功能论。结构功能论主要认为有组织的实体各部分是相

---

① [美]罗伯特·K.莫顿.社会理论和社会结构[M].唐少杰,齐心,等译.南京:译林出版社,2006:170.
② [美]罗伯特·K.莫顿.社会理论和社会结构[M].唐少杰,齐心,等译.南京:译林出版社,2006:170.
③ [美]罗伯特·K.莫顿.社会理论和社会结构[M].唐少杰,齐心,等译.南京:译林出版社,2006:177.
④ [美]罗伯特·K.莫顿.社会理论和社会结构[M].唐少杰,齐心,等译.南京:译林出版社,2006:153.

互依赖的，所以整体和部分的关系是重要的。基于这种观点，功能主义的研究重视结构中任何系统的相互关系。功能论强调社会共同的信念和利益。”[①]

从功能论可以归纳出四项概念：[②](1)结构与功能。社会中的每一部门对社会整体生存都有它们的贡献，这种贡献即成为“功能”，它过分夸大了不同社会部门对整体功能的正面贡献，而忽略了其他因素所造成的破坏性影响。(2)整合。互相依赖、合作、支持。但有的整合不是可以完全成功，有时也会调和失败。(3)稳定。功能论者指出基本机构如家庭的一致性、价值的一致性，作为社会变化缓慢的证据。(4)共识。指的是社会各部门的共同认识。其中小的乡村社会比起大的现代工业社会更易达成共识。这些社会都存在一套对世界现象的复杂的假设，没有这些假设社会生活可能难以进行，这些共识的达成是透过社会化完成的，而社会化的功能主要由家庭和学校来执行。

家庭的教育功能基于家庭的结构，家庭的每一个成员都对家庭教育的功能有贡献，而正面的贡献往往容易被夸大，却忽略了一些因素造成的破坏性影响。在相对稳定的家庭结构中，家庭教育功能包括整合家庭资源和社会资源，通过对未成年人的社会化来为其进入社会生活做准备——对世界现象复杂的解释达成共识。

二、人类学理论与家庭教育功能

博尔诺夫在《教育人类学》中提出了人的可教育性问题，他重视环境对成长的影响，因而特别重视生活教育。人类学的研究告诉我们，与动物相比，人是一种有缺陷的生物，人的后代在子宫中并没有获得已达到成熟的独立生存的能力，“波特曼关于人的宫外年学说，即关于小孩与动物相比大约要早出生一年的论断”，[③]都证明了人的可教育性以及教育对人的重要性。

(一) 扩大家庭教育功能的范围

人类学的观点强调教育的范围，或更通俗地说，其主张与教育方面有意义的关系的范围必须得到更广泛的开拓，而这种开拓是要超过以往把教育视为一种孤立现象所探讨的范围。也就是说，要对教育做出正确理解，必须考虑存在着一个广泛得多的范围。

在《学会生存》中，也有类似的观点：“知识并不是文化所要求的一切。国际教育发展委员会采取的立场，不是按照人们所期望的那种广度和深度，把知识的研究范围扩大到教育领域以外的职能中去，把它带进家庭、职业和都市关系的全部领域中去，把它扩大到社会集团、专业共同体和宗教共同体的职能中去。然而我们所有的观察都是我们肯定：所有这些迥然不同的内在和外在的职能结合起来构成一个整体，而人类发展和社会生活的各方面又是彼

---

① 周新富. 家庭教育学——社会学取向[M]. 台北：五南图书出版公司，2006：20.
② 周新富. 家庭教育学——社会学取向[M]. 台北：五南图书出版公司，2006：20.
③ [德]O. F. 博尔诺夫. 教育人类学[M]. 李其龙，等译. 上海：华东师范大学出版社，1999：37.

此不可分割的。"[①]这些观点表明家庭教育越来越进入了研究者的视野,越来越多的学者意识到家庭教育的功能对教育整体,乃至人类发展整体的不可或缺的影响。

(二) 关注家庭"无意识、无心"的塑造作用

法国现代诗人梵莱梨曾这样描述过家庭:"每个家庭都蕴藏着一种内在的特殊的烦恼,使稍有热情的每个家庭分子都想逃避。但晚餐时的团聚,家中的随便、自由,还我本来的情操,却另有一种古代的有力的德性。"[②]我国有句俗语:"家家有本难念的经。"家庭是人类生活中出现频率最高的场景,充满着各种张力,研究家庭教育而不深入研究家庭是不完整的,是隔岸观火的。在《"我"的试读》中研究者通过对三位试读生的家庭教育研究,这样感慨道:"从三位被访者的叙述中,我深深感觉到并真正相信家庭是无可代替的。借用莫洛阿的话说:'凡是乐观主义者,虽然经过失败与忧患,而自始至终抱着信赖人生的态度的人们,往往都是由一个温良的母亲教养起来的。反之,一个恶母,一个偏私的母亲,对于儿童是最可悲的领导者。她造成悲观主义者,造成烦恼不安的人。'"[③]

正是因为这种复杂的不明显的教育场景,才有必要引入人类学的视角去审视家庭教育的功能。"我们把功能教育理解为环境对成长着的一代人无意识地、无心地产生的一种塑造作用。与'意向性'教育即有意识的教育的影响不同,那是一种无意识地进行塑造的力量,这种塑造作用是由打上深刻烙印的团体(例如军官团)对新进入其团体范围中的成员所产生的。"[④]当然,在良好的环境中塑造作用固然是良好的,但在不良的环境中塑造作用却是不良的。所以,必须看到这些很难控制的势力所产生的强大影响,应该尝试把其中有益的影响与有害的影响区分开来,而且只要有可能就应当用正确的方法控制那些有害的影响。

家庭教育实践的环境中包括了很多很难控制的势力,而尝试用正确的方法去控制这些影响就是家庭教育的功能。"就教师、学生和家长的个人经验而言,教育实践的社会功能,从它的许多教学形式和它在各种不同的关系中实际发生的情况来看,是非常复杂的。教育实践既显示出教育的解放力,又表明了它的局限性、缺点及其具有压抑性的后果。"[⑤]

在这里,人类学特别强调家庭教育中的"无意识地、无心地"的塑造作用。"教育的成功与否往往取决于生活环境中一定的内部气氛和教育者与受教育者一定的情感态度,幼儿的安全感,儿童的愉快心境,教育者的爱和信任、耐心。"[⑥]家庭教育除了促进人的社会化,还应

---

① 联合国教科文组织国际教育发展委员会. 学会生存——教育世界的今天和明天[M]. 华东师范大学比较教育研究所,译. 北京:教育科学出版社,1996:21.

② [法]莫洛阿. 人生五大问题[M]. 傅雷,译. 上海:上海三联书店,1986:37.

③ 陈向明. 在行动中学作质的研究[M]. 北京:教育科学出版社,2003:302.

④ [德]O. F. 博尔诺夫. 教育人类学[M]. 李其龙,等译. 上海:华东师范大学出版社,1999:40.

⑤ 联合国教科文组织国际教育发展委员会. 学会生存——教育世界的今天和明天[M]. 华东师范大学比较教育研究所,译. 北京:教育科学出版社,1996:83.

⑥ [德]O. F. 博尔诺夫. 教育人类学[M]. 李其龙,等译. 上海:华东师范大学出版社,1999:41.

该为个人幸福和家庭幸福而努力，共同营造一个良好的家庭环境，从而尽可能多地为家庭成员施加正面影响。

三、心理学理论与家庭教育功能

20 世纪初，美国著名心理学家詹姆斯断言："人的生理、心理可能具有而尚未实现的能力（即发展潜能）是巨大的，普通人只用了他们全部潜能的极小部分，约占自己头脑和身体资源的不到十分之一。"[①]而人的这些发展潜能的开发需要建立在对人的科学认识的基础上。心理学通过研究人的行为和认知规律来探讨人的心理和生理变化历程。家庭教育可以运用心理学的研究成果，正确地把握儿童的生物、认知和社会情感的发展规律，从而更好地促进正向的家庭教育功能的实现。以下将从传统儿童发展心理学理论、终身发展心理学和生命周期理论两个角度探讨家庭教育的心理学基础。

（一）传统儿童发展心理学理论

心理学家将发展定义为"始于胚胎并贯穿人一生的运动或变化的过程。这一运动过程是复杂的，因为它是若干过程的结合——生物、认知和社会情感。"由于发展的复杂性，心理学的分歧与发展的本质问题——天性和教养的作用、稳定性和可变性、连续性和非连续性相关。在有关家庭教育与儿童社会性发展的一系列问题上，对家庭教育影响比较大的儿童发展心理学理论有精神分析理论、认知发展理论和社会认知理论。[②]

1. 精神分析理论

精神分析理论的主要代表人物是弗洛伊德、埃里克森和阿德勒。弗洛伊德是精神分析学派的创始人，他强调儿童早期经验对个人社会化和人格形成的作用。精神分析理论提出人格结构由本我、自我和超我三部分构成。

"本我"是与生俱来的，由人的先天本能和基本欲望组成，是一种生物性的冲动。它由快乐原则支配，按快乐原则活动，即它的目的在于最大限度地获得快乐并减少痛苦，在儿童的婴儿期表现为"自我中心"。

"自我"是从本我中的一部分发展而来的，介于"本我"和"超我"之间，它的作用是既要满足基本需要，又要控制和压抑"本我"的过分冲动。自我是遵循现实原则互动的，它是有意识的、理智的。

"超我"从"自我"发展而来，类似于通常所说的"良心"，"它是自我中的一个特殊结构，是通过儿童对父母的自居作用从自我中产生并分离出来的，标志着父母的权威、教师的教育和

① 吕建国.家庭生态与教育[M].太原：山西教育出版社，1992：8.
② 方建移，何伟强.家庭教育与儿童社会性发展[M].杭州：浙江教育出版社，2005：48.

社会的道德习俗、价值判断对人们实行的外部限制的内在化”。① 弗洛伊德认为,“如果父母经常以自身表率告诫儿童去做正确的事,并申斥各种错误行为,赞扬正确行为,那么儿童的心就会变成‘良心’,‘良心’便是内化了的父母的正义之声。儿童的行为起初是由父母来控制的,‘良心’的发展可使儿童在没有父母监督的情况下,也能按照道德规范来行动,抵制外界的诱惑。可见,父母与儿童朝夕相处的一言一行、一举一动,对他们的人格形成和发展产生潜移默化的影响”。②

埃里克森的精神理论以弗洛伊德理论为基础,他把人格的发展分成了八个有固定顺序的阶段,每个阶段都有一个发展任务,这些任务都是由个体的生物成熟与社会文化的要求之间的冲突产生的。埃里克森认为上一阶段任务的完成有助于下一阶段的顺利通过,若一个阶段的任务完成得不好,在以后的阶段中还有机会继续完成。埃里克森指出,个体从一个阶段进入下一个阶段面临的所有任务都是获得积极的自我同一性,“同一性形成既不始于也非终于青春期,它是一个毕生的过程,可以追溯至同时期感受到的家长与儿童之间的相互关系。随着儿童接触到他们第一个爱的对象,他们便开始寻找一种自我实现”。③ 家庭教育可以借助这一角度反思儿童的成长,培养父母与儿童的良好关系,促进儿童的同一性的形成。

阿德勒早年曾追随弗洛伊德,是个体心理学的创始者。个体心理学的基本前提是:人是一个不可分的生物有机体。人的心理也是一个整体,不能分解为各个单一元素;人的各个组成部分是为了一个共同的目的而生动地合作的。从一定程度上讲,阿德勒的理论是一种社会心理学理论,它所关注的是人的社会性的一面,其基本思路主要体现在人格发展的观点上。阿德勒和弗洛伊德一样,也强调生命早期在人格形成上的重要性,认为幼儿发展生活风格的主要途径是模仿,幼儿“往往把自己周围环境中最强的、最有感染力的人作为自己的模仿对象,如父亲、母亲……不幸的是谁也不会否认,父母既非好的心理学家,又非好的老师”。④

2. 认知发展理论

皮亚杰是认知发展理论的创始人。“最重要的认知发展理论为皮亚杰的认知发展理论、维果斯基的社会文化理论和信息加工特点。”⑤皮亚杰认为,个体心理的发展是一个由一系列带有普遍性的阶段组成的规则的过程,是一个积极的构造过程。个体通过自己的活动,逐渐建立分化的和理解的认知结构,即图式。也就是说,儿童的某些特定社会技能只有在相应的认知技能形成之后才能出现。个体所处的环境在其发展过程中起着重要的作用,而个体本

① 刘纲纪. 现代西方美学[M]. 武汉:湖北人民出版社,1993:114.
② 何齐宗. 现代外国教育理论流派述评[M]. 南昌:江西高校出版社,2006:117.
③ [美]F·菲利浦·赖斯,金·盖尔·多金. 青春期(第11版)——发展、关系和文化[M]. 陆洋,林磊,陈菲,译. 上海:上海人民出版社,2009:31.
④ 沈德灿. 精神分析心理学[M]. 杭州:浙江教育出版社,2005:173—223.
⑤ [美]约翰·W. 桑特洛克. 毕生发展:第3版[M]. 桑标,等译. 上海:上海人民出版社,2009:20.

身在发展中具有积极的能动作用。

同皮亚杰类似，维果斯基认为，儿童主动建构他们的知识，他比皮亚杰更为重视社会交往和文化的作用。维果斯基的理论是一种社会文化理论，它强调文化和社会交往对认知发展的指导作用。维果斯基提出，“儿童与更具技能的成人和同伴的社会交往同他们认知发展的进步是密不可分的。通过这种相互作用，低技能的个体习得使用工具，这有助于他们更为成功地适应文化”。[①] 由此可以看出，作为家庭教育的主要影响人——父母在儿童早期认知的发展中有重要的影响作用。

3. 社会认知理论

美国心理学家阿尔伯特·班杜拉和华特·米歇尔是当代社会认知理论的主要缔造者。班杜拉早期的研究重心为观察学习——通过观察他人行为而发生的学习，观察学习也被称为模仿或榜样学习。在观察学习中，人们认知性地表征他人的行为，而后有时自己采用这些行为。在一个家庭中，父母的言行是儿童最早的榜样，儿童在与父母的交往中学会了最初的与他人交往的方式。人们通过模仿他人习得广泛的行为、思维和感觉。

在班杜拉的研究中，他强调行为、性格/认知和环境的交互作用。人的认知活动影响环境，环境改变人的认知活动。“一项九年的纵向研究发现，青少年同父母间对彼此的消极感受随着时间的推移有一种反馈的关系，青少年的感受越消极，就会导致父母那一边对他们的感受也更为消极，反之亦然。”[②]家庭教育作为影响儿童的大环境并不是只由父母单方面决定的，儿童能够对环境作出自己的适应和反馈，父母需要及时关注儿童的反馈，调整教育内容以适应儿童的认知发展。

（二）终身发展心理学和生命周期理论

终身发展心理学认为，发展即个体从胎儿到出生、到成年、再到衰老直至死亡的整个生命周期身心有规律的变化过程。关注终身发展心理学所揭示的身心发展规律，有助于我们科学地考察处于人生发展不同时期的家庭成员——父母、孩子乃至祖父母各自的年龄心理特征。家庭中的人际交往建立在家庭成员的年龄心理特征的基础上，因而将家庭教育放在家庭生命周期中考察是非常必要的。

终身发展心理学认为，人的发展过程是复杂的，发展不是简单地朝着功能增长的方向运动，人的整个发展既有获得（成长）的一面，又有丧失（衰退）的一面。任何发展进步都包含着新的适应能力的出现，同时又包含着以前存在的能力的丧失。[③] 同时，人的发展是由多重影响系统共同决定的，个体发展的任何一个过程都是年龄阶段的影响、历史阶段的影响和非规

---

① ［美］约翰·W. 桑特洛克. 毕生发展：第3版［M］. 桑标，等译. 上海：上海人民出版社，2009：21.

② ［美］劳伦斯·斯滕伯格. 青春期：青少年的心理发展和健康成长［M］. 戴俊毅，译. 上海：上海社会科学院出版社，2007：164.

③ 吕建国. 家庭生态与教育［M］. 太原：山西教育出版社，1992：14.

范事件影响三种影响系统相互作用的产物。[①] 根据以上观点,人的发展是个终身的不断发展与变化的过程,这一终身的不断发展与变化过程需要家庭教育随之发展与变化,这就对家庭教育的终身性提出了要求。

生命周期理论认为:"人类的发展包括了需要完成在生理、智力、社会、精神和情感方面的生活周期任务。每个个体的生命周期时刻与家庭的生命周期发生着交互作用,不时会造成因各自需求不同而发生冲突。……当个体家庭成员没能符合对发展的正常预期时,家庭的发展也会因此而受到影响。同样,一个家庭是否适应它的周期任务也会影响个体成员的发展进程。"[②]根据以上观点,家庭中每个个体具有一定的生命周期,而且,由这些成员组成的家庭整体亦具有一定的生命周期。换言之,家庭中个体与整体的生命周期是交织在一起的,它们共同对家庭中的所有成员产生影响。

根据终身发展心理学的理论,儿童的发展具有阶段性和相对性,家庭教育就应当适应并促进儿童的发展变化。生命周期理论则要求家庭教育在更广阔的领域中探讨个体发展和家庭发展的同步与协调。

事实上,家庭教育的终身性需要兼具双重任务:一方面以促进儿童个体的成长发展为目标,另一方面以关注与把握儿童成长中的家庭环境——家庭生命周期的成长发展为目标。这里的发展或成熟"被定义成一种能力,一方面是能够控制我们自己的冲动,即便我们周围的其他人和我们有着不同的价值观和观念,我们也能够在自己的价值观和信念的基础上去思考和执行我们的功能;另一方面则是能够和其他人,和我们这个复杂的世界建立一种值得尊重的关系"。[③] 由于个体以及家庭的发展都处于不断变化中,因而家庭教育功能也处在一个动态的变化过程中。

第三节　家庭教育功能的分类

上节中我们从不同角度探讨了家庭教育功能的理论基础,本节我们将研究家庭教育功能的分类。以往一些研究对家庭教育功能的分类主要是通过家庭教育产生的作用和影响来分析的,即家庭教育对个人和社会发展的作用角度。这一分类是从外在的需求来探讨家庭教育功能的。而新近的研究则主要集中在时代变迁后家庭教育功能引起的相应的变化。如果我们的研究仅关注家庭教育的作用和人们主观期望,就有可能曲解或窄化家庭教育功能的含义。我们认为,研究家庭教育的功能还应该从家庭教育活动本身的特性以及对参与该

---

① 吕建国.家庭生态与教育[M].太原:山西教育出版社,1992:14.

② [美]贝蒂·卡特,莫妮卡·麦戈德里克.成长中的家庭:家庭治疗师眼中的个人.家庭与社会[M].高隽,汪智艳,张轶文,译.北京:世界图书出版公司,2007:48.

③ [美]贝蒂·卡特,莫妮卡·麦戈德里克.成长中的家庭:家庭治疗师眼中的个人.家庭与社会[M].高隽,汪智艳,张轶文,译.北京:世界图书出版公司,2007:46.

活动人员考察等方面进行。

一、显性功能和隐性功能

家庭在我国有着悠久的文化,"修身、齐家、治国、平天下"曾是社会生活的最高价值追求。"'家'字可以说是最能伸缩自如了。'家里的'可以指自己的太太一个人,'家门'指叔伯侄子一大批,'自家人'可以包括任何要拉入自己的圈子,表示亲热的人物。自家人的范围是因时因地可伸缩的,大到数不清,真是天下可以一家。"①正是因为"家"的内涵在我国文化中的普遍性和复杂性,所以家庭教育在我国的历史文化中有着丰富的内容,它对儿童的教育以及家长自身的塑造都扮演着重要的角色。"家庭的两项功能:儿童初级的社会化和促使成年人人格的稳定。"②而家庭教育一个突出的特点就是它与家庭生活的一致性。家长对儿童的教育融合在家庭日常生活实践中,同时家长与儿童的互动影响所营造的家庭氛围、家庭的环境等都含有潜在的教育因素。

(一) 家庭教育的显性功能

基于社会学理论,显性功能就是家庭教育达到了其预料和认可的子女社会化的目标,也就是家长和社会意识到的家庭教育的目标。

在《中国大百科全书·教育》中把家庭教育定义为"健全个人身心发展,营造幸福家庭,以建立和谐社会,而透过各种教育形式以增进个人家庭生活所需之知识、态度与能力的教育活动"。家庭教育的任务定义为"在儿童入学前主要是使儿童的身心得到健全的发展,为接受学校教育打好基础;在儿童入学后,主要是配合学校教育使其品德、智力和健康得到正常发展,将来能成为国家的建设者"。③

通过这些定义我们可以看出家庭教育被预定的一些功能取向,这些功能在不同层级有不同的表现。从系统的层级来看,从微观系统个人到中观系统家庭再到宏观系统社会,都对家庭教育提出了要求,这些要求往往从某个角度强调家庭教育要适应社会的价值取向。家长在这样的文化氛围及舆论导向中,一般倾向于去达到这些要求,而同时家长自身的经验也会对这些要求形成个人的理解,即家长本身会对这些价值进行主观的排序。

研究表明,家长的价值观对儿童的价值观有很大的影响。"我们考虑价值观和态度上的代际差异时,我们也很难找到证据支持代沟的存在,或者至少没有证据能够支持存在许多人认为的那样大的差异。青少年同他们的父母对于艰苦奋斗、学业抱负、事业理想的重要性有相似的信念,对于什么是重要而且想要获得的性格特征和个人特色的看法也是类似的。事

---

① 费孝通.乡土中国[M].上海:上海世纪出版集团,2005:24.

② 周新富.家庭教育学——社会学取向[M].台北:五南图书出版公司,2006:22.

③ 中国大百科全书总编辑委员会《教育》编辑委员会,中国大百科全书出版社编辑部.中国大百科全书·教育[M].北京:中国大百科全书出版社,1985:140—141.

实上,当考察更为基本的价值观,比如说与宗教、工作、教育及诸如此类的问题有关的价值观时,青少年群体内表现出的多样性要远远超过代际的差异。例如,社会经济背景对个体价值观和态度的影响要比年龄的影响大得多;青少年与他们的父母拥有相同价值观的可能性,要大于同其他来自不同背景的青少年拥有相同价值观的可能性。"①可见,家庭教育在培养儿童基本的价值观方面有着显性的影响,这种价值观的影响甚至超过了同辈的影响。

显性功能还包括家庭教育为孩子营造一个安全有序的成长环境。同时,家长在主流的价值观的影响下使未成年人初步掌握母语、形成生活习惯、自然地接受爱与主动地爱,从而奠定人格和个体社会化的初步基础。"家庭教育的主要目的是提供家人爱与安全感,知识与技能并非最重要的教育目标。唯一无法由其他社会机构取代的功能是人类对于爱与被爱基本需求的满足。因此家庭教育在今日社会中最重要的功能是提供个人基本、稳定且源源不断的爱的满足。"②

(二)家庭教育的隐性功能

"社会道德评价很大程度上倾向于从显性行为或者规范的后果出发,而根据潜功能而进行的分析常常与流行的道德评价相对立。因为,显功能通常是道德判断的基础,而潜功能发挥作用的方式与显功能不同。"③"潜功能概念使观察者不只注意这一行为是否达到了它宣称的目的。暂时忽略这些明确的目的,就会使观察者的注意力朝向另一方面的后果。"④它有助于"澄清对似乎不合理的社会模式所作的分析"。⑤ 同时,默顿指出,"当行为不是对准一种明确不可达到的目标时,社会学观察者就不太可能考察这种行为的间接功能或潜功能"。⑥

隐性功能就是家庭教育的结果出现了其未预料和认可的子女社会化。家庭关系虽然也属于社会关系,但这种社会关系属于人和人之间最自然的关系。"家庭教育倘若过于理想地刻意追求,反会招致种种的破绽","它是在现实的日常生活中自然而然地进行的"。⑦ 正是因为家庭教育融合在日常生活中,处在最自然的关系中,并不像学校教育进行有效组织和形成监督机制,所以家庭教育也可能对儿童造成一些隐性的影响。

家庭有隐藏的功能,例如社会的不平等代代相传,成人灌输负面的自我价值观给儿童,这些也会通过家庭教育的方式影响儿童,构成家庭教育的"隐性功能",家庭不仅"教"给儿童家庭所属的社会阶级的价值、标准、规范和习俗惯例,家庭也"教"给年轻人包括全部社会阶

---

① [美]劳伦斯·斯滕伯格.青春期:青少年的心理发展和健康成长[M].戴俊毅,译.上海:上海社会科学院出版社,2007:154.
② 嘉义大学家庭教育研究所.家庭教育学[M].嘉义:涛石文化事业公司,2003:253.
③ 嘉义大学家庭教育研究所.家庭教育学[M].嘉义:涛石文化事业公司,2003:181.
④ [美]罗伯特·K.莫顿.社会理论和社会结构[M].唐少杰,齐心,等译.南京:译林出版社,2006:173.
⑤ [美]罗伯特·K.莫顿.社会理论和社会结构[M].唐少杰,齐心,等译.南京:译林出版社,2006:172.
⑥ [美]罗伯特·K.莫顿.社会理论和社会结构[M].唐少杰,齐心,等译.南京:译林出版社,2006:173.
⑦ [日]筑波大学教育学研究会.现代教育学基础[M].钟启泉,译.上海:上海教育出版社,1986:153.

级在内的整个社会结构，而且还"教"给其社会阶级上升和下降流动的可能性和方式。

在奴隶社会，家庭教育具有鲜明的阶级性。家庭的政治经济地位不同，其家庭教育的内容、培养目标以及实施的状况不同。"士之子常为士，农之子常为农，工之子常为工，商之子常为商"，[①]"其士竞于教；其庶人力于农穑；商工皂隶，不知迁业"。[②] 奴隶主阶级家庭教育的内容都是为培养造就统治阶级的继承人服务的，而平民的家庭教育主要是为了谋生。

在现代社会中，家庭教育仍可能受到不适宜的传统思想的束缚。同时，由于社会的变化，大大缩减了家庭教育的功能范围，更促使家长关注显性指标，而忽视了一些与子女健康成长相关的隐性要求，如心理的健康成长。家庭教育的隐性功能也包括促使个体向某一片面的方向发展。当家庭教育沦为学校教育的附庸工具，或传统价值观的复制机构时，家庭教育的隐性功能将占据家庭教育功能的主要部分，从而使家庭教育功能的发挥处在不受控制状态，导致家庭教育丧失它应有的职能。《学会生存》一书中对教育的提问至今仍能让人警醒："这种训练是用一种健全的世界观鼓励个人的自我实现呢？还是用以控制个人，使它模仿既定的榜样，变得容易被统治？这种训练是鼓励人们发挥独立思考和敏锐批判的能力呢？还是培养人们对等级制度盲目地尊重？已引起人们的怀疑。"[③]

二、潜在功能、理想功能和现实功能

陈桂生在探讨学校的职能时提出："关于现代学校职能现象的分解，可以从三个层面研究。须分别从逻辑层面、事实层面、价值层面分析。从逻辑层面分析，在当代社会条件下，学校可能具有哪些职能？从事实层面分析，就一定社会的一定发展阶段来说，学校实际的职能同逻辑上可能存在的情况颇有出入。从价值层面分析，迄今为止客观上存在的学校职能现象同人们关于学校职能的价值取向相去甚远。"[④]结合家庭教育的立场，潜在功能考察的是家庭教育结构和社会外部需求的结构，主要是客观存在的事实；理想功能考察的是家庭教育的价值观；现实功能也即实然功能考察的是家庭教育结构运行的结果，它同时建立在潜在功能和理想功能的基础上。[⑤] 以上理论是建立在社会、家庭、个人交互作用的基础上，充分考虑了人的主动性以及家庭教育的积极作用，同时也注意到了家庭教育功能可能产生的消极影响。

以往对家庭教育功能的分析主要集中在对儿童社会化和个性化的分析以及家庭教育价值观的分析上，随着家庭教育的发展，研究内容渐渐互相渗透，而且社会的发展及教育的发展都对家庭教育功能的研究产生了重大的影响。

---

① 《管子·匡君小匡》。

② 《左传·襄公九年》。

③ 联合国教科文组织国际教育发展委员会.学会生存——教育世界的今天和明天[M].华东师范大学比较教育研究所，译.北京：教育科学出版社，1996：85—86.

④ 陈桂生.教育原理[M].上海：华东师范大学出版社，2012：202—204.

⑤ 陈桂生.教育原理[M].上海：华东师范大学出版社，2012：202—204.

家庭教育潜在功能是家庭教育结构和社会外部需求结构的共同作用的结果,是指家庭教育可能产生的功能。它需要对具体家庭教育现象具体分析,抽象出客观存在的事实,是家庭教育功能转换的基础之一。

理想功能是对家庭教育价值观的关注,这里的价值观指的是家长的家庭教育价值观。冯友兰曾说过,“哲学是对人生的系统反思”。[①] 说明人在思想时,总不免受到生活环境的制约,处于某种环境之中,他对生活就有某种感受,在他的哲学思想里就不免有些地方予以强调,而另一些地方又受到忽略,这些就构成了他的哲学思想特色。对个人是如此,对民族也是如此。“中国是个大陆国家,中华民族历来依靠农业来维持生存。直至今日,据国家统计局统计,农业人口占总人口三分之二以上。在这个农业中孕育的古老的国家中,发展起中国的家族制度。”[②]所以我国的家庭教育价值观是建立在深厚的文化底蕴上的。

社会在不断发展变化,因此分析家庭教育功能还应该采取具体的、历史的角度。家庭教育的现实功能,是指家庭教育在人类社会的具体实践活动中扮演的角色或所起的独特作用。在人类社会各个不同历史时期,家庭教育都是实现某种目的和目标的实践活动,这种活动结果客观地对社会和人类个体的各方面发展均产生着一定的影响,这些影响效果就是家庭教育活动的现实功能。现实功能是人们在对实现家庭教育目的的各种策略进行比较后,抉择的一个客观结果。

家庭教育系统是由许多子系统按一定的结构方式组合起来的复杂的有机整体。在家庭教育功能的抉择过程中,不同系统的教育功能取向不同,呈现出多层次的特点。

社会系统主要影响的是家庭教育的理想功能。在一定的社会历史时期,人们主观上对家庭教育的价值需求和期望构成了家庭教育的理想功能。这些理想功能主要是由教育理论研究者提出的一些倡导性观念组成,它部分真实地反映了家庭教育的潜在功能;反映了人们的价值取向;对家庭教育的现实功能也有一定的影响,但并不一定真实地反映了现实功能。

家庭教育组织者、家庭教育实践、家庭教育对象三者影响的是家庭教育的现实功能。“任何社会教育的实际功能,都是由这个社会所认可和赋予的一种功能。这种功能实际上是人们以观念功能为标准对教育的固有功能进行剪裁,然后再与观念功能相拼凑的复合体。其特点是:主观性和不确切性;现实性;非凝固性(不断发展)。这是部分观念功能和原始功能的载体,也是最引人注目、最易发生变化的部分。”[③]家庭教育组织者通过对家庭教育现实进行能动选择,家庭教育对象对家庭教育现实的结果进行能动的选择,共同构成了家庭教育的实际功能。

对家庭教育潜在功能、理想功能和现实功能的分析从不同层次反映了家庭教育功能的

---

① 冯友兰.中国哲学简史[M].天津:天津社会科学院出版社,2007:17.
② 冯友兰.中国哲学简史[M].天津:天津社会科学院出版社,2007:17.
③ 冯友兰.中国哲学简史[M].天津:天津社会科学院出版社,2007:276.

取向。这一研究提醒我们，研究者既要有对深层功能认识的意识，也要有对浅层功能进行指导的责任，要加强对潜在功能的认识，对现实功能的调整，还要对理想功能进行重塑。

三、一般功能和历史功能

家庭发展的历史融合在社会发展的历史过程中，评估家庭教育的功能，需要将家庭教育功能放进社会和历史的背景中。从这个角度出发，家庭教育功能可以分为一般的家庭教育功能和历史的家庭教育功能。

家庭和文化背景有着各自过去和现在的特性，这些特性随着时间发生变化。包括个体、家庭和文化在内的每一个系统都可以从这两个维度出发进行表征：维度之一是横向的，所有家庭在过去和现在面临的问题都会由家庭所有的层级以互动的模式传承下来；维度之二是纵向的，家庭系统是一个发展的和不断演进的走向。家庭教育的一般功能主要是针对个体和家庭本身，家庭教育的历史功能针对的是社会变迁层面对家庭教育功能的影响。

（一）一般的家庭教育功能

近代以后，我国的社会结构发生了巨大的变化，而我国家庭的结构并没有太大的变化，大部分家庭教育还是处在父母双系的教育模式下，家庭内部系统较家庭外部系统的变化小。同时由于教育本身的保守性，“教育有自我保存的功能。教育的基本功能之一就是重复，重复地把上一代从祖先那里继承下来的知识传给每一代。因此，和过去一样，教育体系负有传递传统价值的职责”。① 这种客观条件为家庭教育传递传统文化价值提供了合适的土壤。所以一般的家庭教育功能是指在特定的文化氛围下，家庭教育所体现的某种稳定的对系统内部各成员的需求的满足，包括促进个体的成熟，使“幼有所教，老有所依”。

家庭教育对成员的稳定影响由家庭生活的特殊性决定。家庭教育是一项综合性的教育，不仅包括向未成年人传授知识和劳动生活技能，还包括对未成年人价值观的形成起到重要的推动作用。有学者认为，“在任何文化教育模式中，家庭总是一种重要的教育机构”。迄今为止“在任何社会，家庭总是最早，也是非常重要的教育机构”。② 而且“在完成社会化任务的许多方面，家庭都是最理想的场所。因为它是一个小的初级群体，其成员之间有大量的面对面的接触，儿童行动得到密切的注视，错误的和不宜行为可以在早期就被发现并得到纠正”。③

家庭教育的一般功能受到传统文化的影响，我国的家庭教育目前仍然传递着儒家思想。由于所处社会文化背景或生态环境的不同，不同种族的父母可能会持有明显不同的儿童教

---

① 联合国教科文组织国际教育发展委员会. 学会生存——教育世界的今天和明天[M]. 华东师范大学比较教育研究所，译. 北京：教育科学出版社，1996：85.

② [美]S·E. 佛罗斯特. 西方教育的历史和哲学基础[M]. 吴元训，等译. 北京：华夏出版社，1987：14.

③ [美]戴维·波普诺. 社会学第10版[M]. 李强，等译. 北京：中国人民大学出版社，1999：157.

养信念和价值观。“亚洲和亚裔美国父母比其他种族的父母更为强调自我约束和人际和谐,表现得更为专断。中国文化背景下的父母坚信,严格是对孩子表达爱的最好方式,也是正确训练孩子的最好方式;而在长期文化价值熏陶下,儿童也乐于听长者的话,维护家庭的荣誉。”①

同时对个体而言,他(她)并不是作为一块白板进入一个家庭,在进入一个家庭时已经携带着包括生物天赋、个体先天气质所决定的复杂行为模式以及可能的先天缺陷和遗传体格。根据马斯洛的人的需要层次理论,比如:安全感的满足,自尊的满足,获得爱与信任的满足,个人关于家庭幸福理想的实现,个人成就的实现等,家庭教育的一般功能主要是促使个体的社会化,包括情感、认知、人际关系以及生理发展。随着时间的推移,个体先天的特质可能会固化为僵硬的行为模式,也可能进一步发展,变得更为广阔和灵活。

(二) 历史的家庭教育功能

家庭教育历史功能的重要特性首先表现在社会变迁对家庭的影响。不同于家庭内部结构的相对稳定,家庭外部的社会发生了天翻地覆的变化。由此,人们的生活方式也发生了巨大的变化:(1)生活方式的世界化和民族化。(2)更加注重物质生活和精神生活的平衡。(3)健康第一的生活观。(4)生态型生活方式得以确立。(5)终身学习将成为一种生活方式。(6)家庭走向复兴。(7)西方生活方式的影响力渐趋式微。(8)人类生活方式面临诸多危困。在这样一种变革中,人类的闲暇方式、交往方式、教育方式等正在发生着根本的改变。② 生活方式是人类生存的一个重要方面,生活方式的差异直接决定着个体的不同面貌,显示着家庭的不同风格,因而也影响着孩子的成长。

而在社会中生活方式不仅会影响一个家庭的风格,还会影响家庭中的教育,美国学者罗斯和米切尔的研究揭示了生活方式的类型体系。罗斯等人利用芬兰一个发展很快的城市——万塔市100名居民的自传资料,建立了一套生活方式类型体系。“这一类型体系是以四个主要指标为基础建立的:(1)生活控制。它表明一个人(或一个家庭)能否管理自己的生活,是否感觉到自己是生活的主人。(2)基本生活印象。这个指标表明:第一,从取得经验的观点来看,个人(家庭)的生活是否丰富多彩,即生活中是否充满了各种事件。第二,事件的性质主要是什么(不利的或有利的)。(3)个人(家庭)生活的社会领域和私人领域的区别程度。(4)主要生活定向的综合。”③其中“生活的控制”和“生活的社会领域和私人领域的区别程度”两个指标在近代家庭教育的发展中发生了比较大的变化。

以生活方式的变化为视角可以探讨家庭教育的功能在社会变迁中呈现的历史特性。“所有的父母,对于他们的孩子应当怎么样——随着他们的成长,他们应该获得什么样的知

---

① [美]戴维 R. 谢弗. 发展心理学:儿童与青少年[M]. 邹泓,等译. 北京:中国轻工业出版社,2005:570.

② 王雅林. 人类生活方式的前景[M]. 北京:中国社会科学出版社,1997:39—49.

③ 高丙中. 西方生活方式研究的理论发展叙略[J]. 社会学研究,1998(03):61—72.

识、道德价值和行为准则,都有一个内含的或清晰的观念。父母使用许多可以使儿童向这个目标前进的策略。他们强化儿童,惩罚儿童;自己进行角色示范;向儿童解释他们的信仰和期待;试图选择支持他们的价值观、同伴集团和学校。"[①]

但仅仅如此还不足以适应这个变化万千的电子时代。在生活的控制这个指标方面,进入现代社会,特别是信息时代的来临、网络的普及等,使得儿童的生活环境日益复杂,大量的信息充斥在儿童的生活中,使教育模式和内容受到了前所未有的挑战。家庭这个小环境要面对来自社会以及自身成长的压力,家庭教育变得越来越不受家庭的控制。

有研究表明,"父母的社会化速度远低于子女,父母的学习曲线几乎和子女相反,青少年期的学习和速度正处于高峰,而一般父母的学习则因外务太忙或积习难改,学习速度和量相对减少。父母对时代潮流冲击的接纳能力与程度,很显然地落后于子女"。[②] 父母的社会化程度会影响家庭教育的质量,历史的家庭教育功能首先体现在文化反哺的特性上,从来没有一个时代拥有像现在这样的知识传播方式和科技进步的速度。

由于社会的分工和专业化趋势,让家庭比以前更为"专业化"——它已经和其他社会组织一样,只负担部分功能而已。因而不再具有满足人们的各项需求,以及维系社会整合、传续社会命脉的重要地位。同时正如"教育机构正以新的方式同社会环境联系起来;内部的作用和职能正在重新进行分配;权威式的结构正在被一种容许更多人参加的结构所代替;整体的教育环境这个概念正在为人们所接受"。[③] 因此,家庭教育机构作为私人领域也逐渐扩大与社会领域的互动程度,成为整个教育环境中的重要一环。

此外,家庭教育的历史功能的另一个特性体现在不同时期由于外在系统的变迁所引起的功能变化。外在系统主要包括学校和社会,当代这两个团体对家庭教育均有不同程度的要求:学校改革发展要求家庭教育重视家校合作,社会稳定发展要求家庭教育能培养健康的人格等。

从功能论的角度观察,社会变迁给家庭带来了相当大的冲击。同时,在教育领域,由于学校教育兴起,家庭教育处在被学校教育指导的阶段,家庭生活的领域受到学校的过量支配,比如家庭教育的主要任务变成配合学校教育的要求督促孩子完成作业等,这也为家庭教育的功能探索提出了新的挑战和思考。"教育必须认识,它本身是为什么的。教育也许是历史和社会的产物,但它并不是历史和社会的消极产物。教育是形成未来的一个主要因素,在目前尤其如此,因此归根到底,教育必须培养人类去适应变化,这是我们时代的显著特征。"[④]

---

① [美]P. H. 墨森,等. 儿童发展和个性[M]. 缪小春,等译. 上海:上海教育出版社,1990:407.

② 嘉义大学家庭教育研究所. 家庭教育学[M]. 嘉义:涛石文化事业公司,2003:202.

③ 联合国教科文组织国际教育发展委员会. 学会生存——教育世界的今天和明天[M]. 华东师范大学比较教育研究所,译. 北京:教育科学出版社,1996:139.

④ 联合国教科文组织国际教育发展委员会. 学会生存——教育世界的今天和明天[M]. 华东师范大学比较教育研究所,译. 北京:教育科学出版社,1996:137.

延伸阅读

1. 辛治洋,戴红宇.家庭教育功能的历史演进与时代定位[J].教育研究与实验,2021(06):34—41.
2. 张东燕,高书国.现代家庭教育的功能演进与价值提升——兼论家庭教育现代化[J].中国教育学刊,2020(01):66—71.
3. 吴重涵,张俊,刘莎莎.现代家庭教育:原型与变迁教育研究[J].2022,43(08):54—66.

中编

家庭教育与儿童发展

第四章

家庭教育的基本要素

本章导语

“教育是一个复杂的系统。正因为如此，需要把它加以分解，以寻求立论的基础。分解到底，就能找到构成教育的简单要素。……现代系统论对所分析的客体的诸要素的描述，不是从这些要素本身入手，而是从这些要素‘在整体中的地位’入手，更丰富了人们的认识，使理论研究方法更加完善。”①

尽管作为非制度化的家庭与作为制度化的学校有着很大的区别，但家庭毕竟是人生的第一所“学校”，父母是儿童的第一任“教师”，因此，家庭也就具备了构成教育要素的基本条件。毫无疑问，父母与子女（儿童）是家庭教育的基本要素。在这对基本要素中，父母是家庭教育的主要施教者，②儿童是家庭教育的主要受教者，而家庭环境则是以父母为主导的教育者影响儿童发展的中介，或者说父母与儿童在家庭中的互动需要依托家庭环境才能实现。

本章将分别对家庭教育的主要施教者——父母、家庭教育的主要受教者——儿童、家庭教育的中介——家庭环境，这三个家庭教育的基本要素进行剖析。

---

① 陈桂生. 教育原理[M]. 上海：华东师范大学出版社，2012：3.

② 随着时代的发展与进步，虽不乏玛格丽特·米德所谓的后喻式的家庭教育中长辈向晚辈学习的现象（详见本书第十二章第一节），但本书主要探讨的是狭义的家庭教育，即父母对儿童的教育和影响。

学习目标

1. 掌握家庭教育的基本要素。
2. 理解父母在家庭教育中扮演的角色及其差异。
3. 了解儿童的权利,树立保护儿童基本权利的意识。

第一节 家庭教育的主要施教者:父母

从家庭孕育新生命开始,父母便以教育者的身份而存在。父母是有子女的社会成员的特定角色,也是家庭中最直接、最经常、最主要的教育者。据调查,49.1%的未成年人承认对他们正面影响最大的是父母。[①] 家庭能否充分发挥其特有的教育功能,父母能否较好地担负起教育子女的责任已成为影响家庭幸福、社会进步的关键所在。因此,分析父母的使命,了解父亲与母亲各自在家庭教育中的地位和作用是十分必要的。

一、父母是天然的施教者

雅克·德洛尔说,[②]"儿童是人类的未来"。在中外教育史上,洛克是个非常重视家庭教育的思想家。他说:"一个孩子将来能成为什么样的人,这完全取决于孩子的父母是何种层次的人,取决于孩子在早期成长过程中所受到何种层次的家庭教育。可以说,家庭教育左右着一个孩子一生的命运。"[③]

彭立荣[④]认为:"父母亲及家庭其他成员对新生儿所给予的一切培养、教育和影响,直到其进入社会,都是家庭教育。……对子女进行家庭教育,是父母和家庭的天职,是家庭自产生以来至今所具有的基本职能之一。"

家庭是人出生后接触的第一个社会环境,是孩子认识社会、接受教育、发展成长的基本环境。在家庭教育中,父母是年长者、长辈,儿童是年幼者、晚辈。父母由于其在年龄和社会经验,特别是作为孩子监护人等方面的优势,在家庭中一般充当教育者的角色,并在家庭中居于主导地位。自从人类出现家庭以来,父母和家庭就在教育子女问题上负有不可推卸的责任。苏联教育家马卡连柯说:"教育是由家庭负责或者也可以说是由父母负责。"[⑤]教育子女是家长的义务,也是家长的权利,父母是孩子的第一任教师,理当在子女的发展中,和学校、社会配合,充分发挥自己的职能,搞好家庭教育。

正因为看到了父母对子女发展的特殊价值,中外许多教育家都特别强调父母对子女成长的作用,并论述家庭中父母应当如何教育子女。马克思非常重视父母对子女发展的影响,他曾说过:"对于我们经历过的东西来说,哪里有比父母的心这个最仁慈的法官,这个最体贴的挚友,这个爱的太阳——它以自己的火焰来温暖我们愿望的最隐秘的中心——更为神圣

---

① 关颖,鞠青.全国未成年犯抽样调查分析报告[M].北京:群众出版社,2005:148.

② 转引自联合国教科文组织.教育——财富蕴藏其中[M].联合国教科文组织总部中文科,译.北京:教育科学出版社,1996:1.

③ [英]约翰·洛克.家庭学校[M].张小茅,译.北京:京华出版社,2001:1.

④ 彭立荣.家庭教育学[M].南京:江苏教育出版社,1993:28.

⑤ [苏]安·谢·马卡连柯.父母必读[M].耿济安,译.北京:人民教育出版社,1957:33.

的珍藏之所!"[①]德国教育家福禄贝尔在婴儿时代就失去了母亲，且没有从父亲和继母那里得到爱抚和教育，像弃儿一样自己长大，他认为，比起国家的掌权者来说，母亲的作用更加重要，他说:"国民的命运，与其说是操在掌权者手中，倒不如说是握在母亲手中。因此我们必须努力启发母亲——人类的教育者。"

有的教育家还写了专著，如夸美纽斯的《母育学校》、马卡连柯的《父母必读》、陈鹤琴的《怎样教小孩子》和苏霍姆林斯基的《家长教育学》，这些著述都为父母科学地教育子女提出了权威的观点。

1990 年 9 月 30 日在美国纽约联合国总部召开的"世界儿童问题首脑会议"上通过的《儿童的生存、保护和发展世界宣言》[②](以下简称《宣言》)中提到了父母的使命，概括起来有以下几个要点。

第一，使每一位儿童享有更美好的未来。《宣言》指出，儿童时代应该是欢乐祥和的时代，是游戏、学习和成长的时代。儿童的未来应在和谐与合作中形成，他们应在拓宽视野和获得新经验的过程中不断成熟。但是对有些儿童来说，童年的现实与此却大相径庭。在世界上的一些国家，儿童的生活受到饥饿、战争、疾病的威胁。他们的生存状态并不一定比他们的父辈更美好。因此，使每一位儿童比他(她)的父辈"享有更美好的未来"，是每位父母最基本的教育目标。

第二，使家庭成为儿童成长和福利的基本群体和自然环境。《宣言》指出，"家庭作为儿童成长和福利的基本群体和自然环境，应该给予所有必要的保护和资助。必须通过家庭和其他有助于儿童福利的照看人员，让所有儿童在一种安全的保护性环境中，有机会发现自己的特性并认识自己的价值"。为儿童提供安全的保护性的家庭环境是父母的责任所在。

第三，儿童应该在充满欢乐、爱和互相理解的家庭氛围中长大。《宣言》认为，"向孩子们介绍其社会的文化、价值观和行为准则的工作始于家庭。为了使儿童的个性能得到充分和谐的发展，他们应该在一种家庭的环境中长大，在一种充满欢乐、爱和相互理解的氛围中长大。因此，所有的社会机构应该尊重并支持父母和其他照看人员在家庭环境中养育和照顾孩子的努力"。亲子之间的互动关系应该是"充满欢乐、爱和相互理解的"。

第四，尽一切努力为儿童创造适合他们发展的生存环境。《宣言》还指出，如果儿童与其家庭分离是因为某种重大的力量或是他们自己的最佳选择，应该为他们安排适当的其他方式的家庭养育或安排其进入养育机构，同时应考虑到儿童继续在自己的文化环境中接受教养的愿望。

---

① 马克思，恩格斯. 马克思恩格斯全集(第四十卷)[M]. 中共中央马克思恩格斯列宁斯大林著作编译局，译. 北京：人民出版社，1982：8.

② 赵中建. 教育的使命——面向二十一世纪的教育宣言和行动纲领[M]. 北京：教育科学出版社，1996：56.

二、父母在家庭教育中的角色

父母双亲在家庭中的作用如同一对车轮，缺一不可，也就是费孝通指出的“双系抚育”。[①] 有人说，如果把母亲比作一片绿草地，那么父亲就是一棵大树。母亲更多地提供给孩子温情、舒适感，而父亲则提供力量、支持与依靠；母亲教育子女如何“感受生活”，而父亲教会子女如何“适者生存”；母亲教子女如何“拿起”，父亲则教子女如何“放下”。也就是说父母对孩子的教育影响各不相同，他们对儿童发展的影响是不可替代的。以下将分别对父母在家庭教育中的角色进行分析。

（一）母亲在家庭教育中的角色

“母亲”这个词蕴含着温柔、勤劳、忘我和牺牲等意义。一提到母亲，就会让人感到温暖和亲切，一种眷恋之情油然而生。在我国悠久的家庭教育历史中，“孟母三迁”“岳母刺字”等脍炙人口的母亲教子的故事代代相传，一直被奉为家庭教育的典范。无产阶级革命家朱德，在戎马生涯中，曾经饱蘸笔墨写下《母亲的回忆》，回忆一个普通农村妇女带给他的勤劳、朴素、艰苦、坚毅的优良品质。国外很多杰出人物在回忆他们成长历程时，也都谈到在幼年时母亲的教育对他们一生成长所产生的作用。出生于波兰的著名物理学家、化学家居里夫人，“对她母亲怀有无限的爱，她觉得世界上再没有人像她母亲那样娴雅，那样善良，那样聪明……”[②]美国著名物理学家爱因斯坦，受母亲的熏陶，自幼对古典音乐就有着浓厚的兴趣。成年后，他不仅是一位著名的物理学家，而且在音乐方面也有极大的造诣。总之，自古以来，母亲在家庭教育中都扮演着无可替代的角色。

1. 孩子的成长离不开母爱

孩子的成长，特别需要母爱。母亲对婴儿的抚爱，是通过体肤的接触进行的，母亲把婴儿抱在怀里，轻轻地摇动或拍抚，这会让依偎着母亲的婴儿产生一种舒适感，这种舒适感有利于孩子的生长发育；母亲把婴儿抱在怀里，亲切地和婴儿说话，逗婴儿笑，孩子注视着母亲慈祥的笑脸，听着母亲温柔的声音，也会产生一种愉快感。这种通过声音和表情的感知刺激，对孩子的心理发展是非常必要的。因此说，母爱是婴幼儿身心发展的重要条件。中外很多研究报告均已证实了母亲的重要性。

瑞宝（Ribble, M.）指出：“观察初生婴儿出生后，长时间被隔离在医院的育婴室，放在小床上，没人去抚摸他或摇他，在六百个婴儿中，有百分之三十的婴儿肌肉很紧张，但是当他吮吸或母亲摇他、抱他、抚摸他时，紧张就消除了，……婴儿若缺乏母亲的适当抚育，就会有虚

---

① 费孝通认为人类抚育作用有两个特性：一是孩子需要全盘的生活教育，二是这教育过程相当长。参见：费孝通. 生育制度[M]. 天津：天津人民出版社，1981：19.

② [法]艾芙·居里. 居里夫人传[M]. 左明彻，译. 林光，校. 北京：商务印书馆，1984：6.

弱现象,甚至会夭折。”[①]葛法伯(Goldfarb, W.)的研究以3—12岁的孩子为主,他观察这些自出生即待在育幼院的孩子,发现他们情绪较冷漠,且较被动,他的结论是:“剥夺了母亲的抚育,对孩子的人格发展有永久的影响。”[②]我国的研究也有类似的结论:黄乃松曾系统观察过1949年前孤儿院的孩子,发现他们都很孤僻、任性、不合群,与正常儿童形成了鲜明的对照。[③]

据资料介绍,在国外,第二次世界大战刚刚结束时,欧洲的一个国家收留了很多孤儿,当时收留所没有专门的看护,工作人员也很少,只能机械统一地给小孩子喂奶,结果婴儿的死亡率很高。后来收留所请来一些妇女,让她们充当孩子的母亲,每天多抱抱或者多拍拍孩子,分别用奶瓶喂奶,死亡率就明显降低。这说明,婴儿不仅需要母亲乳汁的哺育,还需要母亲的抚爱。

2. 自然分工的性别角色

自人类诞生以来,生儿育女便是其自身繁衍和社会发展的必不可少的行为。由于男女在自然生理上的差异,在生物的自然法则上,女性教育儿童的本能超过男性。有专家认为:“父亲与子女之间不像母亲与子女之间有血肉相连的亲近过程,母亲由受孕、怀胎到分娩,与子女气息相通,因此亲密的感情是自然的,而父亲与子女的感情则须靠培养,尤其亲情的建立需要时间、经验与妻子的鼓励。”[④]

事实上,子女接受母亲的“教育”从怀孕就开始了,这就是胎教。如果说,孩子出生以后,父亲也将参与照顾和关心孩子的行列,但与胎儿的气息相通则是孕期母亲的专利。母亲对胎儿的影响是最直接的,小生命刚刚孕育,母亲就与胎儿建立了不可分割的关系。母亲的衣、食、住、行,母亲的情绪、情感,母亲身体内部、外部的状况,无时无刻不直接影响着腹中胎儿的生长和发育。

孩子出生以后,母亲更以一种巨大的自我牺牲精神把全部的爱倾注到孩子身上,对其进行悉心哺育。因此,母爱被誉为人类最伟大的爱。在现实生活中,从婴儿出生起,无微不至地接触孩子、了解孩子、关怀孩子、教养孩子更多的是母亲的责任。因而孩子对母亲的感情和印象最深。在家庭中,母亲与子女的关系往往最密切,孩子对母亲的依恋以及母亲在家庭中所处的地位,使母亲自然而然地担起了教育子女的职责。

中国人有句老话:“三岁看大,七岁看老。”它说明了“人之初”的教育是关系其一辈子的大事。不管人生是辉煌还是暗淡,最初的几笔,多半是在家庭中描绘的。由于母亲与子女之间的关系以及孩子本身生理、心理的特点,在孩子成长的最初时期,给孩子影响最大的是母亲。“教育始于母亲膝下”,正是基于这一点,捷克教育家夸美纽斯曾提出设立母育学校的想法。

---

① Ribble, M. The rights of infants [M]. New York: Columbia University Press, 1943.

② Goldfarb, W. Effects of Psychological Deprivation in Infancy and Subsequent Adjustment [J]. American Journal of Psychiatry, 1945, 102(1).

③ 黄乃松. 关于“个性”中几个问题的探讨[J]. 江苏师院学报, 1981(04): 80—89.

④ 黄迺毓. 家庭教育(台湾)[M]. 台北:五南图书出版公司, 1988: 69.

随着时代的发展，广大女性纷纷走出家庭，踏入社会，有了自己的事业，和男子一样参与社会工作。但是由于性别这一自然生理的特殊性以及传统的习惯，一般而言，在家庭中，与父亲或其他年长者相比，母亲还是较多地担负教育孩子的职责，所以她们往往对子女教育付出得更多。

表 4-1　不同年龄子女家庭在“孩子生活方面”的家庭责任分工(%)

	父亲	母亲	祖辈	孩子自己	大家商量
0—6 岁(千年宝宝一代)	9.2	70.3	6.5	0.7	13.3
7—18 岁(90 年代一代)	12.2	69.8	6.2	0.4	11.4

(包蕾萍:《上海家庭教育的新发展》，转引自史秋琴主编:《城市变迁与家庭教育》，上海文化出版社 2006 年版，第 76—77 页。)

以上调查显示，在孩子生活方面，都以母亲照料为主，7—18 岁子女的父亲相对参与孩子生活照料的比例略大于前一个阶段。

社会的发展给家庭教育带来了新变化，2005 年 1 月，中国儿童中心发布的《十大城市 0—6 岁儿童家庭调查》表明:“全职父母”家庭分布率高达 18%。[①] 上海最近的一份调查表明，10%左右的女性无就业愿望；而广东妇女社会地位抽样调查结果显示，同意“男人以社会为主，女人以家庭为主”观念的女性高达 61.3%，比 10 年前高了 14.8%。[②] 从这些最新数据中，可以看到两种倾向:其一，全职父母是社会变迁带来的一种跨性别的家庭现象；其二，全职父母是以女性为主体的家庭社会现象。

母亲教育不仅关系到自己孩子的成长，也是在为社会和人类做贡献。正是认识到母亲在家庭教育中的特殊地位和作用，联合国教科文组织副总干事科林 N·鲍尔这样说:“教育一位母亲也就是确保她的家庭教育，这是我们打破文盲据此而代代相传的恶性循环所拥有的最有效的手段，是留给后世各代的一种识字和教育遗产。因此，改善女童和妇女的教育，必须依然是国际社会的一项优先项目……”[③]

3. 利于教育的心理特征

性别差异也带来了男女心理差异。在言语发展上，女性口头语言的发展较之男性带有更明显的流畅性和情感性。在情感方面，女性往往更挚爱父母、尊敬师长、关怀同学，在行动上也会给人以温柔的感觉。从思维上看，女性更偏向于形象思维，具有生动鲜明的形象性，善于用形象材料来反映事物的本质。女性的这些心理特点使她们的兴趣和能力较易倾向于

---

① 转引自张丽丽. 和谐家庭——理论与实践探索[M]. 上海:上海社会科学院出版社，2009:113.
② 转引自张丽丽. 和谐家庭——理论与实践探索[M]. 上海:上海社会科学院出版社，2009:113.
③ 赵中建. 教育的使命——面向二十一世纪的教育宣言和行动纲领[M]. 北京:教育科学出版社，1996:6.

与人文科学有关的内容和对象,她们在文学、艺术、医学和教育等领域内的兴趣和能力较为明显。在性格特征方面,女性更多地偏向于情绪型,偏向于顺从型、内倾型。因此,她们一般表现为:认真负责、耐心细致、情绪稳定、感情丰富,其纪律性、一贯性、谦虚性、亲切性等性格特征较为明显。女性的这些个性倾向和个性心理特征影响着母亲在家庭教育中所承担的教育职能。

母亲对孩子性格的形成、品德的培养以及日后才能的发展影响很大。据研究,许多科学家的健康成长,都是与母亲优良品质的熏陶和循循善诱分不开的。如世界大发明家爱迪生、物理学家爱因斯坦,我国著名音乐家冼星海、文学家老舍等,都受益于母亲的教导。老舍曾深情地在《我的母亲》的回忆中说:"从私塾到小学到中学,我经历过起码有二十位教师吧!其中有给我很大影响的,也有毫无影响的,但是,我的真正的教师,把性格传给我的,是我的母亲,母亲不识字,她给我的是生命的教育。"

4. 颇具优势的职业分布

男女两性的性别差异,使母亲在家庭里更多地承担教育子女的责任。也由于女性的个性心理特征,使她们的教育更易为子女接受。此外,男女两性的差别也带来了他们所从事的社会职业分布的区别,而女性的职业分布,使她们在子女的教育上更具"发言权"。

随着教育事业的蓬勃发展和妇女就业率的提高,妇女为教育事业的发展做出了积极贡献。在中国各级各类学校中,女教师几乎占领所有托幼机构和小学的教师岗位,在中学阶段,她们也与男教师平分秋色。在婴幼儿及儿童成长的关键期,她们是引导孩子茁壮成长、步入社会化过程中的重要人物。作为教师的母亲,职业上的优势使她们更易掌握科学教育方法,掌握儿童心理发展的规律,因材施教,因势利导。这样,在对子女的教育上,母亲比父亲更得心应手,能收到事半功倍的效果。

正因为如此,联合国的文献指出:"妇女以她们的各种角色在儿童的幸福中发挥着关键的作用。提高妇女的地位并使她们平等地受到教育、培训和推广服务以及获得信贷,是对一个国家的社会和经济发展做出的有价值的贡献。"①

以上从母亲的角度阐述了她们在家庭教育中的作用。应该看到,目前在家庭教育中仍有一些不尽如人意的地方,这些问题的产生有多方面的原因。如果从母亲角度来分析,除了与母亲忽视自己的教育职责、缺乏家庭教育的知识和经验有关外,也与她们没有认识到自己在家庭教育中独特的条件和优势有关。正因为母亲在家庭中的地位和对子女的教育作用异于父亲,所以母亲在家庭教育方面的有些错误和疏忽是父亲的教育难以弥补的,往往造成遗憾,这就需要引起母亲们的重视,更好地发挥自己的作用。

当然,家庭教育是父母双方共同的责任,父母应共同努力,培育出优秀的儿女!

---

① 赵中建. 教育的使命——面向二十一世纪的教育宣言和行动纲领[M]. 北京:教育科学出版社,1996:67.

(二) 父亲在家庭教育中的角色

在家庭中，父亲对孩子的影响也很重要。德国哲学家E·弗洛姆指出，“父亲虽不能代表自然界，却代表着人类存在的另一极，那就是思想的世界、科学技术的世界、法律和秩序的世界、阅历和冒险的世界”。在他看来，父亲是孩子的导师之一，他能指给孩子通向世界之路。[①] 一个家庭如果没有父亲参与，孩子的教育就缺少另一半的力量。

然而，正如E·E·勒马斯特(Le Master, E. E.)所指出的，“在我们所处的社会里，父亲的角色对男人来说并不非常重要，男人的成就与表现全看事业，……男人是在工作中，表现出做父亲的责任感、价值观和榜样”。[②] 在教育上，父亲的严格要求、不姑息迁就是孩子积极进取、事业成功的基础。17世纪英国诗人乔治·格尔贝说：一个父亲胜于一百个教师。这就是强调父亲的教育作用。

在我国古代以及近现代，有很多成大事业者，都包含着父亲影响熏陶的重要因素。如三国时期建安文学的代表“建安三曹”，曹操是政治家也是文学家，其子曹丕、曹植在父亲的影响下，文学造诣很深，后来与父亲并驾齐驱成为建安文学的代表；东晋书法家王羲之与其子王献之，得名“书法二王”，其墨迹留传至今，是我国宝贵的文化遗产；西汉史学家司马迁，继承父亲的遗愿，在极其艰难的情况下奋笔疾书，用了18年的时间，终于完成了我国第一部伟大的历史巨著《史记》，司马迁被后人誉为“史学之父”。

家庭教育中缺失了父亲的力量，会给儿童发展带来许多负面的影响。这是因为，父亲在儿童教育中与母亲一样，亦有自己的特点和优势。

1. 儿童早期依恋的另一个重要人物

早在20世纪60年代，H·R·谢弗和P·E·埃默森通过研究发现：即使父亲没有经常参与照料婴儿，婴儿也会对父亲表现出依恋。以色列发展心理学家兰多发现，婴儿不论多大都没有依恋其母亲胜过其父亲的现象。而此后，约翰·福伯斯爵士在做过大量心理实验之后甚至得出结论：孩子取悦父亲的程度超过了母亲。[③] 同时，关于依恋的许多心理学研究都指出，孩子在依恋心理产生时，对双亲的依恋是相同的，但来访者在场时，孩子本能地把父亲和母亲区分开来。父亲在场时，孩子们会更多地微笑，牙牙学语，注视着父亲。父亲和孩子在一起时总会带给孩子一些有意思的经验。

不少临床医生观察到与父亲接触得很少的孩子，在体重、身高、动作等方面的发育速度都不及父子正常接触的儿童，且患有营养不良和传染病的概率较后者为高。早在婴儿期，父婴的交往与母婴的交往就各有特点。父亲多是通过身体运动方式、触觉、肢体运动游戏，以强烈的大动作给孩子带来身体活动刺激，促进其身体发育。

---

① [美]弗洛姆. 爱的艺术[M]. 刘福堂，译. 桂林：广西师范大学出版社，2002：37.

② Le Master, E.E. Parents in modern America homewood [M]. IL: Dorsey, 1974.

③ 中央教育科学研究所比较教育研究室. 简明国际教育百科全书：人的发展[M]. 北京：教育科学出版社，1989：370.

据研究,有些过早失去父亲在女性环境中长大的男孩,往往出现懦弱和偏于女性化的性格缺陷,而女孩会更胆小、懦弱。这是因为,孩子出生以后,心理发展的关键是环境和教育,教育者由谁来承担,孩子与谁接触得多,就会逐步形成较明显的个性心理倾向。现在西方有些国家正在研究和提倡孩子出生以后父亲也参与或承担对孩子的照料,这样可以使孩子产生活泼、积极的情绪,对男孩性别意识的形成及女孩意志性格的锻炼都有益。

2. 有助于子女性别意识的形成

在塑造儿童性别角色的过程中,父亲的作用尤为重要。通常,父亲比母亲或其他人更倾向于对不同性别的孩子采取不同的态度和行为。正是由于父亲的这种对性别角色行为的期待和指导,使儿童逐渐地给自己的适宜活动、行为动机贴上了“性别标签”。

男女生性别的差异是由先天决定的。但是在后天,男孩和女孩都有一个性别“认同”的过程,也就是在环境和教育的作用下,在心理上形成与自己性别相适应的性格和行为特征。这种“认同”一般是在 3 岁前完成的。如果在这段时间,男孩长期处在女性环境中,模仿的对象都是女性,女孩长期处在男性环境中,模仿的对象都是男性,就可能使他们的性别意识颠倒,严重的可能成为病态,这种情况在男孩子身上尤为突出。

父亲对男孩性别意识的形成作用很大,心理学的研究表明,男孩在生命的头六年里与父亲的关系是十分关键的,换言之,在这期间成年男性的出现是非常必要的。这样,男孩就能通过社会的激励而学会适当的男性品质。心理学家麦克闵尼的研究资料也显示:一天与父亲接触不少于两小时的男孩比起那些一星期内与父亲接触不到六小时者,人际关系融洽,能从事的活动风格更开放,并具有进取精神甚至冒险性,更富于男子汉气概。①

失去父亲对男孩的负面影响较大。有些研究表明,失去父亲的男孩在他们童年早期常常变得女性化(被动和依赖);而到前青年期却又变得过度男性化(过度的攻击和恃强欺弱);这可能是对缺乏男子气感觉的一种防御。

而父亲的参与同样会对女孩性别意识的形成产生影响,父亲往往会影响女孩的择偶,如果父亲性格粗暴,女孩往往会对异性怀有偏见。而一些研究也表明,失去父亲的女孩在青年期时较少有明显的女性特点,也较少有积极的女性自我概念。

不仅如此,父亲的榜样作用也与儿童的性别化密切相关。一个男孩,其父亲在奖惩的限制和宽容上是果断而有支配性的,那么这个男孩更可能表现出女性化的特征。但有趣的是,一些实验研究发现:女孩的女性化不仅与父亲的男性化有关,还与父亲对女儿模仿母亲、参与女性化活动的赞扬有关,而与母亲的女性化无关。更女性化的母亲不一定能培养出更女性化的女儿。

在父亲缺失的单亲家庭,缺乏父亲的榜样,其子女长大以后,会造成性别角色的适应困难。5 岁前就失去父亲的男孩,往往有明显的性别化障碍和较多的女性化行为。少年期女孩

---

① 孟育群,宋学文.父亲淡出家庭教育与父爱的作用[J].教育科学,1998(04):41—44.

如果失去父亲则有可能会造成她与其他男性关系的障碍，她们要么把男性看得过于优越，要么把男性看得都不如女性。

3. 父亲的影响力随子女年龄的增长而递增

国外有关研究认为，从儿童期过渡到少年期，孩子在家庭的互动侧重点已从母亲一人身上逐渐移至双亲，这一转移使父亲在家庭教育中的影响作用大为提高。如果说母亲对胎儿、乳儿、婴儿甚至幼儿期的教育有得天独厚的优势，父亲的作用则随着子女的成长日益提高，而母亲的作用则相对降低，与父亲的作用趋向平衡。

随着年龄的增长，孩子在思想、学习、个人志趣等重要问题上更渴望向父亲请教。父亲在影响子女发展方面扮演着越来越重要的角色，在子女人格形成的关键时期起着重要作用。[①] 这是因为，长期以来以至在现实社会中，多数家庭中父亲比母亲的文化水平、社会地位高，接触社会广，在家庭对外活动中担任主要角色，家庭重大问题的决策，父亲的意见举足轻重。由于父亲在身体、气质和思维上的特点，他总是能积极地解决各种问题（至少表现出来是这样），总是勇敢地面对家庭的困难，总是以建设者、改变者的形象出现，因此很容易被孩子当作心中的偶像，孩子也总能从父亲身上获得面对外部世界的信心。父亲经常和孩子亲密接触，孩子会变得更有安全感和更加自信。

事实上，父爱对孩子的影响远不只是智力，还涉及体格、情感、性格等方面。大量研究资料显示，与父亲接触得少的孩子，体重、身高、动作等方面的发育速度都要落后一截，普遍存在焦虑、自尊心低下、自控力弱等情感障碍，表现为抑郁、忧虑、任性、多动、有依赖性等，被专家称为“缺乏父爱综合征”。

在家庭教育中，父亲与母亲是主要的教育者，应该共同承担起生养、教育子女的责任。在孩子成长的过程中，不仅需要母亲的精心呵护，更需要父亲的积极参与。如此，才能培育出身心健康的儿童。

第二节　家庭教育中的主要受教者：儿童

儿童是家庭教育要素中的另一极，是父母教育的对象。因为家庭教育所面对的是成长发展中的孩子，所以了解他们的特点和权利是父母实施教育的基础和前提。

一、儿童是主要的受教者

（一）儿童的生理特性需要教育

儿童是人类的未成熟阶段，他们是脆弱的，需要依靠来自成人的帮助。

---

① 杨青. 父母的教养方式与儿童人格发展关系之探讨[J]. 内蒙古师范大学学报(哲学社会科学版)，2004(05)：79—83.

许多学者都对这一问题进行了论述。早在20世纪40年代,费孝通就在《生育制度》[①]中提到:“人类的婴儿不但所需的哺乳期特别长,能独立直接利用别种食料来营养的时期特别晚。即断乳之后,生理上虽则可以说已经长成独立的个体,但是,还要一个更长的时期去学习在社会中生活所需的一套行为方式。这是人类所特具的需要。社会知识的传递对于个人的生活是至关重要的,因为人不能个别的向自然去争取生存,而得在人群里谋生活。”费孝通说:“人类的幼年需要依赖成人的保护和供养的时间特别长。这是形成家庭的一个主要因素。家庭就是为了保障孩子得到保护和供养而造下的文化设备。”[②]

筑波大学教育学研究会的书中是这样论述的:“从脑生理学而言,人脑组织的复杂性,表明了人的学习可能性,亦即人巨大的可塑性。这说明人不同于别的动物。人是具有多种发展可能性的存在,也是一种业已从素质上获得了发展潜力的存在。新生儿的外表的孱弱性,其实正是发展方向未以特殊方式预先固定下来、表现出人的丰富的潜力之所在。但是,这种发展可能性是无定向的,具体的发展过程依存于出生后对其长期的发展与教育如何。”[③]马和民认为:“个体自其出生到18岁成年(特别是儿童时期),几乎都需要依赖成年人的照顾。”[④]

(二) 儿童的社会特性需要教育

不仅儿童的生理特性需要教育,儿童的社会特性同样需要教育。

通常,我们所指的“人”,都是社会学意义上的人。亦即社会是由每个“社会人”所组成的。但是,刚出生的婴儿,他(她)只是一个生物学意义上的“自然人”。“每一个新生儿都威胁着社会秩序,他的生物潜能非常广泛而且不确定。因此,任何社会都必须对他加以教育引导。”[⑤]

从出生直至进入教育机构以前,对儿童加以教育和引导的责任一般由家庭中的父母来承担,所以在这个意义上我们说:“家庭教育对于人的教育具有不可置换的意义。因为家庭是人降生以后第一个归属的集团,在那里形成着基本的人格(人)。”[⑥]早在19世纪初,哲学家康德就断言:“人是唯一必须受教育的造物。”[⑦]

家庭恰恰是为未成年的儿童提供的最适宜的场所:儿童孕育在社会的细胞——家庭中,又成长在作为社会角色父母的怀抱中。父母对孩子的教育责任,就是使之“社会化”,[⑧]使儿童实现从“自然人”到“社会人”的过渡。

---

① 费孝通.生育制度[M].天津:天津人民出版社,1981:127.
② 费孝通.生育制度[M].天津:天津人民出版社,1981:127.
③ [日]筑波大学教育学研究会.现代教育学基础[M].钟启泉,译.上海:上海教育出版社,1986:70.
④ 马和民.新编教育社会学[M].上海:华东师范大学出版社,2002:383.
⑤ [美]克特·W·巴克.社会心理学[M].南开大学社会学系,译.天津:南开大学出版社,1987:38.
⑥ [日]筑波大学教育学研究会.现代教育学基础[M].钟启泉,译.上海:上海教育出版社,1986:153.
⑦ [德]康德.康德论教育[M].李其龙,彭正梅,译.北京:人民教育出版社,2017:4.
⑧ 详见本书第六章第一节。

（三）儿童的天性有利于教育的实施

以上我们论述了由于儿童的生理和社会特性，其需要接受教育。而儿童接受教育不仅是必要的，也是可能的。因为他们的天性为其学习和成长奠定了基础。一般而言，儿童具备了以下这些天性：

第一，儿童是好动的。儿童的生长需要活动、运动。他们充满生命的活力，他们喜欢东奔西跑，喜欢蹦蹦跳跳。他们不走平坦的马路，要在路沿上跳上跳下。他们冬天不怕冷，夏天不怕热。儿童的好动是我们对其进行体育的基础。

第二，儿童是好奇的。面对色彩斑斓的未知世界，他们有问不完的问题。五六个月大的婴儿一听见声音就要转头去寻，一看见东西就要伸手来拿。若儿童不好奇，那就不会与事物接触，就不能明了事物的性质和状况。好奇是儿童获取知识最重要的途径，儿童的好奇是我们对其进行智育的基础。

第三，儿童是真实的。他们还不善于"隐瞒"，所以他很真，想哭就哭，想闹就闹。因此一个孩子由"真"走向"善"，再走向"美"，需要格外多费一点事。这些"事"就指有人去教育他，让他懂道德、懂是非、懂善恶、懂美丑、懂法律、懂文化，还要懂一点刑法，即懂得社会规则的底线。儿童的真实是我们对其进行德育的基础。

二、儿童的权利

"儿童权利"的出现是人类文明、进步的表现。"儿童权利"的专门提及，是与近代以来童工的出现、战争对儿童的摧残、拐卖儿童、虐待儿童以及家庭暴力等问题分不开的。"儿童权利"在 20 世纪，特别是在二战结束以后，开始成为国际社会越来越关注的问题。虽然 19 世纪以来各国法律陆续开始确立国家对儿童权利的保护原则。但是，儿童的人权保障仍然存在许多问题。1924 年国际联盟通过的《日内瓦儿童权利宣言》是儿童权利国际化的开始。1989 年联合国大会通过的《儿童权利公约》则标志着国际社会将保障人权的范围扩及到了社会上最脆弱的群体——儿童。

（一）儿童权利的内涵

《儿童权利公约》以儿童的最大利益为其指导精神。它是许多年来各种条约和宣言所述儿童权利的最集中和最新的表述，它体现了一种全新的儿童观，这种儿童观是建构当代教育新理念的基础。儿童权利包含丰富的内涵：

第一，儿童有获得生存的权利。其中包括儿童的生存权或生命权。儿童自出生之日起，即获得了作为自然人的生命权。儿童的生命和生存的权利，受到国家法律的保护，任何人都不得非法剥夺儿童的生命，不得侵犯儿童生存的权利。此外，还包括儿童的健康权。这是与儿童生存权和生命权相联系的又一项重要的儿童权利。《中华人民共和国未成年人保护法》

第十六条规定:“未成年人的父母或者其他监护人不得实施下列行为:(四)放任、唆使未成年人吸烟(含电子烟,下同)、饮酒、赌博、流浪乞讨或者欺凌他人。”

第二,儿童有获得保护的权利。其中包括接受抚养权和继承遗产权。由于儿童在相当长的时间内经济上不能自立,因此家长或者其他监护人负有抚养的义务。《中华人民共和国宪法》第四十九条规定:“父母有抚养教育未成年人子女的义务。”《中华人民共和国民法典》第一千零六十八条也规定:“父母有教育、保护未成年子女的权利和义务。”《中华人民共和国民法典》还规定,继父母、养父母对养子女同样负有抚养教育的义务。离婚后,父母对于子女仍有抚养教育的权利和义务。此外,还包括援救权和司法保护权。援救权是指对处于某种困难或危险境地,或有某种特殊情况而需要社会各方面予以援助的权利。司法保护权是指无论是民事诉讼、行政诉讼,还是刑事诉讼,国家法律都规定了对未成年人合法利益的保护。尤其是在刑事诉讼中,这种保护更为重要。

第三,儿童有获得发展的权利。其中包括教育权。接受教育,对未成年人来说是权利,对于接受九年义务制教育的学生来说也是义务。《中华人民共和国义务教育法》第五条规定:“各级人民政府及其有关部门应当履行本法规定的各项职责,保障适龄儿童、少年接受义务教育的权利。”“适龄儿童、少年的父母或者其他法定监护人应当依法保证其按时入学接受并完成义务教育。”《中华人民共和国未成年人保护法》中规定:“未成年人的父母或者其他监护人不得实施下列行为:(五)放任或者迫使应当接受义务教育的未成年人失学、辍学。”此外,还包括儿童身心健康全面发展权。无论家庭、学校和社会,都要保证儿童身心得到全面发展,禁止各种对儿童身心的伤害和毒害。《中华人民共和国未成年人保护法》第十六条规定:“未成年人的父母或者其他监护人应当履行下列监护职责:(三)教育和引导未成年人遵纪守法、勤俭节约,养成良好的思想品德和行为习惯;(六)保障未成年人休息、娱乐和体育锻炼的时间,引导未成年人进行有益身心健康的活动。”第十七条规定:“未成年人的父母或者其他监护人不得实施下列行为:(九)允许、迫使未成年人结婚或者为未成年人订立婚约。”

第四,儿童有获得参与的权利。其中包括达到就业年龄的劳动权。按照我国法律规定,年满 16 岁者方可就业。作为一种劳动权利,只有达到法定年龄才能实现。

儿童的其他权利还有:姓名权、肖像权、国籍权。儿童和其他公民一样,享有姓名权。姓名权是公民特写化的标志,是人格权的一种。此外,还包括名誉权、荣誉权和智力成果权。儿童依法享有名誉权。名誉权是人格权的一种。

与名誉权相联系,国家保护儿童的隐私权。隐私权是指个人私生活的保密权。《中华人民共和国未成年人保护法》第四条规定:“保护未成年人隐私权和个人信息”。未成年人的隐私权就是未成年人所享有的不公开其生活秘密的权利。凡个人不愿别人知道或不愿公开的生活秘密,都属于个人隐私,如:日记、信件、生理方面的疾病,以及曾经受到过的侮辱、经历过的痛苦、生活习惯、生活方式、消遣方面的爱好等。如果他人不尊重未成年人的隐私权就会使未成年人受到刺激或打击,以致在精神上和名誉上受到损伤。

通信秘密是公民享有的不可侵犯的自由和权利，从一定意义上说也是隐私权的一部分。《中华人民共和国未成年人保护法》第六十三条规定："任何组织或者个人不得隐匿、毁弃、非法删除未成年人的信件、日记、电子邮件或者其他网络通讯内容。除下列情形外，任何组织或者个人不得开拆、查阅未成年人的信件、日记、电子邮件或者其他网络通讯内容。"

需要指出的是，父母不能以"教育"的名义侵犯孩子的基本权利。不尊重儿童权利的父母，就不是合格的父母。他们无法取得孩子的信任，也为亲子沟通留下阴影，他们的"教育"不可能是有效的。

同时，任何人不得以任何形式侵害儿童的荣誉权。《中华人民共和国宪法》第三十八条规定："中华人民共和国公民的人格尊严不受侵犯。禁止用任何方法对公民进行侮辱、诽谤和诬告陷害。"《中华人民共和国未成年人保护法》第四条将"尊重未成年人人格尊严"规定为保护未成年人工作应当遵循的原则之一。

（二）儿童权利的保护

联合国的《儿童权利公约》，强调每一个儿童都有生存权、受保护权、发展权和参与权。《儿童权利公约》的通过，为各国政府保护本国儿童确立了卫生保健、教育、法律和社会服务等方面所必须达到的最低标准，该公约要求各国政府致力于保护这些权利，从而使之成为一部各国保护儿童的标准性的国际法律文书。

今天的儿童是 21 世纪的主人，关系着 21 世纪中国的腾飞，世界的进步。中华民族素有"老吾老以及人之老，幼吾幼以及人之幼"的传统美德。随着国家和社会的不断发展、进步，时代又赋予热爱儿童以新的内涵和特点。

我国从 1979 年开始介入国际人权领域的活动；1981 年正式当选联合国人权委员会成员，翌年开始参加《儿童权利公约》起草工作小组的会议。根据国内法律和实践情况，提出过数项方案，多数被与会各方接受，比如不得利用儿童从事生产和贩运毒品（第 33 条），不得拐骗、买卖、贩运儿童（第 35 条）等。

我国也是较早被批准加入这一公约的国家之一，随后又在 1991 年第七届全国人民代表大会常务委员会第 21 次会议审议通过了《中华人民共和国未成年人保护法》，使我国保障儿童权益进一步有法可依、有章可循。我国已将未成年人保护事宜全面纳入了国家法治的轨道。

1992 年 4 月 1 日，《儿童权利公约》在我国生效。自加入《儿童权利公约》后，中国致力于通过立法和行政措施，将《儿童权利公约》规定的各项基本标准在全国范围内实施。

根据《儿童权利公约》的规定，我国已于 1995 年 3 月向联合国首次提交了我国执行《儿童权利公约》的国家报告，并于 1996 年 5 月，由联合国儿童权利委员会审议通过了我国的报告。

我国有 3.8 亿 0—18 岁的未成年人，这是一个庞大的群体，他们是被保护的对象。从保护主体来看，既包括国家机关、各级政府部门，又包括学校、家庭、各社会团体和企事业单位，以至每个公民个人。家庭是儿童第一个归属群体，父母是孩子的监护人，他们对孩子权利的尊重与保护,直接关系到儿童成长的环境与发展的可能。

我们必须清醒地看到,我国在儿童生存、保护、发展取得进展的同时,仍存在着很多的不足。有了法并不等于所有的人都能自然而然地依法办事,写在纸上的法律条文要真正深入人心,成为全社会的自觉行动,还需要大张旗鼓地宣传,需要艰苦细致的工作。

第三节　家庭教育的中介:家庭环境

家庭教育总是需要在一定的环境中进行,这个环境便是家庭环境。家庭教育功能的实现,与家庭环境密切相关。因此,家庭环境也是家庭教育的基本要素之一,父母对儿童的教育和影响,很大程度上是以家庭环境为中介而实现的。

一、家庭环境的含义

家庭环境是指个体生活在其中的家庭各种条件的总和。家庭环境是一个复杂的复合体,从生态学的观点来看,家庭环境分为自然的、社会的、精神的三种层次。家庭的自然环境,包括房屋的光照、通风等个体发育和生长所必需的自然生态环境;家庭的社会环境,包括家长的职业、文化程度、生活方式以及家庭的经济状况、家庭人口结构等因素;家庭的精神环境,包括家风、家庭氛围以及家长对子女的态度、期望等。心理学一般将影响人的身心发展的家庭因素分为客观性因素和主观性因素两部分,客观性因素是指不以人的意志为转移的因素,如家庭的居住环境、经济状况、人口结构、家长的素质等;主观性因素是指那些家庭成员可控的因素,如父母对子女的态度、期望等。

家庭教育学所要研究的家庭环境即家庭中父母及其他年长者教育活动之外自觉或自发影响未成年人个体发展的各种因素,这些因素可概括为物理环境、文化环境和心理环境三个方面。物理环境主要指的是家庭的生活场所,它包括居住地以及家具设备和布置,一方面它是亲子互动最频繁的地方,另一方面家庭的物理环境对儿童也具有潜移默化的影响。文化环境主要指父母的教育观念、教育态度、教育能力等方面。心理环境指的是亲子关系、亲子沟通等方面。家庭环境的水平可以间接反映父母教育素质的高低。其中,家庭的文化环境以及家庭的心理环境将分别在本书第五章的第二节“父母素质”以及第三节“亲子关系”中展开。故本节重点阐述家庭的物理环境。

二、家庭的物理环境

(一) 家庭物理环境的含义

家庭物理环境,即家庭的居住地,以及房屋、居室的布局、物品的安放、采光以及房屋、居室的色彩及装饰等方面。

古时有“孟母三迁”的佳话，说的是“亚圣”孟子的母亲为了能给孟子找一个好的成长环境，从坟场搬到市场，最后搬到学校附近，从而成就了一代圣人。这说明孟母明确地意识到居住环境对个人成长的重要意义。在现代社会中，父母在选择房子时也会有意识地选择宁静、和谐的住宅区，居住在离学校近、方便孩子入学的地方，也是因为这在一定程度上有利于孩子的健康成长。

不仅居住环境对孩子的成长有重要意义，家庭的室内环境也会影响孩子的健康成长。瑞典心理学家丹尼尔做了一个实验。在实验中，一个房间布置淡雅、色彩悦目，播放着轻柔的抒情音乐；另一个房间则装饰刺目，播放着躁动不安的乐曲。当实验对象（10—15 岁的孩子）在第一个房间待上一会儿后，就产生了一种恬静的感觉；而在第二个房间待上一会儿后，就产生了烦躁的感觉。当实验主持人分别向不同房间的孩子提一个具有挑衅性的问题时，前一个房间的孩子表现得较为理智，甚至用幽默来回敬对方；后一个房间的孩子则往往控制不住自己，用脚踢门甚至破口大骂。

池瑾的实地调查研究显示，“在这个家庭中（注：指表现好的孩子的家庭），父母通过关爱、交流和理解为孩子提供了一个和谐而又温暖的氛围。孩子的小房间里装饰着孩子的绘画作品和奖状。他们为孩子提供了必要的而又恰当的学习材料以发展她的兴趣”，“因为这个家庭（注：指表现不好的孩子的家庭）住在一个为拆迁户做准备的临时住所里，所以家里的陈设很简单，基本看不到有益于孩子发展的环境刺激”。①

丹尼尔和池瑾的研究说明，一个良好、温馨的家庭物理环境对于孩子的健康成长有着极为重要的意义。家长应有意识地创造和谐的生活环境，使孩子受到潜移默化的影响。

（二）家庭物理环境的营造

“孟母三迁”的故事告诉我们居住环境对孩子的成长具有重要的作用，在无力改变居住环境的情况下，应该设法为孩子创设一个温馨有序的室内环境。

如果家庭条件允许，父母应该让孩子有自己独立的卧室和学习的地方，卧室的布局要简洁、采光条件好，隔音效果良好，同时在房间为孩子准备必要的学习材料，对孩子的学习形成良好刺激。用心的父母还会把孩子所获得的各种奖励摆在房间最显眼的地方，这些奖励对于孩子来说就是激励他们继续前进的最好氛围。

有些家庭则不注意环境布置，不讲究清洁卫生，家具陈设杂乱无章，污垢处处可见，大分贝音响震耳，给人无插足之地的感觉，这样的环境不利于孩子身心的健康发展。还有的家长尽管经济条件很优越，家中布置很有现代气派，却忘了给孩子一个游戏的天地和学习的角落。有的家长极其讲卫生，爱清洁，家中各处一尘不染，对孩子限制太多，这也不许玩，那也不许做，使孩子的行动受到限制，这都是不可取的。

---

① 池瑾. 观念决定成长：中国城市与农村家庭教育的背景差异[M]. 兰州：甘肃教育出版社，2008：142.

资料链接

家里藏书越多，孩子成绩越好？ 科学结论：确实如此

在20世纪90年代，美国教育部进行了一项“童年早期的纵向研究”。来自1000多所学校的2万名学生的研究数据表明，家里藏书的数量，跟孩子学习成绩有高度密切的关系。简单地说：家庭藏书越多，孩子的学习成绩越好。为什么会这样呢？主要有以下几方面原因。

第一，家里藏书多，说明父母学历高，重视教育。众所周知，知识改变命运，许多家长从读书中受益并取得了成功，他们也希望后代能够爱上阅读，所以才会在家里购置许多藏书。可想而知，这些父母必然比较重视教育，所以在其他方面也能促进孩子更优秀地成长。

第二，家里藏书多，孩子能感受到良好的阅读氛围，会更爱学习。许多家庭，会在家里专门设置一个藏书区。里面有各种丰富的书籍，孩子回到家里感受到这种氛围，自然而然会坐下来，看看书学习一番。一方面，多读书能够增长他们的见识，增加他们的知识量。另一方面，阅读其实是一种主动学习，会让孩子养成时时刻刻学习、终身学习的习惯。所以，爱阅读的孩子一般课内学习会更努力，成绩也会更优秀。

第三，家里藏书多，会让孩子在潜意识中将学习视为生活中的一部分，提升学习主动性和积极性。根据研究，家里藏书多的孩子，虽然不一定会经常阅读，但在他们潜意识中，书籍已经成为生活的一部分。而书籍象征着学习，所以这些孩子一般会把学习放在更重要的位置，成绩也会更优秀。

资料来源：家里藏书越多，孩子成绩越好？科学结论：确实如此[EB/OL].[2019-5-27](2022-9-5)https://ishare.ifeng.com/c/s/7n0CD0usC5H.

三、家庭环境对儿童成长的作用

家庭是个人生活的基础，是个体社会化的最初场所，是进行早期教育与训练的“苗圃”，家庭教育为学校及社会教育奠定基础。一个人的家庭生活环境对其身心健康、品德形成和智能发展都有着特别重要的作用。丁喻在家庭环境因素对学生学习及品德影响的研究中发现，在家长职业、家庭文化水平、家庭经济条件及居住条件、排行、家庭气氛、夫妻分居、家庭期望等诸因素中，除家庭经济、居住条件及排行对孩子的发展没有影响之外，其他的各种家庭因素都对孩子的学习及品德发展有极为显著的影响。[①] 魏斯曼(S. Wiseman)在调查研究

① 吴奇程，袁元. 家庭教育学[M]. 广州：广东高等教育出版社，2002：71.

中发现,“在小学生的成绩与环境因素的关系中,最重要的是儿童的家庭环境。按分量说,家庭是邻居和学校两者影响之和的两倍”。[①]

家庭教育环境,即家庭的物理环境、文化环境和心理环境,它们所包含的各个因素,如家庭的居住条件、家庭的文化氛围以及父母素质等各个因素,对青少年的身体发育、心理发展、学习发展、道德品质的养成等都具有重要的作用。它们对个体成长所起的作用主要表现在以下几个方面。[②]

(一) 参照作用

儿童在理解、接受某种观念及其行为方式时,并不总是全盘接受,而是以其自身的标准作为参考对象,从而有选择性地接受某种观念和行为。而这些参考对象的获得,多数来自他们从生活中、在家庭环境中长期积累的体验和经验。这一参照作用对儿童日后的发展具有重要影响,当儿童在家庭环境中所形成的参照系与学校环境所传授的观念、行为一致时,儿童能较易接受新观念;反之,他们会产生排斥心理。

(二) 熏染作用

所谓“近朱者赤,近墨者黑”,这就是环境对人的熏陶作用。家庭环境对个体的发展起到潜移默化的熏染作用,带有很强的自发性,对个体成长的影响是不可低估的。在不同家庭环境中成长的个体,通过原生家庭的耳濡目染、潜移默化,会形成不同的个性倾向。

在家庭环境中,父母的言行举止,待人接物的方式,都会对孩子的成长起到榜样作用。这种榜样作用会对孩子以后的为人处世、待人接物等产生很大的影响。父母对孩子的影响不仅仅在于他们是怎么说的,更重要的是看他们是如何做的。父母的价值观、世界观、行为方式、为人处世等方面都或多或少地影响着子女的现在和未来,每个孩子身上都会有父母的痕迹。

(三) 强化作用

强化是指通过某一事物或某一刺激从而增强某种行为的过程。良好的家庭环境蕴含着许多激励子女上进的因素,如父母的赞赏、表扬、奖励等。通过这些因素,个体从中体验成功的喜悦,从而对其行为起增强作用,进而引发其新的动力。反之,不良的家庭环境或生活方式,不但不利于个体的健康成长,反而会使其养成不良的品性。因此,研究家庭环境,就是为了使之对儿童的教育有正强化作用。

(四) 筛选作用

家庭环境对个体的发展具有影响和制约的作用,这种影响和制约同时可以起到筛选的

---

① 吴鼎福,等.教育生态学[M].南京:江苏教育出版社,1990:19.

② 吴奇程,袁元.家庭教育学[M].广州:广东高等教育出版社,2002:67—68.

作用。良好的家庭环境,父母会担当起“守门人”的角色,有意识地对影响儿童的因素进行选择与排除,尽量为子女的成长创造良性的环境,从而对子女的健康成长起到保护的作用。良好的家庭环境甚至可以将生活中的种种不良影响转化为积极的影响,使之成为儿童发展的良性刺激。

良好的家庭环境会对个体的发展起到积极的正向作用,从而使家庭教育起到事半功倍的效果。而不良的家庭环境会对个体发展起到消极作用,使得家庭对个体的教育效果事倍功半。因此,我们应当优化家庭环境,以便更好地促进儿童的发展。

延伸阅读

1. 推荐影片:《不一样的天空》。电影展现的是一个美国普通家庭的喜怒哀乐。主人公的父亲早年自杀身亡,母亲暴食之后体重激增至六百多磅,十八岁的弟弟阿尼是一个随时都有可能死去的智障儿童,兄弟姐妹虽然很多,个个都有不同的问题,照顾全家人的重担都落在了吉尔伯特·格雷普的肩上。当吉尔伯特遇到自己喜欢的一个名叫贝基的女孩时,他那不完美的家庭成了他进一步发展的障碍……
2. 单志艳,汪卫东.我国家庭建设与教育问题及政策建议[J].教育科学研究,2017(12):84—88.
3. 陈荟,杨卉霖.新媒体对儿童成长的冲击[J].当代教育与文化,2019,11(03):32—37.

第五章

家庭教育的影响因素[①]

本章导语

父母与子女是家庭教育中的基本要素，家庭中的每一个人都处在特定的联系和作用之中，因此家庭内部也就交织着各种各样的关系——家庭关系。家庭关系是家庭成员之间依自身的角色，在共同生活中表现出的人际互动关系，是家庭的基本要素在家庭人际交往中的表现形式。家庭关系直接反映出家庭成员之间相互联系的紧密程度、家庭的稳固程度、各项家庭职能的履行程度，以及家庭生活质量等诸多方面，并以不同的方式对家庭教育产生影响。其中夫妻关系、亲子关系、祖孙关系、兄弟姐妹关系，是每个家庭中最为普通的家庭关系，而又以夫妻关系、亲子关系对家庭教育的影响最直接、最深刻。[②]

良好的夫妻关系、父母素质以及在此基础上产生的亲子关系对儿童的成长具有重要影响。本章将对这三个因素进行分析。

学习目标

1. 对夫妻关系的教育价值形成正确的认识，了解良好夫妻关系营造的方法。
2. 了解父母应具备的基本素质。
3. 了解亲子关系对儿童发展的重要作用以及亲子沟通的基本原则。

① 家庭教育的影响因素包括家庭外部因素与家庭内部因素，本章重点探讨家庭内部因素对家庭教育的影响。
② 关颖.社会学视野中的家庭教育[M].天津:天津社会科学院出版社，2000:67.

第一节 夫妻关系

一个家庭之中,健康良好的夫妻关系既是家庭和谐的基础,也是子女发展的重要前提。

一、夫妻关系:家庭教育的起点

夫妻关系是指男女双方基于合法婚姻所结成的配偶关系,是一切家庭关系的起点和基础。家庭中的其他人际关系都是在夫妻关系的基础上产生并发展的。有了孩子或打算孕育孩子的夫妻双方都应意识到,夫妻关系并不仅仅是男女之间的两性关系,更是共同为儿女成长负责的合作关系。夫妻关系的和谐程度,不仅关系到婚姻的稳定,也在很大程度上影响家庭教育的方式及效果。

苏联教育家苏霍姆林斯基在其所著的《家长教育学》开篇,就对一个年轻的离婚妇女说的以下一段话非常感慨:"'……没有学会生活。本来嘛,我和丈夫的离异,并不是由于谁对谁失望了,也不是由于像习惯上所说的性格的不合。我们只是由于不会生活,不会做丈夫和妻子,不管是他或是我都不会。我们不善于相亲相爱;是的,人的爱情是极需要善于培植的。我们简直想象不到丈夫和妻子的爱是什么样的,没有人(甚至连想都没想过)向我讲一讲。我们不会互相尊敬,不会珍惜生活。啊,善于珍惜生活,这是多么重要的事呀!'……"。如何与人相处、共同生活是人之为人的根本,但人最根本的生活之道却被家庭教育忽视了。

苏霍姆林斯基接着说:"当我们着手写家长教育学时,我们想:本书第一页究竟怎样写呢?连第一页也没有,这才糟呢,正如建造房屋而没有地基一样。本来么,的确如此,在我们学校里,最重要的东西却没有讲授过,没有教给学生如何生活。……生活就意味着要做妻子和丈夫,要当自己孩子的爸爸和妈妈。无论是教师,无论是父母都没有思考过这个每一公民都会碰上的重要的生活学问——人们的相互关系。"①

夫妻关系是在生物、心理、社会条件等基础上不断发展的人际关系。现代夫妻关系大多以爱恋为前奏,以结婚为开始,随着孩子的出生、家庭生态的变化而变化。夫妻关系是以失望、悔恨、破裂告终还是幸福和谐地延续,取决于夫妻双方的价值观、双方的感情基础以及双方互相沟通交往的形式等诸多方面。

从夫妻结合的动机、夫妻共同生活的方式和夫妻生活发展趋势等角度,可以划分出不同的夫妻关系类型。② 了解这些类型,可以为建立和谐的夫妻关系采取有针对性的措施,从而为家庭的幸福和谐、儿童的健康成长打下良好的家庭基础。需要说明的是,以下的几种分类只是为了研究之便而作的划分,只符合某一个分类的夫妻关系是很少的,现实生活中的夫妻关系往往是几种分类的结合,不同阶段的夫妻关系呈现出不同的特点。

---

① [苏]瓦·阿·苏霍姆林斯基.家长教育学[M].杜志英,等译.北京:中国妇女出版社,1982:2.

② 吕建国.家庭生态与教育[M].太原:山西教育出版社,1992:68—71.

（一）以夫妻结合的动机分类

从夫妻结合的动机出发，可将夫妻关系分为爱情型和功利型两类。爱情型又可分为肉体爱情型和人格爱情型两种关系。所谓肉体爱情型，是指男女双方的结合仅仅是为了满足人的生理的需要；而人格爱情型，是指男女双方的结合是以爱情为基础，男女双方有着共同的兴趣爱好，双方互相欣赏，为了一定的共同目的而走到一起。

功利型的夫妻关系是指男女双方是以爱情之外的出身、收入、学历等条件为基础而结合的。这种类型的夫妻关系功利色彩浓重，且夫妻双方都较为理性，难以享受爱情的幸福，当家庭的收支平衡时，夫妻之间可以相对稳定地生活，然而当收支不平衡时，夫妻之间往往容易出现各种各样的问题。

（二）以夫妻共同生活的方式分类

从这个角度可将夫妻关系分为平等合作型、分工型、一方依赖型。

平等合作型是指夫妻双方基于平等的基础，在家庭事务等方面互相合作，共同努力营造生活、教育子女，进而实现家庭目标。

分工型是指夫妻双方以各自的特长为基础，尽最大可能地发挥各自的作用。

一方依赖型，是指夫妻双方中的一方依赖于另一方，在家庭生活的各个方面都是一方说了算，而对方则处于从属与服从的地位。

（三）以夫妻生活发展趋势分类

从这个角度，可将夫妻关系分为建设型、惰性型、失望型和一体型四类。

建设型夫妻关系是指在共同目标指引下进行合作的一种形式。夫妻之间有共同的目标，比如创家立业、教育子女等，并能始终围绕这些目标密切合作，而且在前一个目标达到的基础上会建立新的目标。

惰性型夫妻关系是指很快就对婚姻失去热情的夫妻关系。这类夫妻在新婚时会持有对婚姻的浪漫幻想，随着婚后生活日复一日地循环，他们渐渐失去了对生活及彼此的新鲜感。这种循环的生活方式导致惰性生活的开始。

失望型夫妻关系是指夫妻之间在新婚时会努力建设和谐的生活，对生活抱有很高的期望。然而不久他们就会发现，生活中会有种种的不如意，而且对方的表现也不如当初所愿，进而会产生失望之感。

一体型夫妻关系是指在较长的共同生活中，夫妻之间通过相互之间的合作与努力，在性格、爱好、习惯等方面都达到相互适应，几乎完全成为一个整体。这样的夫妻关系是最美满，也是最稳定的。

二、良好夫妻关系的教育意义

上文我们从不同的角度对夫妻关系进行了划分，虽然不同的夫妻关系特点各异，但相同的是,良好的夫妻关系不仅有利于夫妻双方婚姻的稳定和家庭和谐,而且对子女的成长也具有直接影响。

许多研究业已表明,父母给予孩子的经济基础以及父母的学历等都对孩子的成长没有直接影响,但父母的社会行为却会直接影响到孩子能否健康成长,特别是夫妻关系的质量对孩子的影响尤甚。一般来说,夫妻关系好、家庭稳定,孩子的快乐程度就高,也较少会出现心理问题。如果夫妻关系不好或者离异,则会严重影响孩子的身心健康。

(一) 为子女成长营造健康的氛围

对于孩子的健康成长来说,要受到来自各方面的支持与影响,而在家庭中,良好的夫妻关系是孩子健康成长的基础,同时也是对孩子进行教育时形成合力的必要前提。对此,日本学者森重敏在《孩子和家庭环境》一书中指出:"夫妻之间的爱情对创造幸福家庭以及培养出具有情绪安定性格的孩子是最为重要的。"①

根据尤瑞·布朗芬布伦纳(Urie Bronfenbrenner)的生态学理论,夫妻关系属于家庭系统中的微观层面,对于孩子的影响最为直接。因此夫妻关系的和谐程度会对孩子的发展最先产生影响。只有良好的夫妻关系,才能在家庭中形成健康的氛围,才会有利于孩子的发展。

(二) 对子女成长具有良好的教育作用

根据社会学习理论,孩子的许多社会行为都是通过对他人的模仿而形成与发展的。因此,在家庭中,良好的夫妻关系本身就具有巨大的教育作用。《文化与自我》一书作者 A·马赛勒等曾在日本进行家庭差别的调查,涉及夫妻关系对子女教育的影响。书中写道:"无少年犯罪的家庭的母亲对待丈夫的缺点很少表示直接的批评和轻蔑。我们和每位母亲的交谈长达 6 小时,其中有过失的孩子的母亲有四分之一以上对她们的丈夫表示直接的和毫不含糊的不满,有时甚至表示轻蔑。她们当中的许多人用图示的方法来描述她们婚姻生活中特有的混乱和不和谐的类型。虽然,无过失少年母亲也批评她们的丈夫,但她们批评丈夫并不那么频繁、强烈,只不过是间接提及,并且很少当着孩子的面去批评丈夫。"②可以说,夫妻关系渗透到家庭生活的一切领域,并潜移默化地影响着孩子的成长。

我们认为,夫妻关系本身就蕴含着教育因素。丈夫与妻子间互相的支持与关爱,会给家庭尤其是孩子带来良好的影响:家庭成员之间充满着浓厚的感情,使孩子从小就感受到家庭的温暖。这种情感是丰厚的养料,它滋养着儿童的心灵。在这种家庭氛围中成长的孩子,往往懂得爱护别人、关心别人、尊重别人。家庭气氛和谐愉快,这是孩子各种潜力得以充分发展的最佳环境。夫妻之间感情融洽,就能在多方面进行沟通与交流,在孩子的教育上也容易充分协商,统一要求,获得更满意的效果。

---

① [日]森重敏. 孩子和家庭环境[M]. 愚心,译. 北京:人民教育出版社,1984:133—134.

② [美]A. 马塞勒,等. 文化与自我——东西方人的透视[M]. 任鹰,等译. 杭州:浙江人民出版社,1988:168.

资料链接

夫妻关系不和谐 严重影响儿童成长

家庭结构是否稳定，夫妻之间是否相爱，直接决定着孩子能否健康发展。在一个结构完整、夫妻相爱的家庭中，孩子健康成长的概率也更高。但在扭曲的夫妻关系下，孩子几乎很难认可这种单边的“爱”，夫妻关系不和会造成孩子安全感低、心理不健康，孩子的情商、修养、行为也会受到影响。

第一，孩子会产生恐惧心理。夫妻关系差，往往会互不信任，经常争吵、讽刺，有的还会有暴力行为出现。这些场面的出现，直接影响到孩子的正常生活，使孩子感到没有可依恋的对象。特别是父母发生激烈的冲突时，其声音和神态都使孩子的情绪受到强烈的冲击，极易引起恐惧、悲伤、无助等消极情绪。

第二，孩子会产生被抛弃心理。一般夫妻发生别扭，对孩子的请求或哭喊，往往听而不闻，孩子会以为父母不要自己了，倍感伤心和无助。同时，看到自己最信赖的人之间针锋相对，孩子会感觉孤独和自卑，对他人通常持有不信任、嫉妒、傲慢甚至仇恨和敌视的态度，行为上也容易出现逃避、退缩或攻击性行为，对外界丧失兴趣，较难建立良好的人际关系。

第三，孩子会产生自卑心理。虽然孩子小，但从紧张的家庭气氛中，以及从父母的神态中可以敏锐地察觉到，自己的父母和其他小朋友的父母不一样。在此不良情绪的压抑下，孩子会感觉自己和别的孩子不一样，这样，在性格上可能趋于不稳定、内向、压抑，在感情上则表现为冷漠和孤僻、自卑，表面上想逃离和躲避，但内心又渴望关爱。

第四，孩子会产生猜疑和不信任心理。由于孩子自卑和敏感，对生活中的许多小事就比较在意。倾向于以戒备心理对待周围情况，表现出一种姿态自卫、对他人缺乏信任、为人刻薄、脾气暴躁，不愿意听到对自己不利的信息，甚至对别人的好意也会产生误解和挑剔。有些心重的孩子，还会由此产生“父母不和”都是因为自己造成的等想法。

第五，孩子会产生报复心理。夫妻不和时，父母的焦点多在对方身上，对孩子的关注自然减少。经常处在这种环境中的孩子会想尽一切办法来吸引家长的注意力。当哭闹不能解决问题的时候，孩子就会做出一些出格的行为，比如打人、装病等，严重的时候甚至会故意伤害自己。

第六，孩子会产生补偿心理。夫妻关系失调时，孩子感觉到自己被忽视，由于其内心充满对关注的期待，所以容易沉迷于自己的幻想中，同时也会对真心关心他们的人产生依恋的情感。孩子渴望长大，以为可以摆脱一切。于是，当孩子进入青春期以后，就会到家庭之外寻求情感慰藉。

第七，孩子会产生两难心理。父母在争执过程中，有时候想利用孩子的支持来反对另一方，在孩子面前诉说另一方的错误。这等于把孩子卷入了家长的“战争”之中，使其在忠于父亲,还是投入母亲的怀抱之间,感到不知所措和烦恼、焦虑。因为对孩子而言,父母都是他们最亲密的人,让孩子放弃一个,这是其所不愿意的。

第八,孩子会产生攻击性行为。夫妻吵架往往会丧失理智,指责对方的弱点和缺陷,许多不该说的话会脱口而出。幼儿的模仿能力非常强,父母吵架时的神态、语气语调、用语都可能成为他们模仿的对象。孩子自然在同伴交往过程中,按照父母的行为方式进行模仿,这也使孩子误以为吵架、打架是解决问题的好办法,从而不能真正掌握有效解决冲突的办法。

孩子除了父母一无所有,父母是他们最可靠的依赖对象。儿童期父母的影响,对孩子以后人格发展具有不可逆转的作用。家长都希望孩子有良好品格、健康身体和心理以及一个美好前途。但真想让孩子获得这些,好的夫妻关系是重要基础,也是家长能送给孩子的最好的礼物,这是一份足以让孩子享用一生的礼物。家庭和睦的人,才是世界上最幸福的人。

转引自:心理学视角分析夫妻关系,以及对于孩子成长的影响[EB/OL].(2018-01-25)[2019-9-16].https://www.sohu.com/a/218917701_99901419.

三、不良夫妻关系的负面影响

良好的夫妻关系对子女的成长具有较大的教育意义,随着社会的发展,新时期的夫妻关系呈现出了一些新的特点,其对子女也产生了一些负面影响。

(一) 新时期夫妻关系的特点

1. 夫妻之间的争吵相对增多

夫妻双方处理好彼此间的各种关系,和睦相处,是每一个家庭健康发展的必要前提,是任何具有美好生活愿望的人所期望的。然而在现实生活中,夫妻冲突却是一个十分普遍的现象。

关颖在天津市所做的"城市居民家庭网络和生活质量调查"中发现,90%以上的夫妻之间或多或少存在着冲突和矛盾。其中,"经常有"的占10.3%,"有时有"的占83.7%,明确表示"没有"的只占5.9%。①

调查显示,夫妻冲突的主要原因排在第一位的是"性格"问题,占56.7%;第二位是"子女"问题,占41.5%;第三位是"家务劳动",占30.6%。而对许多年轻夫妇来说,家务劳动问题又常常与孩子的抚养密切相关。

从以上的数据可以发现,夫妻之间的冲突除了性格方面的原因外,对于孩子的教育问题

① 关颖.社会学视野中的家庭教育[M].天津:天津社会科学院出版社,2000:72.

成为夫妻争吵的主要原因。之前由于计划生育政策的实施，很多家庭成为核心家庭——家庭中只有一个孩子的独生子女家庭。由于每个家庭只有一个孩子，因此对子女的教育便成了夫妻双方关注的焦点。家长对孩子的期望越来越高，但是夫妻双方的差异又使他们在许多情况下难以对孩子的期望与教育方法等方面达成一致，再加上性格的因素，就会导致激烈程度不等的争吵发生。

教育学家、心理学家、社会学家针对夫妻冲突对子女的影响都有十分深入的研究。苏联著名社会学家 B·A·瑟先科在《夫妇冲突》一书中阐述了家庭冲突对下一代的消极影响：(1)孩子在充满矛盾、父母的要求总不一致的环境中，家庭气氛中缺少宁静、和平、幸福、安定……一句话，缺少儿童精神与心理健全发展所必需的一切条件。(2)发生神经—心理病态的危险急剧增长。(3)行为的放纵与缺乏自制力日趋发展。(4)孩子的适应能力逐渐降低。(5)道德习性上瑕疵日益增多。(6)孩子越来越不习惯于人们共同的道德规范。(7)孩子往往产生对自己双亲的反感，有时甚至对一方怀有怨恨。[①]

夫妻冲突在现实生活中是普遍存在的、不可避免的，主要是源于夫妻双方婚前各自生活在不同的家庭环境、社会环境中，其文化背景、个人经历的不同，造成个性品质、生活习惯等多方面的差异。加之共同生活中夫妻关系的多重性和复杂性，某一个环节出问题，都会引起夫妻之间的矛盾与冲突，使夫妻关系紧张化、尖锐化，甚至出现婚姻关系破裂。[②] 因此，在矛盾冲突中不断磨合、不断适应，在新的基点上达到新的和谐，是搞好夫妻关系的永恒课题，也是成长中的子女对父母的期望。

2. 夫妻间的满意度相对降低

随着社会的发展，女性地位的提高，夫妻之间的文化和收入水平的差异日益缩小。夫妻双方都有较强的自主意识，相互之间对于婚姻的质量要求较高。当一方或双方都达不到理想的状况时，夫妻之间的满意度难免降低。

关颖的同一调查表明，在表示有了第一个孩子后夫妻关系不如以前的调查对象谈到原因时，37％的人因为“有了孩子后各方面的负担加重，影响了夫妻关系和感情”；27％的人因为“在子女管教上夫妻不一致”；11.7％的人是因为“有人把精力过多地给了孩子，而对我比过去关心少了”；10.4％的人是因为“爱人对孩子关心重视不够”；另有 13.9％的人是其他方面的原因。

从以上的数据可以看出，由于孩子的因素，夫妻之间的满意度呈现出下降的趋势。需要特别指出的是，对于新婚夫妇来说，随着第一个孩子的出生，家庭生活的方方面面都会随之发生许多变化。新婚夫妇在决定要孩子之前，一定要做好充分的心理准备。仓促决定不仅影响以后夫妻的关系，对孩子的成长也很不利。

---

① [苏]B. A. 瑟先科. 夫妇冲突[M]. 陈一筠，戴风文，译. 北京：中国妇女出版社，1984：106.

② 关颖. 社会学视野中的家庭教育[M]. 天津：天津社会科学院出版社，2000：74.

(二) 不良夫妻关系对子女发展的消极影响

家庭是儿童成长的摇篮,对孩子的健康发展有着十分重要的意义。家庭美满幸福,夫妻关系良好,是儿童身心健康发展最重要的条件。家庭生活不幸,夫妻关系紧张,则会使儿童心灵遭受创伤,严重的会使儿童精神偏异,甚至危害终生。因此,父母必须认识与了解不良的夫妻关系类型及其危害。不良的夫妻关系类型有以下几种。

1. 对抗

对抗有两种形式:(1)热对抗:夫妻之间有明显的矛盾冲突,而且冲突以外显的方式表现出来,常常表现为双方互不尊重,甚至发生激烈的争吵和打架。夫妻双方发生对抗行为时,有的把子女当作自己发泄的工具,殴打孩子;有的力图使子女加入自己的一方,一起与对方对抗。结果无论是哪种情况,子女都成为父母冲突的替罪羊和受害者。在这样的家庭中生活的孩子,往往产生两种异常行为:一是出现强烈的攻击心理,有人认为,家庭暴力具有代际传递的特征;二是犯罪行为,许多研究表明,青少年犯罪与家庭暴力有关。(2)冷对抗:这样的家庭看似平静,父母双方没有争吵,但他们在心理和情绪上相互敌对,彼此很少说话,也根本不想交谈,夫妻关系名存实亡,也就是家庭之中的"冷暴力"。在这样的家庭环境中成长的孩子往往会心理抑郁,这主要是由家庭内沉闷的气氛造成的。国外有学者研究发现,这种家庭的成员,特别是子女,还易出现精神分裂症状。

2. 分居

有研究发现,分居家庭子女的心理异常较为明显,在分居家庭里,和母亲生活的子女的心理异常程度要比与父亲生活的子女大,女孩的心理异常比男孩突出。这些孩子心理异常的表现是:爱哭闹,胆子小,不合群,紧张恐怖,分离焦虑(指由于惧怕与父母分离而产生的一种明显的焦虑情绪)。有时,父母暂时的分居,对子女也会产生明显的心理影响。

3. 再婚

近年来,我国的离婚率明显上升,父母再婚的现象也比较多。父母再婚,对子女心理影响也很明显。再婚父母的子女与离异后未再婚父母的子女相比,前者的心理问题较多。父母再婚后子女最大的心理问题是难以适应新的家庭环境。当孩子突然进入一个新的家庭环境时,原有的环境与新的环境之间有很大的矛盾,由于孩子的适应能力较差,调整起来有一定的困难。父母再婚,使孩子处于一个新的家庭关系中,子女对突如其来的这种新家庭关系的接受有很大的困难。而且,不少子女对这种家庭关系有抵触心理,甚至不接受这种关系。这些都会促使子女产生异常行为。子女的异常行为主要表现为两个方面:(1)情绪混乱。他们的情绪波动较大,有时抑郁,有时亢奋,具有攻击性。对父母(或父或母)产生仇视心理,易怀疑他人。(2)个性混乱。在这样的家庭中成长起来的孩子,有的自信心差,自卑感强,学业也差。

四、营造良好的夫妻关系

良好的夫妻关系，是培养儿童身心健康的基础，成功的孩子往往有一个和睦的家庭作支撑。父母是对孩子的一生影响最大的人。孩子最善于学习、模仿父母的言行，孩子的言行间接反映父母的言行举止。所以做父母的应该建立起良好的夫妻关系，营造良好的家庭氛围，为孩子树立良好的榜样，让孩子在家庭中快乐健康地成长。营造良好的夫妻关系，夫妻双方可以在以下方面作出努力。

（一）珍惜家庭

家庭不仅能给个体提供生活的物质基础，更重要的是，家庭能为个体提供一个满足其情感需要的场所，家庭是心灵的港湾，是人们心灵的归宿。对于夫妻双方来说，能够走到一起共同组建一个家庭，这是非常珍贵的缘分。因此，夫妻双方有责任来共同营造乐观、豁达、潇洒的生活氛围，维护家庭的和谐，从而实现家庭的健康发展。

（二）交流情感

人是一种社会性动物，不仅需要物质生活的满足，更需要情感生活的满足。根据马斯洛的需要层次理论，在人们最低层次的生理、安全的需要得到满足后，人们会自觉地追求更高层次需要的满足，情感交流就是人的一种较高层次的需要。夫妻之间应该养成谈心的习惯，与对方坦诚相待，互相倾诉生活、工作中的烦恼与快乐，同时还要做一个良好的倾听者。夫妻双方的良好沟通，会对孩子的家庭教育造成间接影响。因为夫妻之间只有做好充分的沟通，才能在对孩子的教育上达成一致，收到事半功倍的效果。

（三）适度期望

人们都有追求理想的权利，夫妻双方应切记，有追求是好的，但是对于对方的期望值不能过高，夫妻之间应该有适度的期望。随着人们生活水平的提高，家庭生活质量也在无形之中发生了巨大的变化，由于各种原因，家庭之间的生活质量存在着很大的差别，因此人们难免会产生攀比心理。看到生活质量的差距可以使人们产生奋斗的动力，向着更美好的生活前进。但是如果只追求物质生活的满足，过度地攀比，一味地对对方提出过高而不切实际的要求，这只会影响夫妻间的感情，久而久之就会造成矛盾。

（四）相互尊重

夫妻之间最重要的是做到相互尊重，尊重对方的宗教信仰、生活习惯等。这样夫妻之间才能和谐相处，共同营造良好的家庭氛围。

第二节 父 母 素 质

“生孩子,就是把我们的心分割了一部分。对人类创造者来说,没有什么能比父亲身份和母亲身份更大公无私和高尚的了。婴儿作为你身体的一部分开始呼吸了,睁开眼睛面向世界了,从此时起,你就应承担巨大的责任:每瞬间,你看到孩子,也就看到了自己;你教育孩子,也就在教育自己并检验自己的人格。”[①]孩子身上有父母的影子,孩子的成长过程实质上是对父母素质的最大检验与证明。在家庭中,父母是实施教育的主体,父母素质是家庭教育成败的关键因素。

一、父母素质的含义

对人的素质内涵的界定主要有两种观点:“一种认为人的素质即国民素质,包括人的文化素质、心理素质、思想道德素质,其中身体素质是人口素质的基础,思想道德素质是人口素质的标准,科学文化素质是人口素质的核心;另一种认为人的素质就是指人的文化素质,认为文化素质是一个人的人生底色、底蕴和大智慧,是一个民族与国家的基本气质,基本性格和基本形象,文化素质包括生活实践素养、思想政治素养、文化知识素养、情感意志素养等。”[②]

“由于人的素质是一个开放的、有序的、分层次的系统,具有无限的丰富性和多样性,千差万别,因而对家长素质问题不能一概而论,不能绝对化。”“家长作为一个社会成员、国家公民必须具备的综合素质,包括思想道德素质、文化素质、能力素质、身体素质、心理素质等。”[③]

我们认为,父母是国家的公民,他们作为普通人,其素质应包括文化素质、思想道德素质、心理素质等三方面的内容。其中,文化素质指的是家长的人文素质和社会素质,思想道德素质包括其价值取向、道德观念、思维方式、社会意识等,心理素质则包括认知方式、情绪情感、意志品质、自我意识。

二、父母的教育素质

父母的素质,除了以上所提的作为一般公民应具备的素质外,对孩子的成长影响更大的、更直接的是家长的教育素质。家长教育素质的高低是家庭教育能否成功的关键因素之一。家长的教育素质是家庭教育的重要前提和基础。它是家庭教育成败的决定性因素,要提高家庭教育水平,就必须提高家长的教育素质。正如卢梭所说:“你要记住,在敢于担当培养一个人的任务以前,自己就必须是值得推崇的模范。”[④]父母作为儿童首任甚至是终身的教

---

① [苏]瓦·阿·苏霍姆林斯基.家长教育学[M].杜志英,等译.北京:中国妇女出版社,1982:7—8.

② 杜红梅,冯维.论家长素质对未成年人犯罪的影响[J].陕西青年管理干部学院学报,2003(03):29—30.

③ 吴奇程,袁元.家庭教育学[M].广州:广东高等教育出版社,2002:287.

④ 转引自吴奇程,袁元.家庭教育学[M].广州:广东高等教育出版社,2002:287.

育者，必须具备的教育素质至少应该包括科学、正确的教育观念、教育态度与教育能力。

(一) 父母的教育观念

教育观念指的是支配教育行为的观点、思想。它和其他观念一样，是客观现实的能动反映，是经验和理论在人们头脑中的积淀。[①] 家庭教育的效果是由家庭教育的方式、方法决定的，而家庭教育的方式、方法往往受制于父母的家庭教育观念。家庭教育观念是实施家庭教育的前提与基础，观念的正确与否在很大程度上决定了家庭教育的成败。一般来说，家庭教育观念包括家长的儿童观、亲子观、人才观和亲职观。

1. 儿童观

父母的儿童观包括家长对儿童的权利、地位以及对子女发展规律的观点。儿童观直接影响父母的家庭教育内容与方法。父母对儿童正确的认识应该包括以下三个基本方面。

第一，儿童是人。儿童是"人"不是"物"，这是儿童的基本属性。家长应当把孩子当作"人"来对待培养，非常重要的是要尊重孩子的人格，重视孩子的愿望、需要，平等地与孩子沟通、交流。父母应该与孩子有平等民主的关系，而不应以专家权威的身份对孩子一味地命令与要求。

第二，儿童是未成年人。文化人类学认为，儿童是一种"未成熟"的动物，但正是这样一种未成熟状态，决定了其发展的属性，决定了人的可教育性。孩子是未成年人，不仅在物质上需要来自父母的照料，而且在精神上也需要来自父母的关爱。孩子处在成长过程中，各方面还不成熟，其心理状态、思维方式和成年人都不一样。家长要了解孩子，允许孩子有过失并对过失有逐步认识的过程。如果一味地将成年人的想法强加给孩子，代替孩子下决定，逼迫他们按成人的意志去做，其结果往往事与愿违。

第三，儿童将成为独立的人。孩子是独立的人，拥有独立的人格和尊严，并且将独立进入社会去创造自己的事业。他们今天的生活是为未来生活作准备。他们的自我意识和独立性正在形成。父母应该引导并尊重孩子对自己未来生活的选择，还要指导其对自己的选择负责。

2. 亲子观

家长的亲子观，是指家长对子女和自己相互关系的基本看法。父母与子女之间的关系，既是基于亲情的长辈与晚辈的关系，教育者与受教育者的关系，也应当是亲密的朋友关系。

据对一些幼儿家长生育观的抽样调查，家长生育儿女是为了：增加乐趣的占 40%；实现自己理想的占 24%；为家庭争光的占 9%；养儿防老的占 7%；传宗接代的占 5%；巩固感情的占 5%；另有 10%的家长对此没有任何考虑。由此可见，家长初始的养育动机是自私和盲目

---

① 转引自吴奇程，袁元. 家庭教育学[M]. 广州：广东高等教育出版社，2002：290.

的。由于抱着这样自私而盲目的养育观,导致许多家长持有一些错误的亲子观。

3. 人才观

家长的人才观是指家长本人对人才价值的取向和对子女成长的价值取向。这种价值取向直接影响着父母对子女成才的价值取向和对子女的期望,从而决定了家庭教育的目标。吴椿认为家长应该具有以下的人才观。[①]

第一,行行出状元的人才观。“三百六十行,行行出状元。”在未来社会里,发展知识密集型产业将是一个必然的趋势,但是也仍然需要保留大量劳动密集型产业。这种经济发展的模式决定了在人才培养过程中,既需要大量的高、精、尖人才,也需要工作在平凡岗位的一般人才。因此,作为父母来说,应该根据孩子自身的特点,顺其自然地引导其发展,不应随大流,盲目地从众和跟风。

第二,人人能成才的人才观。尽管人与人之间存在着差异,有着不同的个性与素质,但每个人都有自己与众不同的长处,每个人都具有巨大的发展潜力。一般来说,儿童都有要求发展、进步的愿望,通过良好的影响与教育,他们都能成人、成才、成功。

第三,终身学习的人才观。随着信息技术和网络的发展,社会对人提出了更高的要求,知识更新的速度越来越快,对每个人来说,要“学会生存”首先就要学会学习。父母应该认识到,人生是一次几十年的长跑。今天的先进与落后,不等于明天的先进与落后,更不等于未来的先进与落后。孩子的一生是一个终身学习、终身发展的过程。“欲速则不达”,每个孩子的成才都有其特殊性,只要选择正确的方向并作出不断的努力,终将会得到成功。

4. 亲职观[②]

家长的亲职观,是指家长对自己在家庭教育中的角色和职能的认识。在这个问题上,家长应有以下认识。

首先,父母是孩子的第一任教师也是终身教师。

其次,父母与孩子共同成长。尽管父母面对自己的孩子,但这个特定的孩子每天都在成长着、发展着。因此,要对这个变化着的、不同年龄阶段的个体进行教育影响,父母只有与孩子共同成长,才有可能。

再次,家庭教育首先是家长的自我教育,也就是说,合格的父母首先要接受教育,父母角色的成长要走在儿童发展的前面。

(二) 父母的教育态度

父母仅仅有正确的教育观念是不够的,还必须有正确的教育态度。黄迺毓在其《家庭教

---

① 中华人民共和国教育部“素质教育观念学习提要”编写组.素质教育观念学习提要[M].北京:生活·读书·新知三联书店,2001:62—63.

② 吴奇程,袁元.家庭教育学[M].广州:广东高等教育出版社,2002:292—293.

育》中，归纳了专家对父母教育态度的研究结果。

1. 鲍姆林德（Baumrind）提出三种基本的教养态度

一是独裁的态度（authoritarian attitudes）。独裁的父母要求子女绝对顺从，要控制子女的行为，较常使用体罚或强迫的方式，不太向子女解释规则，反正父母的话就是金科玉律，认为子女应该相信父母的做法都是为了子女的利益。

二是纵容的态度（permissive sttitudes）。这一类父母认为应该让子女有自主权，不愿成为子女心目中的权威或榜样，对子女的行为标准的要求很宽，连规则的制定都要子女参与，表示意见，也认为父母应尽量少控制子女，尽可能让子女自制自治。

三是权威的态度（authoritative attitudes）。取上二者之利，强调子女在合理的限制内发展自主能力，父母可以用讲理的方式或心理的增强，来引导子女的行为，而且态度坚决，使子女有所依循。

卡特（Carter）和韦尔奇（Welch）①的研究发现，不管子女的行为如何，父母的反应大致已定型，也就是说，父母对于子女的行为的解释——而非行为本身——决定父母的反应。

例如：孩子吵架，独裁的父母会认为那是很严重的恶行，纵容的父母则认为无所谓，而权威的父母相信事必有因，并设法让孩子自行解决问题。同样的一种情况，三种不同的管教态度，就决定了父母的不同反应，子女也就受到不同的管教。

我们认为，父母对子女的态度既不能独裁（它过于严格），也不能纵容（它过于宽容），而应该把握好分寸，采取第三种权威的态度。

2. 日本学者编制、国内学者修订的五类态度

日本学者川石二郎和品川孝子共同编制、经由国内心理学工作者周步成等修订的亲子关系诊断测验（PCRT）手册，把不提倡父母有的态度分为五大类，每大类含两小类。②

一是拒绝的态度，指父母的感情上或态度上对孩子表现出拒绝倾向。这一类包含消极的拒绝型和积极的拒绝型：消极的拒绝型是指对子女说的话不理、忽视、放任，不关心、不信任、感情不好、不一致感等父母态度类型；积极的拒绝型是指对孩子有体罚、虐待、恐吓、威胁、苛求，放弃养育的责任等父母态度类型。

二是支配的态度，指父母对孩子支配过头，把孩子当成父母的所有物，想用绝对的权力去统治子女。这一类包含严格型和期待型：严格型是指父母对子女虽有感情，但常以严厉、顽固、强迫的态度或禁止、命令的方式来监督子女；期待型是指父母把自己的野心或希望，投射在子女身上，而忽视子女的天赋能力与性向，希望子女完全遵从父母的要求或标准去做，也就是一般所说的望子成龙、望女成凤。

---

① Carter, D, and Welch, D. Parenting styles and children's behavior [J]. Family Relations, 1981:191—195.

② 转引自吴奇程，袁元. 家庭教育学[M]. 广州：广东高等教育出版社，2002：101.

三是保护的态度,指对子女担心、不安,经常想用过分地保护孩子去解除这种感情的父母。这一类包含干涉型和不安型:干涉型接近于期待型,为了使子女变得更好,而细心地去照顾孩子,尽量给予帮助和嘱咐;不安型指对子女的日常生活、学业、健康、交友、前途等,具有完全不必要的担心和不安,因而对孩子过分负责,给予过分的帮助和保护。

四是服从的态度,指对子女的要求和意见,不管是什么都无条件接受,并以此感到满足的父母。这一类包含盲从型和溺爱型:盲从型指让孩子持有一切权利,父母不管付出多大牺牲也要接受孩子的要求;溺爱型指对子女喜爱,想尽一切办法来迎合子女的要求,即使子女做了坏事也替他(她)申辩。

五是矛盾、不一致的态度,指父母当中的某一方,在不同时间场合对孩子的教育和态度前后有矛盾,或者父与母的态度不一致,这一类包含矛盾型和不一致型:矛盾型指对于子女的同一行为,有时斥责它、禁止它,有时却宽恕它、勉励它;不一致型指父亲与母亲的管教态度不一致。

由此可见,不同的教育态度,对儿童成长的影响是不同的。

(三) 父母的教育能力

父母不仅需要具备科学的教育观念、正确的教育态度,还需要具备进行家庭教育实践的能力。父母的教育能力至少包括以下这些方面。①

1. 尊重子女的能力

家庭教育是个别教育,由于父母与孩子长期相处,对子女比较熟悉了解,对孩子的教育更有针对性。按理说,父母对孩子的教育很容易见到成效。但是,有的家长比较主观武断,往往从自己的角度揣摩孩子,或者将自己的想法强加给孩子,这种教育难以让孩子接受。因此,要影响孩子首先就应当了解孩子。父母应当采取民主、平等的态度,学会运用观察、谈话等方法,从思想品德、学业成绩、兴趣爱好、能力特长、性格特点、人际交往等方面去了解子女;不但对其兴趣爱好和日常行为等了如指掌,而且对他在想些什么、干些什么、常和哪些人交往等也能有所了解;尤其是对处于青少年期的子女,应懂得如何与其沟通,缩短心理距离,建立正常的亲子关系。了解孩子是父母对其进行教育的前提,更重要的是父母还应当尊重子女。在尊重他们观点,尊重他们个性,尊重他们需求的基础上,引导其健康快乐地成长。

2. 善于沟通的能力

父母与孩子沟通,对孩子进行教育,都离不开语言交流。家长要学会用准确、生动、亲切、幽默的语言与儿童交谈。要营造一个倾听的氛围,让孩子能畅所欲言地表达自己的观点与想法,学会与孩子促膝谈心的艺术。尤其是进行批评教育时,要尽量先对其优点和长处采

---

① 吴奇程,袁元.家庭教育学[M].广州:广东高等教育出版社,2002:293—294.

用肯定、赞扬、信任等语言，后对其缺点和短处采用劝告、商量、引导等语言，避免采用污蔑、压制、强迫、威胁、哀求、贿赂、讽刺等错误的语言。

3. 选择方法的能力

家庭教育的方法甚多，在什么情境下采用什么教育方法，在哪一个年龄段变换教育方式，如何针对孩子的不同表现具体运用某一种方法，这些能力是父母所应该掌握的。如果家长能熟能生巧地运用这些能力，那就是具有了教育艺术。

4. 控制情绪的能力

在家庭中，亲子间的情绪往往难以控制。在竞争激烈的社会，家庭往往是排解压力，发泄不满，倾诉委屈的场所。因此，父母很有可能把这些负面的情绪带给配偶和孩子，或者带着这种情绪与子女沟通，这样做往往会破坏双方的情绪。当孩子顶撞父母，父母又无法理智地说服孩子，而用压制或冲动的情绪沟通，亲子间的矛盾就会升级。在这种情况下，父母作为教育者，控制自我的情绪就非常重要。

美国著名的儿童辅导社会工作者一再强调父母情绪的重要性，研究发现，对子女情感的忽视多半是由于父母的情绪不稳定或心理不健康。孟育群等曾用心理卫生自评量表对100对初高中学生及其父母进行测验研究，结果发现母亲的心理健康水平与孩子的心理健康水平相关显著，相关系数为0.209($P<0.05$)。[①] 可以说，提高父母心理健康水平，提高其控制情绪的能力是家长教育能力的关键点。

第三节　亲子关系

在家庭教育的影响因素中，除了夫妻关系、父母素质以外，亲子关系同样重要。亲子关系作为父母与子女间的一种人际互动，其互动的方式与内容以及互动的途径，可以直接影响到家庭教育的效果。

不同的学者对亲子关系的内涵作出了如下的界定。“亲子关系是儿童与父母之间建立起来的一种人际关系。它是在家庭生活中逐渐形成并发展起来的。婴儿自出生那天起，就开始了与父母(主要是母亲)的交往。”[②]“亲子关系即父母子女关系，是家庭教育中两个主体要素之间的关系，对家庭教育本身的研究在很大程度上是对亲子关系的研究。亲子互动的方式、内容不同，导致了不同的家庭教育效果。亲子关系是以血缘关系和共同生活为基础，以抚养、教养和赡养为基本内容的自然关系和社会关系的统一。”[③]不同的学者对亲子关系界定的视角不同，我们更认同关颖的研究视角。

---

① 孟育群.亲子关系：家庭教育研究的逻辑起点[J].中国德育，2007(02)：40—43.

② 王振宇，等.儿童社会化与教育[M].北京：人民教育出版社，1992：57.

③ 关颖.社会学视野中的家庭教育[M].天津：天津社会科学院出版社，2000：75.

一、亲子关系的基本特征

在家庭中,亲子关系是直系血亲关系中亲缘联系最近的一种关系,有着不同于夫妻关系和其他人际关系的特点。

亲子关系是家庭中由血统继承相连接的人际关系,具有不可选择性。亲子关系一经产生,就具有永久性,这是任何外力也无法改变的,并受到一定的法律确认和保护。“亲子之间有着天然的骨肉联系,包含着生命延传的深刻内容。”[①]

父母对子女的抚养教育,子女对父母的赡养照料,是人类在自身生产中相互联系的两个方面,也是两代人之间相等的社会权利和义务。在我国社会中,亲子之间权利与义务的特殊性还表现在,这种权利义务关系是受法律保护及约束的。《中华人民共和国民法典》对亲子之间的权利与义务都作了明确的规定。

亲子关系的基本特征在不同的国家和地区,在不同的历史时期无一例外地有所体现。但由于社会背景不同,亲子关系又往往反映出一定的“时代特色”。中国封建社会是典型的家族社会,封建家长制在家庭里盛行。在《我们现在怎样做父亲》一文中,鲁迅曾指出,他们(指圣人之徒)以为父对于子,有绝对的权力和威严;若是老子说话,当然无所不可,儿子有话,却在未说之前早已错了……他们的误点,便在长者本位与利己思想,权利思想很重,义务思想和责任心却很轻。以为父子关系,只须“父兮生我”一件事,幼者的全部,便应为长者所有。尤其堕落的,是因此责望报偿,以为幼者的全部,理该做长者的牺牲。

在当代社会,亲子关系的特点发生了根本的改变。父母和子女应该互相爱护、互相尊重,以民主、平等的关系相处。子女不应该是父母的私有财产,父母也无权以各种理由决定和支配子女的前途、命运。无论在社会上还是在家庭中,每一个人都是一个独立的个体,儿童也不例外。

二、亲子关系的类型

亲子关系在儿童成长中起到重要的影响,许多学者对其类型进行了划分与研究。以下将呈现这些研究的结果。

(一) 美国社会学家的三类型说[②]

在同一社会背景下的不同家庭中,亲子关系由于不同家庭因素作用,表现出差异的现象是普遍存在的。美国社会学家 H. 甘斯曾对亲子关系作了分析,将被调查的家庭分为三类:

第一类是“以成人为中心的家庭”。这类家庭由成年人管理,为成年人服务,其特点是:

---

① 关颖. 社会学视野中的家庭教育[M]. 天津:天津社会科学院出版社,2000:76.

② 黄育馥. 人与社会——社会化问题在美国[M]. 沈阳:辽宁人民出版社,1986:77—78.

子女愿望要服从父母愿望，家庭要求子女的行为讨大人喜欢，不得干扰大人的生活。父母对孩子发展目标不很明确。对子女将来在社会上应获得什么地位，从事什么职业，采取什么样的生活方式均无明确的想法，或者即使有想法，也不知道如何将这种目标构筑于对孩子的培养过程之中。这种家庭在工人阶级家庭中所占比例较大。

第二类是“以子女为中心的家庭”。家庭内的伴侣关系十分突出，父母花费一定时间和孩子一起学习和游戏，希望子女的童年比自己的童年更幸福，希望子女更有出息。这种家庭在中下层阶级中比较普遍。

第三类是“成年人指导下的家庭”。父母一般都受过高等教育，他们比第二类家庭更明确地知道自己对子女的期待和子女的需要。他们注重孩子发展自我，教育子女为自我发展而奋斗。这种家庭在中上层家庭中比较常见。

（二）国内学者的三类型说

吴奇程、袁元编著的《家庭教育学》[①]中归纳国内学者对亲子关系类型的论述，认为亲子关系主要有以下三种类型：“协调型”是指子女在日常生活中，切实做到悦亲、显亲、尊亲，并在事亲与孝亲的做法上顾及合适的方式；“疏远型”是指子女只知受爱，不知爱人，与父母若即若离，有困难、心事或不同看法时很少与父母沟通；“逆反型”是指子女与父母在价值观念、行为方式等方面存在着严重分歧、对立和冲突，对父母的关心、照顾、管教有逆反心理，甚至以出走、自杀等方式表示对父母的不满。

亲子关系的分类是相对的。在现实生活中，父母和子女的关系很少仅仅具有某一类型的特征，而是两三种类型的混合。亲子关系会随着双方年龄的增长、经验的积累和环境的变化而变化。亲子关系的类型有理想与不理想、正常与不正常之分。就双方在家庭中的地位而言，父母对子女应当既充满亲情又严格要求，子女对父母应当既接受指导又报之以孝敬。总之，理想的、正常的亲子关系，应当建立在亲情基础上，双方应该以民主平等、亲密合作的关系相处。

三、亲子关系对儿童发展的重要作用[②]

家庭中亲子之间的互动，不仅仅是家庭中的一种普遍的人际关系，更重要的是，亲子之间的互动，对于儿童的正常发展具有极为重要的意义。

（一）良好的亲子关系是儿童认知能力发展的前提

父母是孩子的第一任老师，也是对子女影响时间最持久的老师；他们的一言一行，潜移默化地对子女产生着影响，并成为儿童模仿与学习的榜样。然而孩子作为独立的个体，他们

---

① 吴奇程，袁元. 家庭教育学[M]. 广州：广东高等教育出版社，2002：102.

② 胡雁波. 试论亲子关系对儿童发展的影响[J]. 本溪冶金高等专科学校学报，2003(S1)：90—91.

又有着各自的特点和发展规律,有自己的个性与需要。这就需要家长了解和掌握并按照儿童的实际发展水平和需要,提出相应的要求和指导。父母与子女之间应是一种良性的双向互动关系。一方面,父母应了解子女发展的生理、心理特征以及其个性特征,从而有的放矢地对子女施加影响,开发其潜能,这样才能收到事半功倍的效果。另一方面,让子女也能在父母的鼓励、引导及培育下,放心大胆地去探索未知世界,从而激发自己的创造力。

(二) 良好的亲子关系是儿童个性和社会性发展的基石

从发生学角度来看,0—6 岁是婴幼儿个性和社会性发生发展的关键期,这个阶段儿童尚未入学,主要在家庭生活中度过。他们通过与周围的环境、人群和社会各方面的互动接触,吸收并形成着各种社会文化知识,发展着自己的能力、语言、情感、社会行为、道德规范、交往经验、人际关系和性情品质等。在家庭生活中,儿童的主要交往对象是父母和祖(外祖)父母。

研究表明,母亲在与子女交往中,给予最多的是抚育、照料和丰富的情感反应以及言语教导、具体示范、行为榜样、平时鼓励与错误纠正等。其中,母亲对婴幼儿的交往态度和丰富而又积极的情感交流,对子女未来一生形成良好的人际关系和健康的情感具有奠基性的影响。特别应当指出的是父亲在亲子关系中的重要作用。由于受传统“男主外、女主内”文化的影响,有的家庭中的父亲仅仅是家庭经济的支持者与纪律的维护者,把自己的角色仅仅定位于为家庭提供经济支持,从而放弃了对子女施加更多的教育影响。然而研究表明,父亲对子女的影响是任何人所不能替代的,父亲的爱是孩子认识的源泉,父亲的男人气质是孩子性格形成的源泉,父亲广阔的视野、丰富的知识是孩子认知能力发展的源泉。父亲在言谈举止、举手投足间,含蓄地传递着对子女的关爱和影响,父亲的教育影响子女的一生。

(三) 良好的亲子关系是儿童身心健康的保证

从个体情感发生学来看,婴幼儿情感发生起源于父母的亲情性抚爱和家庭温馨氛围的熏陶。母爱是人的情感幸福的源泉,是维护肉体和精神健康的保证,而父亲同样也是婴幼儿积极情感满足的重要源泉之一,是孩子健康成长的精神保证。冰心在其作品《寄给母亲》中,将父母之爱做了形象的比喻:母亲好比夜晚的月光,总在月光中进入梦乡;父亲好比早晨勇敢而灿烂的太阳,在阳光照耀下走向世界。父母对儿童的体贴与亲密交往,可以使他们从小获得身心发展所需要的满足感和精神的抚慰。亲子间良好的关系不仅可以消除或降低儿童的紧张、不安、恐惧与焦虑等消极性情感,还可以使他们的轻松、自在、愉快、兴奋等积极性的情感得到充分的发展,从而形成独立、自信、谦和、友爱、协作等个性品质,为今后的发展打下坚实的基础。

四、亲子沟通的原则

良好亲子关系的建立离不开有效的亲子沟通,我们认为,亲子沟通要掌握以下几个原则。

（一）态度真诚

家庭成员在进行沟通时，一定要本着态度真诚的原则。在遇到重大问题时，全家人可以坐在一起谈谈自己的想法，或者规定一个固定时间用于家庭内部的沟通，在这段时间内分享快乐与痛苦。

当父母遇到困难时，真诚地向子女表达自己所面临的困境，孩子会觉得父母当他是朋友并乐意提出自己的意见与建议，这就易于建立和谐的亲子关系。当这种良好沟通关系建立起来后，如果孩子遇到问题，他也会主动跟家长进行沟通，他会觉得自己与父母之间是朋友，是可以互相信任的。

（二）互相倾听

倾听是一种美德，也是很重要的沟通原则。亲子间一定要站在对方的立场倾听对方的感受，不要妄加批评。具有传统思想的家长可能觉得要做到这一点比较困难，因为在中国传统的家庭教育中，父母往往是通过居高临下地批评孩子来显示自己的权威的。其实，对等的互动式沟通远比批评有效得多。

如果孩子说过的话，家长全部拿来纠正和批评，那就不存在家长和孩子的沟通了。所以，一定不能用批评的态度彼此对待。每个人都把自己的事讲给大家听，每个人都尽量站在对方的立场上去理解和思考。这样做的话，就会使孩子学会倾听和倾诉，而这对于孩子的发展特别重要。

（三）多正面教育

跟孩子沟通时最好少指责、少批评，不使用恶言恶语，要对孩子多表示关心和支持。特别是对于处在青春期的少年来说，负面教育只会导致亲子关系更加紧张。在他做对与做错时告诉他，并指导他怎样做才能改正错处。凡事看光明面，允许孩子暂时不理解，沟通就不至于剑拔弩张。

对于父母来说，如果孩子犯错或者某些行为做得不恰当时，应该及时指出，并让其意识到自己的错误所在，而不是一味地横加指责。

（四）长时间磨合

良好的亲子沟通并不是一朝一夕就能练就的，需要父母在日常的生活中不断练习，不断地总结相关的经验与教训。把你的爱和关怀在日常生活中“练习并沟通出来”。亲子沟通最好从孩子小的时候就开始练习，如果疏忽了，从任何时间开始都不晚。只要做了，就会有成效。

家庭是社会大系统的一个有机组成部分，家庭教育的成效除受到夫妻关系、父母素质以及亲子关系等微观因素的影响之外，同时还会受到来自社会政治、经济、文化等宏观因素的影响。家庭教育正是在这些微观与宏观、主观与客观等诸因素的共同作用下对子女的成长起作用。因此,在家庭教育的过程中我们应该充分考虑这些因素,除其弊,用其利,促使家庭教育健康和谐地发展。

延伸阅读

1. [美]加里·斯坦利·贝克尔.家庭论[M].王献生,王宇,译.北京:商务印书馆,2005.
2. 王小英.家庭改变儿童:当代儿童家庭教育专题[M].北京:教育科学出版社,2015.
3. 张敬培,等.3—6岁儿童家庭教育现状调查[M].北京:教育科学出版社,2014.
4. 余晖.家长专业化进程中家庭教育指导的价值误区及其澄清[J].南京社会科学,2022(07):145—154.

第六章 家庭教育的实施：目的与内容

本章导语

人类活动的一个基本特征就是它的意识性、目的性。教育是人类的重要活动之一。人类活动的意识性、目的性决定了教育活动的目的性。家庭教育作为一种非正规的教育活动，也是在一定的教育目的指导下进行的。家庭教育的目的是一切家庭教育活动的出发点和归宿。其后各章节所论述的家庭教育的内容、家庭教育的方法和原则、不同年龄阶段儿童的家庭教育以及不同类型家庭的教育活动都是围绕着家庭教育目的展开的。

家庭教育目的与家庭教育内容紧密相连。其中，家庭教育目的对家庭教育内容具有决定作用，它决定着家庭教育内容的选择和实施、指导着家庭教育实践活动的方向；反之，家庭教育内容影响着家庭教育目的的实现，离开了家庭教育赖以实施的教育内容、教育活动，再完美的家庭教育目的也只能是流于形式的空想。

本章将阐述当代我国家庭教育的目的和内容。本章的家庭教育内容是以一般家庭、一般儿童为侧重点，至于阐述不同年龄阶段儿童的家庭教育内容以及不同类型家庭的家庭教育内容则分别是本书第八章与第九章的任务。

学习目标

1. 明确家庭教育的基本目的。
2. 了解家庭教育的主要内容。

第一节 家庭教育的目的

目的是指行动和努力最终要达到的地点、水准或境界。培养人是一切教育活动的本质，是其终极目的。家庭教育的目的指的是通过家庭教育活动和家庭教育的全过程，把受教育者培养成什么样质量和规格的人的总要求。家庭教育目的受家庭教育活动和家庭教育过程的影响，与其他教育形式相比，家庭教育的目的有其自身的独特性。

一、家庭教育的目的在于促进儿童社会化

家庭教育、学校教育、社会教育是教育系统的有机组成部分。三种教育形式既有区别又有联系，相互配合，共同为实现教育总目的(总目的是指家庭教育、社会教育和学校教育的总目的，即一切形式教育的目的总称)服务。就我国的教育目的而言，就是要使三种类型的教育都要严格贯彻“教育必须为社会主义现代化建设服务，必须与生产劳动相结合，培养德、智、体、美、劳全面发展的社会主义建设者和接班人”的教育方针。但在具体实施过程中，不同教育形式在教育目的上各有其侧重点。社会教育内容广泛、形式多样，与家庭教育的可比性较少，在此主要通过家庭教育与学校教育的比较分析，探寻家庭中独特的教育者与受教育者关系、教育功能、教育内容、教育方式中所渗透的家庭教育目的。[①]

(一) 教育者与受教育者关系的比较

父母与子女之间的关系与学校教育中师生间关系的区别主要在于，前者一般情况下是建立在血缘基础上的一种不可选择的天然关系，他们之间有着根本利益一致的关系。因此，家长教育子女的责任感和迫切感更为强烈和持久。而后者相对而言是一种可选择的人为关系，影响往往比较短暂。换言之，父母子女共同生活的整个过程，实际上是父母对子女进行长期观察、全面了解和系统教育的过程。家庭教育与每一个人身上所形成的各种习惯、观点、生活方式、品质、性格、兴趣、爱好、特长等有极为密切的关系。

(二) 教育功能的比较

学校是专门从事教育工作的机构，是专门培养人的场所。家庭虽然不是专门从事教育工作、培养人的社会团体，但家庭的影响是广泛而长远的。个体在家庭生活中所学到的各方面知识和技能对个体一生的发展具有奠基意义，为个体提供适应社会生活最基本的能力(如生产、消费、抚育孩子和赡养老人等)。家庭教育对人的影响是终身的，在子女的青少年时期，家长对其进行的教育多是在行为规范、智力开发、文化学习、思想品德和身体保健等方面，而成年之后则是在为人处世、就业、工作、恋爱、婚姻，以及成家、夫妻关系、养育子女等方面。

---

① 黄河清.家庭教育与学校教育的比较研究[J].华东师范大学学报(教育科学版)，2002(02):28—34+58.

（三）教育内容的比较

学校教育通过有组织、有计划的课堂教学及课外活动对学生进行各种系统学科知识的传授，培养学生的科学文化素养和良好的学习能力，以便在人生学龄阶段接受人类文明的精华中最基本的部分。相对而言，家庭教育一般没有严格的计划，也没有系统的、固定的教育内容。它侧重于通过对日常生活所需要的思想品德、行为规范和基本的生活能力的培养获得，奠定个体人格与社会化的初步基础，使其更好地融入社会，成为一名合格的社会成员。

（四）教育方式的比较

学校教育通过班级授课制向几十个甚至上百个教育对象，借助相同的教育手段，传递相同的教育内容，使用相同的评价标准，来争取达到其相同的教育目的。它更多的是一种有见于齐，无见于歧的“避短”的教育。家庭教育主要通过父母在休息、娱乐、闲谈、家务劳动等各种活动中，一对一地对孩子进行教育和训练。父母熟悉子女的过去和现在，可以根据子女的身心发展的过程及其个性特征，从孩子的实际出发，因材施教，“对症下药”。它应该是一种“扬长”的教育，这种教育更有利于促进儿童个性的发展。

通过以上的分析可以看出，家庭教育对儿童的影响十分广泛、深远。与学校教育相比，其影响多集中于培养儿童适应社会生活的能力和形成良好个性方面。我们认为，学校教育更多的是培养一种“知识的人”，而家庭教育更多的是培养一种“生活的人”。按照社会学的观点，这种以培养“生活的人”为目的，无论是适应社会还是发展个性都属于人的“社会化”的范畴，因此，家庭教育的目的就在于促进儿童的社会化。

二、儿童社会化

新生儿刚刚降临于世，是一个对社会一无所知的自然的、潜在的人，如同动物一般，只是一个生物性的个体。这个自然人只有经过社会的教育，尤其是家庭的培育才能成长为一个相对独立的、能够自觉参与社会生活并主动承担社会责任的社会人。在儿童出生后的最初几年，他们主要从家庭获得社会生活所必需的人的语言、思想、感情、习惯和行为，成为能够适应社会生活的社会人。与此同时，家庭作为社会的代言人又将社会的文化、经验、知识以各种方式对儿童施加影响，使之成为社会或群体所认可的合格成员，实现社会的延续与发展。这样一个过程的顺利实现便是儿童社会化。

（一）儿童社会化的概念

儿童社会化是人终身社会化的一个关键部分，分析儿童社会化的概念首先要从对社会化的研究人手。

1. 社会化

对于社会化的含义，国内外学者从不同的学科背景、不同的侧重点予以界定：文化人类学家偏重文化传承,社会学家强调人与社会的互动,而心理学家重视社会化过程中个体的成长。社会化是一个反映个体与社会之间关系的概念,社会学和心理学这两个分别侧重社会和个体的学科在对这一问题的探讨上具有许多相通之处,并趋向相互吸收、借鉴。[①] 本章对社会化的分析也侧重从社会学和心理学这两门学科的角度进行,以便能更好地揭示社会化这一过程的实质。

美国社会学家伊恩·罗伯逊给社会化下的定义是:"社会化是使人们获得个性并学习其所在社会的生活方式的社会相互作用过程。"[②]台湾学者周新富对社会化的定义是:"个体从出生到老年,学习所属群体的行为模式和行为规范,以适应其所处的社会规范和参与社会生活的过程。"[③]马和民则认为:"社会化主要是指个体学习社会中长期积累起来的知识、技能、观念和规范,并内化为个人的品格与行为,在社会生活中加以再创造的过程,也就是个体作为一个'社会学习者'和'社会参与者'的全面发展过程。"[④]

从以上几种具有代表性的定义可以看出:(1)社会化的目标是使个体从自然人转变为社会人,使个体成为独立的、合格的社会成员。(2)社会化是一个过程,是贯穿人一生——"从出生到老年"——的终身课题。不仅儿童和青少年要形成基本的生活习惯,习得对周围事物的基本态度和行为方式,成年甚至老年人也在接受着社会化及"反向社会化"。

虽然社会化贯穿人的一生,但儿童期的社会化是人终身社会化的基础和关键。如果一个人在儿童时期被剥夺或脱离了与社会的联系,从而造成"社会化失败",则产生越轨、失范行为的可能性就大大增加,严重者还会丧失人性,即使以后回归社会,也难以成为一个正常人;相反,如果一个人的早期社会化得以顺利进行,即使成年以后遭受一定程度的剥夺,其受损伤的程度也远小于前者。

2. 儿童社会化

涂尔干、缪森等都强调"儿童社会化"对奠定个人思维方式、价值标准、情感态度等的基础性作用。法国社会学家涂尔干认为,教育中的个体社会化,就是指儿童的身体、智力和道德状况都得到激励与发展,以适应整个政治社会在总体上对儿童的要求,适应儿童将来所处的特定环境的要求。[⑤] 发展心理学家缪森(P. H. Mussen)指出,社会化是儿童学习他们的文化或社会中的标准、价值和所期望的行为的过程,包括社会性情绪、对父母亲人的依恋、气质、道德感和道德标准、自我意识、性别角色、亲善行为、对自我和攻击性的控制、同伴关系等。[⑥]《中国大百科全书(第二版)》(2009)对儿童社会化的定义是:儿童社会化指儿童逐渐发

---

① 庞丽娟,胡娟.论社会化及其现代教育意义[J].北京师范大学学报(社会科学版),2003(01):45—52.
② [美]伊恩·罗伯逊.社会学(上册)[M].黄育馥,译.北京:商务印书馆,1990:194.
③ 周新富.家庭教育学——社会学取向[M].台北:五南图书出版公司,2006:33.
④ 马和民.新编教育社会学[M].上海:华东师范大学出版社,2002:382.
⑤ 鲁洁.德育社会学[M].福州:福建教育出版社,1998:127.
⑥ 李逢超.儿童社会化双重内涵分析[J].河南大学学报(社会科学版),2008(04):131—134.

展成为社会中负责任的、有独立行动能力的社会成员的过程。[①]《心理学百科全书》(1995)的定义是：儿童社会化是儿童在特定的社会与文化环境中，形成适应于该社会与文化的人格，掌握该社会所公认的行为方式。王振宇[②]认为，儿童社会化是指儿童在一定的社会条件(包括社会环境和社会关系)下逐渐独立地掌握社会规范、正确处理人际关系、妥善自制，从而达到适应社会生活的心理发展过程。

基于以上分析，我们认为儿童社会化是一个积极的过程，是指儿童在与社会环境相互作用的过程中，逐渐成长为既有社会一致性，又具自身独特性的个体，并获得基本生活能力、良好生活习惯、掌握社会规范、形成健全的人格特征，成为适应社会的合格成员的过程。

从以上对此概念的界定中，我们不难得出“儿童社会化”的实质：(1)儿童社会化是通过个体与社会环境相互作用而实现的。(2)儿童社会化既强调社会性也重视儿童个性的发展。(3)儿童社会化的内容是多方面的，包括养成基本生活能力、获得良好生活习惯、掌握社会规范、养成良好个性等方面。其中前两点分别涉及儿童社会化的途径和功能，接下来会予以详细分析，最后一点儿童社会化的内容将在下一节中加以论述。

(二) 儿童社会化的基本途径

儿童社会化是通过个体与社会环境相互作用而实现的。社会环境主要包括家庭、学校、同辈群体、工作场所和大众传播媒体等五项。受儿童年龄特点及活动范围的影响，对尚未进入工作岗位的儿童来说，家庭、学校、同辈群体、大众传媒是儿童社会化的主要途径。

1. 家庭

家庭是儿童早期生活的最主要的环境，家庭对个体社会化起奠基的作用，正所谓“圣人教从家始，家正则天下化之”。通过家庭教育，儿童最早获得基本的生活知识和技能，掌握基本的生活规范，并逐步获得一些人际交往的准则，认识自己在所属生活群体中的社会角色。家庭中父母的教养方式、教养态度、言谈举止等都是促进儿童社会化的现成的“教材”。同时，家庭还担负着对不利于儿童社会化的消极因素进行过滤、指导的作用。例如，家长要尽力避免学校教育中过分统一而导致的只承认共性、忽视个性的“过分社会化”的现象，促进儿童个性与社会性的协调发展；家长应及时与儿童沟通，了解其交友情况，一旦发现儿童加入的同辈群体不利于其发展，要积极引导，促使同辈群体真正成为儿童社会化的积极力量；家长也在儿童接受传媒影响时发挥强有力的选择性作用，担当好儿童接触媒介影响的“过滤器”。

2. 学校

随着个体的成长，学校成了儿童社会化的主要场所。学校是个体由家庭走向社会的桥梁和中介，也是儿童社会化的主要场所。儿童进入学校后，不仅要学习系统的科学文化知

---

① 《中国大百科全书》总编委会. 中国大百科全书(第二版)[M]. 北京：中国大百科全书出版社，2009：91.

② 王振宇，等. 儿童社会化与教育[M]. 北京：人民教育出版社，1992：2.

识,积极地参加集体活动,发展抽象逻辑思维能力,逐步形成自我意识和角色意识,更要学会尊重师长、热爱同学、遵守规范、团结互助。但由于当前学校教育自身的不完善性,仍有许多不利于儿童社会化的因素存在,如学校教育中存在的过分组织化、制度化,过于强调一致性,压抑、否定儿童的主体意识等,这将阻碍儿童个性的发展。

3. 同辈群体

同辈群体又称同龄群体,是由一些年龄、兴趣、爱好、态度、价值观、社会地位等方面较为接近的、处于同一年龄阶段或年龄组的人所组成的一种非正式群体。同辈群体的成员自愿结合,平等相处,相互交流观点、信息,彼此之间有着很大的影响,是个体社会化的重要途径。儿童在与同辈群体交往中逐步获得社会群体生活的各种必要技能,获得服从集体共同利益的能力,以及维护自己权利的能力。如果没有同辈群体的交往,个体便不能培养起成人所必需的交际品质。儿童能否得到同伴、同学的尊重和爱戴,将直接影响他的自尊、自信心的形成和发展。但同辈群体重哥们义气,而且往往由于受年龄限制,他们有时缺乏分析问题和判断是非的能力,做事容易冲动,不顾问题后果;特别当儿童加入消极群体时,极易产生畸形以及错误的价值观、行为方式,进而影响其心理健康。

4. 大众传播媒体

报纸、杂志、电视机、录音机、录像机、电子游戏机及计算机、互联网快速发展,诸多媒体以迅雷不及掩耳之势进入人们的生活,并成为影响个体社会化的"第四种力量"。现代传播媒体通过改变家庭、学校、社会的存在方式或直接或间接地影响儿童的成长,使儿童一出生就浸染在其包围圈中。各种传播媒体以其独特的优势将整个世界呈现在儿童面前,开阔了他们的视野,使儿童从中受到教育、获得快乐,并影响着儿童的兴趣爱好、人生理想、人生观、价值观和世界观。但大众媒体传播信息良莠不齐,对儿童成长的消极影响也是不容忽视的。现代儿童的侵犯性行为增加,享乐主义、个人主义、功利主义思想日趋严重,这更需家长发挥过滤器的作用,加强对儿童媒体运用的监管、指导。

(三)儿童社会化的双重功能

个体社会化的两种基本方式是指社会教化和个体内化,二者共同影响着儿童的发展。家庭、学校、同辈群体、大众传播媒体传播的知识、技能、社会规范,所做出的一切努力都是为了培养儿童的社会性,使个体成为适应社会生活、担负文化传承的人。儿童在接受社会教化的同时,有选择地消化、吸收、内化,从而进一步形成其丰富的个性。"在个人的领域,存在着遗传的统一性和多样性。任何人都在他身上通过遗传蕴含着人的族类,同时又通过遗传包含着他自己的独特性,既是解剖学上的又是生理学上的,还有大脑的、精神的、心理的、感情的、理智的、主观的统一性和多样性:任何人类身上都包含着在大脑方面、精神方面、心理方面、情感方面、理智方面等主观方面的基本的共同点,同时又具有他特有的大脑的、精神的、感情的、主观的……独特性。”[①]莫兰在这里所指的统一性和多样性也即人的社会性和个性。

“社会性”是指个体获得参与社会生活所必需的品质,成为被社会所接纳、认可的人。一个社会化的儿童应该是具备了基本的适应社会生活的知识与自理自立能力,掌握了社会的行为规范、道德准则和价值观念,能够在社会生活中应付自如的人。儿童能够融入社会,清晰地了解哪些是社会所允许的,哪些是社会所禁止的,才能适应不断变化的社会环境,才能生活得幸福而有意义。

但是,一个生活在社会上的人,仅仅获得了社会性还是不够的,即使任何一个人的社会性都得到了充分、完整的发展,社会也只能是充斥着千篇一律的个体而已。因此,社会化的人,必须同时也是富有个性的个体。“个性”也即人的独特性。在心理学中,个性指的是个人稳定的心理特征的总和,包括动机、兴趣、理想、信念等个性倾向性以及能力、气质和性格等个性心理特征。社会化要求儿童在与社会环境相互作用的过程中,成为有独特个性的人,即发展起儿童的自我概念、积极的自我体验,培养儿童的自我评价、自我控制能力,帮助儿童形成独特、稳定的健康人格。

儿童社会化的双重功能——发展个体社会性与个性的功能是对立统一的。首先,社会性与个性是相互矛盾的。社会性强调“一致”“共同”,其目的在于使个体学会或掌握一个文化共同体所共有的行为规范、价值观念、思维方式等,要求个体承担起社会文化传承的责任。个性重视的则是个体的、独特的、自我的东西,强调个体与众不同的兴趣、爱好,气质与性格,保持自身独特的行为方式与做事风格。一方面,要成为社会认可、接受的人,可能就意味着要牺牲自我的独特性,改变自己的兴趣和爱好来顺从他人或社会的期望;另一方面,形成自己的个性也可能意味着对社会性的叛离,凡事以“我”为中心,将自我与他人对立起来。因此,个体在面对社会生活事件时,“屈从”于社会抑或“屈从”于自我,“共性与个性”、“社会与自我”的矛盾便由此产生。但是,二者并非完全对立,而是有相互协调、相辅相成的一面。一方面,儿童的个性不是凭空产生的,而是在与他人的相互交往过程中、与社会环境的互动中,通过个体的主动消化、吸收获得的,没有不表现为社会性的个性;另一方面,任何社会性都是通过个体的独特行为方式、思维方式表现出来,没有不表现为个性的社会性。

总之,社会化具有促进个体社会性和个性发展的双重功能,二者是辩证统一、相辅相成的。社会性并不意味着抹杀人的个性,个性也不等于否定人的社会性,教育的目的在于培养既符合社会要求又富有个性的人。

三、家庭教育与儿童社会化

(一) 家庭教育是儿童社会化的基础

个人从母体来到人间,最先接触的就是家庭这一最基本的社会单位。在日复一日的家

① [法]埃德加·莫兰.复杂性理论与教育问题[M].陈一壮,译.北京:北京大学出版社,2004:41.

庭生活中,通过言传身教,长辈潜移默化地把各种社会文化规范、生活技能和传统道德习俗等价值观念传递给儿童,使其在体格成长的同时也获得品格的塑造和人性的完善。

家庭教育中,父母对子女的教养方式是影响儿童社会化的重要因素。恰当的教养方式有助于儿童的社会化,不当的教养方式则可能成为儿童社会化的障碍。父母采取民主型、放任型、专制型等不同的教养方式对儿童行为特点的影响存在明显的差异,采用民主型的教养方式,其儿童的社会化程度普遍偏高。拜尔 20 世纪 70 年代的研究发现儿童天生气质上的差异会影响父母的教养行为。[①] 父母要根据儿童的个性和社会性发展特点选择最优的教养方式,最大限度地促进儿童的社会化。

家庭教育没有固定的教材和场所,家长主要是通过在日常生活或与孩子的共同活动中有意无意地根据社会规范、价值标准、风俗和传统习惯去引导、要求儿童。家长以其自身经历、能力、人生观、价值观作为教育内容,潜移默化地影响着儿童的社会化进程。另外,父母比任何人都能更全面、更深刻地了解自己的子女。家长通过在日常生活中观察孩子的言谈举止等实际表现,有利于及时有针对性地进行教育。

家庭教育影响儿童社会化的方方面面,从教育方式、教育内容上奠定了儿童社会化的基础。可以说,家庭是儿童最早和最直接的社会化场所,家庭教育是儿童社会化过程中最重要和最具影响力的因素。

(二) 家庭教育是儿童社会化的桥梁和纽带

社会化是贯穿人一生的课题,需要经历一个相当长的时期,需要家庭、学校等各方的协调、配合。儿童的社会化也不是一蹴而就的,家庭在这个漫长而复杂的过程中充当桥梁和纽带的作用。

儿童社会化分初级社会化和次级社会化。初级社会化是次级社会化的基础,次级社会化是初级社会化的延续。家庭以亲情及呵护儿童身心健康成长的方式影响儿童初级社会化,主要是对个体进行有关参与社会生活的基本技能、本领和行为规范等方面的影响和教育活动,促使儿童的次级社会化水平的发展,以提高儿童学习各类知识的水平,对个体进行从具体思维到抽象思维,以及把社会化的方式转变为目的性、组织性、系统性、强制性较大的学校社会化方面的系统训练。

家庭教育融于父母与孩子的一切交往活动中,是引导儿童进入社会的桥梁。家庭不仅为儿童提供了日常的社会生活环境,而且也为儿童提供了实现社会化的基本条件。"在家庭范围内,父母抚育子女的目的和内容就是唤醒、发展和激发孩子的全部力量和全部素质","有意识地实现'人'的经常不断的发展"。[②] 家庭教育是儿童社会化的关键因素,是抚育下一

---

① 转引自徐慧,张建新,张梅玲.家庭教养方式对儿童社会化发展影响的研究综述[J].心理科学,2008(04):940—942+959.

② [德]福禄培尔.人的教育[M].孙祖复,译.北京:人民教育出版社,2001:43.

代健康成长的必要前提。

第二节　家庭教育的内容

目的决定内容。明确了家庭教育的目的,就要采取相应的家庭教育内容以保证其目的的顺利实现。家庭教育内容具有广泛性、时代性等特点,家长在教育过程中一方面应与社会的发展同步,另一方面又要注意结合各自的情况,根据家庭、自身以及儿童的特点因材施教地引导儿童的社会化进程。

家庭教育的内容本是一个整体,研究者为了研究之便将其分成各个部分。例如,美国社会心理学家J·克劳森在其主编的《社会化与社会》①一书中,对在童年期社会化过程中,家庭教育的目的和做法作了概括:(1)哺育和照料。(2)通过培养大小便习惯、断奶、喂固体食物等来对儿童的生理需要加以训练和引导,以方便父母,而最终使儿童符合言语化准则的要求。(3)对儿童进行训导并为其提供机会,使其锻炼身体,练习语言表达,增强认识和社交等方面的能力,以保证他们的安全,发展他们从事自主性的活动潜力。(4)使儿童与其周围亲属、邻居、社区和社会机构等纷繁多样的环境适应。(5)向儿童传递社会目标和价值准则,使儿童朝着父母和社会的目标发展。(6)培养儿童待人处世的本领,关心他人的情感并对他人的情感做出反应。(7)指导、纠正并帮助儿童制定自己的目标,计划自己的行动。其中,前三条属于对儿童社会性方面的基本要求,后四条主要倾向社会适应、价值准则方面,侧重形成儿童良好个性的教育。

《中国大百科全书(第二版)》②中也提到儿童社会化的内容包括5个方面:(1)基本生活技能教育。(2)促使自我观念发展。(3)养成良好生活习惯。(4)培养良好道德品质。(5)培养社会角色。其中,第(1)、(3)、(4)条属于社会性发展范畴,第(2)、(5)条属于个性养成教育。

在此,我们也将家庭教育的内容作了进一步的划分。为了实现家庭教育促进个体社会化的教育目的,无疑要对其进行社会性、个性方面的教育。此外,我国有着重视家庭道德教育的优良传统,为了凸显道德教育的重要性,我们将其单独列出。因此,本章将家庭教育内容分为社会性培育、个性养成教育、道德教育三个方面。

一、社会性培育

家长在儿童社会性发展的各个方面都起着极为重要的作用,主要表现在以下几个方面。

(一) 生活能力的培养

人活天地间,必须具备基本的社会生活能力。尤其是在当今这个充满竞争的世界,要想

---

① 转引自孙云晓,张梅玲.儿童教育就是培养好习惯:当代少年儿童行为习惯研究报告[M].北京:北京出版社,2004:264.

② 《中国大百科全书》总编委会.中国大百科全书(第二版)[M].北京:中国大百科全书出版社,2009:91.

在这激烈的角逐中胜出,不具备基本生活能力,而妄想凡事依赖他人,定将一事无成。然而正如J·罗斯·埃什尔曼在《家庭导论》[①]一书中所言:"在降临到这个世界上的所有生命中,没有比人类婴儿更孱弱的了。他们不会行走,不能自己进食,看不到哪里潜伏着危险,不懂得如何寻找食物和栖身之地,甚至连翻身都不会。"因此,要想让一个无知无识的生命个体成长为一个人,一个适应社会的人,一个对国家、世界有所贡献的人,家长对孩子进行基本的社会生活能力的培养是极其必要的。

社会生活能力的培养包含广泛的内容,最基本的便是满足儿童生理需要的能力,包括吃奶、吃饭、喝水、走路、穿衣、大小便等。倘若这些基本的生活能力在婴幼儿时期未能得到良好的训练,人的社会化也只能是无源之水、无本之木。

(二)生活习惯的培养

俗话说,"习惯决定性格,性格决定命运"。培根也说过:"习惯真是一种顽强而巨大的力量,它可以主宰人的一生,因此,人从幼年起就应该通过教育培养一种良好的习惯。"由此可以看出习惯对一个人一生的影响:习惯决定成败。良好的行为习惯是一个人学习进步的起点;良好的行为习惯是一个人事业成功的保障;良好的行为习惯也是一个人立足社会的基本条件。同时,培根也告诉了我们一种培养好习惯的方法:在人的幼年时期,通过教育培养。而幼年时期的教育,其责任就必须由家长承担。家长应该在生活中注意培养儿童的好习惯。习惯养成教育包括的范围十分广泛,如生活习惯、学习习惯、工作习惯、道德习惯等。

生活习惯几乎涉及生活中的方方面面,如锻炼身体的习惯、睡眠习惯、饮食习惯、卫生习惯等。有关健康的卫生习惯,卡尔·威特的父亲对小卡尔提出了很多要求,可供我们参考借鉴:勤洗手、脸、头、脚、澡;不要随地吐痰;勤换衣服和手帕鞋袜;定期整理和清洗书包;早晚要刷牙,饭后要漱口;不挖耳朵,不抠鼻孔;不吃不干净的食物;不用卫生纸擦拭餐具水果;勤洗抹布擦桌子;讲究用餐卫生;不要在衣兜里乱揣钱币钞票;保持室内清洁;爱护环境,保持周围环境整洁。[②]

儿童进入学龄阶段,在早期的学习中,良好学习习惯的养成对终身发展至关重要,这恰恰是家庭父母的责任所在。良好的学习习惯如喜欢读书、学会做好读书笔记、良好的读书写字姿势、学习娱乐要控制时间、劳逸结合等。可以说,早期教育的目的就是要培养儿童良好的学习习惯,对学习产生兴趣,而非简单的知识传递。所有的好习惯都有助于人们提高工作效率和生活质量,是人终身幸福和成功的保证。正如傅雷在给儿子的信中写道:"一切小事养成的这种干净的习惯,对你的艺术无形中也有好处。因为无论如何细小微不足道的事,都反映出一个人的意识与性情。修改小习惯就等于修改自己的意识与性情。"[③]可以毫不夸张

---

① [美]J·罗斯·埃什尔曼.家庭导论[M].潘允康,等译.北京:中国社会科学出版社,1991:507.

② [德]卡尔·威特.卡尔·威特的教育[M].赵健,邹舟,译.呼和浩特:内蒙古人民出版社,2008:150—154.

③ 傅敏.傅雷家书[M].沈阳:辽宁教育出版社,2003:175.

地说，傅聪的成功在很大程度上取决于他良好的生活、学习习惯。好的习惯能使我们变得自信乐观、开朗豁达、坚韧顽强，好习惯是每个人走向社会、走向成功的基石。

（三）语言能力的培养

语言在婴幼儿认知和社会性发展过程中起着重要作用。儿童在社会中生存，必须掌握语言这一基本的沟通工具，来了解别人思想，表达自己的意愿。特别是0到3岁，是语言发展的关键时期。这个时期个体社会化主要是与家庭环境的相互作用实现的。筑波大学教育学研究会编的《现代教育学基础》[①]一书指出，"作为社会化的家庭教育……它至少在下述意义上进行着价值的内化。第一，在学会母语并获得交流思想的方法的基础上，学习该社会的基本的见解、想法、感受的方法，亦即文化的核心（潜在文化）"。

父母与孩子的相互交流可以促进幼儿语言发育。近年来的研究表明，家庭因素对幼儿词汇发展有着诸多影响：家庭中父母的受教育程度、教养方式、沟通策略、与儿童对话过程中的情绪状态以及家庭的经济状况等都会对儿童的语言发展造成影响。同时，家庭中父母的语言输入特点直接影响着儿童的语言发展。多因素分析显示，母亲受教育程度与幼儿词汇发育有关。父母受教育程度对其语言表达水平的影响，表现在他们与孩子接触中使用较丰富的词汇和较复杂的句子。父母受教育程度与同儿童语言交流的数量和质量也有一定相关。

为了培养聪慧的下一代，从家长和家庭教育的角度，父母应努力提高文化素养，学会科学育儿，对儿童的教育也应采取关心、鼓励的方式，激发儿童的语言兴趣。父母可以向儿童指认事物、教他们学儿歌、为儿童讲故事等。儿童模仿性强，传媒、电视和广播中各种角色的表情和对话都是他们模仿的对象。因此，观赏丰富健康的儿童节目也能有效刺激儿童的语言发展，但为了避免大众传媒的不良影响，此类活动较适宜在父母的指导下进行。

（四）人际交往能力的培养

人是社会的人，生活在社会中，一生要与其他人发生这样那样的联系。要想使儿童顺利地进入社会，必须培养他们的社会适应能力，使他们融入社会，成为真正意义上的人。否则，家庭环境与社会环境的巨大落差，会使他们感到处处碰壁，甚至失去与人、与社会接触的兴趣和信心，事事显得退缩、不合群。儿童的社会交往和人际关系也会影响其心理健康水平。

父母应以身作则，以自己的实际行动为儿童树立处理人际关系的榜样。教给儿童待人接物的礼仪、人际交往的艺术，使他们学会沟通、交往、合作，懂得尊重理解、信任和宽容，学会悦纳他人，在群体中与人和睦相处，避免人际冲突，促进人际和谐。

（五）信息素养的养成

21世纪人类进入了信息社会，实现了信息资源的共享，谁能在更短时间获取更多更有效

---

① ［日］筑波大学教育学研究会. 现代教育学基础［M］. 钟启泉，译. 上海：上海教育出版社，1986：153.

的信息,谁就可能成为时代的引领者。信息,尤其是随着互联网技术的发展,缩短了世界的距离,使沟通变得顺畅。但互联网上的信息良莠不齐,对缺乏分析辨别能力的儿童构成了威胁。如何培养儿童的信息素养,成了家庭教育的时代课题。信息素养教育,是一种以培养儿童信息收集能力、信息分析处理与应用能力、信息传播和交流能力为目标的教育。

第一,培养儿童信息收集的能力。获取信息的能力是21世纪公民的必备素养,家长应从儿童年幼时就对其进行训练。儿童可以利用互联网进行信息检索,方便快捷地获得自己需要的信息。同时,还应注重提高对信息不断分类整理的能力。虽然互联网为儿童提供了广阔的思维空间,是儿童提取信息的资源库。但是,网络资源可谓"形形色色、鱼龙混杂",这就要求家长在这一过程中一定要加强监督、引导,教育儿童健康使用网络资源。

第二,培养儿童分析、处理和应用信息的能力。把获取的信息在原有知识经验的基础上进行重新组织整理、内化存储,才能使信息真正服务于自己的学习,并利用信息解决实际问题。所谓"信息分析"就是指对获取的原始信息进行筛选、鉴别、整理、分类,形成有助于问题解决的新信息的过程。这种能力的培养对于儿童来说是至关重要的,儿童只有养成了这种"信息分析"的习惯,才会使自己积累的资料具有更强的实用性和可信度,为今后的学习打下良好的基础。家长还要引导儿童利用所学的知识去解决生活中的问题,真正为自身生活服务,使学有所用,多方调动儿童的自我效能感。

第三,培养儿童信息传播、交流的能力。网络为儿童提供了一个开放性的交流环境,儿童可以与不同地区、不同种族的人沟通、交流信息,并在交流合作中提高参与的兴趣,进而学会合作。另外,儿童也要乐于分享信息,只有人人参与、分享,网络上的知识信息才能成为一潭"活水"。

二、个性养成教育

家庭教育除了上文介绍的促进儿童社会性的发展外,还应关注每位儿童的个性养成教育。个性,即个性心理特征,就是个体在其心理活动中经常地、稳定地表现出来的特征,主要表现为能力、气质和性格。个性是个体特有的特质及行为倾向的统一体,个性使人的行为带有一定的倾向性。性格和气质以及能力都是个性的不同侧面,能力和气质可以表现出一个人个性的个别差异,性格表现对现实的态度和在一定场合下采取的行动,也是最能表现个体差异的心理特征。[①] 与社会性重视人的共同之处相比,个性重视的是个体的差异。这里所指的个性养成教育即在家庭教育中有目的、有意识地使儿童的个性得到充分的发展和张扬的教育活动。

---

① 中国大百科全书总编辑委员会《心理学》编辑委员会,中国大百科全书出版编辑部.中国大百科全书·心理学[M].北京:中国大百科全书出版社,1991:469.

(一) 气质

当代心理学认为,气质是心理活动的动力特征,它主要表现在心理过程的强度、速度、稳定性、灵活性及指向性上。[①] 气质是一种稳定的心理活动特征,在人的心理和行为活动中表现出来并具有个人色彩。人的气质差异是先天的,是受人的神经结构和机能决定的。但个体的气质差异是在后天环境中表现出来的。从婴儿呱呱坠地的那一刻起,所表现出来的或安静或好动,或灵敏或迟钝都属于气质差异。需要说明的是,气质只有类型差异,无好坏之分。

早在公元前5世纪,古希腊著名医生希波克拉底就观察到不同的人有不同的气质,并提出了四种体液的气质学说,他把人的气质分为胆汁质、多血质、黏液质和抑郁质。这四种都属于气质的典型类型。希波克拉底的分类至今依然通用。在实际生活中,属于典型的单一气质的人并不多,大多数人是这四种典型气质的混合、渗透。

气质主要由先天遗传基因决定,家庭对儿童气质的影响十分有限。但这并不是说家庭教育在面对不同气质类型的儿童时就无能为力。拜尔20世纪70年代的研究发现儿童天生气质上的差异会影响父母的教养行为,并开创性地提出了"双向模式"说,试图揭示亲子关系的双向互动机制,从而引发了整个70年代儿童个性特征对父母教养方式影响的研究,研究思路由单向决定观逐渐向双向互动观转变。[②] 即是说,婴儿出生后不久所表现出的气质差异,会影响其父母或哺育者与婴儿的互动关系,影响父母的教养方式。父母在教育时也应针对儿童的不同气质类型采取不同的教养方式。

1. 胆汁质儿童

胆汁质的儿童精力充沛,积极热情,喜欢说话,爱活动,同时还具有爱管闲事、爱惹是生非、急躁、粗心等特征。所以家长面对胆汁质的儿童,就要提醒他们遵守纪律,约束自己的行为;与他们说话要平和、冷静,不要高声叫喊,对他们进行批评时,要注意批评的口气和语言,不能大声训斥,更不能激怒他们。平时要注重保持安静和谐的家庭氛围,以便克服儿童不安静和急躁的特点。

2. 多血质儿童

多血质的儿童一般对人很亲切、热情,见到生人也不拘谨,平时很随和,容易沟通。常常能主动与人交谈,朋友很多;上课不惧怕发言,并且语言生动流畅。但是这种类型的儿童,往往注意力不太集中,容易分散精力,做事浮躁不踏实,虎头蛇尾,怕吃苦。对于这种类型的儿童,家长要用亲切关怀的态度对待,可以多给他们布置些任务,用较高的标准要求他们,让他们多做一些富于耐性的工作,多做培养和训练注意力的游戏,并逐渐延长时间,使他们做事

---

① 中国大百科全书总编辑委员会《心理学》编辑委员会,中国大百科全书出版社编辑部.中国大百科全书·心理学[M].北京:中国大百科全书出版社,1992:242.

② 徐慧,张建新,张梅玲.家庭教养方式对儿童社会化发展影响的研究综述[J].心理科学,2008(04):940—942+959.

更为踏实。

3. 粘液质儿童

粘液质的儿童一般比较安定,不张扬,情绪波动也不大,受到表扬会微微一笑,受到批评也不辩解。他们注意力比较集中,做事情有一定的持久性,不容易受到周围刺激的影响,这些都是优点。但是这一类型儿童较沉默守旧,固执,不爱讲话,不太关心他人,相对比较冷漠。对粘液质的儿童要保持轻松、活泼、幽默的家庭气氛,对他要特别亲切、关心,更重要的是要多鼓励。

4. 抑郁质儿童

抑郁质的儿童一般都比较胆小,不爱讲话,说话声音也小,不爱与人交往。这个类型的儿童安静,守纪律,注意力集中,有丰富的想象力,情感体验细腻持久,善于发现细微的变化。缺点就是胆小,不爱说话,孤僻,自卑、敏感、沉闷。对于抑郁质的儿童,首先要给他一个轻松、快乐、温馨的家庭氛围。对待他的态度要特别亲切、温和、耐心,给予更多的关怀和照顾,不要在公共场所批评他们,若要批评必须在其能接受的范围内,以亲切而又轻描淡写的语气说明错误所在,并鼓励他们去改正。在家里创设环境,鼓励他们多讲话、表演等,多带他们参加公共活动,多参加体育运动,逐步锻炼他们的勇气和信心。多带他们参加集体活动和户外活动,以便增强其适应能力,克服孤僻、敏感,鼓励他们参与表演性的训练。

(二) 能力

1. 能力的内涵

一般认为,能力是一种心理特征,是顺利实现某种活动的一种心理条件。[①] 能力总是和人完成一定的活动相联系,能力在活动中得以体现、获得发展。离开了具体的活动,能力只能是潜在的形式、抽象的知识存在,更谈不上能力的真正发展。但是,不能认为凡是与活动有关的,并在活动中表现出来的所有心理特征都是能力。只有那些为完成活动所必需的,直接影响活动效率的,保证活动顺利进行的心理特征才是能力。

当然,人类活动的特点之一就在于其复杂性。因此,任何一项活动的完成也非单单依靠一种能力,往往是需要多种能力的结合。心理学家关于能力的结构有许多主张,1927 年英国心理学家斯皮尔曼提出能力由两种因素组成:一般能力和特殊能力。一般能力是大多数活动所共同需要的能力,如观察力、记忆力、思维力、想象力、注意力等。某项专门活动所需的能力称为特殊能力,如绘画、音乐、写作能力等。

2. 能力与智力的关系

20 世纪 80 年代以来,美国心理学家霍华德·加德纳(Howard Gardner)在《智力的结构》

---

① 彭聃龄.普通心理学(修订版)[M].北京:北京师范大学出版社,2004:404.

(1983)中提出的多元智力理论(multiple-intelligence theory)备受关注。加德纳认为能力是智力行为的外显。智力的内涵是多元的,它由七种相对独立的智力成分所构成,每个人都至少具备语言智力、数理逻辑智力、音乐智力、空间智力、身体智力、人际交往智力和自我认知智力。多元智力理论认为能力的基本性质是多元的——不是一种能力而是一组能力,其基本结构也是多元的——各种能力不是以整合的形式存在而是以相对独立的形式存在。

多元智力理论认为每一个体的智力都具有自己的特点和独特的表现形式。作为个体,每个人都同时拥有相对独立的七种智力,而这七种智力在每个人身上以不同方式、不同程度的组合使得每个人的智力各具特点。每个人的优势智力是不同的,人与人之间的能力也是有差异的。这就要求教育,尤其是家庭教育促进每个人智力的全面发展,成为独特的自我。过分地苛求统一只能使家庭教育的效果大大"打折",甚至"舍本逐末""事与愿违"。

智力发展受遗传和环境因素的影响。遗传基因是我们无力改变的,但准父母可以通过控制儿童出生前在母体中的环境,进而在一定程度上影响胎儿出生后的智力发展。怀孕期间给母亲提供充分的营养,保证胎儿脑细胞数量的增长,进行适当的"胎教",都已被证明是发展儿童智力的有效手段。智力发展的一般趋势也表明,童年期和少年期是某些智力发展的重要时期。从三四岁到十二三岁,智力的发展与年龄的增长几乎等速。[①] 而这一时期主要是在家庭中度过的,因此,家庭应努力为儿童提供丰富的营养和多样的环境刺激,抓住儿童智力发展的这一关键期,为儿童今后生命全程的发展奠基。

(三) 性格

性格是指一个人对人、对己、对事物(客观现实)的基本态度,以及相适应的习惯化的行为方式中比较稳定的独特的心理特征的综合。性格是个性中最具有核心意义的部分。性格有好坏之分。与气质不同,人的性格是在后天的学习、生活中,与社会环境的交互作用中形成的。

儿童出生以后,长期在家庭中生活,家庭的环境、父母的教养方式和教育水平、家庭成员之间的关系对儿童的性格形成至关重要。首先,父母应努力创设良好的家庭环境,如整洁、卫生、宁静的家庭生活环境,协调、布局合理、摆设简单大方的房间陈设等。家庭生活环境通过视觉在孩子心理上产生不同程度的刺激。家庭环境的整洁和宁静易于形成孩子稳定的、和谐的、轻松的性格特征。其次,不同教养方式对儿童性格的影响也各具差异。民主型的父母使孩子情绪稳定、情感丰富、意志坚强,独立、合群、自信,容易使孩子形成积极的、向上的、热诚的、友善的性格;溺爱型教养方式容易使儿童养成骄横、任性、执拗或者依赖、懦弱、自卑的性格;专断型的父母易导致孩子情感冷漠、自卑、孤僻、不合群,形成粗暴、敌意和冷淡,或者执拗、逃避和神经质的性格,也可能形成依赖、情绪不安和自卑的性格;纵容型的父母容易

---

① 彭聃龄.普通心理学(修订版)[M].北京:北京师范大学出版社,2004:427.

导致孩子固执、散漫,社会适应性差,容易形成冷酷的、攻击的、情绪不安或者消极的和玩世不恭的性格。[①] 再次,父母之间和谐健康的关系是儿童形成良好性格的前提条件。家庭中父母关系不和,双方经常吵闹、互相谩骂、不尊重对方,极易使儿童产生紧张、低落的情绪,胆怯、自卑的性格特征。

三、道德教育

道德教育是将一定社会或阶级的思想观点、政治准则、道德规范转化为个体思想品德的教育活动。家庭教育作为学校教育的准备工程和个体身心发展的培养基地,也要加强道德教育。

(一) 家庭道德教育的重要性

1. 我国有重视家庭德育的优秀文化传统

中华民族历史悠久,源远流长,素以文明古国、礼仪之邦的美誉著称,这与中国历来重视德育是分不开的。纵观中国古代灿烂的文化教育史,便不难发现,许多教育家、哲学家都有关于家庭德育的著作和言论。春秋末期,儒家的教育内容是"文、行、忠、信"四教,后三者属于道德教育范围。孔子认为"父母在,不远游,游必有方""弟子入则孝,出则弟"。孟子提出用"父子有亲,君臣有义,夫妇有别,长幼有序,朋友有信"来调整君臣、父子、夫妇、长幼及朋友之间的关系,其中"父子有亲""夫妇有别""长幼有序"都是深入人心、家喻户晓的调节家庭关系的道德准则。虽然其中有的价值观念和不平等的人际关系值得商榷,但也确实存在着需要我们继承的有益于维持社会稳定、家庭团结的积极因素。

家训、家书也是体现中华文明中古人家庭教育思想的一种特有的重要形式,包含许多有关古代重视个人所应具备的良好道德品质的教育内容,包括:谦恭谨慎、勤劳俭朴、清廉宽厚、自立自力、忠信诚恳等。[②] 如北齐颜之推所言:"父兄不可常依,乡国不可常保,一旦流离,无人庇荫、常自求诸身耳。"[③]我国著名的文学家、艺术家、翻译家傅雷在给儿子傅聪的家书中始终对子女实施家庭道德教育,教育他要报效祖国,时刻不忘祖国。他在 1957 年写给傅聪的信中说:"你如今每次登台都与国家面子有关:个人的荣辱得失事小,国家的荣辱得失事大。"[④]

可以说,我国古代的家庭教育主要是以道德为核心内容的思想教育。当今社会正处在转型期,家庭教育有必要吸取传统文化精华,批判地继承、发扬我国优良的家庭德育传统,古为今用,更好地发挥其对儿童道德教育的作用。

---

① 黄河清. 父母的教养方式与子女的心理健康[J]. 教育评论,1998(02):43—45.

② 张敏. 我国古代家训中的家庭教育思想初探[D]. 上海:华东师范大学,2009.

③《颜氏家训》。

④ 傅敏. 傅雷家书[M]. 沈阳:辽宁教育出版社,2003:131.

2. 家庭德育对人才培养起奠基作用

近年来，家庭道德教育对人才培养的作用已受到了相当的重视，政府层面也相继出台了一些政策、纲要，强调家庭德育的重要性。如中共中央、国务院《关于进一步加强和改进未成年人思想道德建设的若干意见》中指出："面对新的形势和任务，未成年人思想道德建设工作还存在许多不适应的地方和亟待加强的薄弱环节。"其中讲到学校、社会、家庭方面的德育存在很多问题，家庭方面的问题有：随着人员流动性加大，一些家庭放松了对子女的教育，一些家长在教育子女尤其是独生子女的观念和方法上存在误区，给未成年人教育带来新的问题。另外，《国家中长期教育改革和发展规划纲要（2010—2020年）》提出"把德育渗透于教育教学的各个环节，贯穿于学校教育、家庭教育和社会教育的各方面"。

家庭教育对个体发展的奠基作用，在道德发展方面尤为突出。人的道德发展是学校、家庭、社区、大众传播媒体等诸多因素综合影响的结果。家庭作为子女最早接触的环境，父母作为子女的第一任教师，其教育影响的深刻性，是其他各种因素不可比拟的。

在一个健康的家庭里，亲情之爱在孩子心理上所产生的认同感、依恋感和归属感，既会使孩子体验到家庭伦理的重要意义，也能为他们的道德发展创设良好的心理条件。孩子自然而然地依附亲情，依附由亲情而产生的和谐的人际关系，从父母、亲人那里体验爱抚之情，也在体验亲情过程中逐渐学会爱他人。由于受父母挚爱，由此爱父母亲，推及爱其他人、爱家乡、爱祖国、爱世界。这些都为孩子接受来自家庭成员的影响，包括习得一定的是非观、善恶观和日常行为准则、规范，模仿或接受家庭成员及其言行、品格等，创设了良好的心理条件。因此，可以说家庭德育的水平在一定程度上决定人才培养的质量。

3. 家庭德育应是家庭教育的核心内容

我们都知道，家庭教育领域颇流行一句口号："家庭是孩子的第一所学校，父母是孩子的第一任老师。"虽然这只是一种比喻，意在强调家庭教育的重要性，但也在无形中强调了"家庭教育学校化"，存在促使家庭唯智育是举、重智轻德的嫌疑。日本筑波大学教育学研究会编写的《现代教育学基础》提出了"家庭教育的职能未能得到充分发挥，这是因为家庭教育已日益变态，甚至可以说几乎濒临危机的状态。它同'智育第一'的现象如出一辙，应当说这是富有讽刺意味的现象，家庭教育放弃了本来的职能而成为学校教育的承包机构"。其实，在我国，这种情况也比较常见，由于家庭教育的"错位"（聚焦和承担了学校教育的任务），使得家庭德育无法实施，导致不少青少年在价值观念、思想认识上模糊不清，行为举止上失范的严重后果。因此，只有家庭中的父母重视道德教育，才能从根本上缓解这种危机，还家庭教育的本来面目，使儿童美好的品德在家庭中生根、发芽。

（二）家庭道德教育的内容

家庭德育，顾名思义是在家庭中培养道德品质的教育。家庭德育就是在家庭中，由父母（或其他年长者）实施的思想品德教育活动，以使子女（或其他年幼者）树立正确的政治观、人生观、世界观、道德观,形成良好的思想品德认识、情感、意志和行为习惯,成为有理想、有道德、有文化、有纪律的社会主义建设人才和共产主义事业的接班人。家庭养成德育的内容十分广泛,包括培养孩子逐步养成良好的行为习惯、科学的思维方法、优良的道德意识和品质、健康的审美倾向和理想、正确的价值观和人生观等方方面面。总之,家庭德育几乎涉及人们的所有生活领域,但概括起来不外乎三大领域,即公共生活领域、职业生活领域和私人生活领域,即家庭教育主要实现三方面的德育任务:社会公德、职业道德和私德。

1. 社会公德教育

社会公德是指一个国家全体公民所应当遵循的基本道德要求,它包括全体公民必须遵守的最基本的道德规范和公共生活准则。① 社会公德主要包括爱祖国、爱人民、爱劳动、爱社会主义、爱集体、尊老爱幼等。具体来讲,主要有:彼此谦让,互相尊重;尊老爱幼,助人为乐;遵守公共秩序,爱护公共财物;行为文明,礼貌待人;诚实守信,遵守诺言;保护环境,造福后代。这些规范属于公共道德,是全体公民都应该遵守的。这些基本道德的教育应该从儿童出生后所接触的第一个环境——家庭开始。在家庭生活中,家庭成员遵守道德规范的言行举止都将在儿童心中种下遵守社会公德的种子。当儿童进入校园、社会后,这种美德的种子便会依靠学校、社会的强化生根、发芽,成长为良好的道德习惯。

在家庭教育中,社会公德的教育渗透在家庭日常生活中。家长应注重通过具体的人和事,培养儿童的公德心。如,平时乘公共汽车出行,可以告诉孩子要关爱他人,主动向老弱病残孕等让座;不乱丢垃圾、不随地吐痰、不破坏公共财物;教儿童使用文明礼貌用语"请""谢谢""不客气"等,从小培养孩子讲文明、懂礼貌的习惯。社会公德教育,重在家长以身示范。另外,公德教育要从孩子生活的环境开始,由近到远、由浅入深、逐步升华。如,可先引导孩子爱家庭、爱父母、爱自己周围亲近的人,进而开阔他们的眼界,引导他们爱自己的家乡、居住的街道和村庄,爱名胜古迹、壮丽山河,最后升华到爱祖国、爱人民。

2. 职业道德教育

职业道德是社会基本道德在不同职业中的具体体现,是正确处理职业内部、职业之间、职业与社会之间等各种关系的行为规范。职业道德教育主要是学校教育,尤其是高等教育、职业教育的任务。但学校、社会的职业道德教育不能忽视父母在这方面的教育作用。家长作为从事某一或某几种社会职业的人员,具有对儿童进行职业道德教育的天然优势,应从小在儿童心中种下一颗爱岗敬业的种子。

父母要以身作则,通过自己的工作向儿童进行"爱岗敬业、诚实守信、办事公道、服务群众、奉献社会"为主要内容的职业道德教育。有意识地在子女面前谈论自己的职业,表达对职业的热爱和奉献精神;讲述自己的职业历程,谈论职业道路的艰辛,教育儿童凡事从小处

---

① 施修华.德育学理论与实践[M].上海:上海交通大学出版社,1994:166.

做起,切勿好高骛远;询问子女的职业理想,帮助他们逐步树立正确的职业观、择业观和创业观。

3. 私德教育

私德是调节以两性和血缘为纽带的爱情、婚姻和家庭的关系的道德。私德的内容包括恋爱、婚姻、家庭观的教育三个方面。由于当代社会青少年性生理早熟且性心理不成熟、性观念的开放、性犯罪增加,性教育也被提上了议事日程。

(1) 性教育。

"食色,性也。"但在我国,受封建思想的影响,"性"一直是一个禁忌的话题,人们往往难于启齿、谈性色变。近年来,随着性知识贫乏所造成的身心疾病、未成年人遭受性侵害、青少年性犯罪事件的增加,逐渐让人们认识到对儿童尤其是青春期之前的儿童进行性教育是十分必要的。性教育课也逐步受到了学校教育的重视,有条件的学校开设了性教育课程,但在师资配备、课程开展方面都不尽如人意,有些学校只是把这门课程当作摆设,并未真正实施。其实,实施性教育,父母责无旁贷。

父母是基于爱情走到一起,组合成幸福的家庭的。但爱情离不开性,爱情的结晶——孩子,正是性的结果。正如马克思所说,"每日都在重新生产自己生命的人们开始生产另外一些人,即繁殖"。[①] 没有人类的繁衍,也就无所谓教育了。随着人们生活水平的提高,儿童性发育和性意识趋于低龄化和早期化,父母有必要明确性教育的内容,掌握性教育的方法。

性教育的内容十分广泛,包括对性的认知、情感和行为三个方面。父母不仅应教给儿童正确的知识,同时让他们讨论、判断自己的观念与态度、形成正确的性道德,进而引导他们建立正确的社会交往行为。性知识教育的内容包括:性生理教育,讲解青春期发育知识,有助于青少年正确认识自己身体的发育变化;生理卫生知识,介绍如何保持身体的清洁、内衣的清洁,力图使孩子养成良好的生活习惯,掌握生殖系统的卫生保健常识;性健康教育,了解与掌握性病、艾滋病等性传播疾病的预防。性道德教育的内容包括:使孩子从小确立正确的性道德观念,性不是淫秽的、下流的,而是神圣的,是一种自然的生理现象。爱情是性结合的基础。性是社会感、责任感、尊重感、道义感与幸福感的综合体。性行为教育的内容包括:使青少年明白早恋及异性交往、男女的肌肤之亲都是人之常情,但过早的性行为不利于身体的发育;还应向儿童讲述应对性侵害的基本方法。因此,适时实施性教育,能够有效推迟青少年发生首次性行为的时间。

对未成年儿童实施性教育首先要求父母转变保守的性观念,共同探索正确的教育方法,针对孩子的特点适时地实行。一味地将性教育推向学校是父母的失职。

---

① 转引自陈锡喜.马克思主义经典著作导读[M].北京:红旗出版社,2008:19.

(2) 恋爱观教育。

近年来,随着生活水平的提高,青少年的性成熟时间正逐步提前,进入青春期的青少年,就会自然而然地萌生对异性的好感和想与异性交往的冲动。但由于他们心理成熟滞后于生理成熟,缺乏青春期生理、心理知识,极容易导致他们形成错误的恋爱观,做出越轨的事情以致损伤他们年轻的身心。父母有责任向处在青春期的儿童传授恋爱知识,帮助他们形成科学的恋爱观。

寂寞感是处于青春期的青少年一种特殊的心理现象,他们此时进入了人生的"第二次断乳期",时常感到空虚寂寞,非常渴求得到社会和他人的理解。于是,处于这个阶段的青少年便寻觅恋爱对象来抚慰心灵,寄托感情,排遣孤独,填补内心的空白。有研究表明,由于精神空虚而涉足恋爱的青少年越来越多,他们恋爱的目的仅仅是为排遣孤独、寻求寄托,这种恋爱带有很大的盲目性和片面性,而且会随着寂寞感的消失而迅速瓦解。①

当前青少年群体存在不健康的功利主义的恋爱观,主要表现在他们中出现的以恋爱关系作为达到某种功利的目的,爱情是他们改变现状的资本。学生群体中还出现了"学得好不如嫁得好"的不恰当的恋爱观,正值青春年少,不专心读书,把心思放在"傍大款""钓金龟婿"上面,把自己的青春和感情当作功利交换的工具,感情必定难以持久,也将付出惨重的代价,与所欲追求的幸福生活背道而驰。

也有些志趣相投的青年,因为共同的理想、追求而走到一起。但在一起后就整天沉溺在恋爱中,深陷两个人的小圈子之中,荒废了学业,也疏远了同学。一旦恋爱失败就感觉天塌地陷,看破红尘,顿觉人生没有任何意义,做出极端行为。还有人失恋后,与昔日的伴侣反目为仇,做出道德、法律所不允许的事情。

树立正确恋爱观的教育应从家庭中开始。首先,父母要以身作则,从自身做起,为子女提供一个民主的家庭环境。可以适时向孩子讲述自己、亲人、朋友的恋爱问题,倾听孩子的看法,与他们共同讨论,并对其不正确的恋爱观加以疏导。其次,要关心子女的交友情况,及时与其进行交流,特别是在今天数字信息时代,教育子女正确对待恋爱问题,不应感情用事。如果子女出现恋爱的倾向,家长不要冲动、训斥和责骂,而要与子女共同分析现状。最后,教育子女正确处理爱情与学业、事业、道德的关系。如傅雷对儿子傅聪的教诲:"一生任何时期,闹恋爱最热烈的时候,也没有忘却对学问的忠诚。学问第一,艺术第一,真理第一,——爱情第二,这是我至此为止没有变过的原则。"②爱情固然重要,但爱情不是生命的全部,比爱情更重要的还有对学业、事业、理想和真理的执着追求。

(3) 婚姻观和家庭观教育。

社会发生急剧变化的今天,婚姻、家庭发生着巨大的变革,夫妻关系不和、离婚率攀升等

---

① 解鹏,王金奎.当代大学生恋爱观的分析和指导[J].广西教育学院学报,2006(06):52—53.

② 傅敏.傅雷家书[M].沈阳:辽宁教育出版社,2003:41.

问题层出不穷。这里面自然有社会的原因,但父母有责任在孩子结婚前后,对他们进行相关知识的教育。主要内容包括:关于如何对待和处理婚后的新的多种人际关系,如婆媳关系、翁婿关系等,更重要的则是夫妻关系的调适问题;[①]责任教育,婚姻不只是一纸契约,更意味着责任的承担,既有为人夫为人妻的责任,也有为人婿为人媳的责任,以及对子女的责任和对社会的责任,既然选择二人结合,就要放弃单身的自由,勇于承担责任,准备为婚姻、为对方做出牺牲。

家庭教育是社会教育系统的一个子系统,我们强调家庭教育在促进个体社会化中的重要作用,并不是以家庭教育取代学校教育、社会教育,家庭教育也无力承担如此重任。在此我们呼吁整个社会重视家庭教育,提高家庭教育的科学化水平,与学校教育、社会教育相互协调、相互配合,共同努力营造一个有利于儿童健康成长的大环境,共同担负起培养富有社会性和个性的个体。

资料链接

梁启超的家庭教育:一门三院士,九子皆才俊

梁启超(1873—1929年)是广东新会县人,字卓如,号任公,又号饮冰室主人。他不仅是近代著名的资产阶级改良家、著名学者,同时还是一位杰出的教育家,尤其是在对子女的教育方面极其成功。他的九个子女(五子四女),个个道德高尚,才华出众,具有爱国主义精神,后来都成为对祖国有杰出贡献的人才,其中长子梁思成、次子梁思永、幼子梁思礼当选院士。

梁启超很重视对子女进行道德品质方面的教育,并以自己崇高的道德情操为子女们树立榜样。梁启超一生虽历经沧桑坎坷,但爱国之心始终不变,这也成为了他对子女教育和影响的主题。他常常和子女们讨论国家大事、人生哲学,并时时告诫他们要热爱自己的祖国。在他的教育影响下,孩子们自幼充满了对祖国的深厚感情,立下了报国之志。九个子女中,大多数都有国外留学的经历,但他们中无一人留居国外,学成之后纷纷回国将满腔热忱投入新中国的建设中。

他也很注重引导孩子们追求知识的兴趣,鼓励每个儿女既要专精又要广博。他在给子女的谈话及通信中曾指出:“思成所学太专门了,我愿意你趁毕业后一两年,分出点光阴多学些常识,尤其是文学或人文科学之部分,稍多用点功夫。”他要求次女梁思庄“在专门学科之外,还要选一两种关于自己娱乐的学问,如音乐、文学、美术等。”对于每个孩子的特点,他都会用心揣摩、体察,基于平等、尊重的立场谆谆劝诱,因材施教。

作为父亲,梁启超虽然希望孩子们个个成才,却又不希望看到孩子们因忙于学业而使身体有损,在给长女思顺的信里,梁启超一再告诫:“功课迫则不妨减少,多停数日亦无伤。要

① 彭立荣.家庭教育学[M].南京:江苏教育出版社,1993:180.

之,吾儿万不可病,汝再病则吾之焦灼不可状矣。”多年后,对远在美国的思成及妻子,梁启超也屡次提醒他注意身体:“你们现在就要有这种彻底觉悟,把自己的身体和精神十二分注意锻炼、修养。”

延伸阅读

1. 朱永新.新家庭教育论纲:新教育在家庭教育上的探索与思考[M].长沙:湖南教育出版社,2020.
2. 张雯.父母的5堂必修课:家庭教育的心理学智慧[M].上海:华东师范大学出版社,2021.

第七章

家庭教育的实施:原则与方法

本章导语

家庭教育的实施,不仅需要有适切的教育目的与教育内容,还需要有科学的教育原则与教育方法。21世纪必将是学习化的社会。因此作为孩子第一任老师的父母,更需要不断地学习:领会科学的家庭教育原则,掌握科学的家庭教育方法,从而提高自身的教育素质,协助儿童健康成长。本章共分为两节,分别阐述家庭教育实施的原则与方法。

学习目标

1. 掌握家庭教育实施的基本原则。
2. 理解家庭教育方法的内涵及其实施要求。

第一节 家庭教育的原则

家庭教育原则是指在实施家庭教育的过程中必须遵循的具有普遍指导意义的原理和要求。它在长期实践中形成,既是家庭教育实践的经验总结,也是家庭教育规律的反映。家庭教育原则指导着家庭教育过程的各个方面,贯穿家庭教育的全过程,对家庭教育计划的制订、内容的选择以及方法的确定等都有重要的指导作用。[①]

根据相关学者的已有研究和我们对原则的认识,在此将家庭教育实施的原则归纳为四条,每条原则所呈现的是需要把握其分寸的两个相关方面,并将其按重要性依次排列。与此同时,对目前家庭教育出现的一些问题,有针对性地进行分析与阐述。

一、成人教育与成才教育并举的原则

彭立荣在《家庭教育学》(1993)中提到成人与成才的家庭教育方法,彭德华在《家庭教育新概念》(2001)中提到成人和成才教育并举的原则。我们认为成人教育与成才教育并举是一个指导性的原则,对其他原则有统领作用,可谓家庭教育实施中最重要的指导原则。

成人教育与成才教育并举的原则是进行教育活动的主要原则。因此父母在进行家庭教育时必须坚持这一原则。成人教育与成才教育并举是指不仅要培养孩子成为各行业的人才,更要把孩子培养成为遵守社会规则和道德,且身心健康发展的人。我们认为,一个儿童只有在成人的基础上才能成才。也就是说,成人教育相对成才教育更为重要。

但是在不少父母头脑里存在这样的认识误区:学业成绩优秀=成才=成人。其表现为:特别关注孩子知识的学习和学业成绩,忽视德育、体育、美育和生产劳动教育,忽视能力和心理素质的培养;特别关注孩子做作业,除完成学校学业外,还要求(强迫)孩子参加各种辅导班、提高班,加重孩子的课业负担,妨碍孩子生动活泼地主动学习;以考试分数作为评价孩子的唯一标准,挫伤孩子学习的主动性、积极性和创造性,影响其全面素质的提高。这些都是应试教育的产物,与现代教育观、人才观相背离,与教育目标相背离。[②]

要做到成人和成才教育并举,父母就需要转变教育观念,要知道有智无德的人是危险品,绝不能只关注成才而忽略成人。父母首先应该明确人都是社会人,所以其子女也必然是社会的一分子,是国家未来的栋梁。同时应确立正确的人才观,相信行行都可以出状元。父母还要注意培养子女的拼搏精神,既重视智力的发展,也关注孩子心理的健康发展。

二、尊重子女与严格要求相结合的原则

赵忠心在《家庭教育学》(1988)中提出严格要求和尊重爱护相结合的原则,陈佑兰在《当

---

① 杨宝忠.大教育视野中的家庭教育[M].北京:社会科学文献出版社,2003:273.

② 彭德华.家庭教育新概念[M].兰州:甘肃教育出版社,2001:107.

代家庭教育学》(1994)中提出爱严适度的原则,彭德华在《家庭教育新概念》(2001)中提出尊重爱护和严格要求互动的原则,杨宝忠在《大教育视野中的家庭教育》(2003)中提出严格要求与尊重子女相结合的原则,陈佑兰在《当代家庭教育学》(1994)中指出民主与平等的原则,李天燕在《家庭教育学》(2007)中提到主体性人格的原则。

综合看来,学者们一致认为家庭教育既要对子女严格要求,同时又要做到尊重子女,做到在民主平等的情况下开展家庭教育。而在具体的社会实践中,父母往往只注意到对子女严格要求,而忘记这个要求是以尊重子女为前提的。为引起父母对尊重子女的重视,本节将此原则表述为尊重子女与严格要求相结合的原则。也就是说,父母应该在尊重子女的前提下对其严格要求。

尊重子女与严格要求相结合的原则是指父母在家庭教育过程中,首先把子女当作一个独立主体来对待,以尊重、理解、平等的态度同他们交流思想、沟通感情,进行必要的"说教"。在尊重子女的基础上提出一些适当的教育要求,并通过教育引导其逐步实现这些要求。

尊重子女就是父母以平等的态度对待子女,尊重子女的人格和尊严,尊重其身心发展的规律等。父母应明白子女自出生后就是一个独立的个体,因而要尊重其主体人格。在家庭教育的实施过程中,做到民主平等。但是在现实生活中一些父母只重视分数,将自己未能实现的理想转嫁到孩子身上,对其过分严格,根本不尊重孩子的人格,不关注其自身的兴趣和特长。其原因就是忽视孩子的独立性,将其视为自己的私有物,任意地支配。

虽然父母在教育子女的过程中要尊重子女,但也要适度,不能变为"溺爱"。古人云:"不以规矩,难成方圆",有规矩就是要严格要求。严格要求,是指父母为帮助孩子健康成长,对其提出一些要求。这些要求的提出意味着教育因素的加强,也是家庭教育的具体体现。但前提是这种要求不能过高或者过低,要适中,同时要正确、适当、明确,还要有计划性。严格要求与尊重子女两者的有机结合是家庭教育取得成功的保证。

资料链接

胡适:既是慈母又为"严父"的妈妈,造就了他

1891年12月17日,胡适出生于安徽绩溪上庄一个世代经商的家庭。其父胡传在他四岁那年因病逝世,之后,母亲便担负起教育胡适的重任。胡母以曾子名言"吾日三省吾身:为人谋而不忠乎?与朋友交而不信乎?传不习乎?"鞭策儿子胡适。每天临睡之前,胡母即坐在床沿,让儿子站在床前搁脚板上"三省吾身"——今日做错了什么事,说错了什么话,该背的书是否背熟,该写的帖是否写完。第二天晨光熹微之时,胡母就把儿子叫醒,催儿子快点上学塾。因为学塾门上的钥匙放在老师家里,所以胡适总是在天蒙蒙亮时就赶到老师家门口,轻轻地敲门。听到敲门声,里面就有人把钥匙从门缝里递出来。胡适接到钥匙后,立即赶到学塾把门打开,然后坐下刻苦攻读,天天如此。

然而,"人非圣贤,孰能无过"。胡适小时候既聪明又调皮,所以免不了做错事,也免不了瞎闹。每逢胡适做错事了,胡母从来不在人前责备他,而是用严厉的眼光一瞅。待夜深人静的时候,才关起门来教训儿子。无论什么惩罚,都不许儿子哭出来,她要儿子牢记何以受罚。

胡母既是严母也是慈母。一次胡适闯了祸,跪在地上直哭,并不住地用手擦眼睛,不知擦入了什么细菌,竟害了一年的眼病,寻了许多郎中也医不好,听乡下老人说,用舌头去舔就可以治好。于是胡母就用舌头去舔儿子的眼睛,竟然真的给舔好了。胡适长大成人后,念及此事,称赞妈妈是"慈母兼严父,一身二任焉",对母亲十分感激。

胡适19岁考取庚子赔款官费生,留学美国,1917年夏回国,受聘为北京大学教授,后成为新文化运动的倡导者之一,这些成就的取得都离不开母亲的教导。胡适40岁时曾作《我的母亲》一文记录母亲的严格要求和深情关爱。

转引自:黄河清.名人家庭教育故事[M].上海:上海人民出版社,2004.引用时有删改。

三、理性与感性相结合的原则

郑其龙在《家庭教育学》(1984)中提出感情与理智相结合的原则,赵忠心在《家庭教育学》(1994)中提出理智施爱、爱而不骄的原则,陈佑兰在《当代家庭教育学》(1994)中指出爱严适度的原则,季诚钧、李顺根、王国民在《家庭教育学》(1998)中提到理智施爱、爱而不骄的原则,李天燕在《家庭教育学》(2007)中提到理性施爱的原则。

综合各位学者的观点,可以看出研究者们一致认为父母在实施家庭教育时,感情不应占上风,而应将感性和理性结合起来。基于现实中一些父母溺爱孩子,缺乏原则,为强调父母施教时的理性,本原则表述为理性与感性相结合的原则。

理性与感性相结合的原则其实就是理性施爱的原则。该原则是指在家庭教育中,家庭成员特别是父母,在充满爱的浓浓亲情中,不但要以无私的亲人关系关爱孩子,更需要将情感和理智相结合,坚持科学育人,使子女的身心得到健全发展。①

在这方面常见的误区是,父母过分宠爱孩子,一味地迁就孩子,从不对孩子提要求或者是不能坚持对孩子的要求。其原因就是没有正确的教育理念,殊不知过分的溺爱会导致孩子变得软弱无能。

理性和感性相结合,父母要把握好度,防止出现过分保护或者是过度教育。对子女要严格要求,不能一味地迁就,要从子女的长远利益出发对子女施教,达到教育子女的动机和效果的统一。

① 李天燕.家庭教育学[M].上海:复旦大学出版社,2007:104.

四、教育思想的一致性与教育方法的针对性原则

此原则由三条家庭教育原则合并而成,这三条原则是:统一性与多样性相结合的原则、随机性与连贯性相结合的原则、因材施教原则。基于三者彼此都有关联,因此将三者合并为教育思想的一致性与教育方法的针对性原则。

关于统一性和连贯性的原则:赵忠心在《家庭教育学》中分别于1988年提出教育统一、要求一致的原则,1994年提出态度一致、教育统一的原则。陈佑兰在《当代家庭教育学》(1994)中指出一致与一贯的原则。季诚钧、李顺根、王国民在《家庭教育学》(1998)中提到教育统一、要求一致的原则。彭德华在《家庭教育新概念》(2001)中提出父辈之间与祖辈之间要求一致的原则。杨宝忠在《大教育视野中的家庭教育》(2003)中提出统一性与多样性结合的原则。李天燕在《家庭教育学》(2007)中提到一致养成性原则。综合看来,学者们一致强调在实施家庭教育时,既要有统一性的要求,同时还要有灵活多样的方法。

关于随机性与连贯性的原则:郑其龙在《家庭教育学》(1984)中提出及时与持恒相结合的原则。陈佑兰在《当代家庭教育学》(1994)中指出一致与一贯的原则。杨宝忠在《大教育视野中的家庭教育》(2003)中提出随机性与连贯性相结合的原则。

关于因材施教的原则:郑其龙在《家庭教育学》(1984)中提出了适龄儿童与个性特征相结合的原则。赵忠心在《家庭教育学》(1988)中提到因材施教原则。季诚钧、李顺根、王国民在《家庭教育学》(1998)中提到全面发展、因材施教原则。彭德华在《家庭教育新概念》(2001)中提出强化教育和因材施教协同的原则。李天燕在《家庭教育学》(2007)中提到因材施教原则。

统一性与多样性原则中"统一性"主要强调家庭教育的实施主体,即主要是指父母的教育态度要统一、教育目标要一致等,也就是强调要一致连贯。"多样性"强调家庭教育的实施主体,即主要指父母要根据孩子的具体情况而采取不同的教育方式方法,也就是强调要因材施教。基于以上原因,我们将三原则合并为教育思想的一致性与教育方法的针对性原则。

在教育思想的一致性方面常见的误区是,父母对孩子的要求和态度不一致,导致孩子无所适从,长期下去甚至可能形成双面性格。其原因就是父母的教育思想不一致,出现对孩子要求不一致的情况。在连贯性方面,常见的误区是父母对孩子的要求朝令夕改,或者对孩子的要求只施行一段时间,没有长期坚持下去。还有的父母发现孩子出现了问题,纠正几次之后,问题还是反复出现,于是丧失了耐心,放弃了对其继续教育。其原因就是没有考虑到孩子的一些习惯及个性的养成具有长期性和反复性的特点。

要做到统一性,首先父母的思想要统一、言行要一致,而且家庭教育的前后也要统一,始终一致。在多子女家庭中,父母要对所有子女的要求统一。此外家庭教育、学校教育和社会教育要一致。父母对子女的教育要持之以恒,做到连贯性。因为无论是孩子的良好习惯,还

是健全人格,都需要长时间坚持才能形成。

教育方法的针对性原则是指父母对子女施教时,要考虑儿童的个性特征及身心发展的阶段性,采取适当的方式和方法,选取合适的内容。同时父母的教育观念、教育态度要保持一致性和连贯性。

在这方面常见的误区是,有的家长根本不考虑孩子的年龄和个性,而提出难度较高的要求,其原因就是没有考虑到情景的复杂性和孩子的差异性。

要做到教育方法的针对性就必须全面了解自己的孩子,了解他们的气质、性格等,明确他们的兴趣和能力等,同时在了解子女的基础上要尊重子女的个性特点,尤其是多子女家庭中不能因父母对子女的个性特点的喜恶而对其产生偏爱或厌弃。

上述四条原则是家庭教育中非常重要的原则,是实施家庭教育必须遵循的原则。此外,父母在实施家庭教育过程中,要不时地进行反思,不断地学习,不断提高自身的教育素质。

第二节　家庭教育的方法

家庭教育方法是对人们家庭教育实践经验的概括和总结,是实现家庭教育目的、完成家庭教育任务、联系教育者与受教育者的手段。因此,家庭教育方法的确立和具体运用,是实施家庭教育的必要条件。[①] 家庭教育是复杂的、长期的,父母要尽可能地学习、理解和掌握多种教育子女的科学方法,并能根据实际情况,灵活多样地对子女实施家庭教育。总结以往学者的研究,我们共归纳出十种家庭教育方法,并将这些方法按照在家庭教育实施过程对父母的要求高低排序,将相对容易操作的排在前,即由易到难的顺序依次阐述。

一、榜样示范法

赵忠心在《家庭教育学》(1994)提出树立榜样、形象影响法,彭德华在《家庭教育新概念》(2001)中提到模仿榜样法,杨宝忠在《大教育视野中的家庭教育》(2003)中提出榜样示范法,李天燕在《家庭教育学》(2007)中提到榜样示范人格塑造法。尽管各学者的表述方法不尽相同,但实质上都是强调榜样示范的作用,因此我们将其命名为榜样示范法。

(一) 榜样示范法的含义

榜样示范法是指通过他人高尚的思想、模范行为以及卓越成就等来影响和教育子女的一种方法。由于未成年人可塑性很强,而且善于模仿,因此树立良好的榜样能给子女指引正确的方向,指导他们积极努力向上。

(二) 榜样示范法的实施

杨宝忠认为榜样示范法主要通过以下两种具体的方式来落实:

---

① 杨宝忠.大教育视野中的家庭教育[M].北京:社会科学文献出版社,2003:279.

1. 典范

所谓典范就是指父母通过给子女讲述一些古今中外有杰出贡献的人物故事,或者是让子女阅读一些此类书籍,或者是和子女一起观察身边的一些表现良好的同学伙伴等方式,引导子女向这些典范学习,将典范作为自己的学习榜样,参照榜样严格要求自己。

2. 示范

孔子曰:“其身正,不令而行;其身不正,虽令不从。”示范就是指父母以身作则,亲自给子女树立榜样,让子女进行学习。因为父母的言行、举止、作风、为人处世的方式等,都会潜移默化地对子女产生影响,因此父母必须严格要求自己,起到良好的示范作用。孩子身上都有父母的影子,父母要注意将言教和身教结合起来,特别要重视身教的重要性。

二、言语说服法

赵忠心在《家庭教育学》(1994)中提出说服教育、以理服人的方法,彭德华在《家庭教育新概念》(2001)中提到说服教育法,杨宝忠在《大教育视野中的家庭教育》(2003)中提出启发诱导法,李天燕在《家庭教育学》(2007)中提到言语说服教育法。综合看来,学者们都强调言语在家庭教育中的重要作用,即言语的说服力,因此将此教育方法命名为言语说服法。

(一) 言语说服法的含义

言语说服法是指通过摆事实、讲道理等方式,用语言对家庭成员施加影响,使对方明白事理,提高认识和觉悟的教育方法。

(二) 言语说服法的实施

说服教育是最常用的一种教育方法,它不仅在社会教育、学校教育中使用,在家庭教育中也被广泛使用。说服教育有不同的方式,因此,父母要注意根据不同的情况,选择不同的说服教育方式。具体看来,说服教育主要有以下几种方式:

1. 说理教育

说理教育就是在家庭中,家庭成员通过对某件事情的讨论来互相提高认识的一种说理方式。当子女面对某个问题,有思想负担时,父母可以通过摆事实、讲道理的方式,使其明白事理。此外,家庭成员平等地参与对某件事情的讨论,也可以促进亲子沟通,有利于良好亲子关系的形成。

2. “不理睬”教育

“不理睬”教育是指在家庭教育中遇到某一具体问题时,家庭成员利用暂时的沉默不言语进行教育,会使对方有一种无形的压力,使其进行自我审视,往往会产生意想不到的教育效果。特别在孩子产生“执拗反应”时,(有些孩子经常或某些孩子在个别情况下,由于神经活动特点和后天教养的原因,个性很强,性情执拗,俗称“脾气倔”,只要有什么不如意,就大哭大闹或者赌气,无论好言劝说,甚至打骂威胁都无济于事,心理学上称此为“执拗反应”)采用此方法教育效果甚佳。在性情一贯温顺的孩子产生“执拗反应”的时候,最好的教育方法也是“不理睬”。即对孩子不劝解、不批评、不威吓,必要的时候可将其放入安全的单间中与其他人隔开,孩子的执拗反应就会自行消失。

3. 问答教育

问答教育就是在家庭教育中,用互相提问、回答的方式,激发家庭成员的思维活动,促使其积累知识,发展智慧能力的一种方法,它是言语说服教育的又一途径。智力活动的核心是思维活动,而提出问题和回答问题又是思维活动最通常的表现形式。

家庭成员之间要经常有意无意地提出问题,其他人给予回答,活跃大家的思想,沟通感情,增长知识。特别要注意鼓励未成年孩子多提问和回答问题,养成一种习惯,形成一种良好的家庭氛围。

4. 随机诱导

随机诱导是指家庭教育的言语说服教育应当大量地随机进行,即在日常生活过程中见机行事、因势利导的教育方法。随机诱导法包括两个方面:一是善于随机引导,二是善于随机放弃。随机引导一方面是家庭成员间的教育要随机,特别是成人之间的教育。利用生活过程中的偶然、随机因素,使问题自然化,增强心理接受能力,收到更好的教育效果。另一方面是善于发现和抓住孩子在日常生活言行中的有利因素,自然而然地进行启发引导,在不知不觉中教育孩子,促进其各个方面的发展。随机放弃是指在言语说服教育中,当出现说而不服或出现僵局时,为避免矛盾冲突升级所采用的暂时放弃,把问题留待以后解决的方法。①

三、环境陶冶法

赵忠心在《家庭教育学》(1994)中提出家庭环境熏陶渍染法,彭德华在《家庭教育新概念》(2001)中提到环境熏陶法,杨宝忠在《大教育视野中的家庭教育》(2003)中提出环境陶冶法,李天燕在《家庭教育学》(2007)中提到环境潜移默化法。学者们都在强调父母可以借助环境来更好地实施家庭教育,因此将这种方法命名为环境陶冶法。

(一) 环境陶冶法的含义

环境陶冶法是指父母通过有意识地创造一个和谐、良好、优美的家庭生活环境,使子女置身其中,在日常生活中受到潜移默化影响的一种教育方法。此种方法是为了让子女养成良好的生活习惯和思想品德,形成高尚的道德情操和行为规范,成为在德、智、体、美、劳诸方

---

① 李天燕.家庭教育学[M].上海:复旦大学出版社,2007:147—152.

面都得到发展的人。

（二）环境陶冶法的实施

1. 重视家庭环境影响

孩子一生下来，首先进入家庭，这是人生的第一个也是持续时间最久的生活环境。最初的生活环境对孩子的身心发展影响极大。刚刚进入人世间的孩子，他们无知无识，人世间的一切对他们来说都是陌生的，同时也是十分新鲜的。他们所接触的周围的一切，对他们产生刺激，引起他们相应的反应。这种刺激和反应就是教育作用发挥的过程。因此，要重视家庭环境的影响。

2. 创造良好的家庭环境

家庭生活的内容是十分丰富的，但归纳起来，主要有物质生活和精神生活两个方面。物质生活指的是家庭的物质生活条件、物质生活的安排，诸如家庭经济收入的安排、使用，家庭陈设的布置，家庭环境的美化等。家庭的精神生活，主要指的是家庭成员的思想品德、行为规范，家庭成员之间的关系、兴趣、爱好和追求等。要运用家庭生活环境教育和影响孩子，父母必须从两方面努力，创造良好的物质生活环境和精神生活环境。

第一，父母首先要安排好家庭的经济生活。不同的家庭经济收入有多有少，经济负担有重有轻，家庭生活水平有高有低，这些情况都不是决定给予子女积极的影响还是消极的影响的关键。起决定作用的是父母如何对待、如何安排家庭的经济生活。父母能科学地安排经济收入，精打细算，量入为出，收入支出大体相抵，略有结余，使家庭生活过得平静、和谐，即使物质条件艰苦一点，孩子也会觉得是幸福的、温暖的，有利于孩子的身心健康发展。因此，父母要尽一切努力把家庭经济生活安排好，也要尽可能让子女参与家庭经济管理，进行家庭理财教育，增强子女的家庭责任感，并在实践中学会如何生活。

第二，父母要根据家庭条件，注意美化家庭生活环境。家庭是全家人每天饮食起居、生活、休息、团聚的场所，家具的选购、摆放，房间的布置，都反映了家庭的审美情趣。房间的陈设、布置应注重风格优雅、色彩协调、美观大方、舒适宜人，每天都整理得清洁卫生、井井有条，有利于陶冶孩子的情操，也能促使孩子养成良好的生活习惯。布置房间最好让孩子参加，让孩子动手。特别是孩子自己的起居室、生活学习用具，父母最好不要包办代替，应让孩子自己去整理。

第三，全家人都要严格要求自己，创造和谐的家庭生活氛围。每个家庭成员都自尊、自爱、自重，互敬互爱，自觉按照道德行为规范行事。子女在幸福、愉快、温暖、轻松、和谐的家庭生活中，学会如何做人、如何爱人、如何处理人与人之间的关系。在这种家庭环境中生活的孩子，往往性格开朗、活泼，心地善良，富有同情心，朝气蓬勃，积极向上，具有优良的道德品质和行为习惯。

第四，父母要不断提高自己的文化素养，追求高尚的情趣。许多事实表明，父母的文化素养决定父母的精神情趣。有的家庭,平日的生活既严肃又活泼,人人讲究文明礼貌,精神生活丰富、充实、高雅,喜欢读书学习。在这样的家庭里生活的孩子,肯定会受到积极的影响,成为一个乐于学习、富有生活情趣的人。

第五,重视自然环境和社会环境对家庭成员的影响。家庭是社会的细胞,而家庭中的成员又都属于社会中的独立个体,每个人必然会受到自然环境和社会环境的影响。因此,为了使环境陶冶法有效地实施,必须重视自然环境和社会环境对家庭成员的影响,抵制一些不良因素对家庭成员的消极影响。

四、表扬激励与批评惩罚法

赵忠心在《家庭教育学》(1994)中提出表扬奖励、正面鼓励法和批评惩罚、严格要求法,彭德华在《家庭教育新概念》(2001)中提到表扬激励法和批评惩罚法,李天燕在《家庭教育学》(2007)中提到奖惩长善救失法。学者们都强调既要有表扬与激励,也要有批评与惩罚,即表扬激励与批评惩罚法。但现实生活中,大多数的父母只注重批评,而轻视甚至忽视表扬,这对孩子身心的健康成长不利。本部分将分别讲述表扬激励法、批评惩罚法及其各自实施的注意事项:

(一) 表扬激励法的含义及实施

表扬激励法就是对孩子好的思想品德、好的行为表现给予积极肯定的评价方法。通过表扬激励使孩子明确和肯定自己的优点、长处及进步,进而激发他们不断巩固并发展优点、长处、进步的愿望和信心。

表扬激励是一种正强化,孩子受到表扬激励时会产生一种愉悦的情绪体验,这种愉悦的情绪体验一方面来自孩子本身成功的体验,另一方面来自父母积极情绪的感染。由于情绪的渲染作用,儿童就会产生奋发向上的动机。

表扬激励常用的有三种方式:其一,赞许。这是对孩子表现出的好的思想品德、好的行为习惯表示赞同和肯定,如用口语中的“对”“好”“是”“真行”来表示,也可用目光、微笑、手势、亲热等体态语来表示。其二,表扬。这是用口头或书面的形式对有好思想、好品德的孩子予以好评和表扬。其三,奖励。这是用物质或精神的奖励对孩子突出的好的思想品德、行为或明显的进步予以充分肯定和激励。

父母运用表扬激励的教育方式,应注意以下几点:

1. 表扬激励必须实事求是

表扬孩子具体的所作所为、所取得的成果,要恰如其分。这样既可以使孩子明白自己为什么受表扬,还可以通过父母的表扬使孩子对自己的能力、个性、意志品德做出恰当的自我评价,有利于孩子形成正确的自我意识。进行表扬激励时,要看孩子的实际表现情况,一般程度的好采用赞许方式,稍高一点用表扬,突出表现则用奖励。表扬奖励的方式不宜凭空过高或故意放低;同时还要根据孩子的个性特点调节表扬分寸,如对于好表现、好自满自傲的孩子只适度表扬即可,而对于退缩、自卑的孩子应适当加重表扬,鼓励其自信和勇气。

2. 表扬激励要及时

对孩子表现出来的好的思想品德和行为方式,一经发现应及时给予表扬或奖励,使之及时得到正强化,以利巩固。否则,孩子上进的欲望可能会减弱。

3. 以精神激励为主,物质激励为辅

奖励的方式力求多样化。精神奖励如带孩子走亲访友,可满足其交往的需要;带孩子旅游、逛公园、看电影,可满足其活泼好动参与文体活动的需要。满足其物质需要可购置文具、书籍、文娱体育用品、玩具等,一般不宜直接给予金钱奖励。

4. 进行奖励要和说服教育相结合

在奖励的同时必须结合言语说服教育,使孩子进一步明白自己好在什么地方,并指出继续努力的方向以及如何去实现,争取更大的进步。

表扬奖励对所有孩子都有积极的教育意义,尤其是对表现不太好的孩子更重要,因为这些孩子平时很少听到表扬,他们受到批评、责骂几乎成了家常便饭,因此态度也越来越消沉,甚至产生逆反心理,产生对立情绪,产生自暴自弃的态度。父母如能转变态度,改变恨铁不成钢的怨恨情绪,细心努力地去发现孩子身上的闪光点、长处和微小进步,及时抓住这些可贵的因素,给予表扬奖励,能使其逐步改变消极对抗的态度,增强进步的信心。

(二) 批评惩罚法的含义及实施

与表扬激励相比,批评惩罚是一种否定的“负强化”。它同样具有教育作用,这是因为孩子在经受批评惩罚时,会产生内疚、悔恨、痛苦等情绪体验,使之加深对错误的认识,进而从缺点、错误、过失中吸取教训,促使其学会用意志努力克服自己身上的缺点、错误,纠正过失行为。同时,批评与惩罚还可以培养孩子形成有错就改、克制不正确欲望的意志品质,成为一个自强自律的人。

批评和惩罚都是对孩子不良思想、品德、行为的否定,两者仅是程度上的差异。批评运用于一般的缺点、错误、过失上;惩罚则是用于性质和后果较为严重的缺点、错误和过失上。怎样使批评惩罚发挥出最佳的教育力量,父母应注意以下几方面:

1. 批评惩罚以爱心为基础

批评惩罚是对孩子高度负责的表现,目的是使其变得更完美。因为孩子违背了正确的思想原则和行为规范,若不及时纠正,对孩子的成长发展不利。那种认为在孩子身上出现错误、缺点、过失时伤害了自己的感情和面子,便以批评惩罚孩子的手段来“出气”,是非常不利于儿童发展的。以出气为目的,往往会出现过激的言辞和行为,伤害儿童的自尊心、自信心。

2. 批评惩罚应就事论事,客观公正

批评惩罚就像青霉素,虽然是有效的抗菌药物,但也可能引起过敏反应,产生副作用或产生“抗药性”。同理,批评惩罚不实事求是,势必引起心理脆弱的孩子产生过敏反应、副作用或“抗药性”。使用批评惩罚时要求父母更加慎重,特别要把握它的度量和使用频度。进行批评惩罚一定要就事论事、面对事实,这样孩子就更愿意接受,改正起来也容易。

3. 批评惩罚要及时,要讲究方式方法

及时批评惩罚有利于孩子对缺点、错误及时改正,否则越发展越严重。批评的态度要严肃认真,以引起孩子的重视,但要体现对孩子的尊重、爱护、期望和信任,促使其进行激烈的思想斗争。不能用讽刺、挖苦、奚落、责骂等侮辱人格的批评,以免伤害孩子的自尊,引起对立情绪,批评的时间、地点、场合都要恰当。

4. 控制愤怒,不要体罚

许多父母误以为惩罚即是体罚,这是错误的。惩罚是要给孩子以痛苦的体验,强制执行,剥夺孩子的某种权利,限制某种精神上的需要,不允许孩子做他想做的事,不使其某种愿望得以实现;或孩子不想做的事,却强制他去做,等。例如,在孩子犯了某种严重的错误或严重过失时,限制其自由活动,不许看电影、电视,不许出门,不许游玩访友,要承认与检讨错误,写出检讨、赔礼道歉等。总之,惩罚绝不是责骂、责罚、罚站、禁食、拳打脚踢等各种形式的体罚,体罚对孩子有百害无一利。体罚摧残孩子的心灵,伤害其自尊心,使其人格发生扭曲,难以适应社会;体罚容易促使孩子形成撒谎退缩以及产生其他问题行为;体罚会使孩子完全丧失自我教育的主动性;体罚会引起孩子对抗情绪,逆反行为,降低父母在孩子心目中的威信,失去教育主动权;体罚容易把孩子逼上邪路,甚至走上绝路。

体罚往往在父母非常愤怒、失去理智的情况下发生,因此为了合理地使用批评惩罚,父母必须学会控制自己的愤怒,接受孩子性格中淘气、顽劣的事实。孩子是成长中的人,其思想、行为有不合“常理”之处实属自然现象。如果心理上做好准备,就不会容易因孩子的过失而愤怒失态,甚至拳脚相逼。

5. 正确运用“自然后果惩罚”

“自然后果惩罚”是法国教育家卢梭在18世纪提出的。他主张孩子犯错误不给予人为的惩罚,而是让孩子在其错误所造成的直接后果中“自作自受”,从中体验到不快或痛苦,从而促使他们改正错误,纠正过失。19世纪的英国教育家斯宾塞也有同样主张。他指出这种方法的好处:能使孩子从自己的经验中得到判断正确和错误行为的知识;使儿童认识到这种惩罚是公正的;接受这种惩罚,孩子可以保持安静的态度;避免父母与子女之间的矛盾冲突,使父母与子女保持一种更愉快、更和谐的相互关系。

采用“自然后果惩罚法”必须与说服教育相结合,使孩子不仅停留在少吃苦上,而且从根

本上提高思想觉悟,并明白各种道德行为的范围,增强行为的自觉性;运用此法不能伤害孩子的身体健康;采用此法的目的在于使孩子从自己行为的后果中吸取教训,杜绝此种错误行为的发生,在于从根本上提高孩子对过失行为的认识。[①]

在实施表扬激励与批评惩罚法时,父母要注意科学地使用此方法。在实施此方法时,要进行适当的表扬,要慎重采用惩罚,特别是禁止使用体罚。

五、习惯养成法[②]

李天燕在《家庭教育学》(2007)中提到一致养成性原则,但我们认为其更像是方法,故将其概括为习惯养成教育法。教育家们十分重视培养习惯的养成教育,苏联教育家马卡连柯认为:应当力求使儿童确实养成良好的习惯;而不断地学习正确的行为,就是达到这种目的的最重要方法。乌申斯基则认为:教育的任务就是形成性格,而性格是由天赋的倾向性以及从生活中获得的信念与习惯形成的。习惯就是把信念变成习性,把思想化为行动的过程。我们认为父母通过一定的方法使孩子养成一些良好的习惯是很必要的。

(一) 习惯养成法的含义

习惯养成法是指父母指导孩子养成良好的道德行为习惯,培养优良品质,促进孩子的健康发展的教育方法。

(二) 习惯养成法的实施

在家庭教育中,要让家庭成员通过家庭丰富的生活,潜移默化地接受教育,从小养成良好的习惯。其中良好习惯的养成主要通过父母与子女共同合理安排家庭生活来实现,包括:按时作息,保证旺盛的精力;注重个人卫生,保持良好风貌;热心公务,参与家务劳动;独立自主,不过分依赖别人;文明行事,不过多打扰别人;喜爱学习,认真读书;经常沟通,互相交流;礼貌待人,自觉遵守公共道德等。在这一教育过程中,父母要以自己的示范和指导为手段,运用赞扬和鼓励的方法,坚持对孩子一贯的合理要求,逐步培养起孩子良好的习惯,同时巩固自身的良好行为习惯。这是一项需要全体家庭成员付出大量努力的教育活动,同时也是维护家庭幸福的源泉。

六、实践锻炼法

赵忠心在《家庭教育学》(1994)中提出实际锻炼、切身体验法,彭德华在《家庭教育新概念》(2001)中提到社会实践法,杨宝忠在《大教育视野中的家庭教育》(2003)中提出实践锻炼法,李天燕在《家庭教育学》(2007)中提到实践锻炼习惯养成法。

---

① 彭德华.家庭教育新概念[M].兰州:甘肃教育出版社,2001:135—141.
② 李天燕.家庭教育学[M].上海:复旦大学出版社,2007:108—110.

(一) 实践锻炼法的含义

实践锻炼法是指父母根据子女自身的发展和社会的需要,让子女参加一些力所能及的社会实践活动,从中锻炼思想、增长实际才干、养成优良的品德和行为习惯的教育方法。

(二) 实践锻炼法的实施

实践锻炼的内容是多种多样的,父母应根据家庭教育的任务、家庭的实际情况、家庭成员的各方面条件,特别是孩子各年龄阶段身心发展的特点,选择家庭教育实践锻炼的内容和方法。对孩子进行实践锻炼,要充分利用社会生活教育子女,让他们在社会生活中亲身实践、体验生活、接受挫折的磨炼、增强心理承受力、接受真实的教育,从而开阔眼界、充实头脑、增长才干、获得动力,增强对社会生活的适应能力。指导子女进行实践锻炼,可以从以下一些方面着手:

1. 父母要提高认识,鼓励孩子克服困难

父母要高度重视实践锻炼的意义,利用孩子好奇心强、爱尝试的特点,结合其兴趣鼓励孩子积极地参与实践活动,接受磨炼。当孩子遇到困难时,父母要及时鼓励孩子,给他们信心,让他们坚持下去,通过实践锻炼来提高各方面的素质。

2. 父母要持之以恒,要给子女树立榜样

刚参加社会实践时,孩子可能还有新鲜劲,等新鲜劲一过,孩子就可能松懈下来。这时父母应严格要求,舍得让孩子吃苦。督促孩子坚持下去,持之以恒。同时,父母在日常生活中还要做好表率,用自己的行动起到身教的作用。必要的时候,父母可以创设一些条件来锻炼孩子。

3. 加强对未成年子女参加实践锻炼的指导

家庭教育的实践锻炼法,更多的是运用在平时对孩子的培养教育中,让他们在学习知识、增长技能的同时,得到实践能力的锻炼,为全面健康成长打好基础。

实践锻炼首先要求孩子自己做力所能及的事,同时也要考虑孩子的年龄特征、个性特征和性别特征。要从孩子的实际情况出发,实践的内容难度要适中,实践的时间也要适中。实践要由易到难,循序渐进,不能操之过急。另外,要多鼓励孩子将学到的知识运用到实践中,做到活学活用。

实践锻炼还要正确对待孩子在实践中出现的失误,实践不可能一次见效,特别是良好习惯的养成并非一日之功,而是需要持之以恒。当孩子在实践中出现失误时,父母不能过多地责备,更不能因噎废食,而是要指导孩子分析失误的原因,总结经验教训。通过原因分析和父母的鼓励,孩子可以增强战胜困难和挫折的勇气和信心,勇于参加更多的实践。

七、学习指导法

赵忠心在《家庭教育学》(1994)中提出课外阅读、加强指导法,彭德华在《家庭教育新概

念》(2001)中提到课外阅读法,杨宝忠在《大教育视野中的家庭教育》(2003)中提出学习指导法。家长要在力所能及的情况下对孩子的学习进行指导,这有利于孩子更好地发展。

(一) 学习指导法的含义

学习指导法是指父母通过一定的方式方法,指导子女学习和巩固所学知识,进而掌握科学的学习方法。

(二) 学习指导法的实施

家长在力所能及的情况下,可以通过以下四种方式对孩子进行学习指导。家长要量力而行,有能力的情况下尽可能多方面、深层次地对孩子的学习进行指导。

1. 指导子女掌握科学的思维方法

科学思维就是主体创造性地运用各种思维方式和方法,高效率地达到既定目标的思维。人类的学习活动,实质上就是主体自觉地运用思维的积极活动过程,但这种思维是否科学,将直接影响到主体掌握知识的速度和质量,最终制约着主体的发展水平。只有在学习实践中采用一些恰当方法进行训练,才能提高科学思维能力。我们认为青少年应该掌握的思维方法有:逻辑分析法、同中求异法、联想展开法、全方位思考法、逆向对转法、质疑探究法、设问求答法等。

2. 指导子女制订学习计划,科学利用时间

父母指导子女自己制订学习计划,并通过检查其计划的落实情况来督促其真正地施行,最终期待形成一种良好的学习习惯。同时要教育子女提高学习效率,合理安排时间,劳逸结合。在孩子学习的过程中,父母可以教孩子一些集中注意力的方法等。

3. 指导子女阅读课外读物

父母可以根据孩子的兴趣,引导孩子在课余时间阅读一些适合其阅读的课外读物,以开阔孩子的视野。首先,父母应该指导孩子选择合适的课外读物。其次,父母要对孩子的阅读进行具体的指导,帮助孩子理解内容,适当的时候可以让孩子做读书笔记,或者是与父母一起讨论书中的内容。同时在孩子读书的过程中,父母可以提供一些具体的读书方法,以提高其阅读的效果。

4. 指导子女消除思维障碍

在子女的学习过程中,往往由于知识方面、心理方面或环境方面等各种不同的原因而使思维过程受阻。父母可以通过和子女谈话,了解其面临的具体状况,分析其可能面临的思维障碍是什么,然后针对子女的实际情况,采取有效的措施帮助孩子解决思维障碍问题,使其在下次遇到同类问题时能灵活应对。

八、健康心理培育法

彭德华在《家庭教育新概念》(2001)中提到挫折磨炼法,杨宝忠在《大教育视野中的家庭教育》(2003)中提出健康心理培育法。基于两种方法的目的都是要使孩子养成健康的心理,因此将两种方法合并为健康心理培育法。

(一)健康心理培育法的含义

杨宝忠提出的健康心理培育法是指父母采取一定的教育方式培育子女健康的心理,通过一定教育手段对子女异常心理进行矫治的方法。为了培养孩子形成健康的心理,现在一些学者提倡对孩子进行挫折教育,也就是通过科学的挫折磨炼法的实施来辅助孩子形成健康的心理。

(二)挫折磨炼法的实施[①]

彭德华认为的挫折磨炼法是指在正确思想的指导下,根据孩子自身发展和教育的需要,有计划地创设某种情境,提出某些难题,设置一些困难,或交给一些有难度的任务,要求孩子自己动脑动手解决,使之克服困难、完成任务,从而得到锻炼。要实施挫折磨炼法,可以从以下几方面努力:

1. 充分相信子女会照顾好自己

许多事情并不是孩子无能,而是父母本身心理有障碍、有包袱,不相信子女。

2. 舍得让孩子吃“苦”,创造条件让孩子独立处理问题

在日常生活中为孩子创造一些机会,让孩子自己独立处理一些问题。比如给孩子一次“当家”的机会,让其独立买菜安排全家人的饮食;或举家出游让孩子负责购票购物等;创设虚拟情境,让孩子回答如何处理,如外出迷了路怎么办,气候恶劣(大风大雨)怎么办,突然生病怎么办,钱财被窃怎么办,在这些讨论中增强孩子的应变能力;全家野游远足,规定孩子走两公里夜路(从安全考虑,可以“跟踪”,但不要让孩子发现),等等。

3. 克服过度照顾保护,放手让孩子自己干力所能及的事情

毅力和意志是战胜挫折的重要武器。要想让孩子战胜挫折,就要在平时努力培养孩子百折不挠、坚韧不拔的品质。这种训练必须从小抓起,从点滴抓起,如习字练画不可半途而废,做事要有耐心,不能虎头蛇尾。可引导孩子参加象棋、围棋等活动,鼓励孩子坚持长跑、晨练、游泳等锻炼意志的活动,特别是在孩子有泄气、沮丧的情绪时,要及时引导、帮助他们鼓起勇气,懂得坚持就是胜利的道理。培养意志应以勉励为主,引导为辅。孩子在受到挫折时,健康、坚强的心态很重要。

---

① 彭德华.家庭教育新概念[M].兰州:甘肃教育出版社,2001:129—130.

4. 弱化父母的保护作用,教会孩子应急自救措施

除鼓励孩子多参加学校、社会所组织的各种有益活动,还要让孩子学会面对困难、面对失败、面对生活、面对社会、面对人生,尤其要注意“自救能力的培养”。在日常生活中向孩子讲解、传授用电、用火常识中的注意事项、救助办法,讲授地震、山洪中的自救措施,讲授到陌生地方与陌生人打交道时的注意事项以及在野外遇到突发事件的自救措施,让孩子熟记火警、匪警、急救中心的电话号码等,使孩子在遇到挫折时能沉着、冷静,减少盲目的惊慌失措。同时注意发展孩子各种自救能力,诸如口语表达、外伤包扎、登高、游泳等,以提高其自救效能。

(三) 健康心理培育法的实施①

健康心理培育法融于其他各种家庭教育方法中,本部分只讲述几种常见的家庭心理矫治方法:

1. 精神安慰

子女遇到挫折,当其感到焦虑、恐惧不安时,父母要及时发现,可以通过语言进行安慰,使孩子的情绪平静下来。然后通过沟通找出问题的根源,帮助孩子走出困境。

2. 强化期望行为

父母通过奖励子女某种良好行为,或惩罚子女某种异常行为,或减少对子女极端行为的过分注意,可使子女异常行为得以减少或消除,从而强化父母所期望的行为。在许多情况下,父母对子女极端行为予以高度重视、过分注意,实际上会对儿童不良行为产生负强化的作用。因而,在对子女异常行为进行矫治时,父母要采取恰当的手段转移子女的“注意中心”,以减弱非期望行为,强化期望行为。这是家庭中矫治子女不良行为的一种行之有效的方法。

3. 适度期望

父母根据子女实际情况,提出适度的期望,并引导子女逐步顺应父母的期望。“适度”的意思就是指:父母逐步向子女提出一些新的更高的要求,引导子女一步一个台阶向前发展。冰冻三尺非一日之寒,子女不良行为的矫治也非一朝一夕之功,欲速则不达。因而,子女不良行为矫治要循序渐进。

4. 陪练强化

父母通过对具有不良行为的子女实施强硬的监督执行手段,从而使其不良行为逐步得到矫治。如对意志力薄弱、缺乏良好学习习惯的子女,父母可要求其从一点一滴做起,并时时检查督促,根据子女实际执行情况采取奖励或惩罚措施,使之逐渐养成良好的生活、学习

① 杨宝忠.大教育视野中的家庭教育[M].北京:社会科学文献出版社,2003:286—287.

习惯,进而使意志力得到锻炼提高。

九、行为训练法①

彭德华在《家庭教育新概念》(2001)中提到行为训练法。我们认为父母在能力许可的情况下,可以采取一些行为训练的方法来教育孩子,使孩子养成一些良好的行为习惯。

(一) 行为训练法的含义

行为训练法就是根据心理学的学习原理,保持和塑造新的优良行为、消除不良行为的方法。

(二) 行为训练法的实施

1. 强化训练法

心理学的研究指出,某一行为之后取得好的效果并得到奖赏,以后这种行为重复出现的次数就会增加;反之,某一行为其效果不好,受到惩罚,这种行为出现的次数就会减少,效果对行为起强化作用。为此,父母对孩子的行为训练可采取以下方式:

(1) 塑造法。指用正强化的手段,巩固孩子的良好行为,使之不断出现所要求的行为。采用这一方法时,父母应注意制定适当的目标,考虑要塑造什么行为,每一步应如何做,每一步都要定出可以强化的标准。正强化的手段可以是点头、微笑、赞许、表扬,也可以是允许孩子做他最喜爱的活动,或奖给有教育意义的实物。使用强化时应注意:强化物一定是对孩子有正面影响的,真正能起强化作用的;强化物的呈现要及时,意义要明确,表彰什么,惩罚什么,父母要心中有数;强化的标准要逐步提高,强化的次数则要逐渐减少;强化物要由实物渐次变成言语的强化。

(2) 消退法。指父母对孩子的不良行为不予关注、不予强化,使之逐渐消退的方法。例如,孩子以哭闹、耍脾气等方式,以引起大人的关注,并达到不合理的要求,对此大人不予关注理睬,孩子哭闹一阵自觉没有效果,这种行为就可以减少或逐步消失。

2. 模仿训练法

社会学理论认为人类的大多数行为都是通过观察学习(模仿)而获得的。即一个人通过观察另一个人的行为反应而学会某种行为。模仿法就是通过观察模仿优良行为而取代不良行为。运用此法父母应注意:(1)父母以自身的言行及利用各种媒体为孩子提供模仿学习的榜样。(2)引导孩子善于观察他人的言行,并与孩子一起分析讨论,明确应该学习什么样的行为,不应学习什么行为。(3)要求孩子在生活中效仿榜样的行为,一旦孩子出现榜样的行为,应及时给予关注、赞许和表扬等正强化。

---

① 彭德华.家庭教育新概念[M].兰州:甘肃教育出版社,2001:131—133.

3. 指导训练法

它是父母通过有条不紊的生活实践,培养孩子良好生活习惯的方法。父母应帮助孩子安排日常生活,让其独立生活,提高其独立生活的能力,这对孩子一生都是极其有益的。为此父母应注意:

(1) 根据孩子年龄进行指导。对年幼孩子,父母尽可能具体指导和示范;随着年龄增长,可多用启发、点拨、暗示等方式加以指导,充分发挥孩子生活的主动性和创造性;对大一些的孩子,应督促他自己去安排生活。

(2) 全面指导。对孩子的学习、娱乐、体育、家务劳动、休息等都应全方位地考虑到,不能只管学习而不管其他。

(3) 从小抓起,严格要求。父母对孩子生活环节中的缺点、毛病决不迁就放任,要严格纠正其缺点,并持之以恒,一抓到底。

(4) 循序渐进的生活训练方式。这是指采取逐步提高要求,从扶着走到独立走的生活训练方式。

(5) 从实际出发,照顾孩子的个性特征。即因人、因时、因事、因环境条件的变化而异,提出具体要求,进行具体指导,做出客观分析、评价。

(6) 坚持让孩子自己实践。即父母不得包办代替,应在父母的指导、参与、启发下,由孩子自己安排、自己去做。

十、自我教育法①

杨宝忠在《大教育视野中的家庭教育》(2003)中提出自我教育法,这是一种要求程度较高的家庭教育方法。家长在培养孩子养成良好行为习惯的同时,也要指导孩子逐步开展自我教育,使孩子逐步成长,学会自我教育。

(一) 自我教育法的含义

自我教育法是指子女基于自我认识,对自身的各方面发展提出一定要求、任务,并自觉地进行自我评价、激励、控制和思想转化的方法。此方法广泛运用于子女发展的各方面,它是子女在自身发展中自觉能动性的表现,充分体现了子女在家庭教育过程中的主体作用,是家庭教育获取成功的重要因素。

(二) 自我教育法的实施

受教育者的自我教育能力的形成与发展水平,是衡量教育水平的标准,也是教育追求的目标之一。显然,自我教育能力的培养与提高,在受教育者的成长过程中,在教育过程流畅

---

① 杨宝忠. 大教育视野中的家庭教育[M]. 北京:社会科学文献出版社,2003:292—293.

的运行中起着重大作用。自我教育能力主要由自我评价和自我控制构成。父母要针对子女不同时期的身心特点，充分调动其积极性，发挥他们在发展自身中的主体作用。要培养子女自我教育能力，就必须做到：

第一，激发子女自我教育的愿望。让子女明确意识到父母提出的要求，相信它的正确性，并确信经努力即可实现，从而产生自我教育动机。

第二，培养子女自我评价的能力。能运用已有的知识对自己的行为进行自我判断、自我分析和自我批评。

第三，启发和指导子女制订自我教育计划。

第四，指导子女执行自我教育计划。教给子女一些自我锻炼的方法，如自我训练、自我体验、自我检查等；教给子女一些自我激励的方法，如自我激励、自我监督、自我控制等。

第五，指导和培养子女自我教育的习惯。

上述十种家庭教育方法是总结学者的研究成果得来的，这些家庭教育的方法都是完成家庭教育任务、实现家庭教育目的所不可缺少的，它们各有优势，又互相补充，构成了家庭教育方法的完整体系。当然，对子女的教育不能照搬别人的成功经验，也不可能通过单一方法就能实现，而是要根据家庭教育的具体情况、子女的个性特征和年龄特征等来灵活综合地运用这些方法。

延伸阅读

1. 刘晓，程毅. 家是另一个学校：给父母的 12 种家庭教育能力[M]. 上海：华东师范大学出版社，2021.
2. 周奇. 家庭教育理论与实践[M]. 北京：科学出版社，2019.
3. 边玉芳，张馨宇. "双减"背景下如何做好家庭教育指导[J]. 中国电化教育，2022(05)：8—12+34.

第八章

不同年龄阶段儿童的家庭教育

本章导语

在家庭教育的实施过程中，父母需要了解正确的家庭教育目的、科学的家庭教育内容，懂得遵循与使用正确的家庭教育原则与方法，而且由于不同年龄阶段的儿童具有不同的身心发展特点，父母在施教过程中也需要遵循这些特点与规律，才能保证儿童的健康成长。本章的任务就是分析不同年龄阶段儿童身心发展的特征，以及与此相关的家庭教育内容。

家庭是孩子成长的摇篮，每个家庭都希望孩子在德智体美劳等方面全面发展。由于每个儿童的遗传素质不同，家庭生活环境不同，所受的教育也不相同，因此，他们在生理和心理上的发展是有差异的。本章中所指的儿童在不同年龄阶段的特征，是指其在特定的年龄阶段中所表现出的一般的、共同的、本质的、典型的生理和心理特征。做父母的如果把握了孩子的这些特征，并能针对自己孩子的实际情况，有的放矢地进行培养，那么这种教育影响就如知时节的好雨，可以滋润孩子们的心田，并且收到事半功倍的教育效果。

在众多教育学、儿童心理学的著作中，对于儿童年龄阶段的划分，一般采用儿童心理年龄阶段的划分方法。朱智贤在《儿童心理学》中对儿童心理年龄阶段的划分做了详细的解释，他认为儿童心理年龄阶段的划分标准，可以初步地规定为："在一定的社会和教育条件下，儿童心理发展的各个不同时期内的特殊矛盾和质的特点。这些特殊矛盾和质的特点主要表现在儿童的主导活动上（儿童在社会生活中所处的地位，他们的活动形式），表现在智力（或思维）水平上和个性特征上，同时又表现在他们的生理发展（特别是高级神经活动的发展)和言语水平等等上面。”①

本章参考了葛瑛山、陈佑兰、吕建国、彭德华、李天燕②等人主编的有关家庭教育学著作中对儿童年龄阶段的划分,将儿童时期大体分为:胎儿期,新生儿期(出生后第1个月),乳儿期(1个月—1岁),婴儿期(1—3岁),幼儿期(又称学龄前期,3—6、7岁),童年期(又称学龄初期,6、7—11、12岁),少年期(又称学龄中期,11、12—14、15岁)和青年初期(又称学龄晚期,14、15—17、18岁)。从胎儿期到青年初期,不同年龄阶段有不同的身心发展特点,家庭、学校和社会对各个年龄阶段的儿童都要给予细心的关注和爱护,加强教育和训练,使他们在身心各方面都得到健康的发展。

本章将按照儿童年龄的先后顺序,逐一论述他们在各个年龄阶段的生理以及心理发展的特征,并针对各个年龄阶段儿童的不同特征,归纳提炼出家庭教育应关注的不同专题,再针对这些专题提出相应的家庭教育措施。

学习目标

1. 了解针对不同年龄阶段儿童的身心发展特征实施家庭教育的必要性。
2. 了解幼儿期儿童的特征及其家庭教育内容。
3. 重点掌握童年期儿童的发展特征及其家庭教育的内容。
4. 熟悉青少年期儿童的身心发展特征,并有针对性地开展教育。

---

① 朱智贤.儿童心理学[M].北京:人民教育出版社,1993:48.

② 1988年葛瑛山等主编的《家庭教育指南》一书将儿童的各年龄阶段划分为:乳儿期(0—1岁)、婴儿期(1—3岁)、学龄前期(3—6、7岁)、学龄初期(3—6、7岁,小学阶段)、学龄中期(11、12—14、15岁,少年期,初中阶段)、学龄晚期(14、15—17、18岁,青年初期,高中阶段)。1990年陈佑兰在《家庭教育》一书中将儿童的各年龄阶段划分为:乳儿期(0—1岁)、婴儿期(1—3岁)、幼儿期(学龄前期,3—6、7岁)、童年期(学龄初期,6、7—11、12岁)、青春发育期(11、12—17、18岁)。1992年吕建国在《家庭生态与教育》一书中将儿童的各年龄阶段划分为:新生儿(出生后四周(28天)的婴儿)、婴儿期(28天后—1岁)、幼儿前期(1—3岁)、幼儿期(3—6岁)、小学阶段(7—12、13岁)、青春期又称青春萌动期(13、14—17、18岁)。2001年彭德华在《家庭教育新概念》一书中将儿童的各年龄阶段划分为:乳儿期(0—1岁)、婴儿期(1—3岁)、幼儿期(3—6、7岁)、学龄初期(童年期,6、7—11、12岁)、学龄中期(少年期,11、12—14、15岁)、学龄晚期(青年初期,14、15—17、18岁)。2007年李天燕在《家庭教育学》一书中将儿童的各年龄阶段划分为:新生儿期(出生后第1个月)、婴儿期(1个月—1岁)、先幼儿期(1—3岁)、幼儿期(3—6岁)、少年期(7—15岁)、青春期(13—18岁左右)、青年期(16—25岁)。

第一节　胎儿期的家庭教育

对于即将或刚刚迈入婚姻殿堂的年轻夫妇而言，对如何孕育健康、聪明、漂亮的宝宝往往存在诸多疑惑。因此，这一阶段的教育内容主要是指导年轻的夫妇做好优生优育，在了解胎儿生长发育规律的基础上，尽量为宝宝的诞生做好心理和物质的全面准备。

一、优化胎儿生长环境

优化胎儿生长环境是保障母婴健康、提高出生人口质量的关键因素。

对于准备怀孕的夫妻，应该准备好身体的内环境与生活的外环境。内环境是指保持健康的身体和心态，做适当的运动，调整好生活方式。外环境是指生活居室要保持清新爽洁，尽量把小家庭布置得浪漫温馨，营造一个和谐轻快的氛围。

怀孕以后的母亲，要保证舒适安静、空气新鲜的居住环境；要注意科学地增加饮食营养；要慎重用药，切勿为提高孕妇的抵抗力而滥用药物，严防外界感染；注意保持愉快良好的心境，尽量多听音乐，有选择性地看书报、电影、杂志，进行自我心理调节；多到公园散步，多接触一些美好的事物，注意少生气，避免惊吓等不良的刺激出现。这些对生一个健康聪明的孩子是十分有益的。

二、了解胎儿生长发育规律

当得知妻子怀孕后，总会引起夫妻间情感上的共振和心理上的微妙变化。在一般家庭中，丈夫会变得更加殷勤，妻子则会变得更加温柔、贤惠、敏感、善解人意。指导年轻的夫妇了解胎儿生长发育的规律就是一门必修的课程。

前两个月的胎宝宝被叫作“胚芽”，身长已长到3厘米左右，体重约4克。外表已经能够分辨头部、身体以及手和脚，逐渐具备人的形态。这一时期的妊娠反应常使准妈妈食欲下降、情绪低落，这时准爸爸要理解准妈妈的情绪变化，多与准妈妈沟通，消除准妈妈的心理压力。

3个月时的胎宝宝被称作胎儿，到本阶段末，他(她)的身长达到8厘米左右，体重约为25克。胎儿的各种器官开始分化，形成了发展各种特殊功能的基础。外生殖器已经发育，能够区分男女。这个阶段准妈妈妊娠反应一般比较严重，心情容易不好。准爸爸这时一定要对准妈妈表现出最多的爱，细心照顾准妈妈。提醒准妈妈养成良好的生活习惯及饮食习惯。并且要积极参与胎教，给胎儿听胎教音乐，多跟胎儿说话。胚胎期(受孕后前三个月)是个体生长发育最重要的时期。孕妇在怀孕头三个月内如遭受不良影响(刺激、创伤、感染、药物、营养缺乏等)，往往容易影响胎儿的正常发育，故孕妇在头三个月要加强保健工作。

4—6个月的胎儿身长已长到16厘米左右，体重约150克。此期的胎儿体型逐渐变得匀称。听觉、视觉、味觉进一步发育,形成呼吸动作,并且能够咳嗽、打嗝、皱眉、眯眼,在熟睡时会被外界的声音吵醒,会吸吮自己的大拇指,能够吞咽身体周围的羊水,再通过小便排在羊膜腔中。胎宝宝的大脑也已经发育,能及时产生与准妈妈一致的喜怒哀乐等感受。此时准爸爸要经常和准妈妈一起去散步或进行其他的适当运动,有计划地给胎宝宝做循序渐进的胎教。准爸爸要陪同准妈妈参加产前学习班,多了解孕期及生产知识,并且定期进行孕期检查。

9个月的胎儿身长约46厘米,体重约2500克。皮下脂肪沉积,身体各部分都比较丰满,看起来全身圆滚滚的,很可爱。脸、胸、腹、手、足的胎毛逐渐消退。此时的胎宝宝发育虽然尚未完全成熟,但由于机体内脏的功能已趋于完善,可适应子宫外的生活条件。即使发生早产,胎儿出生后也能够啼哭和吸吮,存活率也会相应提高,能够较好地生活。

随着预产期的临近,准妈妈和准爸爸心理上都将出现或多或少的紧张焦虑情绪,这时准爸爸更要多学习相关知识,把自己的工作计划好,尽量不要安排出差,和准妈妈一起做好分娩准备工作,并把信心和平静的心态传递给准妈妈,让她带着自信与愉快的心态面对分娩。

第10个月的胎儿经过了母亲怀胎数月的滋养,从一个肉眼看不见的受精卵逐渐发育、成长为一个成熟的胎儿。此时的胎宝宝外观看起来是一副足月婴儿的样子,身长约52厘米,体重约为3200克。皮肤红润,皮下脂肪发育良好,体形外观丰满。指(趾)甲已超过指(趾)端,足底皮肤纹理较多。头颅骨质硬,耳朵软骨发育完善、坚硬、富有弹性,保持直立位置。头发粗直光亮,长度约3厘米,额部的发际极为清晰。在这一阶段,准爸爸是不应该出远门的,要经常鼓励准妈妈,给她自信,尽可能地消除她的紧张与恐惧心理。夫妇俩一起给宝宝取个好名字,并且一起与医生商量决定分娩方式。

胎儿期,准爸爸与准妈妈应准确客观地了解胎儿的生长发育规律,根据胎儿生长发育的不同阶段所具备的不同特点,明确各自的不同分工,并有的放矢地做好迎接新生儿的准备工作。

三、合理地进行科学胎教

过去认为小生命是从呱呱落地算起的,而今天大量科学研究说明,胎儿在母腹中已成为积极的主体,能感受到内外环境的刺激,还有一定的学习能力,尤其是母亲的情绪,胎儿可以敏感地感受到。因此,对孩子的教育最早应该开始于胎教,并且这是只有家庭教育才能完成的任务。一般来说,接受过胎教的婴儿比没有接受过胎教的婴儿反应更灵活,发育也更迅速一些。

现在世界上很多国家都在积极研究怀孕以后的“胎教”。实验证明,胎儿在8周时能毫不困难地转动头部、双臂和上半身,还能摇摆身体和蹬腿;两个半月的胎儿,当用手指按压孕妇的胃部时,胎儿就会扭动,避开受压;再大一点儿的胎儿,脸部即开始出现表情,如四个月的胎儿能皱眉、动眼和蹙额，如果用实验的方法碰其眼皮，胎儿也能眨眼。特别是在怀孕六个月以后，胎儿在母体中几乎时刻都在聆听着外部世界。在母亲怀孕的最后两个月，即可接受来自母体的复杂信息。所以现在很多人都积极主张开展胎教。

一般的胎教方法比较简单也容易掌握，在保证孕妇营养饮食和愉快情绪的基础上，如在胎儿 4.5—5 个月月龄时开始进行音乐胎教，要选择在胎儿每天觉醒的时候进行胎教，每次 15 分钟左右；利用言语或胎教器对胎儿进行“交流”教育。用作胎教的言语材料必须经过严格挑选，一般说来，格调清新、言语质朴优美、意境深远和篇幅短小的诗歌、散文，活泼诙谐、富于哲理的童话、寓言故事，生活气息浓郁、短小轻快的儿歌、歌谣等，都是很好的胎教言语材料。还可以对胎儿进行抚摸按摩或做体操进行胎教，此时特别应注意孕妇的承受能力，应量力而行，时间不可过长，以 5—10 分钟为宜，动作速度要慢，幅度均匀，不能过大。

美国凡德卡医生提出在受孕 4 个月以后，就可以对胎儿说话、放音乐、轻拍打、抚摸等活动。他认为这样进行胎教，婴儿出生后学习能力强，发育更正常，精神发育水平也更高。① 有人认为“胎教的目的是通过各种适当的、合理的信息刺激，促进孕妇的身心健康，进而促进胎儿各种感觉功能的发育成熟，为胎儿在出生后的早期教育打下一个良好的基础”。② 现今社会各界对胎教也产生了很多争议，其误区主要是有些家长认为胎教是可以培养神童的方式，从而采取过度的、不合理的手段措施，使得效果适得其反。这违背了提倡胎教本应具有的良好初衷。家长都希望尽可能早地发掘孩子的素质潜能，让每一个胎儿的先天遗传素质获得最优秀的发挥，所以正确认识胎教、合理地进行科学胎教是胎儿期家庭教育的重要内容。

第二节　乳婴儿期的家庭教育

孩子出生后第一个月称为新生儿期，在此期间，他们从外表上看非常软弱、娇嫩，在这一个月中他们非常喜欢安静，大多数时间在睡眠中度过，在休养中积蓄力量来适应崭新的环境。1 个月至 1 岁的阶段称为乳儿期，1—3 岁的阶段称为婴儿期。这个时期家庭教育的主要任务是照顾孩子使其能健康成长。

一、乳儿期的主要身心发展特征

经过一个月对人世生活的过渡、适应，乳儿期的孩子不再像以前那么喜欢独自安静地贪睡了。对外界的一切都有了兴趣，一天一天地活跃起来。这一年中，乳儿从躺卧姿态，完全没有随意动作过渡到能使用手操作物体等随意动作；从吃奶过渡到逐步会吃一些普通食物；从完全不能说话过渡到能掌握一些简单的语言。

---

① 陈佑兰.家庭教育[M].北京：北京大学出版社，1990：148.
② 房阳洋，关阿津，汤海清.观念决定成长：影响世界的 30 个教育新观念[M].北京：团结出版社，2005：8.

这一年乳儿的动作发展有一定的规律和顺序。就动作发展的身体部位而言,顺序是“从头到脚”。[①] 一个月的婴儿,俯卧时头只能稍稍抬起一会儿;2—3 个月时,将婴儿翻身俯卧在床,他的头开始能抬起来,双手可以胡乱挥动;3—4 个月时开始能翻身,双手带有一点随意性,开始用抚摸来认识周围事物;5 个月时俯卧,又能用肘支撑着将胸抬起,膝着地;6 个月能独坐,握物时四指与拇指分开了,手和眼的动作协调了;7 个月俯卧时手脚划动,向后退,并且可以自由玩弄东西;8—9 个月时能爬行,会摆弄和抓取一些小东西;10 个月婴儿开始能扶着站、扶着走,并且能模仿成人教的一些动作;一岁时婴儿能独立行走,手的动作也更加灵活准确。

二、婴儿期的主要身心发展特征

儿童度过人生的第一年,就进入婴儿期。在新的生活条件下,身心继续发展。从会说几个字到 1.5—2 岁时会说成句的话,用语言来和成人交际;从走不稳到会走、会跑并进行游戏活动;从完全依赖成人发展到常常要求“自己来”。

在身体发育与健康方面,到 3 岁时,男孩平均身高为 97.26 厘米,女孩为 96.28 厘米;男孩平均体重为 14.73 千克,女孩为 14.22 千克。动作发展遵循自下而上、由躯体中心向外围、从粗大动作到精细动作的发展规律。由抬头、坐、爬、站,到走、跑、跳等,人类的基本动作都已掌握。

在语言交际方面,1—3 岁是儿童学习语言发音的关键期,2—3 岁是掌握基本语法和句法的关键期。到 3 岁时,基本掌握母语的语法规则系统,有了一定的人际交往倾向,有与人沟通交往的愿望,喜欢用自己的身体探索周围世界。在人际交往方面,0—1 岁主要是建立亲子关系,父母在照料婴儿的过程中,充分的体肤接触、感情表示、行为表现和语言刺激,会对婴幼儿的成长产生深远的影响;1 岁以后,随着活动能力、言语能力的发展以及活动范围的扩大,儿童开始表现出追求玩伴的愿望,出现一对一的玩伴关系。

三、乳婴儿期的主要家庭教育内容

(一) 健康哺育

乳儿期是小儿以乳类尤其是以母乳为主要饮食的时期。世界卫生组织在全球提倡的母乳喂养,其意义是多方面的,它既能保证婴儿吸收丰富的物质营养,又能促进婴儿的心理健康发展。据研究,母乳喂养大的孩子,一般身体强壮,情绪健康,情感丰富,品行善良。[②]

更重要的是,哺喂是母亲与孩子间一种爱的传递过程,不恰当的哺喂习惯则会带来负面的影响。如果母亲把喂奶只当作一件要完成的任务,在孩子吃奶的同时想别的事情或者忙

---

① 吕建国.家庭生态与教育[M].太原:山西教育出版社,1992:118.

② 陈佑兰.家庭教育[M].北京:北京大学出版社,1990:121.

于别的事情，这也不利于孩子的情感发展；如果母亲没有奶而要人工哺喂，母亲也应像自己哺喂一样，通过抚摸、微笑、声音给孩子以深厚的爱，这样的行为也能在一定程度上满足孩子的情感需要。

在 4—6 个月后，母亲要逐步让小儿脱离母乳喂养，添加营养丰富、容易消化的辅食。断奶会对一个孩子后天的发展产生重要的作用，如果处理不当的话，很可能会对孩子幼小的心灵造成较大的精神刺激。此时，母亲应懂得在给孩子断奶前用一些替代的办法帮婴儿逐渐过渡到这个时期，例如可以喂孩子一些蛋糕、稀饭之类的食物。有一些母亲让小儿突然断奶，强迫孩子改吃其他的东西，这种不当的做法可能会引起不良的后果，从而影响孩子的身心健康。

（二）训练孩子养成良好的生活习惯

此时的孩子生活自理能力差，不少家长漠视从小培养孩子的生活习惯，对孩子过度疼爱，事事包办，这样会让孩子养成不良的生活习惯。

良好的生活习惯将会为孩子一生发展奠定基础，婴儿期是儿童行为习惯形成的关键时期，良好的睡眠习惯、饮食习惯、如厕习惯和洗漱习惯是生活习惯培养的主要内容。

习惯的形成需要训练，需要时间积累，一旦形成将很难改变。在训练时，成人要注意方法和态度。鼓励孩子做自己可以做的事情，利用婴幼儿喜好模仿的特点，多采用直接示范的方法，激发孩子的主动性和积极性。当孩子控制不好时，不能责骂和惩罚，要耐心、和蔼地给孩子以帮助，否则，就会使孩子幼小的心灵笼罩上一层焦虑和恐惧的阴影。

（三）注重培养孩子的语言能力

1—3 岁的孩子，逐步学会了独立行走，与周围环境的接触愈来愈多，视野扩大了，语言也迅速发展起来。

1—1.5 岁的婴儿开始能理解言语和说出几个有意义的单词。1.5 岁—2 岁的婴儿能说简单句，幼儿开始能和父母交谈生活中的一些事件。2—3 岁时的婴儿，复合句开始得以发展，在成人的教育指导和帮助下，幼儿已经基本掌握了言语。这时候他们不但能理解成人的简单语言，自己也能够以言语与成人交往，尤其喜欢向长辈不停地询问。父母对此不应表示厌烦，而应多给孩子言语交往的机会，并且可以通过歌谣和讲故事来训练孩子的言语能力。

此外，这时的婴儿可以有 4—6 个月的正常差异，如超过这个时限仍不会讲话，就要考虑言语发育迟缓的问题了，这时应及早查明原因。如果是心理社会因素引起的，这种迟缓程度较轻，经过改善环境和加强训练是可以很快赶上去的。

（四）培养孩子感觉动作的发展

乳婴儿感知觉和动作的发展都遵循一定的顺序，并具有各自的年龄特点；感知觉和动作的发展在儿童早期发展中占据重要地位，它对扩大孩子认识和交往的范围，获取外界信息、形成感性认识和产生个体体验,发展高一级心理能力具有重要意义。①

家长可以在6个月内的乳儿小床悬挂色彩鲜艳和会发音的玩具,并经常调换玩具位置,引导半岁后婴儿一起进行发展感知觉和动作的游戏。经常抚触、按摩和拥抱孩子,满足孩子皮肤触觉的需要。父母不应急于让刚学会独自坐起的孩子学习走步,而应当创造条件引导孩子多练习爬行。父母还可以创造良好的活动环境条件,提供丰富而适宜的刺激,进行符合年龄特点的训练,开展感兴趣的游戏,循序渐进地提出发展要求等,促进孩子感觉动作的发展。

(五) 做好孩子入园前的准备

未能做好孩子入园前准备工作将会影响孩子参与幼儿园活动,不利于孩子身体健康成长以及智能、情感和社会性的正常发展。② 一些幼儿入园后在亲子分离、作息时间、生活自理、师生沟通、伙伴交往、集体活动、规则遵守等方面出现诸多不适应,这正是由于家长对幼儿园教育不了解,对入园前的准备工作不重视,必要的家庭准备工作不到位而产生的不良影响。

为适应入园生活、游戏和学习,入园前家长应该帮助孩子做好物质上和心理上的准备。此时家长可在入园前带领孩子参观熟悉幼儿园的设施环境,结识即将任教的幼教老师,以便日后与老师随时交流孩子在园中生活学习的情况,并让孩子提前结交一些即将一起入园生活的同伴。这样可以使得孩子在入园后更容易适应园内生活。

第三节 幼儿期的家庭教育

一、幼儿期的主要身心发展特征

三至六七岁这段时期称为幼儿期又叫学龄前期,这是人格形成的重要阶段。在一定的社会生活条件和教育条件的影响下,这期间儿童形体发展的进程较婴幼儿慢。身高及体重的增加趋于稳定,皮下脂肪随年龄增长而逐渐减少,身材呈现瘦长趋势。

这个阶段幼儿的神经系统有了进一步的发展,骨骼和肌肉渐趋坚实,基本动作正在不断地发展,能较灵活地操纵物体,接触周围事物的范围日益扩大;能初步运用语言同人们交往和学习,掌握社会生活经验,逐渐能在更多方面脱离成人的帮助而独立生活;同时,对周围的事物和人们的活动都有极大的兴趣,表现出活泼好动、好奇好问、好模仿的特点,游戏成为这阶段儿童的主导活动。

三至六七岁的儿童,主要发展词汇量,学会连贯地表达自己的思想。幼儿期是一生中词汇量增加最快的时期,到六七岁时一般幼儿能掌握4 000个词汇,幼儿已经能掌握各类词,逐

---

① 李洪曾.学前家庭教育指导内容大纲的编制思路与初步研究成果[J].中国家庭教育,2008(02):69—76.

② 李洪曾.学前家庭教育指导内容大纲的编制思路与初步研究成果[J].中国家庭教育,2008(02):69—76.

渐明确词义并有一定的概括性，基本上掌握了各种语法结构。

五至六七岁时候幼儿则可以从事绘画、写字、雕塑等活动。此时幼儿的脑结构已经较成熟，可以开始系统地学习知识，因此成为一生中智力发展最迅速的时期。这一时期是个性形成的关键时期，幼儿开始形成最初的个性倾向，并会在自己的一生中都保留其痕迹，因而在人的心理发展中具有重要的作用。

二、幼儿期的主要家庭教育内容

（一）从小培养孩子良好的习惯

第一，养成良好的饮食习惯。家庭中给幼儿调配饮食的原则是饭菜多样化，组成“平衡膳食”，使食物供应在物质上能满足幼儿对各种营养的需求。父母要教育孩子从小养成不挑食、不偏食的良好习惯。同时要培养幼儿细嚼慢咽，一日三餐定时就餐的习惯。

第二，养成良好的睡眠习惯。首先要保证睡眠时间。婴幼儿神经系统发育尚未完善，大脑皮层神经细胞的耐力小、容易疲劳，需要睡眠的时间较长。一般来说，3—6 岁的幼儿需保证 11—12 小时的睡眠时间。其次，应为幼儿创设良好的睡眠条件，如单独的小床、薄厚适度的被褥、安静的睡眠环境等。最后，养成正确的睡眠姿势和按时入眠的好习惯。正确的睡眠姿势是向右边侧身睡，这样可使偏于身体左侧的心脏少受压力，使位于身体右侧的肝即时得到更多的血液，更好地进行新陈代谢。

第三，养成良好的排泄、卫生习惯。让孩子养成每天定时大便的习惯，每次最好不超过 5 分钟。同时养成饭前、便后洗手，定时洗头洗澡的习惯。父母也应为孩子创设良好条件，给幼儿准备专用的各类小毛巾，挂在孩子能够得着的地方，教孩子用流动水洗手洗脸，培养孩子独立盥洗的能力。

幼儿阶段既是养成良好习惯的关键时期，也是容易沾染不良习惯的危险期。此时家长应着重注意与幼儿园老师保持密切的联系，并配合好家园合作的工作，与幼儿园保持一致且同步的教育。好习惯是经过不断重复和反复练习才形成的，所以家长对幼儿行为习惯的形成更需要有决心、有耐心和有信心。

（二）重视幼儿的第一个反抗期

3 岁左右的孩子，由于自由活动能力大大加强，各方面知识不断增加，希望独自去做一些事，而不听成人的干预，这是一种独立意识的自我表现。虽然这种要求占有或扩大生活范围所表现出来的独立性是一种有积极意义的心理状态，但此时的孩子往往以一种“反抗”的形式表现出来。

具有这种反抗心理程度较强的幼儿，长大后往往意志比较坚强，有主见，能独立分析和判断事物，能承担责任、做出决定。作为父母应该因势利导，帮助幼儿实现那些可以做到的事情,而不要事事包办代替和过分保护,否则,不利于孩子健全人格的培养。但是在这个时候,孩子由于能力有限,遇到挫折和困难也容易产生畏缩和胆怯,因此,父母还要注意给予帮助和指导。

在这个时期,孩子由于能力和知识所限,想干的事情可能干不好,父母切勿嘲笑和指责,避免让孩子产生自卑感,而要给予鼓励和帮助,培养儿童积极、乐观的心态。

(三) 给幼儿以正确的性别导向

3岁以后,幼儿的性别角色得到发展,开始意识到男女之别,并且学习性别角色的不同职能。在这一过程中,父母的教养方式对幼儿性别角色的发展起着导向的作用。

在现实生活中,有些父母总喜欢给年幼的孩子异性装扮,也就是将男孩装扮成女孩,或将女孩装扮成男孩。“这种异性装扮,对孩子的心理发育是非常有害的,往往造成孩子成人后性别角色的错乱,难以适应社会生活。”[①]因此,幼年时期,父母应该给孩子正确的性别角色教育,对孩子性别角色的发展予以正确的导向。

(四) 注重幼儿语言、记忆、思维等能力的培养

一是注重幼儿语言能力方面的发展。家长应遵循幼儿口语发展特点进行培养,如帮助幼儿掌握丰富的词汇,理解词义,确切地运用词语组成最简明的语句,使孩子能正确、熟练地表达自己的思想。多给儿童语言刺激,丰富幼儿的生活经验,为儿童树立学习语言的榜样。这些都需要家长有意识、有计划、有目的地对儿童进行言语能力的培养。

二是促进幼儿注意力、记忆力、想象力方面的发展。3岁以前儿童的注意主要是无意注意。即使是三四岁的幼儿,有意注意也只能坚持20—25分钟。五六岁的幼儿开始能有目的地集中注意某些事物,能持续一小时左右,注意的稳定性加强了。家长可以通过组织幼儿的游戏、学习、劳动等活动来培养他们的有意注意。家长要培养幼儿早期学习兴趣和记忆的目的性、自觉积极性,养成儿童及时复习的习惯。家长在培养幼儿的想象能力时,要让幼儿广泛接触、观察、体验生活,以丰富知识,储存信息,促进想象力的发展。

三是培养幼儿思维能力的发展。四五岁的幼儿开始发展具体形象思维,即借助于具体事物的形象和表象进行思维。6岁的幼儿开始有了逻辑思维的萌芽,即能运用已有的知识经验和语词的概括作用,对客观事物形成比较抽象的概念,概括出事物的本质属性和内在规律。有经验的家长一般通过游戏、学习等活动,引导儿童对事物进行分析、综合、比较、抽象、概括;也可以通过分析讨论童话、寓言和故事的材料,有意识地发展幼儿的思维能力。

(五) 注重幼儿良好个性的培养

幼儿时期是个性形成的重要时期,这个时期所形成的个性心理倾向虽然还处于雏形阶

---

① 吕建国.家庭生态与教育[M].太原:山西教育出版社,1992:132.

段,但对以后的心理发展具有深远的影响,父母应该十分注意对幼儿良好个性的培养与影响。

学龄前的幼儿父母,对幼儿个性形成的影响是很重要的,要想把孩子培养成具备善良、乐观、热情、友好、情绪平稳、社会适应能力强等良好人格特征的人,父母首先要注意自己的人格修养。凡事处处以身作则,给孩子一面良好的镜子以助他们健康地成长,形成良好的个性品质。

(六) 注重幼儿良好情绪情感的培养

家长应把孩子的良好情绪情感的培养作为家庭教育的重要内容,采取有效措施,促进孩子情绪情感的健康发展。然而在我国目前家庭教育的现实中,有不少家长只重视孩子的身体发展和智力开发,却往往忽视了孩子情绪情感的培养,或者根本不懂得如何培养。那么,应该培养幼儿什么样的情绪情感? 这些情绪情感又该如何培养呢?

首先,要培养幼儿稳定、乐观的情绪。因为 4—5 岁幼儿的情绪情感虽然比 3 岁前有很大发展,但仍具有易变化、易受感染、易冲动、外露等特点。针对这些特点,家长既要着重培养孩子稳定、乐观的情绪,同时又要预防和消除各种不良情绪。幼儿的情绪易受成人情绪的感染,而且变化较快。因此,家长平时要尽可能表现得愉快、喜悦、乐观向上,孩子长期受到感染,就容易形成愉快乐观的情绪。假如孩子情绪波动,大哭大叫,家长可用诱人的玩具或其他心爱的东西转移他的注意,使其尽快平静下来。但是,这种方法不能滥用,否则将不利于孩子学会控制情绪冲动。作为家长还要经常教育、要求孩子,让他逐渐学会控制自己的情绪。在幼儿情绪发展的过程中,常常会出现恐惧、怯生、爱哭等不良情绪。这些不良情绪应当引起家长的注意,并帮助孩子克服。

其次,要对孩子进行爱的双向引导,培养孩子的善良仁爱之心。作为父母在爱孩子的同时,也要教育孩子爱父母,要让孩子知道父母抚养他的辛苦,教育孩子为父母着想,主动帮助大人做力所能及的事情。要克服把独生子女当作“小太阳”的想法和做法,要让他懂得人与人之间应互谅互让、互敬互爱、互帮互助。要利用幼儿的生活实际,寓教于爱,随机对幼儿进行教育。比如,教育幼儿爱护花草树木、飞禽走兽以及比自己弱小的群体。这样既培养了孩子的环保意识,又有助于培养幼儿同情他人、关心他人、为他人着想的善良仁爱之心。

最后,要从小在幼儿心中播下爱祖国、爱家乡的种子。爱祖国、爱家乡是对幼儿进行情感教育的内容之一。只有把我国人民世世代代对祖国、对家乡的深情厚谊传递给孩子,才能确保他们长大后不崇洋媚外,成为建设国家的栋梁之材。孩子爱国之心的培养应从身边开始,教孩子爱父母、爱家长、爱幼儿园等,从而将抽象的“祖国”变为形象具体的概念。另外,可采用生动活泼的形式来丰富孩子的感性认识。例如,可通过讲故事、看电视、参观纪念馆等形式对幼儿进行教育,避免脱离实际的空洞说教。

(七) 重视对幼儿的安全教育

现今,每天都有来自各地有关儿童受到或轻或重的意外伤害的报道,意外伤害已成为儿童致伤、致残、致亡的第一“杀手”。其中车祸、跌落、烧伤、溺水、中毒等是儿童意外死亡的主要原因。在幼儿日常意外伤害事故中所占比例较高的是跌落撞伤、烫伤烧伤、硬物夹伤和宠物咬伤等。

幼儿的自我保护意识非常缺乏,本身所具有的自我保护能力相当弱。伤害事件的发生究其原因可能是家长对家庭安全知识缺乏,对安全防范的意识很薄弱,对幼儿的监护措施、家庭安全教育不重视。同时对家庭可能产生安全隐患的物件和设施,例如沸水、剪刀、农药、燃料、电器、阳台和窗口等没有加以适当的控制。家长还应对幼儿的一些危险行为活动,如爬高、奔跑、玩火等加以劝阻、提醒和引导。

家长应通过详细系统的安全教育,让孩子懂得哪些东西不能玩、哪些事情不能做、哪些地方不可以去,并强调让孩子记住发生意外时如何呼救。父母的这些防范措施,可以减少甚至避免一些意外对孩子人身安全构成的威胁。

(八) 做好孩子入学前的准备工作

进入小学是孩子生活中的一个转折。因为从一年级开始,就要系统地学习各学科的知识,孩子的生活方式将发生改变,先前以游戏为主的生活将面临学习的压力以及严格的纪律要求。

入学准备是一个全面的概念,除学习准备外,家长还应该创造条件让孩子做好心理准备、物质准备和生活准备,家长也应该为孩子入学前后自身职责变化做好心理准备。[①]

也就是说在这个时期父母也应当承担起教育子女学习知识、培养子女学习能力的责任,不可认为这些仅是学校独立承担的责任。父母还应努力培养学生的学习兴趣和对学校生活的憧憬,不必过度关注读、写、算等学习能力。同时也要训练孩子的注意力与意志力,让他上小学时能遵守学校生活常规要求,上课时能集中精神专心学习。家长在履行好这些职责的同时也是给孩子树立了良好的榜样,让孩子懂得各司其职的道理,并且让自己在教育子女的职责上不留下遗憾。

第四节 童年期的家庭教育

一、童年期的主要身心发展特征

(一) 童年期身体发育趋于缓慢

童年期(又称学龄初期)指六七岁至十一二岁这一时期。童年期孩子的身体发育进入了一个相对平稳的阶段。身高平均每年增长 4.5 厘米至 5 厘米,体重平均每年增加 2 千克至

① 周新富.家庭教育学——社会学取向[M].台北:五南图书出版公司,2006:64.

2.5千克。骨骼比幼儿期变得更坚固，但仍有许多软骨组织。骨骼比较容易变形、脱臼，但不易骨折。肌肉仍很柔软，缺乏耐力，容易疲劳。根据他们的生理特征，家长可以让其干一些轻微的家务劳动，如扫地、洗碗筷、整理床铺、扶桌椅等，从小培养他们热爱劳动、珍惜劳动果实的优良品质。由于这个时候儿童骨骼还不十分坚固，肌肉韧带的力量也较小，所以在组织劳动时，不要让他们搬动重物或使用粗重的劳动工具，以免发生扭伤、韧带断裂、脱臼、骨骼变形弯曲等现象。

儿童的血管发展速度大于心脏的发展速度，血液循环量较大。家长应该注意不要让孩子做过于激烈的体力活动，若体育活动时间过长或劳动量过大，容易使孩子的心肌疲劳。如果这种疲劳现象长期得不到消除，就可能导致心脏机能方面的疾病。

这个阶段儿童的脑重量在持续增加，并逐步接近成人的水平(成人脑重平均为1 400克)。根据生理学研究材料，7岁孩子为1 280克，9岁孩子为1 350克，12岁孩子为1 400克。[①] 随着大脑皮层的发育和生长，儿童脑的兴奋过程和抑制过程逐渐趋向平衡，觉醒时间延长，睡眠时间缩短(儿童平均每天需要的睡眠时间：7岁为11小时，10岁为10小时，12岁为9—10小时)。这个时期足够的睡眠对儿童的顺利成长也是必需的。同时孩子在这个阶段已经能接受一定的智力训练，家长应该不失时机地发展孩子的智力，培养孩子的各种能力，为今后的学习和工作奠定良好的基础。

(二) 童年期行为及心理活动的主要转变特征

告别天真烂漫的幼儿期，孩子跨入了一个新的阶段。到了六七岁，儿童要进入小学接受系统的义务教育，这对他们来说是生活中一件影响深远的大事。

在生活上，孩子将从以游戏为主导活动的幼儿园生活，逐步转入以学习为主导活动的学校生活；从家庭幼儿的个体活动方式过渡到参加学校集体生活，接受班集体和少先队集体的影响，开始逐步学会处理人与人的关系。孩子活动的内容逐步扩展，深度也大大增加，开始学习系统的科学知识，逐步理解和掌握一些事物的本质与规律。[②] 在待人处世的生活过程中，小学阶段孩子的情感表现比较明显，通过他们的面部表情一般都可以看得出他们内心的喜怒哀乐。同时他们的情感内容不断丰富，深刻性不断发展，情感体验的稳定性日益增强。道德感、理智感、美感等都随着学校教育及广泛的社会生活的影响，逐步发展起来。家长可通过学校各科教材内容和广泛的生活实践，丰富儿童的情感内容，培养儿童良好的个性品质。

在学习上，小学阶段的孩子感知能力并不完善，他们对事物的认识比较笼统，不够准确，往往只注意事物的表面现象，认识不到事物的内在联系和特点，对时间和空间的概念也比较模糊；注意力不稳定、不持久，无意注意占优势，容易被一些新奇的刺激所吸引；记忆以机械记忆为主，逐字逐句地反复诵读背诵教材；思维特点是以具体的形象思维为主要形式向抽象

---

① 朱智贤. 儿童心理学[M]. 北京：人民教育出版社，1993：227.

② 郑其龙，等. 家庭教育学[M]. 长沙：湖南教育出版社，1984：99.

的逻辑思维过渡，但此时的逻辑思维仍具有很大成分的具体形象性；小学阶段孩子的意志力一般比较薄弱，主动性、独立性和坚持性比较差，他们的意志活动在很大程度上要依靠外部的影响才能完成。如他们对待学习和活动，常常是在家长和老师的严格要求下才能坚持下去。

二、童年期的主要家庭教育内容

六七岁到十一二岁是学龄初期儿童时期，孩子开始上小学。小学阶段，父母的教育和帮助对儿童来说具有非常重要的意义和作用。儿童的基本生活态度和做人的基本准则，正是在这一时期通过父母的教育逐渐形成的。因此，父母应当在了解儿童身心发展特征的基础上，认真地考虑自己的教育影响，执行家庭教育的使命，促进孩子健康地发展。这个时期儿童最重要的任务是学习知识、道德和生活技能，父母对孩子的教育也由生理需要为主的照顾逐渐转为心理需要为主的协助。

（一）做好幼小衔接的准备

上小学对孩子来说是人生的巨大变化之一。这时，大多数孩子早就向往着这一天的到来，对新生活抱有极大的兴趣和好奇心。父母要充分理解他们，保护好他们的这种积极性。

为了避免孩子在生活突然转变时适应不良，父母最好在入学前带孩子到学校转一转，看看校舍，熟悉一下环境；并且合理安排好家庭生活作息时间，在作息制度上进行必要的训练，如按时起床、刷牙、盥洗、休息等；有意识地培养孩子的独立生活能力，以适应学校生活的要求；注意培养孩子社会交往的能力，创造机会和条件让孩子多结识一同上学的同伴并鼓励孩子多参与集体活动，主动结交新的同伴；还要嘱咐孩子遵守学校规章制度，尊重师长，与同学之间团结友爱。

（二）对孩子进行安全教育

随着家庭现代化，家庭伤害事故隐患增多。不少小学生安全意识薄弱，对事故的防护常识缺乏，自我保护和事故应变能力较差。家长应当尽力预防和消除家庭中存在的安全隐患，对孩子进行必要的安全教育和自护自救教育，当孩子发生事故时采取措施给予及时、妥善地救护；支持和配合学校安全教育。不少家长安全防范意识不强；安全知识浅薄狭隘；对消除家庭事故隐患不重视；对子女进行安全教育方法机械单一。因而，发生在家长或监护人监护时间内的安全事故比率很高。

家长应当将家庭安全教育的内容侧重在家庭安全和社区安全上，教给孩子救助、求生的简单技能，学会正确使用和拨打110、119、120的电话；在家里特别要注意安全使用煤气和电器，掌握科学防火、救火和逃生知识；上学时注意行走、乘车安全，杜绝与陌生人交谈，不要吃陌生人给的食物、糖果等，防止不法分子拐骗、诱骗。尤其在缺少成人监护的假期，如暑假期间要注意儿童的游泳安全，寒假期间尤其要注意烟花爆竹的使用安全。

（三）帮助孩子适应小学生活，处理好人际关系

学龄儿童的家庭教育中最重要的工作之一就是帮助孩子适应学校生活，不仅在学业方面，更包括人际关系方面。尤其是现在的独生子女，他们往往比较任性、以自我为中心，缺乏为别人着想的立场，所以同学之间往往冲突不断，处理不好还会面临被班上同学孤立的尴尬局面。父母应该像关心孩子的学业一样关心孩子与同学朋友的交往情况，因为这往往决定着他们长大之后为人处世的个性和方法。为此，家长可以从以下四方面来了解并且帮助孩子。

第一，了解孩子在学校班级中的人际关系，有针对性地加以引导，帮助改善孩子和同学相处的状况。如果孩子不受欢迎并被同学孤立，那么父母首先应该给予高度的重视，并冷静客观地帮助孩子分析原因，有针对性地寻找解决问题的办法。父母还应从自身行为、交往方式中分析原因，有意识地在以后的家庭教育中加以改进。

第二，了解孩子所在的同伴群体，委婉地指出孩子的同伴中哪些是优点值得学习，哪些是缺点应该加以改正，从而增强他辨别是非的能力，有选择地接受同伴对他自身的影响，并能通过自己的思想和行为去帮助有不好行为习惯的同伴。

第三，帮助孩子正确处理交往中的一些问题。比如，帮助孩子正确对待同伴之间的嫉妒心理，正确对待别人的责难和批评等。父母在遇到孩子抱怨此类事情时，应当先详细了解实情，再客观地教导孩子该如何去正确看待冲突，并培养孩子独立解决矛盾冲突的能力。

第四，鼓励孩子扩大同伴交往范围。父母应鼓励并创造机会尽量让孩子去结交来自不同家庭、具有不同性格、拥有不同爱好的朋友；尽量帮助孩子去理解别人与自己不同的想法和行为，与人达到更广意义上的团结和合作，了解与他人友好团结相处的重要性。在这一方面，家长可以多和孩子的老师交换意见，配合班级活动来进行。

（四）培养孩子良好的学习习惯

进入小学阶段后，学习成为孩子主要的任务，因而如何培养其良好的学习习惯变得十分重要。良好的学习习惯是提高学习效率、保证学习质量的关键。学习习惯比学习成绩更重要，好的学习成绩是一时的，好的学习习惯则可使儿童终身受益。培养孩子良好的学习习惯，家长可以从以下几方面努力：

向孩子提出养成良好习惯方法的简明要求，培养孩子独立学习的能力。例如，集中注意力认真做功课，自己负责检查，发现错误及时纠正，不依赖父母。正确使用学习用品，不随意因玩弄学习用品浪费时间，保持作业本清洁。

小学生学习习惯培养要抓住“计划、预习、听课、复习、作业和总结”六个学习环节，以及独立思考、质疑请教、科学用脑、课外阅读和专注投入五种基本习惯。小学低年级是学习习

惯养成的关键期。良好学习习惯的养成需要长期、反复地训练及父母与子女双方的坚持。

在培养孩子良好的学习习惯的同时,家长要特别注意的是一定要正确对待孩子的学习成绩,父母对孩子的学习恰如其分地关心和赞扬,或根据孩子的具体情况提出稍高的又是孩子经过努力能够达到的要求,会极大鼓舞和激励儿童学习的兴趣和求知欲望以及探索精神。

(五) 培养孩子良好的品德习惯

良好的品德习惯,是每个人一生的财富。儿童的可塑性极强,童年期是培养孩子道德品质的最佳时期,因而父母要重视童年期儿童品德习惯的培养。"良好的品德习惯表现在诚实、守信、尊重他人等方面,父母要以身作则,更要在日常生活中随时进行品德教育,帮助儿童形成良好的品德习惯。"①

然而现在许多家长过于关心孩子的智力发展和学习成绩,不重视儿童的道德品质教育,导致有些小学生道德意识不强,诚信品质缺失。具体表现为言行不一,在学校与在家表现不一,成了典型的"两面派";有的表现为犯了错误不肯承认;还有的表现为随便答应别人的事情,事后难以兑现。当发现儿童有不良道德品行时,父母应当给予充分的重视并采取正确的方法帮助其改正错误。另外,父母还应当以身作则,为孩子树立良好的德行榜样。

(六) 建立孩子强烈的自信心、责任心

自信心作为坚信自己的能力和行为的健康心理品质,是激发人的积极性和创造力的内在心理机制。缺乏自信往往使学生抗挫能力很差,还会制约行为、束缚思维。为树立孩子强烈的自信心,家长可以为孩子提供展示能力和特长的平台,让孩子勇于表现自我;当孩子面对较高难度的任务时,要为孩子设置爬高的阶梯,创造成功的机会,让孩子体验到成功的喜悦;引导孩子学会客观、正确地评价自我;坚持鼓励为主,批评对事不对人,合理归因;对抑郁质孩子、成绩差的孩子应给予特别的关怀;根据性别角色不同,区别男孩和女孩的教育方式。

责任心是孩子将来立足社会、家庭幸福和事业成功的必要条件。责任心包括对自己、对家庭、对集体和对社会的责任。许多小学生责任意识比较薄弱,缺乏对家庭、集体和社会的责任感。表现为学习马虎,作业不检查、不订正;在家庭中基本不做家务;对班集体的事务也漠不关心。家长应当让孩子"自己的事情自己做",明确学习是孩子自己的事;委托孩子办一些事情,如分配孩子具体的家务,让孩子意识到完成别人交给的任务是一种责任,是守信的表现;对孩子的许诺要尽可能去实现,如果不能实现一定要向孩子说明;孩子做错事不"护短",家长做错事不推卸责任;有事出去要向家长告知,免得家长挂念。家庭责任心的培养应当在生活、学习和社会实践中通过渗透的方式来完成。

---

① 周新富.家庭教育学——社会学取向[M].台北:五南图书出版公司,2006:65.

(七) 开展青春前期家庭性教育

青春前期的性教育对孩子身心发展具有特殊意义。[①] 月经初潮和首次遗精是孩子进入青春期的标志，女孩早于男孩，10—13 岁儿童处于青春前期。家庭是小学生性教育的主要场所，父母是家庭性教育的主要承担者。青春前期家庭性教育的主要任务包括：帮助孩子获得科学的性知识，树立正确的性意识，培养健全的性心理。

家庭性教育也是高尚的情感教育，更是人格的健全教育。家长应该学习青春期儿童的性生理和性心理特点，了解家庭性教育的方法；观察孩子身体、生理和心理上的变化，了解孩子的困扰；用自己的亲身经历，消除孩子的紧张，提供有关的知识，进行必要的指导；教授自我保护的方法，提防性骚扰和性伤害，对留守儿童特别是留守女童给予特殊的关注；合理饮食，控制软饮料、洋快餐的进食，防止性早熟。

第五节　青少年期的家庭教育

童年悄然流逝，不知不觉中孩子跨入了身心急剧变化的青春发育期。青春发育期由少年期和青年初期组成（从十一二岁至十七八岁），它是儿童发育到成人的过渡时期，也是人生重要转折的时期，家长应为这个时期的孩子提供必要的关心和指导，帮助他们顺利度过这段人生中不平凡的时期。

一、青少年期的主要身心发展特征

(一) 青少年期主要生理发育特征

少年期（又称学龄中期）（十一二岁至十四五岁）通常也称青春发育期，相当于初中阶段，是处于儿童向青年过渡的时期，一般具有“半儿童，半成人”的特点。这个阶段是孩子生长发育的第二个高峰期。在这一时期，孩子们身体和生理机能都发生急剧变化。身体发育的第一个显著特征就是身高和体重猛增，平均身高增长 6 厘米，体重增长 4 千克左右。女孩的发育比男孩早 1—2 岁，而男孩的发育增长量比女孩大。

少年期身体各系统和器官的生长发育很不平衡，骨骼的增长比肌肉快，四肢的增长又比躯干快，因而少年的体形多像窄肩、扁胸、长腿的“绿豆芽”。心脏的发育跟不上血管的增长，跟不上各器官系统的生长，故少年容易发生心脏活动的机能障碍，引起头昏、心痛、心跳加速、血压升高、易疲劳等现象。另外，神经系统对运动的调节能力也往往落后于身体的快速增长，所以原来比较协调的运动到了少年期反而显得不协调了。少年常感到自己的动作不自在，所以少年期又有“笨拙期”之称。

---

① 李洪曾. 小学生家庭教育指导内容大纲的编制思路与初步研究成果[J]. 中国家庭教育，2008(03)：71—77.

少年期身体发展的第二个显著特征是第二性征的出现和性成熟开始。所谓第二性征是指男女各自特有的身体生理方面的变化。身高体重的陡增和性成熟对少年“成人感”和“独立性”的出现,对异性的兴趣以及新的情绪体验的产生有重大影响。

青年初期(又称学龄晚期)(十四五岁至十七八岁)的孩子经过前几个阶段的连续发展,在生理发育上已达成熟。他们的身高、体重、胸围已跟成年人相差无几。由于性激素对脑垂体的抑制,身高和体重发展速度减缓。性机能发育已基本成熟,生殖器官逐步完善。男女青年体型已明显分化。[①] 由于男孩在少年期的发育会比女孩晚1—2岁,所以在这个时期,男孩的发育增长量会比女孩大,而女孩的发育则已基本处于稳定。

(二) 青少年期主要行为及心理活动表现

青少年期的孩子由于体态的成人化和性的成熟,他们的心理产生了一次巨变,出现了一系列思维的、情感的和个性的综合变化,独立性与依赖性、自觉性与冲动性、开放性与闭锁性等矛盾同时并存,许多心理变化都带有过渡的特性。

青少年的注意力比学龄初期儿童显著之处在于有意注意加强了,能有意识地控制、调节自己注意的对象、时间和范围;青少年思维的发展特点在于抽象思维占主导地位,思维的独立性、批判性也有明显的发展,并且他们不满足于理解,而渴望动手做,体现出了更大的创造性;坚毅、果断的意志力发展了,青少年为了达到某种预期目的,常表现出勇敢、坚毅和果断的意志特征,如坚持努力、克服困难复习功课、锻炼身体等;青少年的独立性、自尊心等心理特征的产生,意味着他们要求离开依赖双亲而力求个人自主;青少年的情感常常表现得鲜明、清晰,喜怒哀乐都从脸上直接表露出来,而少隐蔽,热情、直爽、重友谊的情感表现突出;青少年自我意识明显发展,他们起初喜欢评价别人,后来才逐渐学会评价自己的行为和个性品质,即形成明确的自我认识;青少年兴趣广泛多样而且不稳定。

青少年通过学校生活和社会生活,视野扩大,求知欲望强,冲破了原有的学科范围,对课外的科技、文艺、社交、团队等活动都会产生不同程度的兴趣;由于青少年身心发展快,他们时时觉得自己是个“大人”了,在衣着打扮、言语、风度、姿态等方面都爱模仿成人。总之,他们既像儿童,又像大人,介于未成熟与成熟之间。

二、青少年期的主要家庭教育内容

青少年期的孩子大部分时间都是在学校里与教师和同学们相处中度过,学校逐渐取代家庭成为对儿童影响最大的机构,但这并不是说家长的教育作用不再重要了,家校合作成了这一时期重要的教育手段,学校教育需要家庭的支持和配合,家庭教育则需要学校的帮助和指导。家庭和学校紧密结合,共同影响着儿童的发展。

---

① 彭德华.家庭教育新概念[M].兰州:甘肃教育出版社,2001:95.

在与学校的联系中，家长不仅需要了解孩子在校的学习成绩，还要了解孩子的身体、品德、情绪和社会性发展的情况；了解学校教育的内容、要求和活动安排，向教师反映孩子在家的情况，共同商讨促进孩子发展的措施；主动和教师进行沟通，充分理解、尊重、支持教师的工作；积极参加学校组织的家长活动，发挥家长志愿者作用。在配合好学校教育的基础上，家庭教育还应包括以下几方面的内容。

（一）帮助孩子认识自我

青春期成人感的出现，青少年发现了一个新的世界——“自我”。“我是谁”“我将来干些什么”等一系列问题常常萦绕在青少年的脑海中。美国心理学家埃里克森正是在此基础上提出了自我同一性理论，为理解和研究青少年问题打开了一扇窗。研究证明，影响青少年自我同一性形成因素中的客观方面，家庭起着导向的作用。

埃里克森指出：“如果一个儿童感到他所在的环境剥夺了他在未来发展中获得同一性的可能，这个儿童就会以令人吃惊的方式抵抗社会环境。”青少年的自我同一性是在儿童自居的基础上形成的。父母是儿童早期认同的对象，青少年自我同一性的形成首先要综合这种早期认同。如果父母的价值观、人生观、生活态度是错误的或混乱的，势必会影响孩子自我同一性的形成，造成他们同一性的混乱。

根据埃里克森的观点，青少年自我同一性的健康发展，要求和父母建立允许个人自由作决定的关系，但同时仍要受到一定的限制。该理论已被一些研究所证实：民主、温和、开放并能够自由表达的家庭氛围会促进子女自我同一性的发展。当父母允许青少年自由展示自己，同时也有一些微小冲突时，即当青少年与父母有一个中等程度的联系同时又拥有个人自由时，他们积极的自我同一性的发展会得到最好的激励。在亲子沟通中得到父母支持的青少年能够更好地探索自我同一性，与父母缺乏沟通或沟通不良的青少年则更易出现各种情绪和行为问题。如果父母期望过高，会给孩子带来心理上的压力。

（二）开展家庭青春期教育

青春期是儿童从童年向青年过渡的时期，是身体发育与心理发展的关键时期，也是矛盾冲突多发的“危机”时期。随着身体、生理的急剧变化，自我意识的发展，初中生的心理活动往往处于自我矛盾状态；心理上的成熟感与幼稚性的矛盾，构成了初中生心理活动的各个方面。

青春期自我意识的觉醒使孩子首先关注自己的长相。有关“青少年烦恼”问题的调查表明，他们关于身体的烦恼最普遍。青少年对自己的长相状况十分敏感，脸蛋是否漂亮、英俊，身段是否得体、好看，高矮是否适度，皮肤是否白皙等问题常常引起他们的强烈情绪反应，他们与“理想模式”中的标准少男少女相比，总显逊色，未免犯愁、苦恼。许多青少年特别是有的女孩容易因长相而大为伤心，限制自己的活动，不与他人交往，养成孤僻、内向的性格，甚至自卑、消极。

对待这个问题，首先，父母对孩子的长相不要苛求，因为长相天成，特别须谨慎的是不要在子女面前流露出否定的情绪或言论，以免伤害孩子的自尊心。其次，要帮助子女树立正确的外貌观，让他们具备正确的审美观念，懂得一个人除了外在的漂亮，还应具备内在的美丽和智慧、能力、品行等。总之，让孩子追求自然美，正确对待自己的相貌，更好地自我接纳，培养积极的自我观念。

性教育是培养青少年健全人格，以适应社会和家庭生活的重要途径。家长对孩子进行性教育最直接、最自然、最安全，家庭性教育具有不可替代的作用。[①] 家长要承担起对子女的青春期性教育的责任，必然要转变观念、提高认识，学习性生理、性心理、性道德和性法规等方面的知识，为家庭性教育积累现代科学知识。

父母应注意观察孩子的生理变化以及孩子的情绪、行为和心理有无异常表现。学习与孩子沟通的技巧，与孩子坦诚交流，及时了解并解决孩子的困惑，跨越“羞于启齿”的心理障碍，以严肃、科学的态度对孩子进行性教育。母亲利用孩子更愿意与自己沟通的优势，父亲不推卸自己的责任主动关心孩子，对孩子进行自我保护教育，帮助他们增强自我保护意识、提高自我保护能力。

(三) 对孩子进行正确的交友指导

随着新的社交意识的萌发，青少年活动范围扩大了，已不再把自己局限在家庭或班级，开始广泛地结交朋友，发展友谊。他们选择兴趣、爱好、性格、信念相同的人做朋友，把朋友当作同学中最亲密的人，对朋友可以“推心置腹”，无话不谈，视友谊为自己行动的力量。但是由于他们还不成熟，没有经验，辨别是非的能力比较差，不会选择性地交朋友，也有可能交上品德不端的朋友。而且，他们尚不理解友谊的真正含义，有时会出现为朋友“两肋插刀”而不问是非的现象。

家长如果对此有所忽略或教育失误，孩子就有可能受不良影响走下坡路。因此家长要有意识地对他们选择朋友和与朋友交往方式进行指导，如增强他们的是非观念，减少交友的盲目性；摸清孩子的交友情况，留意子女与哪些伙伴交往密切，他们的道德品质如何；对于孩子在处理交往中的矛盾时，家长应侧面引导，树立榜样，使他们懂得以诚相待、宽以待人、互相谅解是朋友交往中所应具备的基本态度。

在交友过程中，青春期的孩子很可能会对异性产生好感，如果有早恋现象，家长应采取正面引导的方法，不要简单粗暴地对待孩子。高中阶段的学生有了朦胧的性意识，渴望接近异性、了解异性、欣赏异性、仰慕异性，并由此引发各种心理和行为困扰。家长对孩子与异性交往切忌过度敏感，更不能以此为理由私拆孩子信件、偷听孩子电话、翻看孩子日记等。未成年人的隐私受到法律的保护，但是为了履行监护职责，家长可以采取适当的方式了解孩子的隐私，做孩子的好朋友，引导孩子主动将自己的困惑告知家长。

---

① 李洪曾．小学生家庭教育指导内容大纲的编制思路与初步研究成果[J]．中国家庭教育，2008(03)：71—77.

家长应帮助孩子划清友谊与爱情的界限，使孩子认识到早恋对自我发展的不利影响，正确进行异性交往，教育孩子在异性交往中学会自律。抓住日常生活中的相关事件，对孩子进行青春期性生理、性道德教育，包括抵制毒品和防止艾滋病等教育，提高子女自我保护意识，保护子女不受他人侵犯。

（四）引导孩子健康使用网络

青少年各种网络问题日渐严重，亟须对其加以引导，充分发挥网络的积极作用。家长应教育孩子正确对待网络，教育学生在网络中学会自我尊重、自我发展。教育孩子学会控制自己，让孩子把电脑和网络当成增加知识的工具，引导孩子利用网络获取最新信息、学习科学知识。

家长可采用做孩子的网上好友的方法，经常与孩子谈论网络。引导和培养孩子的道德辨别能力和信息加工能力，使孩子能正确应对和处理泥沙俱下的网络内容。在必要时可安装反黄软件、加强过滤功能等，阻止孩子上不良网站，防止其浏览不良信息。

对有网瘾的青少年，家长要多关心、理解、尊重、激励、宽容、信任孩子，建立良好的亲子关系，营造和谐温暖的家庭氛围，提供多种孩子感兴趣的活动，吸引孩子从虚拟世界中回到现实生活中来，必要时向专业矫治人士求助。

资料链接

“熊孩子”巨资打赏主播背后　家庭教育缺失是主因

随着网络直播行业的兴起与发展，“熊孩子”花巨资打赏主播的事件频发，打赏的金额从数万元到数十万元不等。这些事件的发生引起了人们的关注与担忧。

2017 年的一天，租住在广州增城区新塘镇的彭师傅一家，发现支付宝里的存款“不翼而飞”。经了解才知道，是 14 岁的儿子在两个月内通过支付平台偷偷把父母辛苦赚来的 16 余万元存款统统打赏给了直播平台女主播。

无独有偶，2018 年年初，一名 9 岁的小女生因迷恋某网络主播，刷了父亲银行卡里的 6 万元给主播打赏。江西吴女士一次在打开支付宝时，发现支付宝余额从 1.6 万元变成了 15 元。在惊讶之余，她发现原来是 9 岁的女儿在网络直播平台打赏主播时花掉了。河南省许昌市 13 岁的男孩把父亲用来治病的 2.4 万元打赏给了一名网络主播。湖南省长沙市 12 岁女孩萍萍打赏网络主播，花掉家里 3 万多元。上海的孙女士发现银行卡里的 25 万元血汗钱“消失干净”，原来是 13 岁女儿打赏给了某男主播……

“未成年人花巨资打赏主播”事件频发，除了网络监管问题之外，主要原因在于家庭教育的失职。虽然表面上看，事情的发生是因为未成年人心智不太成熟，对金钱的概念还十分模糊，他们甚至不知道自己随随便便刷掉的是父母付出劳动得来的辛苦钱，但根本上在于家长忽略了对未成年子女金钱观、消费观的引导，未能尽到教育义务。只有父母在忙碌的工作之余，增加与孩子的交流，走近孩子的内心，才能使孩子获得通过打赏主播的方式才能拥有的存在感和成就感,有效避免这类悲剧的发生。

资料来源:"熊孩子"巨资打赏主播背后　家庭教育缺失是主因[EB/OL].[2017-10-6](2022-9-5)http://media.people.com.cn/n1/2018/0606/c40606-30037749.html,引用时有删改。

(五) 指导孩子树立正确的学习观

中学阶段是青少年学生读书学习的黄金时期,大脑和神经系统的发育成熟,为读书学习提供了物质保证。随着自我意识和独立性的形成发展,读书学习成为他们光荣的社会责任,成为他们的主导活动。

家长应该了解中学生的学习特点,引导他们主动学习、努力学习、善于学习。中学阶段课程种类繁多,内容加深,学习进度加快,还要适应不同的学科老师的教学方法,这就需要学生做出必要的调整以适应中学学习。家长应帮助孩子尽快适应中学的学习生活。帮助孩子形成正确的学习目的,引导孩子将自己的需要与学校、国家的要求结合起来,将学习和集体荣誉联系起来,将学习目标与国家建设统一起来。同时要求孩子不应该偏科学习,鼓励他们把每门功课学习作为成才的基础。加强学习方法的指导,要求孩子不仅"学会",更重要的是"会学",掌握学习方法,善于学习。认真分析孩子的学习风格和学习上的问题、困难,采取必要的补救措施,克服困难,提高学习质量。

(六) 对孩子进行升学和就业指导

根据我国的学制和国情,对于初中阶段的孩子,他们在毕业时将面临第一次分流,一部分学生进入高中,另一部分学生将进入各类中等专业学校、中等技术学校、职业技术学校以及各类短期培训班为就业做准备。家长要学会引导孩子做学习的主人,自己去面对人生的选择,并为此担负起应尽的责任。家长要明白"条条大路通罗马"的道理,宽容地对待孩子的选择;家长不能不顾孩子实际与发展意向替孩子设计人生道路,而要与孩子一起具体分析其现有的学业水平、学习能力、兴趣爱好、从业意向等,引导孩子客观地对待自己的学业及前程,客观地选择适合自己的高一级学校。

对于高中阶段的孩子,他们在毕业时将面临第二次分流,一部分人升入大学接受高等教育,另一部分人将走上专业培训或工作岗位参加社会主义建设之路。高考对每个学生而言,是一个非常重要的转折点,家长应该引导孩子以平常心面对。而如今家长、老师的高期望普遍超过孩子可接受的程度。家长应该根据孩子的实际水平给予合理的期望,不可给予孩子过多压力。科学合理地安排孩子的生活,让孩子劳逸结合,身心愉快。在平常学习过程中引导孩子树立自信心,消除自卑感和忧虑感,有条不紊地复习强化所学的知识,以泰然自若的心情去应对考试。更重要的是要培养孩子良好的作息习惯,劳逸结合。在选择志愿时家长可将自己的意见提供给孩子作为参考,更重要的是要尊重和理解孩子的决定。

在面临升学和就业的抉择时,除提供意见供参考之外,也应鼓励子女朝自己有兴趣的方向发展。家长应该尊重孩子的选择,耐心地就孩子的升学就业选择与孩子进行交流、沟通,了解他们的真实愿望和想法,对正确合理想法予以尊重,对不切实际的想法,指出不足,耐心解释,引导他们正确选择升学和就业的道路。还要使孩子懂得,无论升学或就业,都不是最终目标,而是人生的新起点。

(七)指导孩子树立正确消费观

消费教育是素质教育的重要内容。各种消费文化、金钱观念和流行时尚对中学生的消费观念具有重要影响。“不良的消费倾向的后果,轻的养成只讲究享受、不思奉献,追求奢华、耻于勤俭,重的走上偷、摸、抢等犯罪道路。”①

要想让孩子树立正确的消费观,家长首先要以身作则、勤俭持家,为孩子树立正确消费观的榜样。根据合理需要和家庭条件,每周或每月定期给孩子零花钱并要求他每月为零花钱制定预算,记录开支情况,避免超前消费和冲动消费;引导孩子根据实际需要、经济条件和消费地位理性消费。

(八)对孩子进行生命教育

开展生命教育是中学生家庭教育的重要内容和职责。生命只有一次,生命是一切价值的前提,热爱生活、珍视生命是现代人最基本的素质。通过生命教育帮助孩子认识生命、珍惜生命、尊重生命和热爱生命,学会关心自我、关心他人、关心自然和关心社会。生命教育将为孩子的生存能力和生命质量奠定基础。

家长可让孩子了解自己的成长过程,知道生命来之不易、体会家长养育艰辛,重视健康、珍惜生命。给孩子更多的关爱,让孩子感受家庭的温暖,体会家长是倾诉、求援的最好对象。引导孩子养成健康的生活习惯,合理饮食、注重体育锻炼、科学作息,不饮酒、不吸烟。培养孩子承受挫折、调节情绪和控制冲动的能力,防止非理智行为。让孩子掌握安全知识,提高自我保护、应急逃生和自我救护能力。

延伸阅读

1. 郑福明,骆风. 学前儿童家庭教育[M]. 北京:教育科学出版社,2017.
2. [日]松田道雄. 育儿百科[M]. 王少丽,主译. 北京:华夏出版社,2009.
3. 郭熙婷. 卢梭自然教育思想对我国中小学生家庭教育的启示[J]. 教育理论与实践. 2019,(08):21—23.

① 李洪曾. 小学生家庭教育指导内容大纲的编制思路与初步研究成果[J]. 中国家庭教育,2008(03):71—77.

下编

家庭教育与社会发展

第九章 社会转型期不同类型家庭的教育

本章导语

家庭是个体生存和发展的基本环境，对个体的成长至关重要。随着国家社会经济的发展，工业化、现代化程度的提高，家庭规模逐步由大变小，家庭结构也逐渐由复杂变简单，家庭类型呈现出多样化趋势，出现了核心家庭、祖辈家庭、单亲家庭、重组家庭等多种形式。鉴于不同类型家庭的特殊性，家庭教育也出现了不同的特点。因此，有必要分情况和类型研究不同家庭的家庭教育。

学习目标

1. 了解核心家庭的教育优势及其存在的问题。
2. 明确城市和农村家庭祖辈教育的特点。
3. 了解离异家庭教育的特点和离异家庭家长指导的主要方式。
4. 掌握重组家庭教育指导的基本措施。
5. 了解进城务工人员子女家庭教育的特点。

第一节　核心家庭的家庭教育

在由农业社会向工业社会转变的过程中，特别是由传统社会向现代社会转型时期，中国城市现代家庭模式的主要特点是它正在经历着一个“核心家庭化”的过程，这是不可改变的总趋势。

所谓核心家庭化主要是指家庭结构和关系越来越趋向于小型化和简单化，家庭内部仅保持着夫妻、亲子、兄弟姐妹三种基本的家庭关系的家庭。在核心家庭中维持着以下基本三角结构：

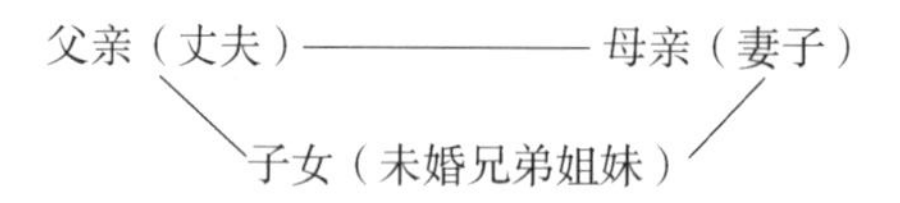

而这种核心家庭数量在所有家庭类型中占据绝大多数。自 20 世纪以来随着年代的变迁，核心家庭的数量比例已经有所增长，而且还将继续增长。① 因此核心家庭的教育问题需要受到普遍关注。

一、核心家庭及其家庭教育优势

(一) 核心家庭成为主流家庭模式

唐灿指出，近 30 年来，中国城乡家庭规模越来越呈现出小型化的趋势，与此同时，家庭结构还呈现出以核心化家庭为主，小家庭式样愈益多样化的趋势。据调查，2002 年，中国城乡家庭户人均规模是 3.39 人，近 30 年来户人均规模下降了 1.42 人，户均人口规模愈益接近美国、加拿大等发达国家户均 3 人左右的水平。对于家庭规模的小型化，不能被简单地认为是核心家庭替代大家庭，从一种模式演变为另一种模式的过程，但是核心家庭已成为主流家庭模式却是不争的事实。②

具体而言，家庭规模可以从家庭成员的数量和不同规模家庭的构成比例两个方面进行分析。从家庭成员数量来看：中国平均家庭规模 20 世纪 90 年代以来延续 80 年代的趋势，继续缩小，1982 年为 4.36 人，1990 年下降为 3.94 人，2000 年进一步下降到 3.45 人。从时间段的角度分析，在 1982 年—1990 年和 1990 年—2000 年两个时间段，中国家庭规模平均下降率分别为 1.26％和 1.36％，而随着时间的推移，家庭规模缩小幅度有增大的趋势。③

---

① 上海社会科学院家庭研究中心. 中国家庭研究[M]. 上海：上海社会科学院出版社，2007：16.

② 户均人口 3.39 人家庭规模趋小，模式多样[EB/OL]. (2006 - 08 - 08)[2022 - 12 - 30]https://news.sina.com.cn/c/2006-08-08/01079687768s.shtml.

③ 刘佳宁. 中国城乡家庭规模与类型转变及其社会经济效应分析[J]. 生产力研究，2006(03)：96—97.

表 9-1　不同规模的家庭户构成变化(%)

年份	一人户	二人户	三人户	四人户	五人户	六人户及以上
1982	8.00	10.06	16.05	19.56	18.36	28.03
1990	6.30	11.00	23.70	25.80	17.80	15.40
2000	8.30	17.00	30.00	23.00	13.60	8.10
2003	7.79	19.41	32.29	22.76	11.69	7.46

(资料来源:1982、1990 和 2000 年全国人口普查抽样数据,2003 年数据是根据人口变动情况抽样调查数据(抽样比为 0.982‰)换算所得。)

从不同规模家庭在总体家庭中的构成比例来看:20 世纪 90 年代以来,家庭规模向小型化方向转变的趋势也非常明显。由表 9-1 可知,一、二、三人家庭户所占比例均出现了上升,而四、五、六人以上家庭所占比例则相应都下降。究其原因:一方面,生育率下降使得三人户的比重显著上升。从 1990 年到 2000 年,全国一孩率由 49.15%上升到 68.04%,二孩率由 31.17%减少到 26.08%,多孩率从 19.32%急剧下降到 5.88%。另一方面,人口老龄化及人们婚育观念的改变是导致一人户、二人户比重上升的重要原因。[①] 很明显,核心家庭所占比例仍然最高。

(二) 核心家庭的家庭教育优势

核心家庭的主要特征是家庭人口较少,代际层次单一,家庭关系简单,理论上而言这对家庭教育的进行有许多有利的方面:

1. 核心家庭有助于为子女创造和谐的家庭氛围

核心家庭人口数量少,亲子互动频率高,两代人之间的关系较为密切,在亲子互动中可以了解子女的想法,彼此了解更深刻。父母关注子女的身心变化,为子女带去安全感和归属感,更容易建立亲子感情。能够为子女成长创造和谐的家庭氛围。由于核心家庭更容易建立起亲密的亲子关系,父母对子女有较高的权威,子女容易接受父母的教诲。[②]

2. 核心家庭更有能力保障教育的物质投入

在物质投入上,核心家庭的经济是相对独立的,因而对家庭支出拥有绝对支配权。父母对孩子关怀备至,乐于并能够决定在孩子生活、智力和特长培养等方面进行投入。

3. 核心家庭家长教养态度更易于达成一致[③]

在家长教养态度上,核心家庭更容易达成一致。核心家庭的教育者主要是父母二人,他

① 刘佳宁.中国城乡家庭规模与类型转变及其社会经济效应分析[J].生产力研究,2006(03):96—97.
② 杨静.论不同家庭结构中的亲子关系[J].中国德育,2020(04):41—44.
③ 邹强.中国当代家庭教育变迁研究[D].武汉:华中师范大学,2008.

们在年龄、受教育程度以及对事物的理解和分析能力方面差别不大,加之在共同生活中的相互影响与磨合,故对孩子的教育内容、管理方法等的认识比较容易统一,对孩子的管教态度易趋于一致。

二、核心家庭存在的教育问题

核心家庭尽管具备教育子女的诸多优势,但是在实际生活过程中也出现了一些不利现象。

(一) 核心家庭导致养育经验的匮乏

核心家庭的出现,改变了先前教养经验的传递方式。以往几代同居,祖辈可以将自己的教养经验传递给正在哺育孩子的父辈,联合型的家庭中先为父母的同辈也可将自己的教养经验传递给后为父母的同辈。总之,一个人的经验可以由几个人分享。核心家庭出现后,年轻的父母第一次成为孤立的教育者,他们缺乏教育子女的经验,也很难从自己的父母那里得到经验。

(二) 母亲成为"孤独的"教育者

如果人们稍微留意,就会看到这样的现象:书店里,家庭教育图书专柜前,在专心挑选书籍的,大多是母亲;家庭教育报告会场中,在专心听报告的,多是母亲;学校家长会上,围着老师询问孩子学习状况的,多是母亲;学校大门口,放学时候来接孩子的,也多是母亲。一位专家在近20年做过的1000多场家庭教育报告中,现场听众的男女比例,大多时候是2∶8,而在家教咨询中,绝大多数是母亲打来电话,满是焦虑地谈及孩子的各种问题[①]……母亲成了孤独的家庭教育者,母教成了当前家庭教育的显著特征。这在核心家庭中主要体现在两个方面:

1. 母亲成为"孤独的"教育者的表现

(1) 父爱的缺失。

数据表明,我国家庭结构以核心家庭为主,且城市家庭规模低于家庭规模平均数,这就导致了一些家庭问题。其一就是"随着现代产业结构与职业形态的变化,父亲同家庭疏远了;对儿童来说父亲的意味淡薄了。加之工业化社会的迅猛变化,产生了'见不到父亲''父亲不在'的问题"。[②]

河北省唐山市妇联的一项调查显示,60%的母亲在0—6岁儿童的家庭教育中独当一面,父亲真正起主导作用的不足25%。[③] 显而易见,父亲在家庭教育中处于"淡出"地位。有专家分析了父亲"淡出"家庭教育的主要原因:[④]

---

① 东子.父亲教育,决定孩子的一生[M].桂林:漓江出版社,2008:1.

② [日]筑波大学教育学研究会.现代教育学基础[M].钟启泉,译.上海:上海教育出版社,1986:155.

③ 周英.转型期社会家庭教育中家长角色的失调[J].四川教育学院学报,2005(12):47—48.

④ 孟育群,宋学文.父亲淡出家庭教育与父爱的作用[J].教育科学,1998(04):41—44.

一是传统“男主外，女主内”的思想观念，使一些父亲放弃了教育子女的责任。很多人想当然地认为：管孩子是母亲的事，父亲的主要责任就是挣钱养家，给孩子创造一个好的生长环境，安排好他们成长中的大事，为他们撑起一片天。男人有这样的观点，不会主动去关心孩子；女人有这样的观点，会阻拦男人来管孩子，催促男人去干“大事”“正事”。

二是错误的观念和教育方式导致父亲失去了教育权利。不少父亲以为“严父”就是板着面孔训斥子女，甚至打骂、侮辱孩子人格。他们无视少年独立、自尊的心理需要，把孩子当作自己的私有物，从而导致孩子对父亲畏惧疏远或对立，父子关系紧张、扭曲甚至破裂，致使父亲失去了教育孩子的权利。

三是部分家庭的家庭角色结构倾斜，使父亲教育权失落。一些父亲经常不在家或很晚回家，母亲就成为孩子经常接触的单一主体，从母亲那里听到对父亲的评价，因此父亲的形象取决于母亲的塑造。纽约州立大学教授理查·阿特金指出，临床证明妈妈在界定她的孩子们如何去看爸爸上面，扮演了最重要的角色。在一些家庭中妻子不尊重丈夫的自立、独立、平等的人格和共同管理家庭、教育子女的权利，在子女面前常常有意无意地对丈夫作负面评价，贬损其形象，降低其威信，使得父亲想教育孩子也无法发挥其积极作用。

(2) 居住环境的变化。

首先，独门独户。城市中，住房条件的改善，使独门独户成为越来越多小家庭的居住方式，这种居住方式满足了家庭的多种需要，但大门一关，也使居住者与周围邻居的人际关系处于松散的状态。关于“独门”。随着城市住宅越来越向高层化、单元化的方向发展，遂使家长和儿童都处于一种与原来的多户合住楼房、开放型平房、大杂院等很不相同的封闭型居住环境中。它从客观上限制了居住者在社区范围内的接触与交往空间，而使其大多数活动只能被局限在家庭范围内进行。关于“独户”。近年来我国家庭中的成员数越来越少，大部分都是只有双亲加孩子的小家庭。这种“独门”加“独户”的生活环境，不仅限制了父母、子女与家庭其他成员及邻居之间的联系，还容易确立孩子在两个成人之间的中心地位，这不利于孩子在个性、心理素质等方面的健康成长，容易产生独生子女的教育问题。

其次，陌生的邻居。随着福利分房的瓦解，人们根据自己的经济条件选择购买商品房，商品房与单位福利分房的区别在于后者的邻居是相同职业的同事，是熟人，而前者是不同职业的陌生人。如此一来，过去那种亲密的邻里关系不复存在，取而代之的是现代化楼房住户间单薄的邻里关系。据一项“邻里关系调查问卷”统计结果显示，“不认识邻居”的受访者高达 84.8%；“现在和邻居不理睬”“从不往来”的受访者之和高达 54.3%；在遇到困难时，选择帮助邻居或被邻居帮助的受访者只占 22%，有 78%的受访者选择“没有”或“如果邻居求助，可能会帮助”。家庭与家庭之间各自营造着属于他们的空间，缺乏基本的互动与交流。核心家庭中父母是教育者，他们远离了自己的父母和同辈，没有了熟悉的邻居，如果父亲再淡出家庭教育的话，母亲就成为孤独的教育者。

2. 造成父教困难的原因

浙江省海宁市开展了一系列调查,将数据及后续的交流讨论进行整理分析,他们发现造成父教困难的原因主要有以下几点。

(1) 父教理念模糊,教育能力欠缺。大家都知道父教的重要性,但对于父教到底重要在哪里、如何展开合理科学的父教等理念还是比较模糊的。虽然大部分的父亲接受过良好的教育,但是家庭教育尤其是父教于他们而言还是比较困难的。这也是《家庭教育促进法》颁布的目的之一,即促进家长家庭教育内容和方法的提升。

(2) 父教时间零散,教育空间单一。调查发现大部分的父亲都想更多地参与到孩子的教育过程中,但是由于现实原因,许多父亲没有时间陪伴孩子,或者假性、低效陪伴较多,即父亲与孩子共处同一空间,却少有与孩子积极主动、深入内心的情感沟通与交流,无法承担起对孩子的教育责任。教育空间也多是周边生活环境。由此可见父亲陪伴的效率低下,时间零散、教育空间单一。

(3) 父教方法陈旧。父亲参与家庭教育的方式比较随意,具有很大的不确定性、突发性。在有些家庭中,父亲的育儿方法陈旧、单一,父亲要么是让孩子敬畏、害怕的角色,要么是让孩子自由、开心的角色。大家往往难以把握好两者之间的度。[①]

3. 核心家庭父亲教育缺失所导致的问题

在给了孩子生命之后,一些父亲总有各种理由,把抚养和教育的责任推给母亲。在他们中的一些人看来,父亲在家庭教育中的缺席无足轻重,因为没有他们的参与,孩子照样长大。可是,在孩子的世界里,等于缺少了父爱。

孙利等人采用质化和量化相结合的方式研究了"父亲在场"的行为。质化研究表明,"父亲在场"的行为具有四个特点:在程度上浅尝辄止、在方式上由他人替代、在时间上仿佛例行公事、在效果上类似熟悉的陌生人。量化研究表明,"父亲在场"具有如下特点:出现的概率大约 1/4;功能体现在解决"疑难杂症";目的直指学生的成绩,能使孩子更加优秀。[②]

(1) 父亲角色的弱化和缺失会给孩子带来不安全感。父亲在孩子眼里代表着无穷的力量和强大的依靠。尤其在童年阶段,孩子们大多是带着崇拜的眼神看父亲的。有研究者指出,当孩子在幼儿时期,被问及谁是心目中的英雄时,绝大多数男孩都会说:"我爸爸!"[③]在男孩的幼年,甚或是一辈子,父亲都可能是他心目中的英雄。故若孩子在幼年感受不到父亲的强大和可依靠性,孩子就会产生不安全感。

(2) 父亲教育缺失会使孩子形成性格缺陷,乃至产生心理疾患。父亲在孩子成长过程中有极其重要的榜样、示范、教导作用。他们多以其固有的男性特征诸如独立性、进取心、自信

---

① 徐思雨.《家庭教育促进法》背景下对高质量父亲陪伴的探索[J]. 福建教育,2022(25):50—52.

② 孙利,李澳."父亲在场"的行为分析:质与量的结合[J]. 盐城师范学院学报(人文社会科学版),2022,42(01):39—46.

③ 东子. 父亲教育,决定孩子的一生[M]. 桂林:漓江出版社,2008:11.

心等个性品质影响儿童，促使孩子形成积极、果断、稳定、成熟的性格特征；这与孩子在母亲的性别特征中得到的关心、同情心、温和、善良等品质互相补充与结合，共同构成孩子较为完善的性格特征。这种作用是单一的母亲教育、母爱所无法代替的。一旦孩子从小缺乏父亲的爱护，性格形成上就会出现胆怯怕事，烦躁不安或精神抑郁、多愁善感等父爱缺乏综合征症状。而当父爱缺乏到一定程度时，孩子有可能会患上父爱饥渴症。

(3) 父亲教育缺乏会使孩子容易产生攻击行为，甚至走上犯罪的道路。这种现象在男孩子身上发生的概率更高。哈佛大学的心理学家威廉·波拉克认为，父亲在帮助男孩控制情感方面起着关键性的作用。由于缺乏父亲对孩子的纪律教育和监督、父亲的指导和带领，当男孩遭受挫折时，常常会发生各种暴力行为和反社会行为。①

(4) 父亲教育缺少不利于儿童性别角色社会化。家庭是孩子自幼学习角色观念、形成角色取向、模仿角色行为的重要场所，是个人性别社会化的第一源泉。儿童与性别有关的行为与父亲的教养是分不开的。对于男孩，从父亲那里可模仿学习“男子汉的气概”；对于女孩，父亲既是榜样又是参照，她们将来对男人的认识，很大程度上是以父亲的形象为基准的。反之，如果父亲缺失，那么男孩会缺乏角色认同感和男性特质，变得软弱与女性化倾向，不能形成男性的独立生活能力，甚至在成人后不能担负起为人夫和为人父的责任。女孩则会因为缺乏“父亲”角色的影响，而过于柔弱，并因为对男性的陌生感，而在成年后与男性交往时，表现出焦虑、羞怯和无所适从的性格特点。

三、核心家庭的家长指导

目前核心家庭在我国家庭中占据主力大军的位置，搞好核心家庭的家庭教育关系重大。在现阶段，非常有必要创造各种条件，对核心家庭的家长进行指导，使他们能够胜任家长角色，做好家长工作。

(一) 社会良好氛围的重建

家庭教育是夫妻、父母双方共同的责任，离开了任何一方都不利于孩子的成长和发展。当前核心家庭以母亲教育为主的现象提醒我们需要重新认识父亲的角色，呼唤父亲的回归。

1. 母亲教育不可取代父亲教育

父亲和母亲在关注孩子成长的时候，注视的重点是不一样的。母亲关注的大多是孩子生活和情感上的需要，给予孩子生活上无微不至的照顾和情感上的关怀。而父亲通常更多地是以理性方式从大的方向引导孩子。在具体问题上，父亲大多只给孩子定个大框架，为孩子留下一个较大的自主空间。在促进孩子知识增长方面，母亲多倾向在孩子小的时候，培养孩子的语言能力以及随后的生活方面知识。而父亲由于关注的事物范围广而杂，则多向孩

---

① 转引东子.父亲教育，决定孩子的一生[M].桂林：漓江出版社，2008：14.

子灌输丰富的地理、历史、哲学、经济等知识。在生活中,父亲多承担家里的车辆、电器、机械、家具等维修和护理工作,也能促使孩子观察、模仿,参与这些操作性很强的活动,培养孩子的动手能力,激发孩子的好奇心和探索精神。[1]

总之,父亲教育和母亲教育存在诸多差别,所谓"小孩子有一个人教育就够了""家庭教育嘛,男人来做女人来做都是一样的"之类思想是极其错误的,母亲单独承担家庭教育重任也是非常片面的。父亲教育和母亲教育都有其宝贵的价值和意义,二者不可互相替代,需要形成互补和合力,为孩子成长提供更科学、全面的家庭教育。

2. 重新认识父亲角色

兰姆(Lamb)认为,父亲就像母亲,要扮演多重角色:提供者、心灵滋润者、照顾者、教师、家庭价值的植基与维护者。斯杜普(Stoop)指出,父亲有四种角色对孩子的人格成长非常重要:(1)在孩子 5 岁前,扮演养护者角色,灌输子女力量,并充分与子女情感交流,让他们觉得安全。(2)在子女读小学阶段,父亲是规范者,为子女规范道德,以身示教,协助子女判断是非对错。(3)面对青少年孩子,父亲转为战士与保护者,和子女并肩面对变化与挑战,并引导孩子走向独立、自我负责。(4)孩子即将成人,爸爸是他们的精神导师,协助子女规划生涯,并不断地祝福、鼓舞他们追求梦想。[2]

3. 重建社会良好氛围

家庭是一个系统,父亲不应处于"缺席"的地位或者被作为家庭中孤立的一个成员来看待,而应作为与其他家庭成员既主动又被动、既直接又间接互动的网络中的一员来看待。社会的发展变化给家庭教育带来了深刻变化,父亲要适应这些变化,实现角色转换与新的定位;"新父亲"形象的重塑,受制于社会的需要。因此重建社会良好氛围非常必要。

首先,父亲应从社会获得如母亲一样的养育孩子的机会和权利。例如,社会可以为父亲提供一些学习如何为人父的机会,丈夫可以陪同怀孕的妻子到生育预备班学习,或者让父亲在孩子出生后不久就观看如何做好父亲的录像,等等。

其次,采取措施为父亲拥有时间参与孩子教育提供便利。例如,在西欧一些国家,妇女生育孩子以后有产假,而父亲也可获得一定的"父亲假",即让父亲有机会从婴儿出生时就开始了解孩子、享受与孩子在一起的乐趣。"父亲假"允许父亲能放松地、悠闲地参与抚育孩子。比如,早在 1974 年瑞典政府就立法允许男子在其婴儿出生后享受一段时间的带薪假期,而自 1991 年以来,新生儿的父亲能享受 12 个月的带薪假期,另加 3 个月的低薪假期和 3 个月的无薪假期。同时,父亲每年还可以请假 2 天去访问孩子的学校或托儿所,或者出席学校举行的活动。目前,瑞典已有 44%的父亲享受到了"父亲假"。

---

① 东子. 父亲教育,决定孩子的一生[M]. 桂林:漓江出版社,2008:205.
② 郭佳华. 有效父职教育方案之研究[J]. 中国家庭教育,2002(04):24—32.

(二) 父职教育体系的构建

父职的内涵,在不同时代、不同社会各不相同。不同的文化背景,甚至不同个人,对于父职文化的建构,也会有不同。从我国实际情况出发,父职的内涵至少应包括以下几点:(1)发展良好的夫妻关系,共同抚养孩子成长。(2)承担父职分工担当的责任,包括对孩子经济的、生理的、心理的、社会的照顾与抚养。(3)发展亲子关系,维护良好的亲子沟通,给予孩子必要的教养。(4)做一个适应时代需求的"新父亲",兼具双性优良特质,为孩子提供性别角色示范。①

父职教育,是父母亲职教育的一环,旨在通过教育方案与课程实施,为父亲们提供教育与自我教育、支持与相互支持的机会,让父亲们学习善尽父职角色、参与孩子成长,成为负责任的父亲。当前构建父职教育体系,促进父亲参与家庭教育,可以借鉴陈建强提出的父职教育的目标、课程及策略。②

1. 父职教育的目标

父职教育应以树立新观念,学得新技能,提高育儿素质为目标。其中,树立"新时代的新父亲"的新观念尤为重要,因为"观念也是一种技能",而且是一种最重要的技能。若套用管理科学中管理、指导者的"技能结构"理论解析的话,那么,在一位父亲的育儿技能结构中,其观念技能约占47%,其人文技能约占35%,其育儿专门技能只占18%。

2. 父职教育的课程

从内涵上来说,父职教育课程包括父亲的自我成长、亲子关系和夫妻关系等三个维度。其课程内容可以包括:(1)父职教育的目标与原则。(2)父职教育的内容与形式。(3)父职教育的理论基础。(4)父亲的自我成长。(5)男性抚育的策略与技巧。(6)亲子沟通的策略与技巧。(7)父子游戏。(8)亲子阅读。(9)夫妻合作,共同亲职。(10)父职的时间与空间。

从设计上来看,父职教育课程应包括较为广泛的介入层面与多元作用因素,因此,规划父职教育课程需遵循以下原则:(1)针对父职的多面性,让课程内容多元化。(2)为母亲们介入提供可能,妻子的参与对父亲有鼓励作用。(3)课程以促进夫妻关系、提升夫妻合作水平为前提。(4)可以引入社会、社区相关力量进入课程实施过程之中。(5)应提供各阶段父职角色转换的心理调适、父职技巧。(6)注意平衡职业公务与家庭生活。(7)促进父亲与社区的联系。(8)促进父亲们相互支持,优化共同分享、热烈讨论的环境与氛围。

3. 父职教育的策略

父职教育课程的实施地点与时间,以方便父亲参与、扩大参加人数为原则,可利用晚间、节假日等时间段。如能纳入公司或企业的在职训练课程时间更好。另外,家庭访问也是不

---

① 陈建强.新世纪的父亲角色——父亲研究的新视角与新发展[J].家庭教育,2002(01):4—7.

② 陈建强.父亲教育:育儿素质的条件——父职教育的目标、课程与实施策略[J].家庭教育,2002(10):36—37.

错的方法。

在实施过程中,课程方案与安排应着重于父亲育儿态度的导向。活动内容可包括:亲子互动、支持性团体活动与全家参与的活动。活动时间的安排应是弹性的,以配合父亲空余时间的利用。要提供温馨、舒畅的场所,鼓励父亲与孩子讨论,真情相对。让父亲们成为课程的主人,轮流担任团体的带领人、主持者。课程形式要丰富多样,既有讲座、分享与开放讨论,又有定期的亲子活动、社会活动。

此外,父职教育课程可以是"案例学习"式,又可以是"讨论分享"式,也可以是"主题活动"式。

第二节 祖辈家庭的家庭教育

"祖辈家庭",又称"隔代家庭""祖孙家庭",它的存在是我国社会转型期的一个重要现象。在祖辈家庭中,主要由祖辈实施家庭教育,也称"隔代教养"。一项关于中国隔代教养的调查结果显示,在北京,有70%左右的孩子接受着隔代教养,全国范围内这一比例将近达到五成。上海市妇联的调查显示,上海目前0—6岁的孩子,10个中就有五六个主要由祖辈教养。这种情况在农村尤甚,外出打工者多的村庄,这一比例更高。[①] "隔代教养"已成为我国目前不可忽视的一种社会现象,对为数众多的儿童成长、发育乃至以后的人生发展都将产生重要的影响。

一、祖辈隔代教养及发展

在我国传统的家庭形态中,父亲主要是家庭经济支柱,忙于生计,母亲则操持家务,照顾幼老,小孩子的教养由祖父母协助,但大体上仍以母亲为主。随着社会变迁及经济结构的快速改变,隔代教养越来越多。究其原因,首先从祖辈角度讲:(1)由于生活水平尤其是医疗水平的提高,人的寿命延长。(2)社会养老体系的不健全,社会福利水平不高,在子辈遇到困难时给予帮助。(3)由于居住困难,没有条件分开居住。(4)由于子辈在养育孙代的问题上遇到暂时的困难。其次从子辈角度讲:(1)女性主义崛起,我国妇女就业率高,母亲生育后就恢复工作。(2)改革开放以来,社会职业流动加速,中青年外出求学、打工、闯世界人数剧增。(3)离婚率的上升,单亲无力抚育,交由祖辈抚育。(4)城市多数家庭经济状况不算十分富裕,居住条件有限。(5)社会托幼供不应求,保姆难觅,欠安全等。

隔代教养是相对于亲子教养而言,主要是由祖辈担当起对孩子实施教育、抚养的责任。隔代教养家庭可以大致分为两种类型,一种是父母亲很少或根本没有履行亲职,完全由祖父母担负孙子女照顾及教养责任;另一种像三代同堂,或晚间父母、周末父母、假期父母等情

---

① 李妍.隔代教养问题的社会工作视角分析[J].井冈山学院学报,2008(04):121—122+136.

形，父母亲多少仍履行若干亲职。目前在我国农村家庭中前者较为普遍，而在城市家庭中后者居多。①

据中国社科院人口所对全国60岁以上老年人口的抽样调查：三代以上户占53.7%，市、地、县分别为38.6%、39.3%、61.8%，如果加上二代户中的祖孙隔代户，比例就更大了。另据中国老龄科研中心对全国城乡20 083位老人的调查，隔代抚养孙辈的老人在城乡分别高达71.95%和73.45%（见表9-2），可见老年人在家庭已占据抚育孙辈的重要位置。又据对上海市中小学、幼儿园7 980名儿童家庭，全国8省11市1 973名幼儿家庭和上海市1 129名0—3岁婴幼儿家庭的调查发现：随儿童年龄段的降低，家庭中以祖辈为主的隔代教育的比率随之升高。小学生三代家庭中占66%，3—6岁幼儿三代家庭中占65%—87%，0—3岁婴幼儿占55.6%。调查统计简要结论为10个家庭中就有5—6个家庭的幼儿由隔代老人抚育。②

表9-2　老年人照看孙辈调查表

项目		被调查老年人数	其中照看孙辈的老人	
			人数	占比(%)
合计		20 083	13 350	66.47
城市	小计	9 889	6 730	68.05
	男	4 766	3 044	63.89
	女	5 123	3 686	71.95
农村	小计	10 194	6 620	64.94
	男	4 822	2 674	55.45
	女	5 372	3 946	73.45

（中国老龄科学研究中心. 中国老年人供养体系调查数据汇编[M]. 北京：华龄出版社，1994.）

另一项千龙网2004年在全国范围作的一项关于“隔代教育”的调查结果显示，全国大中城市中接受“隔代教育”的孩子接近六成。在北京有70%左右的孩子接受隔代教育，在上海有50%—60%的孩子由祖辈教育，在广州接受隔代教育的孩子则占总数的一半。在农村，由于改革开放的深入，年轻农民（父辈）纷纷外出打工，50%以上的留守儿童只能由留守祖辈照顾，隔代教育现象同样普遍存在。随着社会的发展，无论城市还是乡村，隔代教育已成为现代家庭教育不可或缺的重要模式之一，成为中国家庭教育的一大特色，隔代教育的客观存在

① 李妍. 隔代教养问题的社会工作视角分析[J]. 井冈山学院学报，2008(04)：121—122+136.
② 郑日金，郑晓燕. 家庭隔代教育的正负效应与良性联动机制的建构[J]. 新余高专学报，2006(04)：66—68.

已成为不可回避的现实。[①] 据一项调查表明,进入 2000 年后,"独生父母"家庭由祖辈照料子女的比例虽然有所回落,但 36.7%的比例仍然远远高于非独生父母家庭 20.7%的比例。这说明,以祖辈为主照料的育儿模式将是独生父母家庭育儿模式的主要趋势。

贫困地区的儿童大多为"祖辈-孙辈"留守家庭儿童。改革开放以来,中国经济迅猛发展,城镇化进程进一步加快,许多农村家庭的年轻人纷纷涌向城市,把年幼的孩子留在家乡托付给老人照料,形成了留守儿童群体。据民政部统计,截至 2019 年末共有 643.6 万名农村留守儿童[②],这是一个庞大的群体。

二、城市家庭祖辈教育的特点

就城市家庭来说,祖辈家长隔代教育往往存在如下特点。[③]

第一,照顾周到,但注重孩子物质上的满足。俗话说,"隔辈亲",祖辈对孙辈寄托的感情和期望比当初对儿女的感情和期望更高。他们有足够的时间和丰富的经验,比父辈家长对孩子的照顾更周到。但是,祖辈很容易产生"爱的补偿"心理和行为。因为他们年轻时经验少、工作繁忙,在育儿过程中难免会留下许多遗憾,所以,他们会尽全力给孙辈最高的物质待遇,以弥补自己对子女留下的遗憾和歉疚。在调查中,有 75%的老人表示在日常生活中会尽最大努力满足孩子的需求。

第二,能够满足孩子的情感需要,却容易忽视孩子个性品质的培养。祖辈对孩子疼爱有加,这种关爱使孩子非常依赖祖辈家长,更愿意向祖辈家长倾诉心里话,并产生心理上的安全感,满足了部分情感需要。然而,这种对孩子无原则毫无保留的溺爱,极易衍变为对孙辈的姑息纵容、包办代替、一味迁就、百依百顺,无形中助长了孩子的各种不良品性,如以自我为中心、虚荣;为所欲为、纪律性差;孤僻、不合群、合作精神差;懒惰、娇气、没有自理能力;意志薄弱,缺乏自立、自强、自信;进取心、创造性、责任感都差等。

第三,减轻了年轻父母的负担,却易导致亲子隔阂。调查显示,有 69.2%的父辈家长表示,他们接受老人带养孩子是因为自己工作忙,没有时间。可以说,祖辈家长带孩子解除了年轻父母的后顾之忧,使其专心于发展事业,不断完善自己。然而,父辈家长和祖辈家长在教育孩子方面总有不一样的观点,父辈家长对孩子的要求可能更高更严,因此当父辈看到孩子的缺点和不足,而对其提出严格要求时,平日习惯了祖辈袒护和迁就的孩子便很难接受,以致易形成亲子间感情隔阂和情绪抵触,使正常和必要的教育难以进行;再加上父辈严格要求或惩罚孩子时,祖辈往往会出面干预,这更使得年轻父母无法及时矫正子女的缺失,既影

---

① 吴旭辉.隔代教育的利弊及其应对策略[J].重庆文理学院学报(社会科学版),2007(04):111—112.

② 徐可盈,陈传锋,罗燕.农村"祖辈-孙辈"留守家庭儿童心理贫困问题及心理扶贫对策[J].心理月刊,2022,17(14):213—216.

③ 但菲,徐桂娟.对城市独生子女家庭隔代教育现象的思考[J].幼儿教育(教育科学版),2008(12):52—54.

响孩子的身心健康发展，也容易导致家庭关系失和。

第四，祖辈家长活动范围较小，容易导致孩子封闭在小环境中。祖辈家长生理逐渐衰退、喜静懒动，带孩子的活动范围很小，在让孩子活动和安静的把握上，存在重静轻动特点，会有意无意地把孩子封闭在家庭的小范围里。调查发现，在“您是否鼓励孩子在户外奔跑、跳跃、尽情玩耍”的问题上，祖辈与父辈差异极大。经常鼓励的祖辈只有 12%，而父辈却有 55%。由于祖辈对孩子采取限制多于引导的“看管方式”，所以孩子的主动交往意识弱。隔代抚养的孩子主动找小朋友玩耍的只有 9%，非隔代抚养的孩子则达到 24%。[①] 隔代教养偏重管束和封闭的特点，与孩子的生理、心理发育特点不符，会降低孩子的求知欲，容易使孩子养成内向、不爱活动的习惯和生活方式，对孩子的成长显然不利。

三、农村留守儿童家庭祖辈教育的特点

截至“十三五”末，全国共有农村留守儿童 643.6 万名[②]，流动儿童与留守儿童因缺乏父母陪伴与教育而引发的心理问题与社会问题层出不穷，已经引起社会广泛关注。在一些农村劳动力输出大省，留守儿童在当地儿童总数中所占比例已高达 18%至 22%。[③] 这些双亲外出的“留守儿童”在原籍大部分都由祖辈照看，也有小部分由其他亲戚代管、“教师”托管，或处于“流浪”状态。中央教育科学研究所现代教育研究中心在甘肃、江苏和河北三省五县农村中小学的调查资料显示，双亲外出的留守儿童中由祖辈监护的占 74.72%。[④] 可见，农村留守儿童家庭“隔代监护”已成为主流。比起父辈教育，农村留守儿童祖辈教育存在诸多困难[⑤]：

第一，没有能力辅导孙辈学习。一项对 124 名留守孩子的调查显示，其中学习优秀者不足 8%。74%受访的留守老人表示很少监督孩子完成作业、关心孩子的学习情况。69%受访的留守孩子透露自己在家很少学习，多数时间是在看电视，祖辈家长基本不管他们。四川省农调队 2004 年对达县等地区的调查发现，这部分农村老年人文盲率超过 70%，加上这些老人的农活相对于他们子女在家时更多更忙，因此，他们只能照顾孙子们的生活起居，根本无暇顾及他们的教育，部分监护人连孩子在校读几年级几班、班主任姓甚名谁都不知道。[⑥]

第二，不懂关心孙辈的心理和思想健康。有 46%的留守儿童在父母离家后变得郁郁寡欢；有 17%的儿童变得不服从祖辈管教，非常叛逆；28%的儿童性格变得暴躁、冲动。而在受访的留守老人中，91%的祖辈只采用温饱式的教育，不了解孩子的心理。77%的祖辈很少和

---

① 马兵. 隔代教育误区多[J]. 好家长，2008(24)：15—16.

② 国新办举行民政事业改革发展情况发布会[EB/OL]. (2021 - 02 - 23)[2022 - 03 - 16]. http://www.scio.gov.cn/xwfbh/xwbfbh/wqfbh/44687/44940/index.htm.

③ 顾燕燕. 谈农村隔代教育的负面影响及思考[J]. 当代教育论坛(宏观教育研究)，2008(05)：11—12.

④ 李朝英. 关于“留守儿童”的十个问题[J]. 中国家庭教育，2005(01)：30—33.

⑤ 留守老人：我们怎样做祖辈——关注农村留守儿童隔代教育问题[J]. 家庭教育(幼儿家长)，2008(10)：5—7.

⑥ 顾燕燕. 谈农村隔代教育的负面影响及思考[J]. 当代教育论坛(宏观教育研究)，2008(05)：11—12.

孩子交谈。对于孩子的思想情况更是很少关注,外出打工的父辈对孩子普遍有一种负疚感,他们多采用纯物质补偿方式,使得留守儿童拥有金钱数增多,使用自由度提高,极易形成孩子的功利主义和享乐主义价值观,这些往往被祖辈忽视。

第三,不会科学管教孙辈的不良行为。农村留守儿童的道德品质主流是好的,但也有一部分孩子在道德品质和行为规范方面出现危机。比如,打架斗殴、小偷小摸等,甚至流入社会不良群体。这和家长管理和教育失范有关。虽然农村老人接受了传统美德,但他们一方面缺乏现代家教知识,另一方面担心孩子父辈有想法,管教缺乏可行之处。调查发现,对孩子小偷小摸行为,21%的祖辈对孩子训斥,甚至采用暴力;有45%的祖辈对孩子袒护,认为孩子小,可以原谅;67%的祖辈在孩子受委屈后,支持孩子报复。71%的祖辈顾虑对孙辈管教太严,会与父辈结怨。这样,就使得孩子的道德教育出现“真空”。

第四,难以监控孙辈的安全。在农村,孩子只能由祖辈带着,祖辈还要从事繁重的农活,稍不留意,孩子就会滑倒、摔滚。据疾病控制中心数据,农村幼儿意外发生率有逐年增高趋势,特别是溺水、触电、交通事故等。

第五,照顾孙辈,精力、体力和财力上存在压力。祖辈在回答问卷“你是否乐意照管孩子”时,回答“不乐意但没办法”的占57%。由此可见,对孙辈的监护,是他们迫不得已的选择。一方面自己年岁大,且要从事繁重的农活,没有时间和精力来照顾孩子。但另一方面孙辈是家中的希望,作为祖辈也盼望自己的后代能健康成长。在这双重考虑下,他们最终还是选择承担照顾孩子的重担。

四、祖辈家庭的家长指导

作为时代、社会的产物,隔代教育已经逐渐成为普遍现象。研究表明,祖辈家长在家庭教育中也有其特有的优势:(1)祖辈具有充足的时间和丰富的经验,更有精力和耐心去陪伴、教育下一代。(2)祖辈特别喜欢与孩子玩乐,极易与孙辈建立融洽的感情,因此也为教育孩子创造了良好的感情基础。(3)孩子由祖辈教养,既可以解除年轻父辈的后顾之忧,使其专心致力于事业、工作,也可以缓解祖辈的孤寂。然而整体上祖辈隔代教育弊多利少。为了更好解决隔代教育中的问题,促进儿童教育的健康发展,一方面父辈与祖辈在教育孩子的问题上应当多沟通,尽量为孩子多想一些;另一方面亟待对祖辈家长进行指导,更新其教育观念与方法,提升祖辈隔代教育的质量。

(一) 城市祖辈家庭的家长指导

1. 指导内容

在城市祖辈家庭的家长指导内容上,可以着重从以下几方面着手:

一是要协调好家庭教育中亲子教育与隔代教育各自的地位与关系。祖辈和父辈都必须明确,亲子教育才是家庭教育的主导和核心,隔代教育只能是种补充,不可能替代亲子教育。

因此城市祖辈家庭在教育子女过程中必须处理好父辈与祖辈的合理分工与合作。对父辈而言,要确立自己才是教育孩子的真正主角的意识,无论是与老人同住,还是暂时把孩子寄养在老人家中,都一定要注意在百忙中抽出时间与孩子交流,与老人沟通,千万不要放弃自身的职责。比如:每天晚饭后和孩子做游戏、讲故事,周末带孩子外出活动。同时要做到尊重老人,经常和老人聊聊天,讲讲科学养育孩子的新经验,虚心接受老人的指点;买一些科学育儿的读物,与老人交流学习体会,帮助老人接受新事物;对老人宠爱孩子等错误的做法,既要坚决表明自己的态度,又要耐心和老人商量,尽量减少正面冲突。对祖辈而言,要把自己放在配角、助手的位置上,协助年轻的父辈搞好家庭教育。遇到分歧要能够放下身份与孩子的父母互相协商与切磋,避免专断、宠溺行为。

二是祖辈教养经验中发扬传统与改革创新等问题。城市中承担照顾孩子重任的祖辈家长大多已经离开工作岗位,与外界接触较少,思想观念难免落后,在教育孩子方面也很难完全跟上时代的步伐。因此,祖辈家长在把自己的知识和人生经验传递给孩子的同时,还应该注意接受再教育,不断加强自身的学习,多了解一些家庭教育的新知识,接受一些新观念,用科学的教育方法管理孩子,促进其健康快乐成长。特别是在培养孩子的理念上,老年人一定要跟上时代步伐,比如,如何让孩子做到全面发展,而不是单纯照顾好他们的生活和督促学习文化课。要特别注意给孩子灌输诚信观念、法治观念,切实培养他们尊老爱幼、热爱劳动、勤俭节约、勇于创新的好品质。

2. 指导形式

在指导形式上,注重采取多种方式帮助祖辈家长提升其家庭教育的能力。

第一,开办祖辈家长学校,给祖辈家长“充电”。隔代家庭教育像一把“双刃剑”,有利也有弊,如何扬长避短、趋利避害,关键还是要加大在祖辈家长中普及现代家庭教育的知识与方法。通过开办祖辈家长学校方式,因材施教向祖辈传授适合他们的家庭教育,帮助他们实现几个转型:单纯学校教育向同步合力教育型转变、生活保育型向教育照顾型转变、狭隘名誉型向成才报国型转变、封闭型向开放型转变、娇惯型向培育型转变等。

第二,在社区中设立隔代教育咨询站。充分发挥兼职研究员和中华家庭教育志愿者队伍的作用,深入社区,采取结对子等形式,开展咨询活动,社区与学校联动,逐步形成合力、资源共享。

第三,建立“双休日祖孙俱乐部”,提供祖孙活动指导。帮助祖辈家长转变教育思维模式,跟上时代的步伐。

第四,吸纳高校、中小学和幼儿园等专业力量,积极培育家庭教育服务市场,推动政府购买家庭教育服务。以社区为单位的针对祖辈活动的工作坊值得大力发展。在工作坊中,邀请高校教师等专业人员围绕祖辈关心的某一特定问题展开自由讨论,给予每位祖辈充分提出自己的问题、发表自己建议的机会,让每一位祖辈都有收获,同时也在相互支持、相互启发中获得成长。①

(二) 农村留守儿童家庭的祖辈家长指导

农村留守儿童家庭的家长文化程度不高、家庭教育观念及方式不够科学,故需要各级各类社会家庭教育指导阵地、传媒正确地引导。

首先,举办"隔代教育培训班""祖辈学堂",向农村祖辈家长宣传保护儿童的相关法律法规知识,宣传家庭教育的先进理念,引起其重视孙辈教育。培训内容除了讲授常规的家庭教育知识外,要着重讲"如何与孙辈进行沟通交流""怎样才是真正地爱孙辈""如何帮助孙辈养成良好的行为习惯"等内容。培训形式可采用专题讲座、观看录像、经验介绍、案例探讨、个别咨询等。在时间上,要考虑祖辈年老体弱的特点,尽量放在白天或根据自然村的分布情况"送教下乡",方便农村祖辈学习。②

其次,指导外出打工的父辈家长能多抽时间积极与孩子的祖父母及孩子交流沟通,对孩子的道德发展和精神需求给予更多关注。现代心理学研究表明,孩子对父母的情感需求,是其他任何感情所不能取代的。即使孩子的祖辈全身心放在孩子身上,也无法取代父母之爱。外出打工的父辈千万不能忽视这一点,除重视给孩子物质关注外,还要经常通过电话、信件等形式给孩子精神关爱。对此,学校可以有所作为,帮助父辈家长加强对子女的关心和教育。如在校园网上开辟家庭教育专栏,让教师给家长寄发"告家长书"、写信、发短信、打电话等,与家长保持经常性的沟通,宣传家庭教育知识,动员家长尽可能地与孩子多沟通、多联系。

第三节　离异家庭的家庭教育

随着社会发展变迁、社会生活方式的变革,近年来我国的离婚率呈上升趋势。

一、离异家庭的教育环境

随着离婚率的不断攀升,越来越多的离异家庭不断产生,家庭教育环境随之出现各种问题。

(一) 家庭心理环境的恶化

这类家长较长时间难以从离异的阴影中走出。据何玉珍对 841 名单亲家庭的调查:260 户丧偶家庭的家长有 46.15%感到悲痛欲绝,581 户离异家庭的家长中对原配偶怀念、憎恨的各占 32.7%,认为离婚是不得已的占 44.92%,认为面子不好看的占 13.8%,离婚后想不通的占 25.81%,后悔的占 16.02%,而乐观开朗、情绪正常的只占 38.56%,心理失衡的(包括

---

① 朱莉,李燕,俞峰,罗园园.祖辈视角下的家庭代际冲突与支持策略[J].教育观察,2020,9(04):127—131.

② 陈焕达.留守儿童家庭教育现状调查与思考[J].中国德育,2007(07):35—37+58.

忧郁消沉、自卑、沮丧、烦躁易怒……）竟占61.42%。由于家长心理健康的少，心理失衡的多，容易对子女心理发展带来消极影响。

（二）家庭教育总量减少

单亲家庭从一个完整的家庭变为一个不完整家庭，情况发生了很大的变化。单亲家长身兼两职：父兼母职或母兼父职，甚至身兼三职：维持生活、养育子女、料理家务。他们既要工作又要做家务、照顾孩子，往往疲于奔命，时间不足，精力不济，还要承受一定的社会舆论压力。本该由夫妻两人承担的担子落在了一人的肩上，这些困难的存在导致了对子女教育总量的减少。

（三）家庭教育方法的偏差

由于没有时间、精力和心情去关心与学习科学育子的知识、经验、方法，单亲家长在教育孩子问题上多多少少存在思想方法上的偏差，如不少家长存在重智轻德的思想，把教育重心放在提高子女的学习成绩上，希望通过孩子的功成名就来为自己不幸的婚姻“争一口气”；有的家长无限制地满足孩子的一切物质要求，试图来弥补单亲家庭给孩子造成的关爱不足；有的家长被社会舆论压得直不起腰，不让子女告诉学校老师或同学自己的家庭情况，也拒绝与学校班主任保持联系。

（四）家庭教育资源的缺失

家中缺少父母的角色示范还会减少孩子学习社会交往技巧的机会，使孩子缺乏必要的社会能力，如合作、妥协和谈判等，而且往往造成孩子心理以及行为的异常发展。社会学研究表明，在儿童时期（3—7岁），母爱对子女的发育有至关重要的作用，如果母爱缺乏，就会使子女的情绪波动大和不安宁。在少年时期（12—17岁），由于子女的社会性有所发展，与父亲的关系也显得十分重要，在此期间，子女若失去父母的任何一方，越轨行为的比率都较大。心理学认为，人格异常的形成与恶劣环境有关，破裂家庭往往是其子女性格畸形发展的温床。事实上，很多生活在单亲家庭里的青少年在自己个性发展中常常感到空虚、寂寞、惶恐不安和焦虑，感情冲动好斗，常常产生不正当的行为，严重者还会危害社会。

（五）家庭社会地位的下移

由于90%的监护人为女性，而具有较高社会与职业地位的父母一方（多为父亲）因婚变离开家庭，对孩子学习的有效帮助和教育选择指导往往减少，这种源于离婚后社会地位的向下移动也是导致孩子学业下滑或失败的重要原因之一。

（六）家庭、学校、社会三方教育难以协调配合

家长由于时间不足，工作忙，心境不佳，因而与学校主动联系较少，完全没有和学校联系的也占相当数量。有的单亲家庭的家长也因上述原因，把家务全部压在孩子身上，既影响了

孩子学习,也影响孩子参加社区组织的校外教育活动。这既减弱家庭教育的功能,也影响了学校教育、社会教育效果的发挥。

二、离异家庭的家长指导

离异家庭中父母一方的缺失给家庭教育带来了一定的困惑或难题。而针对离异家庭的家长指导能够帮助这些家长认清形势,采用适当的方法降低因夫妻离异带来的家庭教育困难,提高家庭教育的成效。

(一)单亲家长应端正自己的心态

单亲家庭的父亲或者母亲需要正视"离婚",以平常心、宽容心以及自信心对待生活,为孩子创设健康、正常的家庭教育环境。注意不要过度保护。在离异之后,一些父亲或者母亲常常会把自己所有的感情和爱倾注在孩子身上,对孩子关怀备至,自作主张安排一切,使得孩子日益变得脆弱、依赖,缺乏主见和独立意识。单亲家长所要做的是适度地关心和爱护孩子,乐观地和子女共同去重建新的家庭生活,创设和谐宽松的家庭气氛,并设法抚平家庭离异对子女带来的心理创伤。

(二)弥补单亲家庭中教育资源的缺失

单亲家庭的父母要注意孩子健康人格的教育。在孩子人格形成过程中,父亲和母亲有着无法互相取代的作用。缺少父爱,有的孩子会形成所谓的偏阴人格,即表现得懦弱,多愁善感,自卑、缺乏毅力,果断性不强等;而缺少母爱,有的孩子会形成所谓的偏阳人格,即表现得孤僻,冷漠,缺乏爱心与同情心,没有安全感,狭隘等。所以对于单亲家庭的父母来说,要特别注意弥补孩子由于缺少父爱或母爱所带来的消极影响。比如对缺少父爱的子女,母亲要加强他们的独立、自主、勇敢、果断等方面的人格教育,让他们多看看有关表现男性优秀品质的影视片与书籍,并有意识地带他们多接触一些成熟的、自信的、有责任心的成年男子,如教师、男同事等,以免形成上面所说的偏阴人格。

此外,还有不容忽视的角色教育的问题。在青少年心理成长的过程中,性别角色的学习是一个重要环节。所以,单亲家庭中,家长应注意调动亲戚、朋友中的性别资源,给孩子以应有的适宜的影响,以免造成两性角色上的心理与行为偏差。

(三)改善单亲家庭中孩子成长的环境影响

由于家庭结构的不完整,单亲家庭的生活比较单调,孩子容易感到精神上的空虚与寂寞。同时由于社会的宽容度及个人的修养尚未达到相当的水平,单亲家庭的孩子可能需要承受来自生活、学习环境的歧视、偏见和嘲弄。不少单亲家庭的孩子因此在性格上变得内向、忧郁、自卑,甚至孤僻。因此,单身父亲或母亲需要尽力改善孩子的成长环境。

一是情感沟通。家长对孩子的要求是以情感为基础的,通情才能达理。如果情感通道受阻，那么正确的要求也难以为孩子所内化。为此身为父母，应抽时间多跟孩子沟通思想、交流情感。要了解孩子在想什么、想做什么，并从中给予正确引导，消除他们的心理障碍。同时对孩子学业上、思想上、行为上的进步多加鼓励，使他们的身心健康成长。

二是科学教养。有的单身母亲离婚后教养方式也发生了变化，对孩子溺爱娇惯无度，一味地给孩子顺境，怕孩子看到人世间苦的一面，过分迁就孩子的要求，滥施物质金钱，造成孩子“幸福过剩”，不能正视现实生活中的困难。正如卢梭所说：“你知道用什么方法一定可以使你的孩子成为不幸的人吗？这个方法，就是百依百顺。”[①]单身母亲离婚后，在时间、精力、收入方面可能会发生困难，因此更应要求孩子适度分担忧愁，让孩子做力所能及的家务，减少零用，节约家庭开支等。这样可以让孩子进一步了解人生，磨炼意志。

(四) 建立对单亲家庭支持和帮助的社会体系

美国单亲家庭的研究专家麦克拉娜罕与桑德发，依据科尔曼的“社会资本”概念，提出经济资源、亲职资源（家长对孩子的投入与监督）、社区资源（家庭从所在社区能够获取各种帮助）是影响孩子成长的重要因素。有研究者基于此，从社会资源角度，提出建立对单亲母亲家庭支持和帮助的社会体系的建议。[②]

第一，建议利用民间和社会团体等非政府组织和非营利组织力量，建立弱势群体的社会支持网络，帮助这些家庭发展家庭作坊、实现就业和完成子女学业。将对单亲家庭的援助从个人的、分散的和不规范的方式向正式的、组织化的、规范化的方式转变和发展。

第二，采取多种方式，提供心理支持。通常社会上对“单亲家庭”的关注，更多只是集中在单亲家庭孩子的教育问题、物质帮困上，而作为单亲父、母的心理感受和精神状态却往往被忽略了。因此，立足于“帮单亲父母们疏导心结，排解愁苦，树立自爱、自尊、自强、自立的生活理念，以健康的心态面对生活”的心理支持和精神扶助就显得十分必要。可以通过整合不同服务资源，包括学校、社区、村民小组以及亲朋好友等共同为改善单亲家庭生存和发展的环境出一份力、做一些实事，使单亲家庭在自助—互助中获得支持资源，提升能力并增强自信，以积极的心态再创明天。

第四节　重组家庭的家庭教育

随着单亲家庭的增加，重组家庭也不断增加。

再婚家庭的增多，使得继父母的角色开始受到重视。一般而言，根据再婚对象的不同重组家庭有多种情况，再婚的对象可能是单身未婚，也可能是单亲，如是单亲，一个新的家庭可能会有“你的孩子，我的孩子，我们的孩子”的情况，在管教上更需要特殊的技巧。

---

① 戴胜利. 论离异家庭子女的教育[J]. 上海师范大学学报（哲学社会科学版），1996(03)：123—129.

② 姜志荣，夏禹波，纪丽华. 青岛市单亲家庭子女教育状况调研报告[J]. 青岛大学师范学院学报，2008(01)：122—128.

一、重组家庭特性及其共性问题

有研究者指出,重组家庭与核心家庭相比,具有不同的特性:第一,两个家长只有其中一人是亲生父或母;第二,孩子通常只会亲近一个家长;第三,亲生弟兄姐妹可能同住或不同住;第四,同住的孩子外貌很少有相同之处;第五,亲子关系比婚姻关系更早建立;第六,亲生父母或继父母角色不清晰;第七,家庭成员角色和职位须重新界定;第八,新一段婚姻和新组的家庭开支会增多,家长时常会争执亲生子女和继子女的生活费等。

重组家庭成员从建立新家庭开始会经历七个阶段:新的开始、努力同化、醒觉、重新建构、作出行动、整合以及解决变成两个核心家庭的问题。在这些生活周期中,非常容易遭遇一些共性的问题:

第一,家庭成员常有失落感与情绪投射反应。在进入再婚关系前,离异家庭通常会经历一段与亲人分离的失落感与悲伤历程。再婚后,这些情绪往往继续投射在重组家庭的家庭成员身上。

第二,过去分歧经验影响新家庭观感与行为。重组家庭成员拥有各自不同的家庭背景与经验。因此,无论父母或子女都会将此经验带入新家庭中,这足以影响他们对新家庭的观感,也可能形塑出他们日常生活中的行为。

第三,继父母的角色含糊不清需要摸索学习。由于重组家庭尚未制度化,继父母应扮演何种角色并不明确,而且缺乏可以学习的对象,因此继父母都需要一段时间摸索学习才能找到合适的模式。

第四,亲生父母与继子女间羁绊联结难拆开。由于亲生父母与子女曾共同生活一段相当长的时间,其连结不易被拆开。因此,继父母常有一种被排除在外的感觉,若要打入原有亲子系统中,则需要更大的努力。

第五,继子女分属两个家庭且面对两套家规。父母再婚后,子女成为两个家庭的成员。多数重组家庭子女不仅与目前的家庭牵连,也与未获监护权的父母之一方的家庭有往来。在此情况下,子女经常要面对两套不同的家规与期待。当冲突发生时,子女被夹在中间,或是协助其中一方以对抗另一方。然而,这并不能解决实际问题,只会徒增双方冲突。

第六,婚后亲子关系优先于夫妻关系的经验。初婚时,夫妻双方在子女出生前通常有充分机会彼此沟通与协调,但对重组家庭而言,再婚后,亲子关系的实际问题立即呈现,夫妻间可以说没有蜜月期。因此,再婚后的亲子关系经营往往先于夫妻关系经营。

第七,重组家庭需要较长调适与付出较多努力。重组家庭若要达成一般社会期许的家庭任务与功能,则其家庭成员需要经历一段较长时间的调适历程与付出较多努力。

第八,缺乏爱的保证,需表达爱与关怀的承诺。“血浓于水”最能形容一般家庭的亲子关系,也被用来作为一种爱的保证。但是,重组家庭则缺乏对爱的保证,因此,必须时时表达对爱与关怀的承诺，以增进家人间的向心力与凝聚力。

二、重组家庭子女的心理分析

重组家庭面临诸多问题，就家庭教育而言，由于家庭结构、家庭教育功能、家庭环境等的重大变化，使得原来熟悉的一切变得陌生，陌生的环境使重组家庭中的孩子产生了一些普遍的、突出的心理情绪：一是被冷落感，这是重组家庭环境中成长的青少年最深刻的感受之一。青少年对于被冷落尤为敏感，他们的遭遇正如同一首歌所唱的："爸爸一个家，妈妈一个家，剩下我自己，好像多余的……"二是沉默寡言，唯我独尊。这种性格的孩子并非天生如此"独立"，他们原本活泼开朗，在父母双亲的关爱中享受着天伦之乐。但是忽然间，父母的离异犹如天塌地陷，粉碎了他们纯洁天真的人生最初的梦想，再面对重新组合的家庭，不知所以然的他们只有沉默寡言，逃避现实。时间一久，就形成了一种唯我独尊的个性，以自我为中心，经常沉湎在自我冥想中。三是报复心理。有些孩子主观偏激，暗恨、埋怨、忧伤、失望的情绪体验导致其心理失衡。一方面自怨自艾、顾影自怜，另一方面遇事容易由"责己"变为"责人"，把对自己的不满投射到别人身上。

究其原因：[①]第一，家庭结构变化所致。重组家庭的家长有一方和孩子毫无血缘关系，这种特殊的家庭结构易导致家庭关系的失调，亲子关系及家庭内部环境发生了很大变化，成为影响孩子自尊和行为问题产生的主要因素。第二，家庭教育功能变化所致。重组家庭孩子的教育往往由该孩子的亲生父亲或母亲担任。事实上大多数重组家庭孩子受到的教育是不均衡的。由于父亲、母亲这两个角色对子女的影响不能互相代替，所以重组家庭中存在的不平衡的教育当然会潜移默化地影响孩子身心的成长。第三，家庭环境变化所致。重组家庭的环境会使孩子的心理萌发出对未来不明了的朦胧意识，从而意识到以往的安稳、平和、温馨的家庭在发生变化，潜在的危机孕育其中，引发了其内心紧张的情绪状态，从而产生了一系列的心理反应。第四，孩子自身地位变化所致。由于家庭的重组，家庭成员发生了变化，从而导致了家庭成员地位的变化，孩子的地位由中心化趋向边缘化，而这一变化必然会导致其心理变化。第五，孩子对家长的认同感降低所致。教育学家认为儿童对父母的认同是家庭教育的一个最根本的标准，因为这关系到儿童对父母的道德和思想观念的接纳或认可程度。而重组家庭的这种教育结构由于父母中的一方发生了变化而产生偏差，孩子对父母的认同感严重降低，甚至开始讨厌、怀疑自己的父母。孩子心中已有的"平衡砝码"逐渐倾斜，导致他们开始困惑、迷茫，当这种不良情绪得不到及时的排解时，便会转化为心理问题。

三、重组家庭的家长指导

当原本是两个互相独立的家庭重新组合成为一个新的家庭时，家长如何才能尽快认清

---

① 高玉洁.重组家庭幼儿的心理问题分析及教育对策[J].教育导刊.幼儿教育，2006(01)：28—30.

新的形势,适应和融入新的环境,扮演好新的角色,是搞好重组家庭教育首先应当解决的一个问题。

(一) 重组家庭的发展任务及其实现途径

除了一般家庭的发展任务之外,重组家庭另有其特殊的发展任务,根据高廷的研究,重组家庭有六项发展任务:[①](1)情绪,建立彼此的互信和承诺。(2)心灵,从单身到已婚,身份再度调整,放弃自由自在的生活,而过婚姻生活。(3)社会,与朋友建立关系。(4)亲子,建立继父母关系。(5)经济,合理地运用及分配金钱。(6)法律,在法律上要清楚个人的责任、权利和义务。

为实现上述发展任务,重组家庭的成员可以通过以下途径加强他们间的关系:(1)承认他们的失落,并对彼此的失落感到惋惜和理解。(2)找出新的家庭作为一个整体而做决定的新方法。(3)培养和加强父母之间、继父母与继子女之间的关系。(4)相互支持。(5)保持和滋养先前的父母与孩子的关系。

(二) 重组家庭的教育措施

重组家庭的子女教育问题,首先要求父母设身处地站在孩子的立场上,体察家庭关系变化给孩子生活投下的阴影以及给孩子心灵带来的伤害。从夫妻感情破裂的离婚直至再婚、重组家庭,对孩子来说,意味着在不太长的时间内经历了两次重大的家庭关系变化,这整个过程都会给孩子的心灵带来痛苦和折磨。

1. 奠定“爱”的基础

离异家庭的子女对情感的渴求更为强烈。调查显示,重组家庭的孩子更感到孤单、寂寞、无助。这就要求重组家庭中父母对子女要给予更多的关心和爱护。而现实中,一些继父母对子女的感情投入严重不足,他们很少像亲生父母那样亲吻、搂抱孩子,以为在物质上给孩子以满足就是爱孩子了,其实这种体验和爱是无法用物质的满足来获取的。孩子由于缺少与父母良好的感情交流,情感常常得不到健康的发展。情感的疏离使得继父母在子女的教育中缺乏说服力,而亲子沟通的不畅,也导致继子女对继父母的言行更为敏感,造成教育的失败。因此,继父母对继子女的爱及无私的付出是重组家庭子女教育的基础。

2. 搭建理解的桥梁

对于重组家庭而言:首先,继父母必须把孩子视为朋友,不带自己的偏见看待孩子的行为。站在一个朋友的角度,单纯地了解孩子的内心感受,客观地分析孩子一个行为背后的心理原因,从而找到改变他外在行为的办法。其次,继父母应以放松的心情与孩子进行交流,

---

① Goetting, A. The six stations of remarriage: Developmetal of remarriage: Developmental tasks of remarriage after divorce [J]. Family Relations, 1982(31).

消除孩子的恐惧、烦恼和孤独，帮助其鼓起学习、成长的勇气和热情。再次，理解中既没有表扬也没有批评，理解是两个人之间心灵的沟通。理解就是要不加评判地搞懂孩子心中到底在想什么。一件父母认为不该做的事情，孩子没经过同意做了，父母就要搞清楚孩子为什么要这么做，心中是怎么想的。只有这样，才能真正地走入孩子的内心世界，在继父母与继子女之间架起理解的桥梁。

3. 掌握尊重的法宝

对于重组家庭的孩子，尊重他们不仅仅是因为其年龄小，需要爱护、关心和培养，还在于他们自身就是一个独立的个体，有独立的意愿和个性。而且家庭的变故和遭遇使多数重组家庭的孩子较为敏感，继父母更应该以宽容、豁达、尊重的心态对待他们，在他们的身边适当地加以引导和帮助，让他们成为自己的主人，切实感受到自己在家中、父母心中的重要地位，而不是事事替孩子做决定，对继子女冷淡漠然，加重他们原已受伤的心灵的痛苦程度。

尊重孩子，要求继父母要做到以下几点：第一，要重信守诺，一旦许诺了，一定要守约，让孩子觉得您是值得他信任的。第二，应该以一颗平等的心与孩子沟通和交流。第三，民主地对待孩子的错误，给孩子自己思考并改正的机会。第四，尊重孩子的隐私，成为孩子言行的引导者而非指挥官。

第五节　进城务工人员子女的家庭教育

“民工潮”作为现代社会城市化进程中不可避免的趋势，已渐渐为人们所接受。20 世纪 90 年代后，第二轮“城市移民”呈现出新的发展动向，流动人口外出打工日渐出现“家庭化”趋势。许多人不再是孤身漂泊，而是在一个地方站稳脚跟后，拖家带口地举家迁移。[①] 然而，进城务工家长的社会地位总体上仍处于城市社会的底层，是城市中的“边缘”阶层。这些随父母进入城市的儿童的生活状况不容乐观，始终和父母一样生活在城市的边缘。进城务工人员子女的教育问题成为流动大军涌入城市后日益突出的重要问题之一。

一、进城务工人员子女家庭教育问题的特点

相比于其他类型的家庭，进城务工人员家庭具有其自身的特殊性，其家庭教育也呈现出一些显著的特点。[②]

（一）复杂性和关联性

流动家庭处于一个更为复杂的环境之中，传统的家庭教育在人口流动的影响下呈现出极大的复杂性。这种复杂性具体表现在：流动人口进入城市既缺乏义务教育保障，又面临更

---

① 赵娟. 南京市流动人口子女家庭教育的现状调查[J]. 上海教育科研，2003(08)：38—40.

② 李伟梁. 流动人口子女家庭教育问题研究[D]. 武汉：华中师范大学，2003.

复杂的社会制度和陌生的环境,以及城市现代生活方式给传统的家庭教育提出的挑战。这种复杂性是由学校教育、社会教育和家庭教育三者之间的关联性造成的。当前义务教育保障虽已有所改善,但后两者的状态依旧不佳。

(二) 内部性和外部性

在子女教育问题上,与社会教育和学校教育不同,进城务工人员在家庭教育的责任承担上具有明显的内部性,即责任更多地表现为家庭责任而不是社会责任和政府责任。在目前关于进城务工人员子女教育的研究中这一点表现得非常明显,绝大多数的研究都强调政府和社会对义务教育的责任,而有关在家庭教育中强调政府和社会责任的声音非常微弱,甚至几乎没有。从严格意义上讲,关于进城务工人员子女家庭教育的研究到目前为止非常少,更谈不上对其政府责任和社会责任的讨论。当然,家庭教育问题在责任承担上的内部性是与其特点和本质分不开的。家庭教育责任的内部性有其正功能,它可以促使父母更加重视和关注子女的家庭教育。但我们并不能因此忽视政府责任和社会责任,特别是对作为弱势群体的流动人口,我们更不能将其子女的家庭教育问题当作其"家务事"而不闻不问。流动人口家庭教育责任的内部化只会加强本来就处于弱势地位的流动人口的负疚感,从而使其处于无助的绝望状态。

(三) 封闭性和开放性

家庭教育具有相当强的独立性和自主性,具有较强的封闭性。但随着社会由传统型向现代型的转变和人口从传统农村社会向现代城市社会的流动,家庭教育也必然由封闭走向开放。进城务工人员以家庭形式进入开放的城市社会后,其家庭教育面临着从传统的封闭模式向现代的开放模式的转型。开放的家庭教育可以帮助他们更好地适应城市生活,充分利用社会生活教育子女,让子女在社会实践中主动接受教育。以社会生活为教材,以社会为课堂,支持孩子积极参加社会实践,亲身体验社会生活,在实践中经受磨炼,增长才干,以提高他们对社会的认识和适应社会生活的能力。从社会的大趋势来看,家庭教育从封闭走向开放是必然的,进城务工人员子女的家庭教育当然也不例外。

二、进城务工人员子女家庭片面教育现象

由于家庭核心化及现代文化的熏陶,进城务工人员子女的家庭教育发生了一些积极的变化,在教养方式上,民主平等型的方式逐渐增多;亲子关系也发生了一些变化,重角色行为、轻亲密关系的传统模式有所改善。但这些变化还处在初始阶段,发展中依然存在多方面问题。

(一) 难以给孩子提供足够的学习条件和支持

大部分进城务工家庭住房状况很差,房子年代久远、面积小,许多孩子没有自己独立的房间,只有一张书桌,少数孩子甚至连书桌都没处放,只能在茶几上、床上写作业。很多进城

务工家庭用于文化商品上的消费非常有限。除教科书外，有的家庭都很少或没有藏书，孩子的课外书拥有量也很少。不少进城务工家庭文化氛围薄弱，家长们的闲暇生活方式通常是看电视、睡觉等，基本上不看书学习或者和子女一起参加活动，甚至许多父母从来没有带子女去过书店、公园。

(二) 教育观念有所改变，但教育行为还保留传统模式

进城务工人员遭遇经济发展，体验社会的开放，感受时代洗礼，磨砺自我意志，其家庭教育或多或少地浸润了城市文化的影响。然而，进城务工家庭由于种种原因还保留着传统的家庭教育模式，城市化特征并不明显。

其一，教育内容失衡。进城务工家庭一般家庭经济收入低、住房条件差、生活没有稳定感。正由于此，进城务工家庭的家长们怀有改变自身社会处境的强烈愿望，并将希望寄托在下一代身上，认为学习既是改变自身生存处境，也是改变整个家庭社会地位，真正归属于城市的一条有效出路。这样的教育目的，极易导致教育内容不完善，偏重于学习和思想道德教育。有对深圳地区进城务工家庭的调查显示，家长对孩子进行的家庭教育主要是"品德教育"的占 34.8%，"知识教育"占 39%，①而对于身体健康教育、心理健康(包括青春期教育)、美育则很少涉及。

其二，教育方法简单化。进城务工家庭虽然重视对孩子的教育，但是对现代家庭教育科学知识的掌握程度却不高，教育方法缺乏多样性。武汉市一项调查显示，多数家庭已经认识到打骂教育是不科学的，经常打孩子的家长占总体的比例很低，仅有 2.0%，但大多数家庭都曾经对孩子进行过体罚，只有 20.3%的家庭从来没有打过孩子。② 此外家庭教育较多地使用说服教育的方法，进城务工家庭家长所用的多集中于谈话，对其他说服教育方式如语言文字说服、事实说服、形象说服、体态语言说服利用很少。对榜样示范、习惯养成教育不够重视，大多数父母在对子女的教育过程中无视不良的行为习惯对孩子的影响，经常在孩子面前抽烟、喝酒的父亲超过 50%，在孩子面前打牌赌博、夫妻吵架的父母也超过 20%。③

(三) 亲子沟通频次低，效果欠佳

进城务工家庭的家长职业多集中在底层商业服务业雇员、建筑工、工厂雇工、个体户流动摊贩、司机等类型上。工作性质决定了他们工作时间长、劳动强度大、工作不固定。没有相聚的时间，亲子沟通的频次自然就低。而且在并不多的亲子沟通中，受传统家长意识、家长权威遗存影响，进城务工家庭的亲子沟通总体上呈现出沟通有效性欠佳的状况，表现为：许多孩子表示他们有不开心的事不会主动告诉家长。对重庆市渝中区的一项调查显示，在

---

① 赖越颖. 流动儿童家庭教育现状的个案研究[D]. 重庆：西南大学，2008.
② 张翠娥. 武汉市流动儿童家庭教育调查报告[J]. 当代青年研究，2004(05)：52—56.
③ 张翠娥. 武汉市流动儿童家庭教育调查报告[J]. 当代青年研究，2004(05)：52—56.

调查“你的孩子是否愿意告诉父母心里话”时,95%的家长回答“不愿意”,而学生对此问题的回答中,表示“愿意”的占 34.3%,表示“不愿意”的占 26.01%,而回答“偶尔愿意”的占 39.69%;[①]孩子在和家长的重大话题沟通中往往处于被动地位,当孩子意见与父母意见不一致时,14.9%的父母采取利用自己的家长权威,强制孩子服从自己决定的行为方式。与此强制相反的是,19.3%的父母选择了听孩子的,即“被孩子所强制”,或者说放任;[②]沟通往往围绕着学习展开,主题明显失衡。[③] 深圳的一项调查显示,进城务工家长与孩子在平日生活中所谈主要内容为“家里家外的家常事情”和“学习”的有 78%。[④]

(四) 与学校联系少,家庭教育封闭

调查显示,学校与进城务工人员家长联系甚少,而家长也不主动与学校沟通。一些家长认为:“把子女送进了学校就等于送进了‘保险箱’,培养和教育孩子属于学校的应尽之责。”“能否成才全靠学校老师和孩子自己。”同时二者交流的内容单一、笼统,涉及的面相对较窄。由于流动人口家庭具有流动性,他们经常变更工作和住址,学校和家长很难通过家长会、请家长到校的方式进行交流。由此,在相互制约、相互联系的教育系统中,家庭教育与学校教育缺乏配合和协调,造成了家庭教育的缺失和封闭。

三、进城务工人员家长的指导

进城务工人员子女家庭教育过程中出现的失调现象,必须借助于家庭外如政府、学校、社区等多方力量,构建进城务工人员子女家庭教育支持网络,提高家庭教育在其子女教育中的重要地位。在实施过程中,具体对策建议如下。

(一) 更新家庭教育理念,营造良好家庭教育环境

首先,进城务工家长应着力更新家庭教育理念,并在言传身教中树立良好的家长形象。对孩子来说,父母本身就是一种教育因素。这种因素的影响作用往往是在无意之中发挥的,是潜移默化的,但其作用也是最直接、最深刻、最持久的。只有家长首先加强自身修养,注意以身作则,用自己的言行去影响孩子,孩子才容易受感染、受熏陶。

其次,家长应该制订和实施以子女为核心的家庭成长计划,为孩子营造一个良好的家庭文化、心理环境。好的文化、心理环境是一种无声的思想工作,它通过一定的情境培养人的优良道德情感,据调查表明:民主、和睦的家庭为子女成长提供了现实的规范导向;放任、专

---

① 中国民主促进会重庆市渝中区委课题组.农民工子女家庭教育问题及对策研究[J].科学咨询(决策管理),2008(01):12—13.

② 张翠娥.武汉市流动儿童家庭教育调查报告[J].当代青年研究,2004(05):52—56.

③ 刘黎红,胡伟.关于构建流动儿童家庭教育社会支持体系的思考[J].中共青岛市委党校.青岛行政学院学报,2009(02):44—48.

④ 赖越颖.流动儿童家庭教育现状的个案研究[D].重庆:西南大学,2008.

制、溺爱、过多家庭冲突则是导致子女误入歧途，甚至走向犯罪道路的直接原因。因此家长有必要为孩子营造适合其成长的家庭环境。

最后，相关社会组织应积极开办各种家长培训机构并努力提高其质量，通过各种活动增强进城务工家长对其子女的教育能力。研究和调查表明，当前进城务工家庭群体缺少的主要还是教育支持系统。也就是说，要想普遍更新他们的家庭教育理念，促使他们掌握科学的家庭教育方法，必须建立起支持网络，通过家长学校、专家报告、家长研讨会、咨询服务等方式，让家长清楚地了解到家庭是孩子的第一所学校，家长是孩子的第一任老师的道理，掌握与运用家庭教育的基本规律。

（二）密切家校合作，积极探索科学长效协调机制

家校合作是家庭与学校以促进青少年的全面发展为目标，家长参与学校教育，学校指导家庭教育，相互配合、互相支持的双向活动。[①] 正如苏联教育学家苏霍姆林斯基所言，“最完备社会教育是学校教育与家庭教育的结合”，家校合作具有重要的意义，因为它不仅直接关系到合作的根本目的——使学生健康发展，而且对家长的发展也有重要意义，能够促使家长转变教育观念、提高家长教育素质以及促使良好家庭氛围的形成。因此非常有必要密切进城务工家庭与学校的合作，积极探索科学长效的协调和发展机制。

首先，学校拥有一笔可观的教育资源。学校教师具备丰富的教育教学经验，在家校合作中，可以担当起指挥、调度、联络的职责，及时掌握情况，及时提供帮助，促进家长参与到活动中来，促使家庭教育突出成效。

其次，家校合作互动模式也为家长和孩子的沟通提供了更广阔的舞台，让家长进一步了解自己的孩子，也让孩子能够深刻认识到家长的辛苦与期望，家长与孩子的心贴得更近，亲子关系更为融洽。

（三）引入社区帮扶，丰富家庭教育支持资源

社区在进城务工人员家庭教育中也应当担负起重要的支持与帮扶角色。首先，要建立社区帮扶进城务工家庭机制，以家庭教育为核心内容，建立亲子俱乐部、社区家庭教育指导中心、家庭教育服务“超市”等各类社区家庭教育指导载体，涵盖家庭团体式心理训练、社区少儿发展导航、儿童心理咨询“夜门诊”等特色项目。不断拓展新的服务内容的工作模式，打造适应进城务工家庭的社区家庭教育组织网络。其次，由社区居委组织家庭教育专家报告会，对所辖地区的进城务工家长进行培训，有效转变家长的家庭教育观念，提升家长的文明素质。再次，社区组织与学校及民间帮扶救助机构、教育咨询机构应建立经常性的联系，通过它们为进城务工家庭及其子女提供实质性的帮助和有关咨询。同时，有针对性地创新家庭教育帮扶模式，如专门改善亲子关系模式、专门提高教育方式模式、专门纠正教育观念模

---

① 黄河清. 家校合作导论[M]. 上海：华东师范大学出版社，2008：37.

式等。最后,还可以由社区组织,社区内家庭自愿参与,开展城乡家庭结对帮扶活动。选出家庭文化较好、乐于帮助他人的城市家庭,与进城务工人员家庭结对子,相互交流、学习。[①]

延伸阅读

1. 杨平,盛晓娟,赵云珠."90后"子女和父母双视角下的原生家庭关系研究[J].当代青年研究,2020(03):40—45.
2. 徐思雨.《家庭教育促进法》背景下对高质量父亲陪伴的探索[J].福建教育,2022(25):50—52.
3. 刘倩倩,洪秀敏.二孩家庭儿童社会适应的特点及影响因素[J].全球教育展望,2021,50(06):116—128.
4. 汪昌华.家庭背景对小学课堂师生冲突的影响[J].教育学报,2015,11(06):69—74.
5. 王亚军,郑晓冬,方向明.留守经历对农村儿童长期发展影响的研究进展[J].中国农业大学学报,2021,26(09):277—290.

① 中国民主促进会重庆市渝中区委课题组.农民工子女家庭教育问题及对策研究[J].科学咨询(决策管理),2008(01):12—13.

第十章 现代社会环境下家庭教育的问题

本章导语

家庭教育对个人、家庭乃至社会发展的作用不言而喻，随着信息化、数字化网络时代的到来，在我国现代化进程中，家庭教育也不可避免地被烙上了时代的印记。我国正处于社会转型期，经济社会改革的成果为青少年的健康成长提供了各方面的有利条件，然而转型时期的各类矛盾也给他们的成长环境带来了较大的风险。

现代社会中我国家庭教育面临诸多问题和挑战，这些问题与挑战既有来自家庭内部的，也有来自社会环境的。本章主要对家庭内部的问题与挑战进行探讨，也就是从构成家庭教育要素的父母和儿童的角度，着重从家长的教育观和教养方式的问题、儿童身心变化所面临的挑战入手，分析现代社会环境下我国家庭教育存在的主要问题。

学习目标

1. 了解当前我国家庭教育实践中存在的几种常见问题教养方式。
2. 了解现代社会中儿童的身心健康面临哪些挑战。

第一节 现代社会环境下的家长

家庭教育对儿童发展的影响是至关重要的，而家长的教育观念和教养方式则是家庭教育重要的组成部分。从某种程度上讲，家长教育观念和教养方式的好坏决定着家庭教育的整体效果。首先，家长的价值观念在很大程度上会影响孩子的价值观与人生观。如果家长一味追求物质财富的享受，那么孩子可能会成为金钱的奴隶，不知真正的人生意义为何；而家长若能在生活中表现出良好的人生态度，无论富裕还是贫穷都能坦然处之，那么孩子在生活中遇到任何事情都会以积极乐观的心态应对。家长自身的价值观念会深刻影响到其教育观，而它对儿童的影响则是潜移默化的。教育好儿童是每一个公民的责任，作为家长，只有持有正确的教育观，才有可能教育好自己的子女。其次，家长的教育观念影响着家长的教养方式，而教养方式是决定家庭教育质量的关键。家长只有在科学教育观的指引下采用有效的教养方式，才能实施科学的家庭教育、培养出能够适应社会生活的儿童。

随着时代的变迁，家长的教育观念和教养方式也需要做出相应改变，以适应时代的要求，否则就会落伍，不利于儿童的发展。

一、家长的教育观

目前，家长往往普遍重视寻求好的教育方法，而忽视端正自身的教育观念，对儿童期望不适当，不能正确处理好亲子关系，无法很好地解决亲子冲突，使家庭教育面临诸多困难。家长在不当的教育观指导下，也很难有适当的教养行为。面对现代家庭教育的问题，我们首先应该审视家长的教育观。本节将主要分析家长在儿童观、亲子观、人才观三方面的认识误区。

(一) 儿童观的误区

1. 成人本位

成人本位的教育观是指成人忽视儿童的天性，将自己的意志强加在儿童身上，过分地以成人的标准去要求儿童，要求孩子沿着成人预先设计好的成长轨道一步一步前进。刘霞在《小学语文教材中的儿童观探析》①一文中通过对小学语文教材的分析，总结了小学语文教材中的好儿童形象是刻苦学习、乖巧听话和天资聪颖的，这就明显地反映出成人本位的儿童观，其典型特征就是忽视儿童天性差异，好儿童的标准是由成人的眼光决定的，只有达到了成人要求的儿童才能算是好儿童。

不乏少数的家长持有这种儿童观。在他们的观念中，只有“听话”的孩子才是好孩子。这种教育观念会带来诸多不良影响。首先，家长在日常生活中自觉或不自觉流露出的这种

---

① 刘霞.小学语文教材中的儿童观探析[J].上海教育科研，2007(09)：66—69.

观念，可能给儿童带来很大的压力，如果儿童的表现达不到家长的期望，容易产生挫败感、自卑感，而对于处在青春期的青少年，还可能激化他们的逆反心理，产生不必要的亲子冲突。其次，如将儿童看成“缩小的成人”，家长容易对子女实施所谓的“超前教育”，不顾儿童的智力水平和心理发展阶段，让儿童学习超出其接受能力的知识。儿童在超负荷的压力下，饱尝一次次的挫败经历，很容易对学习失去信心，产生厌学情绪或恐惧心理。

2. 忽视儿童的个性差异

每一个儿童作为独立的个体，都有着不同的个性特点，这就导致了他们在兴趣爱好、能力特长等方面往往存在差异。但有的家长则认为别人的孩子能做到的，自己的孩子也一定要达到这个标准。于是，很多家长抱着“不能让孩子输在起跑线上”的态度抓住几乎所有的空余时间让孩子补课，上各种所谓的“兴趣班”“特长班”，而不顾及儿童对此是否真正有兴趣，是否真的具备这方面的“特长”。

家长对子女有较高的期望，他们往往更重视教育的最终结果，而忽视教育的过程。如刘秀丽等的调查研究[1]显示，东北三省 1 085 名幼儿家长中只有 25.2%、501 名新疆幼儿家长中只有 27.7%承认“对于孩子的教育更重视教育的过程”。家长应该允许孩子以其自己的速度成长，不要盲目攀比，长时间对孩子有过高而不切实际的期望可能会给孩子带来挫折感，其结果可能与盼子成才的初衷背道而驰。

（二）亲子观的误区

1. 儿童不是独立的个体

儿童不仅是人，更是独立的人，具有独立思考、判断和解决问题的能力。家长应该适当地给予儿童独立思考问题、做出决定的机会。但刘秀丽等[2]的调查发现，虽然幼儿家长传统教育观念中的“家长制”正在逐渐消失，平等的亲子观正在逐渐占主导，但许多幼儿家长仍缺少把儿童视为是独立个体的观念。例如，虽然调查发现 86.7%的幼儿家长承认“家长和孩子是平等”的观点，但承认“孩子是独立个体”的家长只有 11.3%，甚至有 2.0%的家长认为“孩子是个人私有财产”。

传统观念认为，子女是家长所生，又是家长用心血抚养长大的，因此家长享有对子女的绝对所有权，视其为自己的私有财产。还有的家长认为，孩子终究是孩子，他们在生活阅历和对事物的判断能力上总是不及大人。为了让他们少走弯路，最好还是由家长替他们决定一切，包括他们的生活、学习乃至今后的发展道路。例如在一项调查中 32.2%的家长表示“孩子经常对家长的教育发表意见”，48.6%的家长表示“孩子偶尔会对家长的教育发表意

---

① 刘秀丽，刘航. 幼儿家长家庭教育观念：现状及问题[J]. 东北师大学报(哲学社会科学版)，2009(05)：192—195.
② 刘秀丽，刘航. 幼儿家长家庭教育观念：现状及问题[J]. 东北师大学报(哲学社会科学版)，2009(05)：192—195.

见”,但仍有21.1%的家长承认“孩子很少对家长的教育发表意见”。① 在兰州市家长家庭教育观念的调查中发现,在观念上,68.2%的家长不同意“家里的事情家长说了算”的说法,但仍有18.7%的家长还抱着“孩子犯了错误应该挨打”的想法。② 这种观点将儿童物化,抹杀了其独立人格和自主权。也正是因为缺少对儿童独立性的正确认识,才导致家长在教育儿童时可能会出现任意性教养行为,如不顾及儿童的自尊心、处理问题时忽视儿童的看法等。

2. 子女可以替代家长去实现理想

家长将美好的希望寄托在下一代身上,这本无可厚非。而问题在于,有为数不少的家长希望自己的孩子去实现自己未竟的理想。例如,有一位母亲从小就热爱音乐,曾经梦想成为一名出色的钢琴演奏家,但由于家境贫寒,始终没能拥有一架属于自己的钢琴。现在,有了一定经济能力的她不仅给女儿买了钢琴,还为其聘请了钢琴教师。她的观点是:女儿是她生命的延续,自己的遗憾,要让女儿来补偿。然而,不知这位母亲是否想到,女儿也有自己的梦想,为了弥补母亲的遗憾而放弃她自己的梦想,那么她的遗憾又要让谁来弥补呢?

这种传统的亲子观,对子女的教育持专制的态度,实施包办代替的教育方式,强迫孩子做不愿意做的事,要求孩子按照家长设计的轨道走路;对孩子控制过多,要求过高,处理方法过激,使孩子丧失了自主能力,遏制了其平等意识的发展,弱化了其适应新环境的能力。

(三) 人才观的误区

现代社会中,随着社会经济的发展,竞争日益激烈,社会所需要的人才是全面发展的。具有优良的个性品质和非凡的创造力的人更具有竞争力,单一的应试型人才不再具有优势,那么家长的教育观念就必须要转变,走出人才观的误区。

1. 成才等于高分

长期以来学校在“应试教育”模式的影响下,片面追求升学率,把分数看得至高无上。学生中流行的话是:“考、考、考,老师的法宝;分、分、分,学生的命根。”学校跟着考试的指挥棒运转,从教育内容、教育方法到评价机制等都是为了分数和升学率。自然,对儿童的评价也是以分数的高低为标准的,只有分数是硬指标,学习成绩差即“差生”,学习成绩好即“好生”。不仅学生的优劣以分数评价,教育质量、教师水平和学校的工作无不以分数与升学率来评价。受其影响,家长对孩子的评价标准也难以具有其独立性,难以跨出以分数定人才的怪圈。“成才=高分”这一公式在许多家长思想中可谓根深蒂固,为了培养他们所谓的高才生,家长们愿意以牺牲孩子纯真的天性、健康的体魄、健全的人格为代价,去换取一个理想的分数。

---

① 刘秀丽,刘航. 幼儿家长家庭教育观念:现状及问题[J]. 东北师大学报(哲学社会科学版),2009(05):192—195.

② 王化丽. 对兰州市家长家庭教育观念的调查分析[J]. 甘肃科技纵横,2005(04):152.

2. 成才等于上大学

未来的社会是知识经济社会，没有知识，文化素质不高，便不能适应社会发展需要，将难以立足于社会。知识经济的一个直接后果就是使处于这样的社会环境中的家长们，尤其是独生子女的家长，认为孩子上大学，接受高等教育，获得大学文凭，才是唯一的出路，才能找到理想的工作，才能在这个充满竞争的社会生存。如今家长对孩子的学历期望越来越高，而且这种期望与家长本身的受教育程度成正相关。有研究[①]显示，家长的教育程度为大专以上的，67.62%希望子女达到同样的学历，他们当中的24.59%提出要让子女出国留学，仅有6.15%的家长认为子女读到高中（含职校、技校，下同）就行。家长的教育程度为高中的，50.9%希望子女能取得大专以上的学历，其中的22.2%期望子女能出国留学，12.09%主张有高中这样的学历即可。至于家长的教育程度在初中以下的，对子女的要求明显偏低。43.49%希望子女达到大专以上文化水平，9.36%提出要让子女出国留学，而回答只要求子女达到高中水平的则高达28.44%。当然，也有些家长因为各种原因，自己没有接受高等教育，希望通过孩子上大学、接受高等教育，使自己得到心理上的“补偿”。其实，成功的道路千万条，每个学生都有特长，都有未发掘的潜能，其能力的发挥并非仅有上大学一条路。

3. 成才等于成“家”

家长望子成龙是无可非议的，希望孩子学到更多的知识技能也是可以理解的。但是有些家长认为孩子只有成了“大家”“明星”才算有出息，从而让孩子学画画、学音乐、学舞蹈、学书法等。结果让孩子无所适从，以致什么也学不好，甚至把身体搞垮了。孩子的天赋和智商是有差异的，如果孩子不具备某些天赋，家长只凭主观愿望，要求学这学那，这就是强人所难了。这样做的结果，只会加重孩子的负担，引起他们的反感，也会影响其身心健康。

4. 成才等于有个好专业

在报考高校时，家长们都希望给子女挑个好专业。关于专业价值取向问题，刘华山曾做过这样的调查，[②]他列举了目前高校广泛设置的14种专业，让受调查学生家长按其满意的程度排序。这14种专业是：数学物理、文史哲学、生物化学、医疗卫生、艺术体育、商业贸易、财会金融、管理、计算机科学、电子轻工、农林畜牧、法律新闻、外语、电工机械。调查结果表明，被调查的学生家长认为自己子女应选择的理想专业的前7位依次是：财会金融；计算机科学；外语；法律新闻；医疗卫生与数学物理；管理；商业贸易。这种等级排列中所反映出的择业观念，其特点是基础学科失宠，家长选择专业时实用性、功利性的倾向增强。社会是一个综合的系统，它需要各种不同专业人才的支撑才能达到平衡，如果大家都去追求这些所谓的“好”

---

① 叶章永，柳明，郑晨. 期待与发展——广州地区一千多位父母对子女期望的统计分析[J]. 社会，1990(12)：31—33.

② 刘华山. 社会变革中的中国人育子观念初析[J]. 华中师范大学学报（哲学社会科学版），1996(04)：32—38+107.

专业的话,势必造成某些专业人才紧缺而另一些又过剩的状况,既不利于社会的发展,更不利于个人的成才。

二、家长的教养方式

在影响儿童发展的诸多因素中,家长的教养方式对儿童发展的影响最为直接。1957 年,希尔斯(Sears)、麦科比(Maccoby)和莱文(Levin)等人进行了一项涉及近 400 个家庭的研究,研究者向母亲提出一系列问题,涉及孩子在家中的行为表现,母亲对孩子哺乳、排便训练、纪律管教等方面。通过与母亲的访谈,研究者们认为教养方式可以被描述为限制的和允许的,这些教养方式影响着儿童的行为。[①] 美国心理学家鲍姆林德(Baumrind)的研究将家长教养方式分为权威型、专制型、宽容型和漠不关心型四种类型,认为权威型家长对儿童的需求反应及时,有适度控制,能理想地促进儿童适应性行为和能力的发展。专制型家长则经常使用专断权力和惩罚等高控策略,强调儿童的绝对服从,这与儿童的焦虑、恐惧和挫折感高度相关,易造成自我中心,出现不良行为与适应问题。宽容型家长对儿童很少提出要求,能给予他们最大的行动自由,甚至“听之任之”,易使儿童缺乏独立性。漠不关心型家长对儿童不提要求、不关心,甚至拒绝与儿童沟通,造成儿童发展各方面的混乱。[②] 而霍夫曼(Hofman)等人对教养方式的研究表明,“强制”会引发儿童的敌意,阻碍儿童的社会规范内化,降低其良知发展。“爱的收回”会导致亲子情感破裂,使儿童体验到威胁与焦虑,产生过深的内疚感,表现出遵守社会行为规范的刻板性。这些研究都表明了家长的教养方式对儿童发展有着深刻、直接的影响。

(一) 教养方式的影响因素

1. 家长自身因素

家长的教养方式受到自身多种因素的影响,国内外的许多研究都表明,家长的教养方式受到家长的文化、社会经济地位、家长个性特征等的影响。如巴斯顿的研究发现,美国、法国和日本这三个国家的母亲对儿童注视他人的反应存在显著差异。在集体价值取向的日本,母亲鼓励并引导孩子注视他人的行为;而在个人价值取向的美国和法国,母亲对儿童注视他人的行为没有明显反应。这说明文化的差异会影响家长的教养方式。[③] 又如,明顿(Minton)和莱文(Levine)、钱伯林(Chamberlin)及利顿(Lytton)等的研究证实,白人中产阶层的家长更多地对儿童使用建议和解释,更多地对儿童的需求作出应答,且更经常地提供积极而非否定的反馈;而较低阶层的家长更倾向于使用强制和权力介入,对儿童自由更多加以限

---

① 陈陈.家庭教养方式研究进程透视[J].南京师大学报(社会科学版),2002(06):93—103+109.
② 冯维,于志涛.父母教养方式研究的新进展[J].中国特殊教育,2005(08):52—56.
③ 邹玉龙.家庭教养方式研究综述[J].赤峰学院学报(科学教育版),2011,3(01):145—146.

制。[①] 再如，考克斯(Cox)发现，与非抑郁的母亲相比，抑郁的母亲与孩子的交往质量差，更多忽视孩子的要求，更多使用控制的手段。[②] 麦克罗伊德(Mcloyd)发现，处于压力中的家长自我效能感差，对儿童的温情较少，缺乏耐心和参与，提供的帮助也较少，对儿童的消极控制较多，容易被激怒。[③]

马丁(Martin)发现，家长和儿童的性别也会影响家长对待孩子的方法，与孩子异性别的家长比与孩子同性别的家长对孩子更仁慈、少严厉且更允许孩子自由。另外，家长的受教育程度也会影响其教养方式的选择。陶沙等人在 1994 年进行了“3—6 岁儿童母亲的教育方式及影响因素的研究”，结果发现，母亲的受教育程度和职业对其教育方式有显著影响。该研究表明，受教育程度高的母亲在教育孩子时较少表现出溺爱、专制、忽视、惩罚、过高成就要求等行为，而是更多地使用说理方式，给予孩子一定的自由。而与在工厂和服务行业工作的母亲相比，其他行业的母亲更多地使用民主而较少使用专制、溺爱的教育方式。关颖、刘春芬进行的“家长教育方式与儿童社会性发展”的研究也发现家长的文化水平和学习掌握家庭教育知识的程度，是影响其选择教育方式的最主要因素。这一结论与陶沙等人的研究结果相吻合。[④]

由此可见，家长的教养方式受到来自家长自身多种因素的影响，较高的文化水平和良好的社会经济地位水平虽然不是良好教养方式的充分条件，但的确起着很重要的作用。

2. 儿童发展特点

早期的研究者们是从家长对儿童的单向的影响来进行研究的，但拜尔发现儿童天生气质上的差异会影响家长的教养行为，并开创性地提出了“双向模式”说，试图揭示亲子关系的双向互动机制，从而引发了整个 20 世纪 70 年代儿童个性特征对家长教养方式影响的研究，研究思路由单向决定观逐渐向双向互动观转变，研究取得了丰硕的成果。[⑤] 研究指出，孩子的行为特征，如活动量影响家长的教养行为。活动过度的儿童的母亲比正常儿童的母亲有更多的指令和否定性。[⑥] 此外，儿童的气质也影响家长的教养行为，困难型气质的儿童容易与母亲发生冲突，这增加了母亲的控制，继而增加了孩子问题行为的可能性。[⑦]

家长与儿童之间的交互社会化并不是单向的，家长的确对儿童社会化产生影响，但家庭中的社会化是相互的。交互社会化是一种双向的社会化，儿童也会使家长社会化，就像家长对他们产生的影响一样。例如，母亲与婴儿间的互动，有时会被称为一种亲密的双人舞。这

---

① Joan E. Crusec, Hugh Lytton. Socialization and family in social development: History, theory, and research [M]. Berlin: Springer-Verlag, 1988:205.

② 侯静，陈会昌，王争艳，等. 亲子互动研究及其进展[J]. 心理科学进展，2002(02):185—191.

③ 张文新. 儿童社会性发展[M]. 北京:北京师范大学出版社，1999:117.

④ 张丽华. 父母的教养方式与儿童社会化发展研究综述[J]. 辽宁师范大学学报(社会科学版)，1997(03):20—23.

⑤ 徐慧，张建新，张梅玲. 家庭教养方式对儿童社会化发展影响的研究综述[J]. 心理科学，2008(04):940—942+959.

⑥ 陈陈. 家庭教养方式影响因素研究[D]. 南京:南京师范大学，1996.

⑦ 侯静，陈会昌，王争艳，等. 亲子互动研究及其进展[J]. 心理科学进展，2002(02):185—191.

种舞蹈是相互协同的,因为一个人的行为往往是对方之前的行为引发和决定的。或者说这种互动是一种精确的相互作用,两个人之间的行为互相匹配,比如一个人模仿另一个人的行为,或者相互地微笑。

因此,家长对自己的孩子施行家庭教育时,应该注意自己的教养方式是否适合儿童本身的气质。这其实给家长提出了很高的要求,家长必须有意识地去学习一些心理学知识,这样才可能真正地因"材"施教。同时,社会认知理论也强调个体能够主动控制那些影响他们生活的事件,而不是被动地接受环境带来的一切;他们通过对环境做出反应的方式部分地控制环境中发生的一切。一个平静、快乐、易于照顾的青少年也可以对家长产生积极的影响,会鼓励家长以友善、温暖和爱的方式对待自己。然而,一个过于活跃、喜怒无常、难于照顾的青少年很可能引起家长的敌意、易怒和排斥。由此看来,也许并非儿童自愿,但他们也需要对营造自己的环境负部分的责任。

(二) 当前几种常见的问题教养方式

当前我国家庭教育实践中存在以下几种常见的问题教养方式。①

1. 溺爱型的教养方式

溺爱型的家长对儿童过分宠爱,过分关心,过分保护。其特征是在生活中把儿童放到特殊的地位,一切服从、服务于孩子,无论儿童的要求是否合理都予以满足,处处迁就,事事代劳;对儿童过分监护和关注,对他们的任何要求都有求必应,百依百顺;偏袒儿童的错误而不进行教育。溺爱型的教养方式在隔代教育中是较为普遍的,孩子本来自己能做的事,隔代家长往往会事事包办,呵护备至,在很大程度上妨碍了儿童独立性的培养。这种教养方式对儿童发展的不良影响是:

第一,导致孩子以自我为中心,养成自私、任性、放纵的坏习惯。溺爱型的家长希望孩子永远站在他们后面,享受着他们的呵护与关爱,家长竭力使孩子避免受苦,孩子也就学会了经常躲避要发生的事情,但这样做就剥夺了孩子体验生活和认识自己能力的机会。如果家长成功了,孩子就希望继续依赖他们。如果失败了,就可能导致孩子的愤恨,他们不仅埋怨家长没有很好地保护他们,而且容易对生活充满抱怨。

第二,养成孩子的依赖性。研究者曾将上海家长与日本家长的教养方式作比较,他们发现,上海母亲强调家长要爱孩子、关心孩子,而不重视理解孩子、尊重孩子;日本母亲则把理解孩子、尊重孩子作为好家长的首要条件。② 中国家长常以为自己的责任就是关心孩子、爱护孩子,就是尽量满足他们的要求,殊不知"无微不至的照顾"的最直接后果就是导致孩子的自理能力很差;包办代替,替孩子们做他们力所能及的事,打击了孩子做事的积极性,长期如

---

① 黄河清.父母教养方式与子女的心理健康[J].教育评论,1998(02):43—45.

② 黄河清.父母教养方式与子女的心理健康[J].教育评论,1998(02):43—45.

此也就养成孩子的依赖性。

第三，导致孩子缺乏自信。中国的家庭教育有着家长式教育的传统，家长对孩子的基本教育方针是保护、灌输、训导。具体表现为对孩子的冷暖饥饱、人身安全方面过度的保护。比如，在美国，很多孩子喜欢玩滑板游戏，在街道两旁，广场的水泥路面上，常常有美国孩子冲来撞去，在几尺来高的台阶上跃上跃下，令人不禁为他们的安全捏把汗。但中国的孩子玩这些冒险的游戏很少。因为中国家长认为冒这种风险让孩子获取胆量不值得，保险系数低。家长们的这种看法对孩子们有很大影响，强化了对于这种冒险运动的恐惧心理，因而妨碍了孩子冒险精神的培养。

第四，养成孩子蛮不讲理、霸道的坏脾气。家长要让孩子们学会管理自己的情绪。家长如果认为孩子长大了，可以自然而然地学会控制他们的情绪，那就大错特错了。平时溺爱孩子容易让孩子以自我为中心，养成蛮不讲理、任性的“小公主”“小皇帝”的坏脾气。

溺爱型的家长的教育方式是不可取的，爱孩子是人类的天性，孩子需要爱，但这种教育模式的“爱”由于超过了限度，其结果有可能使孩子的成长走向家长所希望的反面。当孩子长大后遇到困难时，面对与其家庭提供给他的有着差异巨大的社会环境时，则很容易受到挫折，会因灰心、失望而导致失败。

2. 专制型的教养方式

专制型的家长表现出控制的、限制的特征。以成年人的想法苛求于儿童，对儿童提出不切合实际的、不符合他们身心发展阶段的要求。对孩子不尊重、不理解，往往是强制多于慈爱，冷酷多于温情。家长不鼓励他们的孩子提问题、探索、冒险以及主动地做事情。把严格的规则强加给儿童而不作说明，以简单粗暴的态度，过严的要求对儿童进行教育，认为家长所作的结论或决定，是不容改变和违反的，往往是强迫儿童按家长的意愿办事，而且用惩罚来强制执行。不允许有差错或失误，否则就施以打、骂、恐吓或其他惩罚措施。这种教养方式对孩子心理健康的影响主要表现在以下几个方面：

第一，使孩子心理发育不正常，失去安全感。表现为情绪很不稳定，恐惧、胆怯，情感冷漠，时时处于紧张的状态。由于他们的独立性差，适应能力、生存能力低，一旦步入社会，需要独当一面、独立解决问题时，将不可避免地产生紧张焦虑、恐慌、退缩的神经征倾向，严重的甚至最终会投射为强迫性行为。

第二，使孩子同家长的关系对立，失去归属感。由于家长带给孩子的不仅是肉体上的痛苦，更是精神上的压抑和侮辱。粗暴的教子方式，也将导致孩子人格的畸形发展。家长是孩子最信赖的对象，而家长的粗暴态度会使孩子产生自卑感，厌学、失去上进的信心和勇气，如果长期得不到温情，又面临着遭遇暴力的危险，孩子很容易自暴自弃，甚至产生轻生的念头。

第三，因逃避惩罚养成说谎话、表里不一的不良品质。有的孩子表现出胆小怕事，甚至为了免遭打骂用欺骗撒谎的手段对付家长。孩子在觉得自己的行为与家长的要求不符时因害怕失败、害怕严厉的惩罚而往往容易采取逃避的态度。

第四,因惧怕失败而退缩、消极、意志力差。有的家长封建传统意识较强,对代际间尊卑辈分的界限十分重视,他们视子女为自身的延续,要求子女对其必须绝对地服从和依附。在这种教育方式的影响下,子女形成以遵从家长、实现家长期待为奋斗目标的思想意识,采取以家长满意而不是自己满意的方式去获取成功。因此,子女的自我处于萎缩状态,失去了独立发展的机会,形成消极、被动、等待、观望的不良个性。

第五,使孩子养成粗鲁待人、不容忍的行为习惯。在高压之下,孩子常常表现出顽强的抵抗情绪,变得性情暴躁、行为粗野。粗暴的教子方式,会导致孩子不辨是非、盲从仿效。例如,孩子在家里挨打,出外就会打别人,家长的恐吓方式也往往被孩子借用来恐吓别人。粗暴的教子方式会导致亲情关系疏远,感情有隔阂。专断的教养类型在某种情况下对家长而言,可能更简便易行,但是很少从家长那儿得到温情的孩子,他们不懂得如何恰当表达自己的情绪和想法,在人际关系或处事能力上可能会碰到较多困难,对孩子未来的发展会带来很大的问题。

总之,专制型家长为孩子规划所有的事,试图将孩子训练成听话的机器,但他们没有认识到家长并不能帮孩子获取必要的知识技能,也终究不能包办孩子的一切,最后影响了儿童的健康发展,这是非常不可取的。持这种教养态度的家长要不断学习心理健康的知识,保持自身的心理健康。教育子女应注意调整对孩子的期望,不要勉强孩子做他所不能胜任的事。不要对孩子过于严厉,要理解孩子,善于发展孩子的特长。批评孩子时,应该镇静,要注意态度与效果。

3. 放任型的教养方式

放任型的家长对儿童采取不闻不问、放任自流的态度。他们不为儿童立任何规矩、无明确要求,对儿童的言行没有严格的规定和必要的约束,对儿童不加控制,甚至对儿童的缺点错误也不闻不问,且奖惩不明,完全任其自由发展。这种家长不仅缺乏责任心,而且缺乏爱心。这种教养方式对儿童的成长带来的不良影响是:

首先,由于缺乏家长的关心和教育,容易使孩子认为自己在家庭中是不重要的而失去归属感。

其次,家长没有给予必要的行为准则,儿童行为缺乏约束,容易导致儿童缺乏自我控制能力。

再次,如果家长缺少对儿童成就的鼓励,那么就很难帮助儿童养成独立的探索意识和形成独立完成任务的能力。长此以往,儿童的自我效能感极差,且缺乏胜任感和自尊感。在这种教育方式下长大的儿童不懂得爱和关心、情感冷漠,自控力差、意志薄弱,自以为是、任性、固执,自由散漫、社会适应性差。

这是一种应当否定的教养方式,因为持这种教养方式的家长对孩子是冷漠的、忽视的、不负责任的。家长应该懂得，每个孩子都需要家长的关心和爱护，需要家长的尊重，需要家长支持他的上进心，需要家长满足他的合理要求。家长应该负起教育孩子的责任，给孩子更多的关心和爱护，对孩子严格要求，时刻关注孩子的成长，对孩子运用适当的奖惩手段，通过奖励强化孩子正当的行为，帮助孩子解决其所面临的困难。

第二节　现代社会环境下的儿童

我国从1979年起每五年进行一次大规模学生体质健康调查。专家认为：生活环境的急剧变化，使青少年儿童丧失了许多有利于身体发育所需的自然环境，并担心长期生活在这种环境下会导致人的退化。[①] 我国近年来的全国学生体质调查结果表明：学生的体质逐年下降。事实也证明，随着生活方式的改变，儿童患上了许多现代病：肥胖、近视、电视综合征、缺乏运动、孤独症、信息消化不良等。[②] 在现代社会环境下，儿童的身体健康和心理健康的发展都面临着巨大的挑战，我们首先要认清当前的状况，才能进一步采取防范和补救的措施，促进儿童身心的健康发展。

一、儿童身体健康面临的挑战

（一）肥胖检出率上升

近年来，随着我国人民生活水平的不断提高，儿童的肥胖问题也呈现日益增长的趋势。肥胖症是指因过量脂肪储存使体重超过正常20%的营养过剩性疾病。标准体重：（千克）＝身高（厘米）－100，超过标准体重的20%—30%者为轻度肥胖症，超出标准体重的30%—50%者为中度肥胖症，超过50%为高度肥胖者。[③]

王文辉、王艳丽的研究[④]显示，新疆阿克苏城区3—7岁儿童的单纯性肥胖的发生率较高，为7.05%，超重率为13.23%，明显高于1996年中国8城市0—7岁儿童单纯性肥胖检出率1.76%和超重检出率1.85%，也高于丁宗一等报道的11城市0—7岁儿童肥胖和超重检出率2.0%和4.2%，与陈敏等报道的北京城区学龄前儿童（3—6岁）2000年的肥胖发生率为7.06%相差不大，但高于超重发生率为9.8%，已接近发达国家水平5岁以上儿童肥胖发生率。该文指出肥胖发生的危险因素主要有家族中肥胖人数、母亲的BMI、父亲较少参加运动、家庭不正确的运动和饮食习惯及家长的错误认知等。

近年来，由于生活水平提高，营养状况得到较大改善，而相应的营养知识的健康教育却普及不足，在许多家庭中形成了不良的生活方式，如高热能饮食、长期看电视或上网，缺少运

① 郑伟.现代生活环境和方式对青少年儿童身心健康发展的负面影响[J].上海体育学院学报，2004(04)：73—75+94.
② 2005年全国《学生健康体质标准》数据统计分析报告，全国《学生体质健康标准》数据管理中心.
③《中国大百科全书》总编委会.中国大百科全书(第二版)[M].北京：中国大百科全书出版社，2009：6—420.
④ 王文辉，王艳丽.阿克苏城区3—7岁儿童肥胖的发生率及其影响因素分析研究[J].兵团医学，2007(02)：14—18.

动,这是导致近年来我国肥胖率明显上升的主要原因之一。

由于儿童处于一个特殊的生长发育阶段,肥胖容易对其健康成长造成威胁,儿童青少年超重和肥胖对心血管有重要影响,体脂过度沉积还可能加速冠状动脉硬化的进程。[①] 体脂含量与血压水平密切相关,体脂过度增加可能影响儿童青少年心血管功能。[②] 而且"大量研究证实,儿童青少年时期超重或肥胖是成年肥胖的预测因子,不但影响儿童青少年的身心发育,而且增加儿童青少年乃至成年期高血压、糖尿病和血脂紊乱等的患病风险"。[③] 儿童青少年肥胖已成为全球重要的公共卫生问题。

儿童肥胖不仅影响儿童的身体健康,还可能产生心理问题,进而增加了家长对儿童进行教育的难度,家长由于缺乏必要的相关心理学知识,不能及时了解儿童心理发展的情况,可能会由于教育失当而影响儿童健康心理的养成。

(二) 视力不良检出率上升

视力不良是青少年中常见的疾病之一,视力不良包括近视、远视、散光、斜视等,而视力不良的学生中绝大部分为近视性的。

近年来,儿童视力不良的情况进一步恶化,冯哲伟等人[④]通过对浙江杭州 2016—2018 年学生视力监测结果的分析,发现 3 年间视力不良率呈逐年上升趋势,小学生随学段升高呈逐段上升的趋势。侯丽明等[⑤]对山西省 44 279 名中学生的视力调查结果也显示山西省学生视力下降程度随着年龄的增长而呈上升趋势。徐渴等[⑥]对天津市 2018 年中小学生视力监测结果分析,发现 2018 年天津市中小学生(不含一到三年级)视力不良检出率为 71.91%,重度不良构成比显示随年龄逐渐增加趋势。周歌等[⑦]对吉林市中小学生的视力不良现状分析,发现学生视力低下率随学年的延续而上升,城市学生在 8—12 岁视力不良率增速明显高于农村学生,轻度视力不良率逐年下降。

中小学生视力下降的相关研究还有很多,总的来说,造成中小学生视力下降的原因主要有两点:一是不注意用眼卫生。这是造成多数近视形成的主要原因。随着科学技术的发展

---

① McGill Jr HC, McMahan CA, Herderick EE, et al. Obesity acceler-ates the progression of coronary atherosclerosis in young men [J]. Circulation, 2002,105(23):2712—2718.

② 侯乐荣,张艺宏,秦朗,等. 我国青少年体质健康现状分析[J]. 四川体育科学,2010(01):102—105.

③ LOBSTEIN T, BAUR L, UAUY R. Obesity in children and young people: A crisis in public health [J]. Obes Rev, 2004, 5(S1):4—104.

④ 冯哲伟,戴凤仙,王峥,等. 2016—2018 年浙江省杭州市下城区中小学生视力不良现状分析[J]. 中国教育健康,2021,37(02):117—120.

⑤ 侯丽明,张晓红,孟亚清,等. 山西省 2019 年中小学生视力不良现状分析[J]. 中国药物与临床,2021,21(14):2459—2460.

⑥ 徐渴,刘忠慧,冯宝佳,等. 天津市 2018 年中小学生视力不良现状及影响因素分析[J]. 中国慢性病预防与控制,2021,29(08):589—592+596.

⑦ 周歌,吴方园,刘美田,等. 吉林市中小学生视力不良现状及增长速度趋势分析[J]. 实用预防医学,2019,26(01):36—41.

和人们生活水平的提高，电视、电脑、智能手机等已经是一般家庭必备的工具，尤其是电脑、手机等工具的使用对儿童眼睛的危害更大，很多儿童青少年不注意适当的休息，加之缺乏身体锻炼，更加重了对视力的破坏。二是学习压力大，睡眠不足。尽管素质教育在推行，但是学校追求升学率的现象仍普遍存在，学生课外活动少，每天睡眠时间不到 8 小时是普遍现象，学生长时间用眼和精神紧张造成眼球屈光的变化，从而导致视力低下；对已有视力低下的学生也会有不同程度的加深。

视力不良不仅会影响儿童的学业成绩，而且会影响儿童的自信心。家长如果不能及时发现视力不良导致的儿童生理甚至是心理的异常，而一味地批评指责，可能会伤害儿童的自尊心，引起儿童的逆反心理，影响亲子关系的和谐，从而影响儿童的健康发展。

(三) 性早熟发病率上升

性早熟是指女孩在 8—8.5 岁前，男孩在 10 岁前出现性发育的现象。影响儿童发育的因素很多，主要是种族、遗传、气候、营养、疾病等。性早熟的心理影响明显。儿童应及时诊疗，找不出原因者要定时随诊。①

上海复旦大学公共卫生学院和儿科医院共同完成的一项流行病学调查②称，本市地区 6—18 岁儿童性早熟的患病率是 1%，仅次于肥胖症，占小儿内分泌疾病的第二位，发病率呈明显上升趋势。龚林③等人对深圳市小学 1—3 年级的 6 333 名儿童第二性征的检测调查发现，深圳市女性性早熟的检出率为 5.08%，男性性早熟的检出率为 0.39%，总的检出率为 1.96%。问卷调查显示：性早熟组儿童在食用饮料、肉禽类、保健滋补品、用中药材煲汤方面明显高于正常儿童组；性早熟组儿童看电视的时间长于对照组；有遗传病家族史的性早熟检出率高。广东省妇幼保健院对数千例儿童调查数据显示，广州儿童“性早熟”发病率已由 10 年前的 0.5%上升至 1.3%，而中国儿童性早熟平均发病率是 1%。薄婷婷④等人对天津市滨海新区 1 260 名小学生性早熟流行病学调查研究显示，城区女学生和男学生的检出率分别为 2.14%和 0.29%，影响因素与较早的多项研究相似。

性早熟会带来成年后各种各样的问题：⑤其一，个子长不高。由于骨骼发育过快，性早熟儿童的生长周期会明显缩短，没有足够时间发育，最终使其成人后的身高比一般人矮。其二，性行为提前。性早熟儿童的心理发育与身体发育极不匹配，加上患者生理年龄小、社会阅历浅、自控能力差，容易导致其性行为提前，从而引发怀孕和性疾病传播的危险。其三，性

---

① 《中国大百科全书》总编委会. 中国大百科全书(第二版)[M]. 北京：中国大百科全书出版社，2009：267—268.

② 崔朝晖，黄建荣，王继东，等. 血清 IGF-Ⅰ和 IGFBP-3 在检测女童性早熟中的意义[J]. 中国儿童保健杂志，2002(05)：297—299.

③ 龚林，颜春荣，黄美娥，等. 深圳市儿童性早熟及影响因素的调查[J]. 中国自然医学杂志，2006(04)：296—272.

④ 薄婷婷，杨萃，王艳，等. 天津市滨海新区 1 260 名小学生性早熟流行病学调查及相关因素分析[J]. 中国妇幼保健，2020，35(09)：1715—1718.

⑤ 李颖. 儿童性早熟究竟是谁惹的祸？[N]. 科技日报，2009-10-23(004).

格压抑。性早熟的孩子可能因为自己在体形、外表上与周围小伙伴不同,过早地背起沉重的思想包袱,产生自卑、恐惧和不安情绪,对日后的心理健康产生长久的不良影响。与此同时,男孩子成人后也面临着内分泌紊乱的问题。

(四) 身体素质下降

侯乐荣等[①]对2005年教育部组织的全国性体质与健康调研结果与2000年的调研结果做了对比分析,发现在身体形态发育水平上,青少年的身高、体重、胸围都有所增长,但是反映身体机能发育水平的肺活量却下降了。影响肺活量的因素很多,而健康状况愈好、胸廓愈大的人肺活量愈大。长时间的伏案学习,使得学生体育锻炼不足,降低了肺活量。

另外,近年研究发现反映青少年身体素质和运动能力的速度素质、爆发力素质、力量耐力素质等的测试也均呈下降趋势。尽管我国学校体育工作在逐步加强,各种卫生保障制度也在逐渐完善,但是青少年的身体素质却在下降,这说明现代生活方式对青少年身体的影响是很大的。由于社会竞争日益激烈,升学压力也从来没有真正降低过,使得学生睡眠不足,精神紧张,把大量的时间花在学习上而缺少体育锻炼。此外,还有部分青少年花费大量的时间上网、玩游戏。经常使用电脑、手机不仅对儿童的视力有着极坏的影响,也会减少儿童的室外活动,进而导致体质不断下降,对生活环境的适应能力也越来越差。一些儿童由于沉迷于网络,几乎脱离了现实世界的生活,在虚拟的网络世界中寻找精神的慰藉,这样的话,甚至会影响儿童的智力发展。

虽然学校与社会为儿童青少年提供了更多进行体育锻炼的设施,但是不能保证儿童青少年的体育锻炼就会因此而加强。所以要改善他们的身体素质,更有待于切实地改善儿童的学习和生活习惯。

二、儿童心理健康面临的挑战

随着社会经济的快速发展,社会竞争越来越激烈,在强大的竞争压力下,家长和老师对儿童都抱有较高的期望,儿童不仅要面对学业上的压力,还可能因沉重的学习负担而使兴趣受到压抑,由此可能产生各种行为问题,甚至产生心理疾病。如果受压抑的心理长期得不到缓解,儿童可能常会有焦虑和抑郁的情绪,并且身体也会呈现相应的变化,如头昏、头痛、感到疲劳等症状,以此来自我逃避或缓解这种情绪。由于儿童的心理不够成熟,自控能力较差,有可能采取一些极端的行为甚至走上违法犯罪的道路。下面列举几项当前儿童青少年中常见的心理健康问题。

(一) 注意力缺陷多动障碍

注意力缺陷多动障碍(attention deficit hyperactivity disorder, 简称ADHD)是儿童期常

① 侯乐荣,张艺宏,秦朗,等.我国青少年体质健康现状分析[J].四川体育科学,2010(01):102—105.

见的一种精神和行为障碍，表现为注意力不易集中，不分场合多动、冲动，是引起儿童学习成绩低下的原因之一。①

全球ADHD的发病率为8%—12%，其中50%患儿的症状将持续到成年，②对儿童的心理发育和学习及以后的工作、社会交往、社会适应等带来了严重的影响。ADHD患儿主要照顾者往往因为缺乏相应的疾病知识而焦虑，甚至因对疾病的严重性了解不够而忽视对患儿的照顾和心理支持。

近年来，有关儿童注意力缺陷多动障碍患病率的报道很多，如岳亿玲等③运用Conners量表、DSM-Ⅳ标准及注意力测试、智力测试等综合诊断方法调查显示，淮北市6—12岁小学生ADHD患病率为3.94%；杨本付等④用Conners量表调查显示，济宁市儿童多动症患病率为6.06%；孙丹等⑤的调查显示，牡丹江市小学生多动症患病率为9.04%；卢林等⑥用DSM-Ⅳ标准调查武汉市儿童青少年ADHD患病率为13.58%。任路忠等⑦用DSM-Ⅳ标准调查显示，深圳市龙岗区儿童ADHD患病率为14.4%，略高于卢林等的报道，儿童ADHD患病率总体显示男性高于女性。尽管各个研究所得出的数据差别很大，但总体上看，儿童ADHD的患病率有上升的趋势。

相关的研究显示，家长的教养方式对儿童ADHD的患病有着重要的影响，儿童ADHD的发生与家长打骂孩子、溺爱等不良教养方式以及母亲吸烟、饮酒等不良行为有密切关系，而允许孩子独自完成能做的事对ADHD患病具有保护作用。⑧

（二）青少年抑郁症

近年来，青少年患抑郁症的问题也越来越受到关注。史俊芳对某高校在读五个年级的662名本科生抑郁症的患病情况所做的调查结果为7.3%。⑨ 高海燕、门伯媛等对某高校大学生抑郁状况调查的结果为有抑郁情结的占45.2%，尤其是大学新生及性格内向的学生抑郁率更高。⑩ 李雷雷等人对重庆市中学生抑郁状况的调查得出的结果为，有抑郁症状的中学生人数为929名，检出率为58.2%。其中轻度抑郁530名，检出率为33.2%；中度抑郁364

---

① 胡亚美，江载芳. 诸福棠实用儿科学第7版（下册）[M]. 北京：人民卫生出版社，2005：1946.

② American Academy of Child & Adolescent Psychiarty. Practice parameter for the assessment and treatment of children and adolescents with attention-deficit/hyperactivity disorder [J]. J Am Acad Child Adolesc-Psychi, 2007, 46(07): 894—921.

③ 岳亿玲，李颖，李玉芹，等. 淮北市儿童注意力缺陷-多动障碍患病情况[J]. 中国学校卫生，2006(05)：454.

④ 杨本付，宋红梅，刘秀惠，等. 济宁市儿童多动症及影响因素的现况调查[J]. 公共卫生与预防医学，2008(01)：122—128.

⑤ 孙丹，杨勇，宋彦，等. 牡丹江市小学生多动症的流行病学调查[J]. 四川精神卫生，2008(03)：164—166.

⑥ 卢林，施琪嘉，钟运芬，等. 武汉市儿童青少年注意力缺陷多动障碍相关因素调查：12个年级的2199份问卷分析[J]. 中国临床康复，2005(12)：116—118.

⑦ 任路忠，刘贵敏，童卫红等. 教养方式与儿童注意缺陷多动障碍关系的队列研究[J]. 中国学校卫生，2009，30(05)：429—431.

⑧ 任路忠，等. 教养方式与儿童注意缺陷多动障碍关系的队列研究[J]. 中国学校卫生，2009，30(05)：429—431.

⑨ 史俊芳. 大学生抑郁症的患病率调查及与体质的相关性分析[J]. 中医药管理杂志，2006(11)：21—22.

⑩ 高海燕，门伯媛，殷妍. 某高校大学生抑郁状况调查[J]. 疾病控制杂志，2005(03)：228—230.

名,检出率为22.8%;重度抑郁35名,检出率为2.2%。[①] 周琳琳等人对上海市中学生抑郁症状的调查结果为,18.6%的学生肯定有抑郁症状,其中22.7%的男生肯定有抑郁症状,高于女性的14.78%。[②] 虽然由于测量工具的不同,对抑郁症的定义不尽相同,而导致研究数据存在差异,但各家的研究结果均证实了青少年抑郁问题已经不容忽视。

(三) 青少年自杀行为

自20世纪80年代以来,无论是在西方国家还是在发展中国家,社会性的自杀,尤其是青少年自杀比例正在上升,并且呈现低龄化的态势,已经成为一个全球性的社会问题。青少年自杀的危害性人所共知,自杀已成为15—34岁青少年中第一位的死亡原因,青少年自杀成为自杀问题研究中亟须优先解决的问题。[③]

广义上说,自杀是指自杀的主体蓄意主动结束自己生命的行为。现代社会学的奠基人、"自杀学"的创始人埃米尔·迪尔凯姆(Durkheim. E),最先提出了自杀的概念:人们把任何由死者自己完成并知道会产生这种结果的某种积极或消极的行动直接或间接引起的死亡称之为自杀。[④] 迪尔凯姆从社会类型的病因学和形态学角度将自杀分为利他性自杀、利己性自杀和反常的自杀三种基本类型。[⑤] 按照自杀的结局可将自杀分为自杀死亡和自杀未遂。按自杀的行为特征将自杀分为主动自杀和被动自杀。采用主动行为手段结束自己生命的行为属于主动自杀;拒绝进食和放弃治疗或安乐死属于被动自杀行为。这两种自杀在结束自己生命的意愿方面没有任何区别,只是自杀的形式和手段不同而已。

董永海等[⑥]人分析2000年到2013年中学生自杀相关行为相关研究报告,在总调查人数为153 245例的各类研究报告中,经Meta分析,中学生自杀意念报告率为17.7%,自杀计划报告率为7.3%,自杀未遂报告率为2.7%。邓飞等[⑦]人的研究显示,3 239名中学生最近一年内自杀意念和行为的总报告率为16.50%和3.80%。

青少年的自杀行为与多种因素相关,甄龙等[⑧]人关于青少年自杀行为的研究综述显示,有关家庭和社会环境、心理因素的研究较多,大多在自杀行为中起中介作用;有关精神疾病、创伤与应激因素的研究较少,但与自杀行为的关系较为密切。青少年自杀行为需要从学校、

---

① 李雷雷,汪洋,王宏,等.重庆市中学生抑郁状况及与应对方式的相关性研究[J].第三军医大学学报,2010(10):1071—1073.

② 周琳琳,范娟,杜亚松.上海市中学生抑郁症状现状及其与生活事件关系的研究[J].上海精神医学,2009,21(03):133—135.

③ 李建军.我国青少年自杀问题研究[M].北京:中国社会科学出版社,2007:151.

④ [法]埃米尔·迪尔凯姆.自杀论[M].冯韵文,译.北京:商务印书馆,1996:11.

⑤ [法]埃米尔·迪尔凯姆.自杀论[M].冯韵文,译.北京:商务印书馆,1996:318.

⑥ 董永海,刘芸,刘磊,等.中国中学生自杀相关行为报告率的Meta分析[J].中国学校卫生,2014,35(04):532—536.

⑦ 邓飞,杜敏霞,王慧敏,等.河南省农村中学生自杀行为流行病学现状与影响因素分析[J].河南预防医学杂志,2018,29(08):604—610.

⑧ 甄龙,徐改玲,徐灵敏.我国青少年自杀行为研究的分析和思考:影响因素系统综述[J].教育生物学杂志,2022,10(02):131—135.

家庭和社会各方面得到更多的关注，给予青少年自杀行为有效的干预和支持，形成完善的干预和支持体系。

（四）未成年人违法犯罪行为

从1985年开始，我国未成年人违法犯罪人数逐年快速攀升，到2004年，未成年人违法犯罪行为占全部刑事案件作案成员的比例已经达到13.8%。[①] 20世纪90年代以来，青少年违法犯罪的初始年龄比20世纪70年代提前了2—3岁。如河南省公安机关调查发现，过去未成年人刑事案件作案年龄集中在16—18岁，而近年来却集中在13—18岁之间。[②] 在未成年人违法犯罪的总体中，多数是失学、辍学生，他们过早进入社会后多无业可就，成为社会闲散群体的重要组成部分，很容易受到社会中不良文化的影响而走上违法犯罪之路。

在现代社会中，儿童很容易获得不良的信息，电视节目中常常充满暴力的场面，网络游戏中也大量存在着杀戮、血腥的信息。大众传媒为了商业利益传播这些信息。毫无防范的儿童便被赤裸裸地暴露在这些暴力信息下，他们不仅能听到关于杀戮的消息，还能从媒体中看到真实的场景，在这些视觉和听觉信息的冲击下，他们的认知、情绪和情感都会受到影响。由于不断接触到这些暴力信息，很多青少年变得麻木、冷酷无情，感受不到世界的美好、生活的幸福。这对于儿童青少年形成正确的人生观和价值观有着不良的影响，尤其是对于那些生活在不健全的家庭中的儿童更是如此。儿童过早接触太多负面的信息，很容易在生活遇到挫折或困难时去模仿而做出违法犯罪的行为。

一项以740名青少年为被试的调查[③]显示，良好的家庭因素对于遏制青少年违法犯罪行为能够发挥一定的作用。该研究通过对严重、中等、无违法犯罪行为三组青少年的家庭环境、家长监控作对比，发现三组均存在显著差异；母亲受教育水平、家庭道德观念和矛盾性、家长监控对青少年违法犯罪行为有显著的反向预测作用。

现代社会环境下的家庭教育面临着诸多问题与挑战，为了更好地应对挑战，一方面，家长的教育观念需要转变，转变错误的儿童观、亲子观和人才观，并根据儿童的特点选择适当的教养方式。另一方面，面对着日益复杂的社会环境，家长们不仅要关注儿童的身体健康成长，更要关注儿童的心理成长状况，以保证儿童全面健康地发展。

案例分析

电视剧《小欢喜》中乔英子和妈妈的故事令人印象深刻。父母离异后，乔英子一直跟随妈妈生活。妈妈把乔英子当作自己的全部，对她的要求非常严格，无论是生活还是学习，乔英子有任何的需求，都要得到妈妈的允许。乔英子喜欢乐高和天文，但是妈妈认为这与学习

---

① 陆志谦，胡家福．当代中国未成年人违法犯罪问题研究[M]．北京：中国人民公安大学出版社，2005：7.

② 陆志谦，胡家福．当代中国未成年人违法犯罪问题研究[M]．北京：中国人民公安大学出版社，2005：9.

③ 林丹华，方晓义．不同干预者在青少年吸烟行为预防干预活动中的作用[J]．心理科学，2005(03)：702—705.

无关,甚至把她拼了很久的乐高给毁掉,亲子关系因此变得紧张,懂事的乔英子为了和妈妈和好,开始委屈和顺从妈妈的要求。在高考填报志愿的时候,妈妈希望她能考清华,但是乔英子却不敢把真实的想法告诉妈妈,她其实更想考南京大学,因为南京大学有她最喜欢的专业——全国最好的天文学。

请你分析一下,乔英子妈妈属于哪种类型的教养方式?这种教养方式对乔英子的身心成长造成了怎样的影响?如果我们也遇见这样的妈妈,可以采取哪些措施帮助对方调整自己的教养方式?

延伸阅读

1. 李德. 中国家庭教养方式[M]. 北京:社会科学文献出版社,2018.
2. 杨娜. 亲子沟通的正确姿势[M]. 北京:中国纺织出版社,2021.
3. [美]黛安娜·帕帕拉,等. 孩子的世界:从婴儿期到青春期[M]. 郝嘉佳,等译. 北京:人民邮电出版社,2013.
4. [美]凯瑟琳·史塔生·伯格尔. 0—12 岁儿童心理学[M]. 陈会昌,译. 北京:中国轻工业出版社,2016.

第十一章

家庭—学校—社区合作

本章导语

学校作为人才培养的主要机构，一直以来都处于教育系统的核心位置。然而，现代社会的飞速发展对人提出了越来越高的要求，仅靠学校单方面力量已难以完成人才培养的重任；家庭作为社会的细胞，是孩子的第一课堂，家长是孩子的首任老师，也是影响最持久的老师，他们不仅塑造着孩子的个性，也影响着孩子的社会化水平；而所有的家庭又都居住在不同的社区，社区是影响儿童社会化进程的另一个重要社会场所，它对儿童成长的影响同样不可忽视。因此，需要我们改变传统的狭隘的教育观念，以大教育的视野审视今天的教育状况。打破学校教育、家庭教育、社区教育相互封闭、割裂的局面，寻求三种教育力量之间的相互支持和配合，以统一教育力量，更好地引导儿童健康成长。《中华人民共和国国民经济和社会发展第十四个五年规划和2035年远景目标纲要》[①]明确提出，"构建覆盖城乡的家庭教育指导服务体系，健全学校家庭社会协同育人机制"。《家庭教育促进法》[②]指出，社会协同来建设优质家庭教育。家庭学校社区的合作，在近十年间，取得了一定的成绩。随着社会经济的发展，虚拟社区顺利发展，给家庭、学校、社区的合作，带来了蓬勃生机。

---

① 中华人民共和国国民经济和社会发展第十四个五年规划和2035年远景目标纲要[EB/OL].(2021-3-13)[2022-12-28]. http://www.gov.cn/xinwen/2021-03/13/content_5592681.htm.

② 中华人民共和国家庭教育促进法[EB/OL].(2021-10-23)[2022-12-28]. http://www.gov.cn/xinwen/2021-10/23/content_5644501.htm.

学习目标

1. 了解“家庭—学校—社区合作”的概念与意义。
2. 学习“家庭—学校—社区合作”的理论依据。
3. 学习如何开展“家庭—学校—社区合作”的实践探索。

第一节　家庭—学校—社区合作的概念与意义

众多研究者一致认为，家庭、学校、社区的合作是当前大力倡导的大教育观的基本内涵与目标之一，具有非常重要的现实意义。

一、有关家庭—学校—社区合作的概念

家庭、学校、社区三种教育形式的合作，涵盖教育系统中三个重要方面，其中学校作为专业机构处于核心位置，是联结其他二者的桥梁和纽带。在具体的实施过程中，既存在家庭、社区分别与学校的合作，也存在三者共同作用的形式。因此，我们分析家庭—学校—社区合作的概念时可以先从"家庭—学校"的合作、"学校—社区"的合作、"家庭—社区"的合作入手，进而分析作为一个整体的"家庭—学校—社区"合作。

（一）家庭—学校合作

家庭—学校合作是一个宽泛的概念，在我国有多种表达方式：家校联络、家校联系、家校沟通、家校协调等。尽管表达方式多种多样，但在具体实践中其内涵基本相同。

家校合作可分为"家长参与"与"家长教育"两个方面。家长参与既包括家长在家庭为支持子女的教育所做的工作，也包括家长在学校和社区为支持子女的教育所做的工作。家长教育指学校或有关社会机构及人员，为提高家庭教育的科学性、针对性、时效性，对家长进行的理论、内容、方法等方面的指导。

在家长参与方面，随着社会的进步，我国也借鉴了他国经验。19世纪中后期以来，美国经历了公立学校儿童教育的不同困境，为了解决困境，美国重视家长参与。研究发现，家长参与对于改善学生学习环境、促进学校的民主化管理、优化家长自身的教育观念与行为等都发挥着积极作用。美国著名教育学家艾普斯坦提出了家长参与的六种方式说，按照角色行为复杂性，他将家长参与划分为从简单到复杂的行为序列，即教养、沟通、志愿者活动、家庭学习和决策五种参与类型。[①]

愿意不断成长的家长对孩子的正向影响尤为深远。作为家长，应该具有明确的多重角色意识，学会在不同的情境下，充当不同的社会角色，表现不同的角色行为，去完成自己的教育任务[②]。儿童的发展，亟待家长教育专业化。家长教育专业化，有利于家长更好地成为孩子的领袖，有利于家长更好地成为孩子的心理导师，有利于家长更好地成为孩子的学习教练，有利于家长更好地成为孩子的行为标杆。[③]

综上所述，家校合作是家长参与学校教育，学校指导家庭教育，家长不断成长，完成自我

---

① 蒋世萍，王菲. 美国中小学家长参与学校教育的探索及启示[J]. 教育探索，2016(03)：150—153.

② 刘荣才，陈丽梅. 家长学[M]. 西安：陕西人民教育出版社，1998：95—116.

③ 张家军，鲍俊威. 家长教育专业化的价值意蕴、当前困境与突破路径[J]. 教育理论与实践，2020，40(31)：3—8.

教育、互助互惠的双向合作活动。

(二) 学校—社区合作

学校是从事教育活动的专门机构。然而对于什么是"社区",却是众说纷纭,莫衷一是。20 世纪 30 年代,费孝通将"community"译为"社区",将社区概念引进国内。费孝通认为,社区是若干个社会群体聚集在某一地域里形成的一个在生活上相互联系的大集体。社区是有形的,它存在于一个地域范围;社区又是无形的,它用无形的网络支撑着地域范围内居民的正常生活运转。经过这些年的发展,社区已经成为大多数居民离不开的组织。也正是其强大的覆盖性,社区被社会寄予了新的教育功能。[①]

美国最常用到的就是 community involvement。在多数文章中,这些表达可相互替换。也有一些文章专门对其中的某两三个词进行辨析。例如,有些文章指出 community partnership 是社区作为学校伙伴,向学校提供资金投入与志愿者行动等帮助,是初级的参与;而 community involvement 所指范围相对较广,不仅包括社区与学校的合作,也包括社区与学校的其他关系状态,比如在学校不合作的情况下,社区可以通过非常规手段,从外部向学校施压,促进学校改革。

美国的教育家认为,学校是社区极为重要的有机组成部分,学校和社区应该是双向互动与合作的关系。这种互动与合作主要表现为社区对学校的支持与帮助,以及学校对社区的开放和服务。

在我国对社区教育具有代表性的界定中,从青少年教育角度定义社区教育的有"社区教育是以学校为主导,家庭为基础、社会为依托,全社会齐抓共管,关心中小学生健康成长的教育网络"。[②] 李家成在《学校与社区合作的挑战与应对》这篇论文中指出,为构建服务全民终身学习的教育体系,为助力教育高质量发展,为实现家校社协同育人,学校与社区的合作势在必行。学校与社区的合作,也面临着四大挑战:教育观的更新、学校教育方式的更新、新合作方式的建立、终身学习意识与能力的发展。[③]

"学校—社区合作"是学校与社区之间所进行的一种双向交流活动,通过学校与社区互帮互助、资源共享,来提高学校学生的各方面素质,改善学校办学质量,提高社区居民的素质,改进社区教育水平。

(三) 家庭—社区合作

传统意义上,家庭是社区中的独立单元,同一社区有不同的家庭,合作与分享较少发生。在特殊情况下,家庭与社区的合作较密切。

---

① 张湘云. 从线下零散到线上集约:社区支持家庭教育新路径探索[J]. 济南职业学院学报,2022(01):83—86.
② 刘燕,刘志光. 主体·创造·实践·发展[M]. 北京:中国财政经济出版社,1999:127.
③ 李家成. 学校与社区合作的挑战与应对[J]. 中国德育,2021(13):10—11.

第一，空间场域迁移形成的新社区。我国在“十三五”的脱贫攻坚战中，为了让一部分人走出贫瘠的原住地，而迁移到有较好条件的居住区，形成一个社区。郜书东的研究指出为了加强迁移居民对新社区的归属感，社区主动联系迁移居民，为迁移居民排忧解难，在此过程中，社区关心单亲家庭的家庭教育问题，新社区的家庭教育水平得以整体提高。①

第二，资源共享形成的虚拟社区。随着信息化的发展，家庭在共享某些教育资源时，自发集结形成虚拟社区，比如读书分享会等，这些家庭也许不在同一空间场域，却在虚拟社区就读书这一主题进行密切交流。

(四) 学校—家庭—社区合作

学校—家庭—社区合作在英语中的表达常见的有 home, school, and community relations，或② school, family and community partnerships。③ 在爱泼斯坦(Epstein)等人的研究中指出“合作”(partnership)就是教育者(这里指学校的教师及其他工作管理人员)、家庭和社区成员一起工作、共享信息、指导学生、解决问题、收获成功，让合作的单位或个人认识到家庭、学校和社区对孩子的学习和发展有着共同承担的责任。学生是成功合作的中心，他们存在于这三种环境之中，他们将这三种环境的成员互相连接起来。在学校、家庭和社区通过交流、活动、投资、决策和其他一些联系中促进孩子们的学习，而学生在其间是主角、是贡献者，并不是旁观者和接受者。④

在吴志宏编著的《中小学管理比较》中将学校、家庭、社区合作的含义界定为：“学校、家庭、社区合作是指三方为了育人的共同目的，建立友好的伙伴关系，在各项工作中相互关心、相互支持、相互配合。”⑤

因此我们认为家庭—学校—社区合作是指家庭、学校、社区为了青少年的健康成长，建立三方互动的伙伴关系，通过互相尊重、互相协调、互相配合、互相支持，达到优势互补、互利共赢的目的的教育活动。

二、家庭—学校—社区合作的意义

(一) 有利于提升学生生涯教育质量

教育的对象，首先是持续发展的生命，从长远视角看，关注受教育对象的当下和未来、升

---

① 郜书东. 社会工作助力易地扶贫搬迁社区单亲家庭子女抗逆力提升研究[D]. 贵阳：贵州大学，2022.

② Gestwicki, C. Home, school, and community relations(6th ed.)[M]. Clifton Park, NY: Thomson Delmar Learning, 2006.

③ Epstein, J. L. School, family, and community partnerships: Preparing educators and improving schools [M]. US: Westview Press, 2001.

④ Epstein, J. L. School, family, and community partnerships: Preparing educators and improving schools [M]. US: Westview Press, 2001:4.

⑤ 吴志宏. 中小学管理比较[M]. 上海：上海教育出版社，1998:273.

学和成长、学生的身份和作为人的多重角色，是家庭—学校—社区新时期合作的重要意义，有助于提升受教育者的生涯教育质量。

(二) 有利于关怀学生心理素质

学校、家庭以及社区的教育对青少年的健康成长有着至关重要的意义，家庭是开展心理健康教育的基础，学校是主要途径，并通过社区资源进行进一步完善。因此，在青少年的心理健康教育中有必要将家庭、学校以及社区有机结合起来，以此搭建三位一体的青少年心理健康教育平台。[①]

(三) 有利于教育时空上的紧密衔接

青少年的生活环境主要是家庭、学校和社区(或者说社会)。有文章指出，目前中小学生每天在学校的活动时间是7个小时以上，在社区每天活动时间2—3个小时(农村学生较城市学生长些，中学生较小学生长些)，其余时间都在家庭。[②] 这样，家庭、学校和社区无论哪方面出现失误，都会使教育在时空上出现断裂。家庭教育、社区教育和学校教育无论哪一方面出现问题，都会使对青少年的系统教育无法衔接，导致青少年在一定的时间、空间上出现教育的"真空"，进而增加了教育的难度。只有促进家庭—学校—社区三者相互结合，实现各种教育的衔接和协调，形成一个合力有序的大教育系统，才有可能为中小学生的成长提供一个良好、健康的大教育环境。

第二节　家庭—学校—社区合作的理论依据

有关家庭—学校—社区合作的理论依据，可从多个学科中获得，较相关的有如下几种。

一、家庭缺失论与教育机构歧视论

里斯曼(Riessman)的家庭缺失理论[③](family deficiency theory)认为，缺乏文化培养或文化水平低的家庭，由于缺乏教育传统，父母既不注重教育，又对文化知识掌握不足，再加上没有足够动机追求长远的教育成绩，因此较少参与子女教育。

但何瑞珠认为在家庭缺失理论中，问题父母或问题家庭被视为家长参与程度低的问题核心，但却忽视了教育机构方面的错失，[④]并由此提出了教育机构歧视论(institutional discrimination theory)。这一理论把家长参与的差异，追溯到"制度"的因素。这一理论指出教育机构或对来自草根阶层的父母和学生存有偏见，或抱种族歧视的态度，而疏忽有特别需

① 李宏喜.浅析如何构建以学校、家庭、社区为主体的三位一体青少年心理健康教育模式[J].教育界，2020(38):22—23.
② 冯波.学校教育、家庭教育与社区教育"三结合"的意义[J].时代教育(教育教学版)，2009(01):112.
③ 转引自何瑞珠.家长参与子女的教育:文化资本与社会资本的阐释[J].教育学报(香港中文大学)，1998(02).
④ 何瑞珠.家庭学校与社区协作——从理念研究到实践[M].香港:香港中文大学出版社，2002:7—9.

要的这类人群。因此，实际上是校内的一些隐晦的歧视作风或排斥措施，把条件不利的父母排拒于外，使他们不能参与子女的学校教育。

何瑞珠、威姆斯、布德奥（Bourdieu）、巴沙隆以及哈卡等均发现处于不利地位的父母受学校制度“排拒”，造成家长参与的阶层差别，这方面已引起社会广泛的关注。例如哈克等人（Harker et al.）①的研究发现，来自草根阶层的父母与教师交往时缺乏自信，甚至逃避某些与教师会面的机会，形成家长选择“自我淘汰”的现象。

哈卡发现学校教师对文化背景不同的家长做出相同的要求，可能无意中使草根阶层家长感到力不从心，例如学校可能要求文化水平低的父母为子女阅读英文故事书，又或条件欠佳的家长被委以不受重视的义务工作。由于教育机构在不知不觉中贬低了草根阶层家长的参与潜力，使被忽视的家长变得被动，最终可能对参与子女教育失去信心和兴趣，甚至采取放弃的态度。如果由于家长的社会经济条件的原因根本无法参与任何实践，更会出现“直接排拒”的现象。例如大多数单亲家长因为生计而需要从事全职工作，既没有弹性工作时间，也没有足够精力在工作之余帮助孩子的功课或在校内担任义工。在校方未能就有关的限制做出相应的安排时，家长便不可能参与了。

“家庭缺失”及“教育机构歧视”理论为我们分析家校合作提供了视角，但是它们仍然存在一些缺陷。首先，家庭缺失理论低估了条件欠佳的家长对协助子女成才的意愿。研究显示，家长会用自己的有限资源参与那些他们处理得较为自在的家校合作活动，科尔曼常以美国亚裔学童的优异学业成就为例，来证明这个说法。其次，教育机构歧视理论忽视了有些教师的确能鼓励一些条件不佳的家长有效地协助子女学习。最后，两种理论均视家庭与教育机构为问题的根源，而忽略了以两者作为孩子学习资源的重要观点。②

二、包容理论

“包容理论”超越责怪家长或学校的取向，强调双方必须共同解决问题。该理论认为，家长与教师必须进行对话，教师应对社会文化背景不同、拥有不同资源的家长予以分析。如果学校体会到家长各自的文化价值，便可以动员更多家长协助背景不同的孩子学习。另一方面，家长必须面对现实，抱着退缩或对学校不合作甚至愤怒的态度，均无助于子女达到他们期望的学习成果。简而言之，包容理论认为家长深知子女的需要，而教师则具备教学的专业知识，通过充分沟通来建立伙伴关系，便可共同承担教育孩子的责任。由此，该理论把家庭和学校圈子甚至社区资源紧扣起来。

爱泼斯坦提出过包容性的家校社区协作模式。在这个模式中，家庭、学校及社区既有分工亦有合作的领域，家长的力量可通过不同领域的参与得以发挥及发展。家庭、学校与社区

---

① 转引自何瑞珠.家长参与子女的教育：文化资本与社会资本的阐释[J].教育学报（香港中文大学），1998(02).

② 转引自何瑞珠.家长参与子女的教育：文化资本与社会资本的阐释[J].教育学报（香港中文大学），1998(02).

都有各自的合作领域,而三者合作的交叉角色是家长,家长在爱泼斯坦家校社区协作模式中发挥重要作用。

三、教育生态学理论①

教育生态学理论认为整个社会是一个大的生态系统,学校是其中的一个小生态系统(或可看作为一个人工生态群落),包括内部公众如教师、职工、学生,以及外部公众如学生家长、社区、用人单位、政府有关部门、其他教育机构,他们在交往过程中形成的社会关系网则构成了学校生存与发展的社会生态环境。

首先,家庭—学校—社区合作是学校生态发展的内在要求。该理论认为,学校环境的生态平衡包括:学校教育系统内部各生态因子之间的协调与平衡,学校教育系统与学校外部生态环境之间的相互适应与动态平衡,整体系统与各子系统、各子系统之间的协调平衡。反映在制度建设中,就需要形成以法律和行政规章为主的调节政府与学校关系的制度,以社区参与制度、家长参与制度为主的调节社会与学校关系的制度等多种制度。这些制度共同构成学校的生态环境,共同作用于学校系统。学生家长和社区作为学校生态环境极为重要的构成要素,担任着多重身份,如学生的启蒙导师,学校教育的辅助者、消费者,以及学校产品最广阔的“用户”,意义重大。故从学校发展来看,三者合作是实现学校生态平衡的内在要求。

其次,家庭—学校—社区合作是个体生态发展的必备条件。生态学理论的代表人布朗芬布伦纳认为,个体的发展是能动地与周围的环境相互依存、相互作用和影响的结果。由此确定了人的发展公式 D=F(PE)(发展是人与环境的函数),并按环境与个体互动的密切程度将生态系统分为四部分:一是小系统,包括家庭、学校、同辈群体等个体亲身接触、参与并产生体验、联系直接紧密的环境。二是中间系统,包括学校和家庭、家庭与邻居等个体所处的两个或两个以上小系统之间的相互关系。三是大系统,包括家长的工作单位、学校的领导机构、当地的教育主管部门等个体并不直接接触或参与,但有直接或间接影响的系统。四是外系统,包括个体成长所处的整个社会环境及其意识形态背景。布朗芬布伦纳的这一理论强调,为了更好地促进个体发展,不但要考查诸如家庭、学校、社会等所有可能的子系统,还要特别注重整体全面地把握各系统彼此间潜在的交互关系。从这一意义上说,家校社三者合作是个体发展的必备条件。

四、互动仪式链理论②

柯林斯的互动仪式链理论提出的身体在场、局外人设限、共同关注的焦点、共享情感等

① 王飞.教育议事会:宁波家长参与学校管理模式创新研究[D].上海:同济大学,2008.

② 田友谊,李婧玮.互动仪式链理论视角下家校合作的困境与破解[J].中国电化教育,2022(07):97—103+114.

互动仪式的四大要素，对于分析和解决家校合作问题具有重要的指导意义。家校合作可以看作是微观情境中家长和教师之间展开的互动仪式。运用互动仪式链理论透视家校合作参与主体的互动过程机制，可以发现现实中一些内隐性的困境，即家校合作的主体异质导致共同关注的焦点模糊，家校互动不良导致参与主体之间积极情感共享缺失，家校"虚拟"合作导致参与主体身体在场不足，家校合作形式化导致参与主体之间的互动仪式缺乏实效。基于此，要通过构建家校育人共同体，增进家校积极情感共享，营造家校沟通际遇，完善家校合作制度化建设等路径，有效破解家校合作困境。

五、交叠影响阈理论①

爱泼斯坦通过对中小学家庭、学校、社区合作情况的调查发现，过去美国中小学家校社的合作不够深入，难以建立长期有效的伙伴关系，即便是作为在家庭、学校和社区之间的合作中发挥重要作用的学校，也没有做好长期合作准备。爱泼斯坦认为，家校社三方如果不能通过有效的沟通与合作建立伙伴关系，儿童接受全面教育的机会将会受到限制②，并由此提出的交叠影响阈理论（Overlapping Spheres of Influence），以"关怀"为中心，为家庭、学校和社区合作建立了新的理论范式和实践机制。爱泼斯坦基于对生态学理论以及科尔曼的"社会资本"概念的总结，提出交叠影响阈理论③。根据生态系统理论，儿童环境由一系列嵌套的环境（微观系统、中观系统和宏观系统）组成。儿童被置于嵌套环境的中心，儿童与各种环境系统的相互作用影响他们的发展。在此基础上，交叠影响阈理论主要研究微观系统中家庭、学校和社区交叠对儿童的影响。在微观系统中各组织既有交叠也有分离的部分，交叠影响阈理论不仅强调各系统对儿童的交叠影响力，它还强调个别系统（如家庭、学校和社区）对儿童的独特影响。

上述理论均为我国家庭—学校—社区合作的开展提供了理论依据，有助于合作的顺利进行及教育合力的形成。

第三节　家庭—学校—社区合作的实践探索

虽然家庭—学校—社区三者间的合作具有一定的理论基础，但在具体实践中，由于我国家庭—学校—社区合作起步较晚，总的说来发展缓慢。但可喜的是，在家庭—学校—社区合作的实践中，我国做了诸多探索，也取得了一些成绩。

---

① 徐东，彭晶，程轻霞. 交叠影响阈理论对我国幼儿园家园社协同育人的经验与启示[J]. 内蒙古师范大学学报（教育科学版），2022，35(03)：53—59.

② Douglas J. Fiore. School, family and community partnerships: Preparing educators and improving school [J]. NASSP Bulletin, 2001(627):85—87.

③ 张雪. 基于重叠影响阈理论对我国家校合作的启示[J]. 基础教育研究，2017(21)：25—27.

一、家庭—学校—社区合作的实施条件

(一) 政策保障

早在1993年中共中央、国务院印发的《中国教育改革和发展纲要》第三十七条就已指出："全社会都要关心和保护青少年的健康成长，形成社会教育、家庭教育与学校教育密切结合的局面。家长应当对社会负责，对后代负责，讲究教育方法，培养子女具有良好的品德和行为习惯。"[①]此纲要指出了将社会教育、家庭教育与学校教育相结合形成"三教合力"的共育局面，这一议题为家校社形成合作的新关系奠定了基础。

1999年第三次全国教育工作会议强调素质教育要"贯穿于学校、家庭、社会教育等各个方面"，明确了社会必须与学校共同努力促进青少年健康成长，并且强调加强社区建设对家庭和学校的重要意义。

2004年《中共中央国务院关于进一步加强和改进未成年人思想道德建设的若干意见》指出，"要把家庭教育与社会教育、学校教育紧密结合起来。各级妇联组织、教育行政部门和中小学校要切实担负起指导和推进家庭教育的责任……要建立健全学校、家庭、社会相结合的未成年人思想道德教育体系，使学校教育、家庭教育和社会教育相互配合，相互促进"。[②] 此意见肯定了家庭、社会、学校三方结合教育对未成年人思想道德建设起着至关重要的作用。强调学校里的德育课程应与家庭、社会紧密地联系起来。

2004年召开的未成年人思想道德建设经验交流会议强调："要认真贯彻落实中央关于加强和改进未成年人思想道德建设的决策部署，以学校为龙头、社区为平台、家庭为基础，把学校、社区、家庭三个方面力量有机组合起来，形成'三位一体'的思想道德教育网络，共同创造有利于未成年人健康成长和全面发展的良好环境。"[③]学校、家庭、社区三方共育对学生思想道德建设的重要作用逐渐地得到重视与支持，创造良好的合作环境促进未成年人健康成长是学校、社区、家庭三者共同承担的责任。

2020年11月3日《中共中央关于制定国民经济和社会发展第十四个五年规划和二〇三五年远景目标的建议》明确提出"健全学校家庭社会协同育人机制"。这是对"十四五"时期建设高质量教育体系、形成广泛共识和协调行动提出的新的更高要求，是将全面贯彻党的教育方针、坚持立德树人落实到基层的重要要求，是传承弘扬中华优秀传统文化、加强社会主义精神文明建设的基础环节，是我国教育事业"五育并举"和"三全育人"相结合的

---

① 中国教育改革和发展纲要[EB/OL].(2010-07-19)[2022-12-28]. https://www.edu.cn/zhong_guo_jiao_yu/zheng_ce_gs_gui/zheng_ce_wen_jian/zong_he/201007/t20100719_497964.shtml.

② 中共中央国务院关于进一步加强和改进未成年人思想道德建设的若干意见[EB/OL].(2004-2-26)[2022-12-28]. http://www.shsbnu.net/info/data/resource/download/yj.htm.

③ 刘云山谈未成年人思想道德建设[EB/OL].(2004-06-24)[2022-12-28]. https://www.gmw.cn/01gmrb/2004-06/24/content_47377.htm.

实现方式。[①]

2022 年 1 月 1 日,《中华人民共和国家庭教育促进法》正式实施。其中第五条,家庭教育应当符合的要求中指出,家庭教育、学校教育、社会教育紧密结合、协调一致。第六条指出各级人民政府指导家庭教育工作,建立健全家庭学校社会协同育人机制。[②]

由以上政策条文可以看出,党和政府对学校、家庭、社区合作十分重视和支持,这为推进家校社合作提供了一定的政策保障。

(二) 家校合作的积极开展

家庭和学校大量非正式交往的存在其实是整个大的社会背景在学校中的反映与折射,是社会规则在学校中的延伸。[③]

1. 家校合作意识不断增强

首先,家校共育能够有效促进教师与家长关注学生情感、态度、价值观的发展,有效介入和指导学生的整体学习,提高学生的学习能力,从而提高学生的学业水平。[④]

其次,明确家庭与学校的地位与作用。合作中二者的地位是平等的,家长应该处于主体地位,而非次要、从属地位,在合作过程中对学校教育发挥督导作用;学校应处于主导地位,发挥指导作用。[⑤] 当前提倡家校携手,共同为学生发展创设优质环境,已经成为家庭和学校的共同目标。

再次,明确家长和教师的角色担当。当前,家校双方正努力达成如下共识:合作中,家长担任的角色包括学生学习的支持者、家长角色的学习者、学校活动的参与者、学校运作的咨询者、学校决策的督导者;教师担任的角色包括家校合作的联络者、宣传者和组织者,还包括活动的推行人、指导者、咨询者、活动资源开发人、家长的朋友、交流对象等。基于此,家长和教师能更好地履行相应的角色所应承担的责任和义务,从而更好地促进家校合作的发展。[⑥]

2. 家校合作渠道日益畅通[⑦]

当前,我国已经形成了形式多样的家校合作渠道。常见的如:

第一,联系簿(卡)。这是一种教师与家长的书面联系方式。教师定期把学生在学校的学习、纪律、品德等方面的表现,及时地写在联系簿或联系卡上,交由学生带给家长。家长将

---

① 中共中央关于制定国民经济和社会发展第十四个五年规划和二〇三五年远景目标的建议[EB/OL].(2020-11-03)[2022-12-28]. http://www.gov.cn/zhengce/2020-11/03/content_5556991.htm

② 中华人民共和国家庭教育促进法[EB/OL].(2021-10-23)[2022-12-28]. http://www.gov.cn/xinwen/2021-10/23/content_5644501.htm

③ 刘兴春. 家校合作的动力之源——组织社会学的阐释[J]. 中国教育学刊,2010(04):32—35.

④ 李家成. 敬畏家校合作的力量——基于促进学生成长的立场[J]. 人民教育,2014(06):33—37.

⑤ 黄河清. 家校合作导论[M]. 上海:华东师范大学出版社,2008:129—130.

⑥ 黄河清. 家校合作导论[M]. 上海:华东师范大学出版社,2008:109.

⑦ 黄河清. 家校合作导论[M]. 上海:华东师范大学出版社,2008:128—134.

学生在家中的表现,如义务劳动、与邻里相处、课外自修等情况写在联系簿(卡)上,再由学生带给教师。通过这种方式,教师和家长可以及时了解学生在家中和学校这两个不同环境的表现是否一致,从而避免学校教育与家庭教育相脱节。

第二,家长会。家长会是学校与家庭合作最为传统和普遍的一种形式。家长会的具体形式有全校性的,也有分年级的,更常见的是以班为单位进行的。交流内容可以涉及各个方面,如:学生的一般情况,成长历程;身体状况和能力,学习状况,个性特点;家庭背景和其他情况。这种普遍的方式为家长和教师沟通提供了良好的平台。

第三,学校开放日。这是学校在预定时间,有目的、有准备地请家长来校参观或参与教育活动的一种综合性活动。开放参观和参与活动的内容有:①学校概况介绍,重大决策和重要活动介绍;②学校活动;③学生成果展览;④教师作品展览;⑤开放学校的图书馆、实验室、电教室、多功能厅等;⑥家长来校听课、参加主题班会等。开放日中为家长提供的听课、参观教学楼和现代教育技术的运用、询问教师问题、了解学生在学校中的习作等的机会,有助于家长熟悉学生的教育环境、了解学校的日常工作和教师的教育教学情况,有助于家长在支持和关心学校的同时树立起对教育的信心。

第四,亲子活动。亲子活动就是父母跟自己的孩子在一起参加集体活动,营造快乐的情感和气氛。在亲子活动中,家长们在教师带动下,摆脱了单纯旁观的角色,与孩子一起动手操作、运动、表演,有利于家长更加直接地了解自己孩子在集体中的表现,从而更有的放矢地做好家校工作。这一过程也加深了亲子之间的感情,增进了沟通。

第五,家长委员会等组织。家长委员会是家校联系的常设机构,由学校提供活动场所和设施。可以在每个班级、每个年级以及学校分别成立班级家长委员会、年级家长委员会、全校家长委员会。这些家长委员会有权代表家长的意愿为学校出谋划策(如参与制定学校的大政方针,有权审议学校规章和经费预算,有权监督学校经费使用,有权决定和修改学校的教育教学和管理计划,有权评价和建议聘任或辞退教师等)。[①] 家长通过家长委员会参与学校管理,使学校与社会各界建立了广泛的联系,也使学校在教育服务对象、培养目标、教育内容、教学方法等方面表现出不同的个性,从而在办学上呈现出鲜明的特色。

此外,家访、电访、校访、开学(毕业)典礼、节庆活动等合作渠道也是家庭—学校合作的重要形式。

(三) 社区教育程度的提高

20 世纪 90 年代以来,社区教育得到了快速发展。所谓社区教育,即“以社区内全体成员为对象,从幼儿到老年人,开展包括文化生活教育、职业教育、闲暇教育、道德法律教育、卫生保健等多方面、多层次的教育活动,以提高社区成员的素质和生活质量并发展社区为宗

---

① 蒋有慧,曾晓燕.家长参与管理西方国家基础教育改革的新动向[J].江西教育科研,2000(05):25—27.

旨”。[1] 社区教育的根本目的是实现社区全体成员整体素质和生活质量的提高以及社区发展。社区拥有丰富的资源，可以为家庭教育、学校教育的实施，为学生素质的全面发展提供重要支持。

家庭是社会的细胞，每个家庭都是生活在一定的社区中，不仅社区教育程度的提高为家庭提供一个良好的生活环境，而且通过社区教育创办诸如社区家长学校之类的活动，还有利于提高家长的文化素质，转变家长陈旧的教育观念，教给家长科学的教子方法，增强家庭教育的科学性，促进整个社会教育水平的提高。社区教育对学校教育的支持表现在多个方面。第一，社区为学校提供丰富的教学资源。学校一方面可以组织学生利用社区各种机构的设施、场地，如少年宫、电影院、图书馆、博物馆、科学馆等进行教学，还可以组织学生到当地的工厂、农场、商店、美术馆、动物园等参观访问，实地考察。社区内的各个企事业单位，也应努力为学校提供活动的场所，如开辟参观点、义务劳动点，让学生有一个参与社会实践的机会，以利于学生面向社会、认识社会。另一方面，还可以将社区的人士、资金、收藏等吸纳到学校的课程与教学中来，以丰富学校的课程教学资源。第二，社区组织开展针对学生的各种活动和成立多种社团组织关怀青少年的成长。例如学校经常邀请社区里的不同组织给学生作报告，以增长学生的课外知识。第三，社区教育还可以为学校提供丰富的志愿者服务。社区居民志愿者是社区参与学校教学的重要组成部分。具有一定的专业知识与技能的实业界人员、退伍居民、高学历居民、高校学生构成了志愿者的主体。志愿者可以以助教的身份，利用自己特殊的才能对学生进行课外辅导，充当学生去实地考察的护卫，就自身经历为学生作非正式报告以及帮助学校对学生进行校外职业实习指导，等等。

二、家庭—学校—社区合作的实践案例

经过研究与探索，我国部分地区开展的学校、家庭、社区合作教育活动已经取得了较好的效果。比如在上海地区，出现了一些较为典型的实践案例。

（一）第六师范二附小：依托社区，建立立体的家庭教育网络新模式

上海市第六师范第二附属小学依托社区，建立立体的家庭教育网络新模式。发挥社会潜在的育人功能，形成立体家庭教育网络，增强家庭教育的实效。其主要做法是：第一，聘请离退休干部、教师和各界人士担任学校德育讲师团成员。讲师团除了为学生上课之外，还为家长上课。第二，学校与社会文化部门、街道居委、部队等部门共同协调，综合治理学校周边环境。第三，学校成立了社区小队、社区服务队，与居委共建，开展多种活动，丰富了学生的社会实践。由此，学校形成了两支能够发挥显著作用的特色队伍。一是区老干部队伍，他们主动来校，向学生、向家长作宣传、作报告，把先进的文化带进课堂，带进家庭。二是靠近学

[1] 叶翔. 我国当代终身教育体系建构中存在的主要问题及对策探讨[D]. 长沙：湖南师范大学，2003.

校附近的海运学院的大学生,组成了一支青年志愿者队伍,深入每个班级,与班主任联手深入家庭,一起研究做好新模式下的家庭教育工作。

(二) 进才中学北校:依托社区,争做"三个第一"

2000 年下半年始,上海市进才中学北校以上海市二期课改精神为指导,全面开发探究型课程。其中,有许多是把社区发展作为研究主题的。如:针对家庭教育问题,教师开设了《影视中的家庭教育》这一课程,让学生从影视作品中分辨什么是好的家庭教育。而《我是一只小小鸟》《社区噪声调查》以社区生态和社会环境作为探究对象,对优化社区环境提出自己的可行性建议。为服务社区居民,提高社区居民的英语水平,相继开展了《社区英语 100 句》《社区英语》等的编撰工作。此外,在街道领导的支持与帮助下,成立了学校和居委会的联合机构——社区教育协调委员会,鼓励社会更加关心并支持社区教育试验活动。

通过该形式,进才中学北校形成了"三个第一"的局面,即把学生发展为本作为第一理念,把课堂作为学校第一形象,把社区作为学校第一窗口,极大地推动了家庭—学校—社区教育的合作发展。

(三) 建德学校:实现学校、社区、家庭的无缝接轨

在加强和改进未成年人思想道德建设工作中,上海建德学校坚持贴近实际、贴近生活、贴近未成年人,努力构建"三位一体"的绿色环境,实现学校、社区、家庭的无缝接轨。首先,学校通过紧抓校内和校外两个主阵地,广泛开展"五小"活动。要求学生在家里做"小帮手",在学校做"小伙伴",出校门做"小标兵",进社区做"小卫士",独处时做"小主人",争做品学兼优的小公民。家庭、社区、街道,都已成为青少年道德实践的场所。并且举行了家长开放日活动,向家长汇报学校的工作;以学校为主阵地,社区为依托,共建家长学校。其次,努力在各社区营造青少年思想道德建设的合力。区文明委把未成年人思想道德建设作为创建文明社区的一项重要指标,区团委和各街道社区团组织大力开展与学校联动的"投身志愿服务,共创美好家园"青少年志愿者社区服务活动、雏鹰假日小分队活动,科技局组织了"百名青少年科普一日游"活动,区心理健康服务中心面向全区青少年进行了违法犯罪预防、生活技能、人际沟通、潜能开发等方面的培训。各方力量齐抓共管,构建起未成年人健康成长的三道屏障。

(四) 长风社区家庭教育指导中心:紧密联系学校、家庭、社区

上海市长风社区家庭教育指导中心循序渐进地分三个阶段,开展家校社合作促进学生发展的活动。

第一,探索阶段(1998—1999 年)。以社区心理咨询站为载体开展家庭教育指导工作,有针对性地对社区家长进行理论认识指导和行为认识指导。

第二,充实阶段(2000—2001 年)。通过调整充实组织机构、志愿者队伍,调整社会家教

指导思路，充实社区家教指导内容，加强社区家庭教育工作的理论研究等活动，联合市妇联、市教科院、市总工会等部门，华东师大心理学系、教育学系的老师及其众多研究生，同社区家庭一并致力于长风社区家教指导工作。

第三，提升阶段(2002—2005年)。形成了一套由领导机构、职能机构、实施机构、辅助机构组成的四级管理模式，基本上构建了一个比较完整的横向到边、纵向到底的社区家庭教育指导体系，探索出了一个崭新的家庭—学校—社区"三位一体"的家庭教育指导工作管理模式。

(五) 上海家长学校

2020年9月，上海成立上海家长学校，秉持"只有家长好好学习，孩子才能天天向上"的家庭教育理念，聚焦社会关切，提供科学指导，加快构建学校教育与家庭教育的联动体系，积极回应社会和家长的迫切需求，围绕"一个协同服务体系、一批课程资源、一支专业队伍、一个电视栏目、一系列专题培训"的"五个一"工作举措，提供优质家庭教育指导服务。目前，本市在区级层面成立21家"上海家长学校分校"，在街镇和村居委层面成立"家庭教育指导站"，形成覆盖全市的"1+21+X"的家长学校联盟，打造"市-区-街镇"三级家庭教育协同服务体系，还先后在普陀、闵行、徐汇、金山、杨浦等家长学校分校举办"上海家庭教育发展论坛"，汇集各级各类家庭教育资源，探索家、校、社联动机制，推动家庭教育创新发展。各区在探索家、校、社联动的做法上各有特色。①

从以上实践探索可以看出，我国部分地区开展的家庭—学校—社区合作教育活动已经取得了较好的效果，这也在一定程度上印证了三方合作理念的必要性、正确性与可行性。

第四节　家庭—学校—社区合作的现状及建议

一、家庭—学校—社区合作的现状

近年来，政府、学校、社区已建立了"三位一体"的家庭教育指导服务体系。其中，政府主要承担管理者的职责，起到统领全局的作用，学校与社区作为基层实践机构，在权责分配中逐渐明晰。

(一) 各政策法规具有落地实操性

之前，我国的教育政策法规强调了家庭配合学校教育、学校指导家庭教育、社区参与学校教育等一些重要理念。但这些大多是宏观的指示，没有赋予各方明确的权利和义务，没有

---

① 上海打造"市-区-街镇"三级家庭教育协同服务体系[EB/OL].(2020-12-04)[2022-12-28]. http://www.shzx.com/html/202012/04/173454571.htm.

制定明确的阶段性目标作为衡量实施效果的标准,这使得实践者操作起来困难较大。

近年来,我国家校社合作的政策法规逐渐明晰,在法律中明确家长、社区的责任,还要赋予他们监督、配合、参与学校的义务和权利。

(二) 各相关方家校社合作意识逐渐加强

从政府层面而言,相关部门逐步对家校社合作形成足够的科学认识;从学校层面而言,学校的教师及管理人员有意识地形成团队,对家校社合作理念进行解读,从而促进了家校社合作的实践进程;从家庭层面而言,大部分家长已经有意识地参与学校教育;从社区层面而言,社区逐步开放资源,与学校、家庭建立联系。

(三) 关注问题落脚在人性

我国家校社合作实践关注问题较为单一,并未真正地开发利用好这三方合作的资源,帮助学生全面发展。研究发现,当前开展家校社合作的学校或社区,其着眼点多停留在通过三方合作,促进学生德育、体育等方面健康发展。在智育方面,我国学生所学的各科课程内容缺乏与家庭、社区的关联。加强学生所学课程内容与家庭、社区的联系,不但会提高学生的学习兴趣,还会提高家长和社区居民的素质。这样做一方面减轻了学校独立承担学生教学的任务,另一方面增强了学校与社会各界的联系。

(四) 虚拟社区的发展变动带来了新时期的家校社合作

我国社区兴起于 20 世纪 80 年代,社区教育随着社会的发展而逐步深入,与学校、家庭教育的联系越来越紧密。随着时代的发展,学校基本上都有自己的家校网络平台,家长和学校老师在网络平台交流孩子学习情况,交流频繁。

二、家庭—学校—社区合作的实施建议

(一) 政府以适当的方式介入家校社合作

我国学校、家庭、社区的合作关系是在社区教育的实践中逐步建立、形成的,而我国的社区教育明显受政府行政力量的支持与推动,具有浓厚的官方色彩。政府官员的认识水平和重视程度往往成为左右学校、家庭、社区关系走向的关键因素,容易出现“人在政举,人去政息”的现象。鉴于此,政府应当重视家校社合作关系的议题,并设立一个专门的行政部门机构,专门管辖该省市的家校社合作事务。各省市教育厅又可在各区各县的教育局部门设立专职,由专人负责管理该区的家校社合作事宜,负责与专业的学术团队或组织机构,开展课题研究、安排实验学校、进行实验跟踪调查,确保家校社合作项目计划顺利持久开展。不仅要对各项目提供资金的援助,而且要经常下学校走访调查实施效果,定期由上而下地调查检验合作项目成果,定期由下而上地汇报各种指标数据。根据定期的检验结果维护更新合作

项目，做到有效可行地进行合作。

（二）专业的组织机构穿针引线

学校、家庭、社区合作，需要有人在其中穿针引线。在我国高校及科研机构中，有不少学者致力于教育研究，其中又有不少十分关注家校社合作这个主题。可以将这些专业的教育力量整合起来，在研究的基础上开发适合我国国情发展的家校社合作实践模式。

美国爱泼斯坦所建立的全国合作学校关系网（National Network of Partnership Schools，简称 NNPS）、俄罗斯的“社会教师”、德国的家长委员会代表就起到了这个作用。他们奔走于学校、家庭、社区之间，为各方沟通信息，传递合作意向，联络具体事宜。可以说，是他们把学校、家庭、社区联系在了一起，是他们不懈努力促成了三方的共同合作。单个家庭、一个单位的力量都是有限的、分散的，只有建立相应的组织机构，才能将这些有限的、分散的力量聚合起来，使之发挥出巨大的整体效能。这样的组织机构构成了学校强大的后援团，从各方面给予学校大力的支持。此外，欧美的一些国家还有校长—企业家联谊会之类的组织。这类组织加强了校长与企业界、社区其他各界人士的联系，使校长能更直接地向社会各界介绍学校的情况，争取他们的合作机会。

各专业学术团队要协助研究设置适合各地各学校的项目计划，协助各省市自治区的教育部门做好评估考察科研工作，在实践中不断改进研究模式，改进量表与项目计划。鼓励各地区各学校发挥创新精神，提供有效的合作实例，供其他学校和地区学习，在实践中共同进步。

（三）各学校建立项目维护小组

各学校在合作项目实施上，应当更积极主动配合，欢迎学术团队、组织机构及政府部门对学校在家庭及社区参与问题上的支持。积极地做好家庭方面的工作，调动家庭参与的积极性，并安排专门的项目维护小组，进行项目的开展、实施以及评估。发挥创新研究的精神，不断开展各种有意义的合作活动，促进家庭、社区参与学校教育，最终解决学生学习和生活上的困难，给予他们更到位的关怀，减少青少年问题的发生。

（四）扩大社区概念，建立社区与学校的密切合作关系

在我国，社区的概念还不是非常地清晰。就家校社合作这个主题来看，其中社区的概念可以定义为有着一套完整的政府机构、教育单位、工商企业、医疗保险、房地产业等居住环境的聚居区。

那么社区教育就包括对社区中所有员工、居民的教育。政府应加强对社区教育的发展等重大方针性问题的指导与调控，从而推动社区教育向更高层次发展，并不断改善学校、家庭、社区的合作机制。

(五)重视虚拟社区的未来发展

帕克提出在空间相邻的社区之外,还存在着非空间性的社区。虚拟社区是非空间的存在,它填补了空间性的缺失。现在网络流行着一个个的社区,也有一些专门的教育类社区,如育儿方面,新浪等网站就开辟有专栏。相比现实的社区活动,家长们对虚拟的社区事务更热心,有一批家长热衷去发帖,经常在那里交流经验,形成了一个小社区。因此,我们必须重视虚拟社区对家庭、学校的影响。

延伸阅读

1. 张厚粲,李文玲,舒华.儿童阅读的世界:学校、家庭与社区的实践研究[M].北京:北京师范大学出版社,2016.
2. 侯静.流动儿童学校教育、家庭教育和社区教育[M].北京:科学出版社,2017.
3. 李希贵.面向个体的教育[M].北京:教育科学出版社,2014.
4. 纪录片:

《我不是笨小孩》:世界上有一部分儿童天生患有阅读障碍症,比例高达10%左右。他们在幼儿园阶段很难被发现,通常是在上小学后因为学习成绩差才被家长和老师察觉,他们通常被周围人贴上"笨"或"懒"的标签。每一个阅读障碍孩子的家庭,都遭遇着挑战,煎熬并不只来自学习成绩,更多来自周围人的误解。本片旨在以阅读障碍症为切入点,让社会关注有学习困难的儿童,也重新思考教育的本质。

《零零后》:2006年,摄制组开始在一所幼儿园跟踪记录了十多位00后的孩子,记录一直持续了十年。孩子们从幼儿园到小学再到中学。十年过去,时间改变了他们的外貌,赋予了他们独立的思想和自主的行动。他们将如何突破青春的困惑?他们将怎样选择未来的生活?这是中国唯一长时间记录孩子成长的纪录片,用影像探索00后的孩子有着怎样的成长秘密。父母、社会、学校对孩子的成长会产生怎样的影响?展现十年的成长,凸显时间的力量。同名纪录电影《零零后》2019年9月上映,讲述的是电视版中未曾出现过的两个孩子的故事。

《最有可能成功》:美国一所公立特许学校,采用社区抽签等方式入学。学生没有课本,老师没有讲义,期末以项目展示的方式进行考评,力图最大限度发挥学生的创造力和团队协作力。如何破除应试把学生当成人来看待,值得深思。

《镜子》:这是一个关于心灵回家的故事。三个家庭因孩子辍学而陷入困境,父母们无奈将孩子送入一所特殊学校接受"改造",却意外地让自己接受了一次触及灵魂的启蒙教育。父母对孩子满满的爱有时却造成了满满的伤害,这究竟是为什么?"问题孩子"的背后往往有一个问题家庭教育模式的存在。影片以代际情感问题为切入点,通过客观冷静地真实记录,呈现三个家庭的社会学样本,以情感教育缺失这一新视角,重新审视当今时代中国家庭面临的亲子关系、亲密关系等情感问题。孩子是家庭的一面镜子，而家庭更是社会的一面镜子。

《了不起的妈妈》：今天的中国，孩子成为家庭的核心，但亲子问题也前所未有地突显。因亲子关系导致青春期孩子做出过激举动的新闻频出。在社会竞争的剧场效应之下，无论是极致“鸡娃”还是佛系放手，或是探索其他教育方式的妈妈，都有不同程度的迷茫和迷失。教育中到底什么是最重要的？怎样才算了不起？这部片子就是想回到教育的初心，去看处在亲子、家庭、工作和个人成长多重压力中的女性，她们在教育中所展现的力量与智慧。

第十二章

未来家庭教育展望

本章导语

自20世纪80年代改革开放以来，我国社会与经济进入了一个飞速发展的阶段，教育受到普遍重视，其概念不断拓展。随着大教育观的兴起，对家庭教育重要性的认识日益提高。关注未来家庭教育的走向，可以使我们对时代的发展带给家庭教育的新课题有更充分的认识与把握。

本章将从文化反哺与家庭教育、终身教育与家庭教育、信息技术与家庭教育以及政策立法与家庭教育四个方面，展望未来的家庭教育。

学习目标

1. 明确文化反哺、终身教育、信息技术与家庭教育的关系。
2. 了解《家庭教育促进法》。
3. 了解家庭教育未来的走向，树立新时代的家庭教育意识。

第一节　文化反哺与家庭教育

文化意指人类在社会历史发展过程中所创造的物质财富和精神财富的总和，[①]它具有丰富的外延，且是一个动态运作的范畴。文化的传承则是文化积累的基本方式，它将社会成员所共有的价值观念、知识体系、谋生技能和生活方式等要素一代代地传递下去，是社会能够前进、发展的基本条件。

1968 年，西方人类学家贝尔提出"反向社会化"，认为子女与家长的互动模式不再是单向的，而是双向的[②]。1970 年，美国人类学家 M·米德在《文化与承诺》一书中提出，当今世界代与代之间的矛盾和冲突，既不是社会和政治方面的差异，也不是生物学方面的差异，而主要归结为文化传承方面的差异。她从文化传递的角度，提出了著名的"三喻文化"说——前喻文化（prefigurative culture）、并喻文化（cofigurative culture）和后喻文化（post-figurative culture）。前喻文化指一种自上而下的文化传递方式，即年长者向年幼者进行文化传递；并喻文化指同辈人群之间相互进行文化传递的方式，即父母之间、子女之间等相互进行文化传递；而后喻文化则指一种自下而上的文化传递方式，即年幼者向年长者进行文化传递。M·米德通过她在书中对"三喻文化"的分析，认为在急剧的社会变迁之下，"后喻文化"这种新的文化传承模式的出现具有历史必然性。

20 世纪 80 年代以来，随着我国社会的剧变，传统教育者和被教育者的关系开始变化，很快就出现了类似 M·米德所说的"后喻文化"的新的文化传递方式。自那时起至今，这种自下而上进行的"后喻文化"在社会、学校和家庭里层出不穷。我们将发生在现代家庭中的这种"后喻文化"模式，或者说是"在急速变迁的时代所发生的，年长一代向年轻一代进行学习的现象"，[③]称为文化反哺。

一、文化反哺悄然兴起

长久以来，我国社会处于相对封闭的状态，社会的变化较为缓慢，而社会内部也有着较为稳定而不变的结构。在这样的社会中，文化的传递和延续往往采用的是由上而下代代相传的方式，教育者和被教育者的角色基本上是固定不变的。少年儿童等晚辈往往只是单向地从父母等长辈那里学习生存的知识、生活的技能和态度。个人的权威和威信会随着年龄的增长而增长，长辈对晚辈有着不容挑衅的绝对话语权。可以说，在我国，这种单一的、从长辈向晚辈进行文化传承的方式，一直延续到改革开放以前。

---

① 中国社会科学院语言研究所词典编辑室. 现代汉语词典[M]. 北京：商务印书馆，2005：1427.

② 刘长城. 网络时代青少年双向社会化模式与亲子关系的实证研究[C]. 中国青少年研究中心，中国青少年研究会，共青团上海市委. 社会管理创新与青少年工作研究报告——第七届中国青少年发展论坛暨中国青少年研究会优秀论文集. 2011：36—58.

③ 周晓虹. 试论当代中国青年文化的反哺意义[J]. 青年研究，1988(11)：22—26.

改革开放以后,科学技术的发展、物质财富的增长和生活水平的提高使人们的生活态度、行为方式和价值体系等都发生了巨大的改变。这种改变不仅仅更新了社会文化的内容,也影响了社会文化传承的方式。现今,我们不得不承认,许多传统的教化者和被教化者之间的关系发生了革命性的变化。就家庭而言,这种变化明显地体现在亲子之间的关系变化上。过去千百年来父母主宰的亲子关系受到了前所未有的挑战。亲子冲突不断出现,有时甚至于彻底地颠覆了传统的由亲及子、由长及幼的文化传承模式。

面对新生活和新事物,上一代的长辈对新一代的年轻人失去了教化的绝对权力,反而是对新事物适应力更强的年轻人获得了对长辈们前所未有的反哺能力。为了适应新的社会环境、适应新的生活,长辈们不得不向晚辈学习,逐渐开始承认在文化传承意义上晚辈对于自己的话语权,文化反哺现象悄然兴起,在陈云松等学者的深入研究中被证实于青年一代中广泛存在[①],并逐步被认识到是一种必然的趋势。

二、文化反哺的深刻根源

(一) 社会的急剧变迁

社会的变迁是文化反哺现象出现的最重要原因之一。在过去,社会变迁缓慢,在这种变革缓慢的社会中,亲代的现在即是子代的将来。亲代所积累下来的知识、技能和生活态度等,在子代所处的年代中也往往适用,且能够帮助年轻人少走很多弯路,是宝贵而不变的经验。因此,亲代对子代有着绝对的话语权和教化权。正如那时候的长辈们可以自信地对年轻人说"你应该明白,在这个世界上我曾年轻过,而你却未老过"[②]一样。

但是自改革开放以来,这种缓慢变迁的社会不复存在,取而代之的是时时刻刻都在发生翻天覆地变化的社会。最近几十年,中国开放国门,主动投身到全球化的浪潮之中,使得新事物和新规则层出不穷:人与人的关系、人与自然的关系都在变化,日新月异。

在这样的社会中,亲代所积累下来的知识、经验甚至是价值判断常常不再能够应对子代所面对的生活,于是就丧失了其解释力和传承的价值。亲代也随之失去了对子代的文化权威。反而是子代所接触的知识、技能和价值观,因为是最新的、最适应当下社会的东西,所以有着非凡的活力和生命。而亲代为了继续生存在这个社会上,则不得不向子代求助,这时文化反哺的现象应运而生。

同时,面对急速变迁的社会,亲代的父母们因为已有的文化积淀,其生活方式和思考模式等都相对固定,常常受到传统和经验的束缚,对于新事物有更多抵触,因此常常难以适应过快的变化。而子代的年轻人们则因为没有多少固化的经验和积淀,反而能更好地接受新

---

① 陈云松,朱灿然,张亮亮.代内"文化反授":概念、理论和大数据实证[J].社会学研究,2017,32(01):78—100+244.

② 杨俊懿.网络时代与文化反哺[J].上海青年管理干部学院学报,2000(04):44—45.

事物，习惯新方法，适应社会的急剧变化。正如空的容器能更轻易地容纳更多的东西一样。为了亲代能更好地适应社会的变迁，文化反哺也是一个必然会出现的现象。

（二）科技的飞速发展

改革开放使中国有了一个全新的飞跃，经济发展也带动了科技的突飞猛进。电子计算机和网络的普及应用就是科技发展的一个重要标志。现在的孩子从小就接触电脑和网络，调查显示，在上网的人群中，10—19 岁的人占了 13.3%，20—29 岁的人占了 17.3%。[①] 孩子们在网上或者学习，或者聊天交流，或者玩游戏，对电脑和网络之类的科技产品应用得得心应手。反观上一代人，限于过去经验的束缚和对新事物敏感性的下降，大多在使用电子计算机和智能产品上遭遇了“滑铁卢”。少年儿童这新一代人在电脑和网络方面，无疑超过了他们的父母长辈，成为上一代在电脑和网络知识上的“老师”。

不仅如此，在今天这个时代，越来越多的产品科技含量更高，如数码相机、智能手机、扫地机器人等，而要操作、消费这些产品，就需要更多的技术。现在大部分青少年都比自己的长辈更了解和熟悉这些智能产品。为此，亲代求教于子代的情况是必然发生的。西方有学者甚至提出：“未来的行为将不再是我们能为孩子做点什么，而是孩子能为我们做点什么。”这正是文化反哺所包含的意义。

同样，科技的发展使知识和文化的传播方式发生了急剧的变化。在大众媒介的广泛运用下，世界几乎成了一个名副其实的“地球村”，互联网的普及使我们暴露在爆炸性增长的信息洪流中：世界上任何一个角落所发生的各种事情，都可以在电脑屏幕中及时地被捕捉到；一封 e-mail 或一个聊天软件，简单的鼠标键盘操作，即可在全世界范围内进行交流；而各类基于移动终端新媒体的普及更是让大众传播媒体的影响力空前提高，使得老年与青年在各类信息传播技术的接入和使用上出现了“数字鸿沟”[②]。这样的社会中，孩子们通常能够从父母长辈以外的途径获取大量的知识和信息，自然话语权大大提高，而父母长辈为了填补“数字鸿沟”也不得不求助于新一代的孩子们，文化反哺的出现也不足为奇了。

（三）同辈群体的支持

同辈群体是“由地位相近，年龄、兴趣、爱好、价值观和行为方式大体相同的人组成的一种非正式群体”。[③] 作为子代的青少年，他们对新事物都特别敏感，也很容易受到同辈群体的影响，他们往往在同辈群体之间形成非常亲密的关系，在同辈群体的交流中畅所欲言。例如寄宿学生的卧谈会、走读学生一起上学放学路上的交流，课间的交流都是如此。这就使得文化和信息在子代成员之间形成了广泛而充分的共享和整合，子代成员所获得的信息往往呈

---

① 第 49 次中国互联网络发展状况统计报告[EB/OL].（2022-02-25）[2022-08-05]http://www.cnnic.cn/hlwfzyj/hlwxzbg/hlwtjbg/202202/t20220225_71727.htm.

② 周裕琼，丁海琼.中国家庭三代数字反哺现状及影响因素研究[J].国际新闻界，2020，42(03)：6—31.

③ 周晓虹.现代社会心理学多维视野中的社会行为研究[M].上海：上海人民出版社，1997：136.

几何级数式地增长。因此,他们更容易获得新的知识。

相较之下,亲代的长辈们由于精力有限,多忙于生活、工作和家庭事务,与同辈群体的交往往往不那么深入,信息和文化的交流共享自然也不那么充分。由此可见,与同学或者是同伴的交往是子代们获得新的知识、技能、价值观念和生活态度的最重要的途径之一。而同辈群体也成为一个在各方面支持子代对亲代进行文化反哺的"数据库",提供了大量的可供子代反哺亲代的内容材料。正如周晓虹指出:"我们的父母现在实际上不是单和自己的孩子,而是和他们那一群人或那一代人打交道。在一个不起眼的孩子后面可能站着一个个联系密切的同辈群体,他们成了孩子向父母进行'文化反哺'的取之不尽的知识蓄水池。"①

三、文化反哺的内容和方式

(一) 文化反哺的内容

如今,文化反哺的现象已是普遍存在,其内容涉及广泛的层面。具体而言,它主要集中在知识技能、行为方式和精神生活三个方面。

1. 知识技能

如上所述,在新知识技能方面,与长辈相比,子代的孩子们有着明显的优势。其中最具代表性的就是关于计算机和网络的知识技能。很多父母都认识到了自己在接受和学习现代科学技术方面的不足,承认子女在这方面具有优势并乐意接受子女的教导和帮助。同样,子女也能意识到自己的优势。因此子女们对长辈进行"文化反哺"显得较为积极主动。知识技能在文化反哺中是较能为亲代坦然接受的内容。此外,智能手机、现代家用电器等新产品的使用也属于较为常见的内容。

2. 行为方式

行为方式是子代对亲代的影响最为明显的方面。其中一个方面是对器物的使用。随着社会的发展,我们的日常生活中出现了许多过去没有的,具有较高使用或娱乐价值的新器物。父母一开始对这些东西往往采取排斥的态度,甚至根本不知道它们的存在,但是孩子们却对这些东西非常好奇,乐意去接触这些东西并能很快地熟悉和了解它们。当孩子在家里、在父母面前使用这些新器物的时间多了,父母也潜移默化地受到了影响,逐渐地接受并也开始尝试使用这些东西。另一个方面则是在人际交往上,青少年网民通过网络聊天、交往和通信,引领新的人际交往模式。调查结果显示,截至 2021 年 12 月,我国即时通信用户规模达 10.07 亿,占网民整体的 97.5%,小程序、视频号等新功能持续探索,企业端即时通信用户规

① 周晓虹. 文化反哺:变迁社会中的亲子传承[J]. 社会学研究,2000(02):51—66.

模和产品功能也在蓬勃发展。[①] 越来越多的家长在子女的引领下开始通过网络与他人建立联系，有了新的人际交往方式。此外，在家里贮藏速冻食品、在饭店吃年夜饭等，也是日常行为中亲代受到子代影响的部分。

3. 精神生活

精神层面的文化反哺比起行为和知识等方面而言，显得影响要小一些。毕竟精神层面的内容通常在形成之后就较为稳定，外界因素很难动摇。但实际上，父母在一些精神生活方面还是或多或少地受到了子女文化反哺的影响。具体地说，这方面子代的文化反哺主要影响了亲代的一些价值观念和生活态度：大到改革精神、民主自由和参与意识的发扬，小到对贷款的看法，生活情趣的营造，对文学、音乐作品的选择。

（二）文化反哺的方式

文化反哺作为一种新型的文化传承方式，对作为长辈的父母接受可能较为困难，因此，作为晚辈的青少年的主动性是文化反哺的重要条件。在文化反哺中，可以采取的方式有以下三种。

1. 寻求正常模式

正常模式即是指行动者之间通过互相沟通以及自我思考而保证行动能够顺利进行的一种模式。在文化反哺中，有时亲代可以主动地意识到寻求子代帮助的意义和必要性，而子代也乐意帮助亲代，这时文化反哺就是以正常模式在进行。而在反哺过程中，亲代有时候在其个体索引知识来源库存中找不到支持这一行动的意义，因而会拒绝和抵触反哺的行为。这时候，子代就需要通过与亲代沟通，再通过一些技巧，帮助亲代找到行动的意义，以另一种正常模式来维持反哺活动的继续。

2. 运用视域融合

视域融合是一种类似于换位思考的方式，它是通过行动的双方各自忽略其独特的经历而寻求双方都共有的认识来达成的。社会变迁速度非常快，家庭中亲代与子代的生活经历往往有着较大的差异，但无论这种变化有多快，差异有多大，亲代与子代间还是必定有着传承的关系，有着双方共有的认识。因此，视域融合就成为子代在进行文化反哺中常常采取的一种方式，也就是通过视域融合达成共识，再由这个共识来支持文化反哺的行动。

3. 使用等待原则

在文化反哺活动中，亲代和子代因为有着不同的文化基础，通常都需要给对方留出足够的时间来等待对方搜索自己的索引知识来源库，以找出或建立共同的索引知识。在这个等

---

① 第49次中国互联网络发展状况统计报告[EB/OL].（2022－02－25）[2022－08－05]http://www.cnnic.cn/hlwfzyj/hlwxzbg/hlwtjbg/202202/t20220225_71727.htm.

待的过程中,为了维持文化反哺活动正常进行,使之不至于因为等待而中断,所运用的技巧就是等待原则。比较常用的方法有:暂时承认原有的错误信息是正确的,在谈话之前套用诸如"你知道的,……"之类的句子。

四、文化反哺带来的机遇和挑战

(一) 机遇

对于"文化反哺"这一社会现象,我国当前的社会学、文化学和青年学等学科对它的研究多持肯定意见。周晓虹[①]、周裕琼[②]、安利利[③]等人的研究发现,"文化反哺"这一新型的文化传承模式的出现带来了不少积极的改变。它为孩子提供了展示自身的平台,打开了年轻一代潜力的宝库,激发了青少年的开拓精神和创新意识。同时,使子代在家庭中所处的地位和对家庭事务的发言权都得到了提升,而亲代则通过子代的反哺了解了原本陌生的新知识,切实地提升了他们对这个变得越来越陌生的世界的应对能力。在许多意义上,这些改变都是难得一见的机遇。如果我们能够把握这些机遇,那么子代的孩子们将获得前所未有的想象力和创造力、丰富的知识、强大的力量和坚定的自信,最终能够成为具有创新精神和独立意识的栋梁之材。而亲代的家长们则能够开阔眼界,打破自身的思维定式,在现有的基础上获得进一步的发展,更好地适应当前的社会,享受生活。同时,文化反哺也能够增加家庭成员之间的沟通和交往,培养家长与子女间共同的爱好和话题,增进家长与子女间的相互理解,缓和亲子代际冲突,密切亲子关系,使家庭中建立起和谐亲密而又民主平等的亲子关系。

(二) 挑战

虽然文化反哺带来了不少的机遇,但是它也伴随着相应的挑战。在家庭中,随着年轻人获得的前所未有的话语权,很容易动摇传统社会中"长者为尊"的基本规则,使家庭关系呈现出代际倾斜与去中心化的特点。父母遭到来自子女的各种挑战和反叛,减弱甚至失去了对孩子的影响力,这就容易导致孩子更愿意自己单独做出选择而不是听从家长的建议或者意见。然而初出茅庐的孩子对信息的辨别力和社会责任感往往有所不足,当面临道德选择的困境或在某些冲动的情绪下,失去家长绝对的影响力这一导航器或者刹车闸可能会导致孩子做出错误的选择,甚至引发危险的情况。另外,若放任文化反哺的盲目性与任意性不加以引导,家长不同于孩子的模式化生活态度,以及在一些社会行为上的不适应性,都有可能使他们与孩子发生激烈的碰撞,加深亲子两代人之间的代沟,使亲子关系出现断裂,甚至令一

---

① 周晓虹.文化反哺:变迁社会中的亲子传承[J].社会学研究,2000(02):51—56.

② 周裕琼.数字代沟与文化反哺:对家庭内"静悄悄的革命"的量化考察[J].现代传播(中国传媒大学学报),2014,36(02):117—123.

③ 安利利,王兆鑫.孝道与平权:数字鸿沟中的文化反哺与再哺育——大学生与父母在微信平台上的亲子关系研究[J].中国青年社会科学,2020,39(04):111—117.

些少男少女们走向极端。

今天，文化反哺现象虽然在每个家庭中都可能发生，但是还没有得到足够的重视，我们还没有把其中的积极影响变成促进家庭生活文明、和谐的有利因素；同样，我们也还没有对文化反哺可能出现的负面因素有足够的认识。[①]

（三）应对

文化反哺这一现象的出现，可以说是机遇与挑战同在。对我们而言，最重要的还是如何应对这一新的事物，把握其带来的机遇，迎接其带来的挑战，最终促进亲子两代积极地发展，避免潜在的危险。对此，可以有如下的应对方式。

一是父母要转变观念，放下架子，接受并适应文化反哺的存在。如我们在本节开头所述，文化反哺作为一种新的文化传承模式，其出现是具有历史必然性的。而且总体来说，文化反哺也是利大于弊的一种社会现象。因此作为家长，首先是要从观念上去接受和适应从"教育者"到"被教育者"的角色转变。在现代社会，很多家长知识结构中的空白点恰好是他们孩子的优势所在，承认自己在某些方面的不足，并向孩子请教自己不懂的问题并不是一件丢面子的事。不用担心自己因为"不耻下问"而失去在孩子心目中的权威地位，因为孩子对家长的敬畏其实并不是建立在"全知全能"的基础上，权威的削弱或消失也不会从根本上改变亲子关系。这样做反而会为孩子树立勤学好问的榜样。家长能够转换自己的角色，才更容易接受文化反哺的事实，也才能从更广阔的角度看清其机遇所在。

二是父母要打开心窗，树立终身学习观念，处处留心跟上新时代。随着经济的发展，科学的进步，新事物层出不穷。但这些新事物往往都是一把双刃剑，应用得当可以带来无限的好处，使用不周却可能引发诸多的问题。青少年毕竟还年轻，对事物的辨别能力有限，抵制诱惑的能力也还不足。为了防止一些不法之徒利用青少年的这些弱点，将不利于他们发展的东西混在新奇事物中来毒害他们，家长必须树立起终身学习的观念，充分利用各项资源来丰富自己，掌握最新的科学知识，这样才能辨别新事物的好坏，正确地引导孩子或者对孩子做出必要的监督。这样既可以拉近和子女之间的距离，也能做出一些孩子所乐意接受的中肯而符合时代要求的建议，保持自己对孩子在社会规范、社会责任等关键问题上的影响力。

第二节　终身学习与家庭教育

终身教育是21世纪教育的主题，它在横向上囊括各方面的知识、技能和态度，使人们在不同的年龄阶段都能获得自己的发展所需要的不同类型的教育，从而进一步发展自己成为一个更加完善的人；在纵向上教育贯穿人的一生，让人们从未成形的胚胎到将要离世的老人，时时刻刻都能受到自身所希望获得的良好的教育，让人们真正地做到"活到老，学

---

① 张勇，胡宝生．浅谈文化反哺现象及对教育的影响[J]．天津市教科院学报，2010(02)：61—62.

到老”。[1] 现代家庭教育作为整个教育体系中的重要组成部分,自然也受到终身教育思想的影响。在这一大教育背景下,“终身学习”的理念被提出并得到强调,这一思想理念将成为每个人都需要接受的新的学习理念。

一、家长要树立终身学习理念

家庭教育是家长与子女间的相互影响和相互作用。因此,作为亲代的父母们和作为子代的子女们,都同样地既是教育者,又是受教育者。所以,无论是家长还是孩子,都需要进行终身学习,才能保证家庭教育的顺利进行。而父母作为年长的一代,承担着培养和教育下一代的重大责任,有着更为艰巨的学习使命,更是需要不断进步。

随着社会经济的快速发展,家庭结构发生了巨大的变化,各种类型的家庭及其家庭教育的问题日益突出:家长工作太忙而无力关照孩子造成的孩子心理疾病问题;家长外出务工造成的留守儿童问题;家长限于自身水平不知如何与孩子打交道,影响了家庭教育的质量问题等。这些问题的出现提醒家长要进行终身学习。终身学习是新时代家庭教育的要求。为了保证孩子能够健康地发展,家庭成员之间的关系能够始终和谐亲密,家长要与时俱进,不断更新自身的知识结构,提升自身的教育素质,认识孩子身心发展的规律,了解并掌握与孩子沟通和相处的技能技巧,确保拥有正确引导孩子成长的能力。同时,家长自己进行终身学习,对于孩子而言也是良好的榜样。

常言道,观念是行动的指导,家长首先要树立终身学习的观念。具体而言,就是家长应该对学习有一个全新的认识,根据刘楚魁、[2]蔡秀美、[3]朱红[4]等人的归纳,这种认识主要有以下几点。

1. 学习历程应持续一生

随着时代的变迁,社会的发展越来越快,对人才的需求也越来越高,人们只有不断学习才能有良好的适应性,以跟上社会的变迁和时代的潮流。因此,每一个人在生命的任何一个发展阶段都必须不断学习。学习不再仅仅是儿童或者青少年特有的活动,而是所有人,包括成年人在内,都要不断进行的活动。这项活动是持续不断地贯穿人的一生的。

2. 学习的方式和途径应是多元的

终身学习的体系覆盖很广,包括各种正规教育、非正规教育和非正式教育,学校、教育机构以及培训机构等都属于这一体系之中。在这一学习体系中,不同阶层的人们能通过相同或不同的途径学习,以满足各自的需要。同样,学习的场所是不固定的,学校、家庭、社区、社

---

① 金绪泽.论终身教育背景下的家庭教育目标定位[J].河南技术职业师范学院学报(职业教育版),2005(03):69—71.
② 刘楚魁.试论家庭终身教育[J].求索,2000(04):78—80.
③ 蔡秀美.终身学习的理念与政策探讨[J].开放教育研究,2000(04):24—27+48.
④ 朱红.搞好家长终身学习　提高家庭教育质量[J].成人教育,2005(03):47—48.

团、工作场所等均可以成为学习的场所。最后，学习的方式也不再仅仅拘泥于面对面的讲授式学习，而是有了更多的选择，通过传播媒体（例如电视、广播）、函授以及电脑网络（在线教育）等都可以学习。

3. 学习应重视自主精神

终身学习的理念重视学习的自主精神。自主精神的含义包括两个部分，即自发性的学习和自我导向的学习。自发性的学习意指学习是一种有意识的、有目的的活动，在这个意义上，强调的是学习者本身的主动性；而自我导向学习的能力则是代表一个人不但能主动自发地学习，还知道学习的正确方法，即如何去学习，在这个意义上，它强调的是学习者学习能力的培养。

4. 学习的内容应全面而完整

终身学习是一种全人发展的学习，它的内涵在于帮助个人成长，增进各方面的知识、技能和态度。因此，终身学习的内容多种多样，各种学科知识、职业技能、道德伦理、身体养护、与他人相处之道、审美情趣等，都属于终身学习的内容，并且这些内容也没有孰轻孰重之分，它们都是同等重要的。

5. 学习是一项权利而不是特权

学习是一项权利，是指在一个终身学习的社会中，所有人不论性别、民族、家庭背景或者居住的地区，都应该具有同等的学习机会。同时，这种学习的权利也意味着人从出生到死亡，只要希望学习，就随时能够有机会进行学习。也就是说，在这样的社会中，学习是全民所共有的权利而不仅仅是少数人的特权。

当家长了解以上这些关于学习的新观念后，就可以此为据，更好地指导自身的终身学习。

二、家长终身学习的阶段划分

根据终身学习的理念，家庭教育的对象、内容、方法和原则都会发生变化。这种变化不仅仅意味着现代的家庭教育和过去的家庭教育之间因为理念的改变而有所差别，也意味着在家庭教育的过程之中，教育的对象、内容、方法和原则等本身也不是一成不变的，而是会随着阶段的变化而变化。也就是说，家长的终身学习不只贯穿整个家庭教育的过程，还有一定的阶段划分。

终身学习的阶段标准可以依据家庭的生命周期（family life cycle）来划分。所谓家庭生命周期，是指一个家庭的诞生，然后经历了发展变化的不同阶段，直至消亡，最终被新的家庭所取代的过程。[①] 它描述出了家庭结构、组成以及行为的改变。尽管在这个周期内家庭的生活是持续的历程且并不具有线状的关系，但从家庭发展时间的层面来看，却还是有着先后的

---

① 潘允康. 家庭生命周期[J]. 百科知识，1996(05)：39—41.

顺序和一定的规律的。按照时间顺序,家庭发展的不同过程和阶段有着不同的特点、功能和发展任务,它“就像一个校准的时钟,到点了,家庭的内在功能和发展任务就要做出相应的调整”。①

探讨家庭生命周期划分的书籍和文献不在少数,其分类的标准也各有各的特色。而在本节中,因为主要探讨的是家长在现代和未来家庭教育中的终身学习,所以采用一种较为普遍地被运用的杜瓦尔(Duvall)的划分方式,此方式以子女出生和成长为主线将家庭生命周期分为八个阶段;另外由巴恩希尔(Barnhill)及隆哥(Longo)赋予了各个阶段相应的发展任务。② 其具体的划分如下:

第一阶段为新婚夫妻(married couple):这个阶段没有孩子,从夫妻两人的结合开始到两人之间有了第一个孩子为止。这是一个家庭刚刚建立的阶段,也可以说是一个家庭的“诞生”。家庭的中心是夫妻两人,主要的家庭任务是夫妻间彼此的互相承诺。

第二阶段为养育孩子的家庭(childbearing family):这个阶段从第一个孩子的出生开始,到这个孩子 3 岁为止。此时,家庭中不再是夫妻二人的世界,而是加入了第三位成员——第一个孩子。在这一阶段中,主要的家庭任务为学习扮演好父母的角色。

第三阶段为学前年龄孩子的家庭(preschool children):这个阶段从孩子 3 岁开始,到孩子 6 岁为止。这个阶段中,孩子逐渐长大,开始发展出自己特有的个性和人格,并开始尝试生理上的独立,此阶段主要的家庭任务为学习接纳孩子的人格特质。

第四阶段为小学年龄孩子的家庭(school children):这个阶段从孩子 6 岁开始,到孩子 13 岁为止。在这个阶段,孩子将要离开家庭,进入相关的社会结构,开始更多地接触同龄人和较为正式地社会化,这一阶段主要的家庭任务为介绍孩子进入有关的机构,如学校、运动社团等。

第五阶段为中学年龄青少年的家庭(teenagers):这个阶段从孩子 13 岁开始,到孩子 20 岁结束。此时孩子进入青春期,开始尝试在心理上独立,并确立自己较为明确的社会与性别角色。主要的家庭任务为学习接纳青春期的孩子,包含其个人在社会与性别角色方面的改变。

第六阶段为孩子陆续离开家庭,俗称“发射中心期”(launching children):这个阶段从孩子 20 岁开始,直到所有的孩子都离开家庭去求学、就业或者成家为止。这个阶段的孩子开始成为一个成熟的个体,并尝试从经济上独立,从自己的家庭中离开。在这一阶段主要的家庭任务为经历属于青春后期孩子的离家独立。

第七阶段为中年父母的家庭(middle-aged parents):这个阶段是从所谓的“空巢期”——也就是家里已经没有孩子,只剩下了父母两个人开始,直到父母双方都退休为止。此时孩子

① 晏虹.家庭教育与家庭生命周期[J].家庭教育,2004(02):4—9.
② 台湾家庭教育学会.家庭教育学[M].台北:师大书苑有限公司,1999:79—88.

已经彻底地离开了自己的家庭，家庭成员再次从三人或者多人的情况变回当初只有夫妻两人的情况。在这个阶段，主要的家庭任务为接纳孩子已变成独立成人的角色。

第八阶段为老年的家庭(aging family members)：此阶段由夫妻两人都退休开始，直到双方最后都死亡为止。在这个阶段中，夫妻之间已经形成了多年的默契，孩子也已各自成家立业，此时便是家庭生命周期的最末阶段。此时主要的家庭任务为老夫老妻彼此珍惜，且坦然面对晚年生活。

按照这个生命周期的划分，家长们就可以在每个阶段，针对其家庭的发展任务来进行目的明确的学习。这对于家长进行终身学习，充分发挥家庭教育的功能是很有帮助的。但是，这种周期的划分所适用的是最为多数的"核心家庭"——一种由父母及其未婚子女组成的家庭类型，[①]对其他类型的家庭，例如单亲家庭等情况，在此不做详细的讨论。

三、各阶段家长学习的主要内容

一个家庭的发展趋势，是呈螺旋式地逐步上升，还是无可挽回地渐渐没落，在很大的程度上取决于家庭中子代是蓬勃向上的还是消沉不振的，而与亲代曾经有过怎样的辉煌没有太大的关系。因此，影响子代发展的家庭教育的成功与否，对家庭周期的发展趋势起着决定性的作用。而上文中已经论述过，家庭教育的成功离不开家长的终身学习，那么根据一些参考的文献，我们将这八个阶段家长所应该学习的内容的重点简述如下。

第一阶段：新婚夫妻阶段。这一阶段，家庭的主要任务是夫妻彼此间的承诺，所以家庭教育的内容主要是关于新婚夫妻双方各自的事情。夫妻两人需要适应从独身一人转变进入两人世界，学习如何共同生活，如何扮演好自己在生活中的各种角色，最终能在居家、饮食、财务、相互接纳、沟通、个人空间、性关系等物质和心理层面上达成一致，以建立双方都满意的婚姻生活。同时在这个阶段，夫妻两人还可以学习一些关于生育及怀孕方面的知识，为日后孕育孩子做准备。

第二阶段：养育孩子的家庭阶段。随着第一个孩子的出生，原来两人的家庭迎来了第三个成员，这使家庭从结构上发生了改变，家庭的关注重心也往往由夫妻双方转变到孩子身上，这些都会给父母带来较大的压力。在这一阶段，新爸爸和新妈妈都缺乏为人父母的经验，家庭的主要任务就成了学习如何扮演好父母角色。因此，父母两人所要学习的内容则是一些关于婴幼儿成长需要的生理学和心理学知识，以及如何调整自己的居家作息时间，以配合婴儿的需要；如何重新分配各自所要承担的家务事，调整夫妻二人时间分配，以保证两人都不至于有太大的压力；另外，夫妻之间学会沟通在这个阶段非常重要，尤其是对于丈夫而言，要理解在这个阶段的妻子由于生育期过后的特殊生理状况以及抚养孩子造成的压力，往往会出现焦虑和烦躁的心理状况，所以更需要经常和妻子沟通，体贴妻子，协调好家庭内部

---

① 顾明远. 教育大辞典[M]. 上海：上海教育出版社，1998：1348.

成员之间的关系,以维持良好的家庭氛围。这种良好的氛围不仅有助于维持整个家庭的发展,对于孩子的身心发展也有着很重要的影响。最后,如果夫妻双方都有工作,需要请祖(外祖)父母或者其他人员来照看孩子,则需要学习如何与对方进行协调,保证双方对孩子教养的一致性。

第三阶段:学前年龄孩子的家庭阶段。这一阶段,孩子在说话、走路等基本的生理方面已经趋于成熟,精力旺盛,并且开始萌发自身特有的个性和人格,好奇心和兴趣都十分广泛。家庭在这一阶段的主要发展任务就是接纳孩子的人格特质。对于家长而言,这一阶段所应该学习的最重要的一点,即是要呵护好孩子的蒙昧童年。蒙昧并不是无知,而是一种潜力巨大有待开发的状态。家长在这一阶段需要学习如何对孩子进行良好的启蒙教育,一方面,要给予一定的教育(主要是情感、态度以及习惯方面)以促进孩子的身心发展,为以后打下基础;另一方面,不能将教育的火烧得过旺,揠苗助长地给孩子灌输过多的知识技能。总之,这个阶段的家长所要学习的,就是如何调整自己对孩子的期望和对孩子的启蒙教育之间的关系,保护好孩子身心发展的自然力量。此外,在这个阶段无论是送孩子上幼儿园或者是自己在家教养孩子,家长还要注意自己的时间安排,保证有足够的时间与孩子相处。最后,在这一阶段,随着孩子的长大,家庭里的开支必定也会增加,适当地学习理财和管理家庭开销对家长也会有所帮助。

第四阶段:小学年龄孩子的家庭阶段。家庭在这一阶段主要的发展任务是介绍孩子进入有关的机构。随着孩子渐渐长大,其活动需求也渐渐增多,也需要更多地和同龄人相处,此时,孩子需要进入小学了。这一阶段,家庭教育中家长所侧重需要学习的,是如何为孩子进入学校做好物质和心理各方面的准备,如何指导孩子参与学习与课外活动,满足孩子的各种活动需求,以及如何指导孩子诸如交友之类的人际交往活动,使孩子能以正确的方式与同龄人相处和竞争。最后,在这个阶段家长还需要认识到,对孩子的发展而言,其素质的提高才是最重要的。在小学教育中,孩子确实更多地在学习科学知识和技能,但作为家长,在指导孩子学习时应该始终铭记,知识和技能只是手段而不是目的,真正的目的在于孩子多方面的发展。

第五阶段:中学年龄青少年的家庭阶段。这一阶段孩子开始进入青春期,身心都逐渐发育成熟,并开始尝试确立自己独特的社会与性别角色,为离开家庭独立生活做准备。此时家庭的主要任务是接纳青春期的孩子。此时,父母需要学习一些青春期儿童特有的心理和生理方面的知识,理性地面对孩子的"叛逆"。同时,家长也要学习如何与青春期孩子有效地沟通,在亲代和子代的冲突中寻找融合之处,在彼此尊重的基础上对孩子进行关键的指导。在这个阶段中,家长可以开始在形式上表现出将孩子视为一个"独立的人",尝试让孩子承担一部分家庭事务,以及提供给孩子某种程度的独立自主地支配金钱的权利等,这会对两代之间的有效沟通、缓和矛盾有所帮助。

第六阶段:孩子陆续离开家庭的阶段。这个阶段的家庭发展任务是接受青春后期的孩子离开家庭。孩子们长大了，总会离开家，就算父母再怎么不舍得，也无法阻止这种顺理成章的事情，强行去阻止只会对双方都造成伤害。因此，在这个阶段，父母要学习的首先就是接受孩子逐渐离开的事实。但是，在这个阶段中，虽然孩子开始陆续离开家庭，但他们还是刚刚跨入成年人的行列，在很多方面依然不够成熟，需要父母的帮助。因此，这一阶段的父母，除了要学习接受孩子开始逐渐离开的事实外，还应该学习如何帮助已经成年的孩子完全地独立面对他(们)自己的生活，包括指导成年孩子们如何学习、工作、恋爱、结婚、理财等事宜。父母在这一阶段应该学会给予已经成年的孩子相应的“作为大人”的支持和帮助，使自己的孩子能作为成年人而活得幸福快乐，有一个美好的未来。

第七阶段:中年父母的家庭阶段。这一阶段，孩子已经可以很好地独立面对自己的生活，因而是彻底地离开了自己的家庭。此时主要的家庭任务则是要接纳这一事实。因此，这个时候的父母所应该学习的最重要的一点就是适应家庭成员从三人或者多人再次变回两人的情况，也就是所谓的“空巢期”。空巢期的生活比起前面几个阶段的生活又有了新的变化，且父母也开始步入中年，精力和对新生活的接受能力比起年轻时有所衰退。这个阶段父母对于心理和生理上的调整都是很重要的。另外，这个时期的父母更需要学习如何照顾好自己已经处于老迈阶段的父母，恪尽孝道。毕竟在前几个时期因为抚养孩子的压力，可能对老一代的父母重视会有所不足，当抚养孩子的压力几近消失之后，父母就应该有意识地弥补过去的欠缺，一来是报答自己父母的养育之恩，二来也是为自己成年的孩子做出良好的榜样。

第八阶段:老年的家庭阶段。这一阶段，家庭的主要任务为老夫老妻彼此珍惜，坦然面对老年生活。这个阶段是人生最后一个阶段，家庭教育方面，步调也开始调整得较为缓慢。父母首先要学习的是如何面对自己的退休。在工作岗位上工作了那么多年，刚刚退休的时候，多数人都会感到很不适应，无论是从生理上还是从心理上都是如此。因此，父母首先要学会适应退休后的生活，可尝试用一些自己爱好的其他活动来代替原来的工作，以逐步适应新的生活方式，重新调整自己的时间安排。同时，伴随退休而来的，自然是收入的减少，因此，在这个阶段父母还应该学习重新安排自己的财务计划，以适应当下的情形。此外，这时候的父母还应该学习一种角色的变化，从以前照顾孩子的角色转变为接受孩子照顾的角色。这种转变会伴随着一种无力感，因此适应起来也不是那么容易，但此时父母还是应该牢记一句老话叫作“岁月不饶人”，要知道现在自己确实已经进入了老年，很多事情确实都不比从前，接受这个事实对自己和孩子都更有好处。最后，对这个阶段的父母而言避不开的一件事情，就是要学会去面对死亡。死亡对于每一个人而言都是平等的，虽然可怕，却不是一件能够逃避的事，所以最重要的是要调整好自己的心态，坦然面对无论是配偶的或者是自己的死亡。

第三节 信息技术与家庭教育

20 世纪 90 年代后期，随着互联网的飞速发展及其在日常生活中的广泛应用，我们步入了一个网络时代。网络已经成为人们生活不可或缺的一部分,对于青少年而言,更是如此。根据报告,我国未成年人"触网"低龄化趋势明显,新型智能终端在未成年群体中也迅速普及,现代的家庭教育在这一大环境的影响下受到了前所未有的冲击。

一、信息技术对家庭教育的影响

信息时代的到来可谓有利有弊。互联网在促进信息获取、拓展人际交往、鼓励社会参与、提供生活便利等方面都有着突出的作用,但同时也引起了一系列令人担忧的问题。例如网络成瘾、信息茧房、信息良莠不齐等。为了解决这些问题,我们首先要了解信息技术,尤其是网络对于家庭教育的影响。

(一) 积极影响

客观地看,信息技术对家庭教育有相当积极的影响,其主要表现在以下几个方面。

1. 网络是一个巨大的教育资源库①

在当代,学习已不是在学校就可以完成的一种一劳永逸的事情了。为了适应社会的快速变迁,人人都需要不断更新自己的知识,不断接触新事物、掌握新观念和新技术。而网络则是一个无所不包的信息库,其内容丰富、新鲜,而且传播迅速,能实现资源共享。这一巨大的教育资源库,为我们提供最前沿的学习内容,满足我们对信息和知识的需求。同时,网络也提供了新的学习平台。在网络上,孩子们的任何感兴趣的问题都可以得到各种资料的说明和佐证,只要肯努力向网络提问,问题必定能得到解答。这就打破了原有的传统学习模式,使学习不再完全依赖于年长者(例如教师、家长等)的帮助,也不再受到时间的限制,可以在想学习的时候就能在第一时间内获取到知识,大大地提高了学习的效率。

在很多时候,网络也被称为是"没有围墙的课堂",许多国内外的优秀名校都在自己的远程教育网或者图书馆上提供一些受到学生喜爱和好评的课程视频,让全世界的学生们都能通过互联网来共享这些宝贵的学习资源。

网络作为教育资源库不仅仅给青少年带来了各种各样的方便,也给需要交流育子经验的父母们提供了广阔的平台。现在网络上父母不仅晒自己有了宝宝后的幸福生活,还通过微博、个人微信公众号等自媒体相互交流教育孩子们的经验。更有一些专门的网站或应用程序,如"中国教育网络电视台""家慧库""家庭教育云平台"等,为家长们提供了专业的家庭教育课程,还有线上专家指导父母育子过程中遇到的难题。一些学校也为每个班级建设了专门的网页,只要家长登录网站便能清楚地知道最近学校和班级的活动,孩子目前在班里的情况等。这些无疑都是现代信息技术为家庭教育带来的福音。

---

① 李瑞平,袁黎景. 网络时代的家庭教育[J]. 兰州教育学院学报,2003(01):47—49.

2. 网络给予孩子们自我实现的空间[①]

平等与自由是网络的两大特点。在网络上所有人的角色都是虚拟的，因此很少存在诸如现实生活中的上下级、长晚辈之类的垂直型关系，人们之间的交往更多地是在同一个平面上的交往，属于一种横向的交往模式。这就打破了现实生活中人们各自阶层、年龄的交往圈子，让社交的空间扩大化，社交的方式多样化，社交的过程也具备了一种“神秘感”。在这种环境中，孩子们可以选择和各种各样的人进行交往，随时与他人建立联络，同时，虚拟的符号化身份也使网民们在现实中的性别、年龄、职务等影响被隐去或大幅度削弱了，因此没有了天然的权威，人人机会均等。在这里，孩子们不再会因为年龄而被长辈们单纯地视为“受教育者”，也不再受到现实中“权威”们的压制，而是有了更多自由发展的权利。而且，虚拟的身份也让所有人能够抛开现实中的面子、利益等顾忌，令人们的发言、意见和观点更加地坦白、真实。

网络的这些特点为孩子们提供了一个不同于现实的新空间。在这个新的空间里，没有了现实中的诸多限制，孩子们能够完全地以自己的想法为中心，以自己的需要为尺度，按照自己的个人意志自主地利用网络资源，发挥出令人赞叹的想象力和创造力，实现其特有的自我价值。

3. 信息技术发展促进了家庭与学校的协同教育

家庭作为社会的基本细胞，是人生的第一所学校，而学校作为人才培养的主要机构，一直以来都处于教育系统的核心位置，这两种教育力量对儿童的成长都有着不可忽视的影响。只有家庭与学校相互支持配合，协同并进，才能更好地引导儿童健康成长。而随着信息技术的发展，借助 QQ、微信、钉钉等应用平台建立起来的家长群，只要一键发送信息，无论是老师还是家长，都能及时而便捷地沟通孩子的讯息，为家校互动提供了良好的契机，实现了双向互动。同时群内除了家庭与学校的沟通外，还能推送各种学生的精彩瞬间、教育类的文章或者供给学生的学习资源等，既能使家长了解孩子的在校情况，又能使家长学习一些教育经验，还能让老师更加了解家长的需求和想法，利于家校双方观念的协调[②]，对促进家校协同共育无疑有极大的帮助。

（二）消极影响

虽然信息技术给家庭教育带来了许许多多的积极影响，但是凡事都有它的两面性，在这些积极的影响背后，它也给我们带来了很多令人不安的消极影响。

1. 道德意识的弱化和缺失[③]

网络可以说是一个信息的万花筒。其中除了学术信息、购物信息、娱乐信息、经济信息

---

① 周文. 论网络时代的家庭教育[J]. 新闻界，2005(05)：124—125.
② 黎林. 基于家长群的家校沟通策略研究[J]. 教书育人，2022(02)：8—9.
③ 周文. 论网络时代的家庭教育[J]. 新闻界，2005(05)：124—125.

以外,还充斥着各种各样的色情、暴力、煽动等恶意信息,令人难以分辨和筛选。孩子们出于好奇或在无意中接触到一些垃圾信息,会弱化孩子们的道德意识。对于一些自控能力弱的孩子,在这些不良信息影响下,自身又缺乏选择能力,还会引发道德失控从而造成较为严重的后果——例如处于青春期的孩子模仿色情网站上的行为而犯罪等。

另外,由于网络特有的匿名性、虚拟性和去中心化的机制,在带来自由和平等空间的同时,也会引发过分张扬个性从而漠视社会公共秩序与道德的问题。比如一些青少年,仅仅为了显示自己的个性和与众不同,就利用互联网随意地制造思想和争议的泡沫或编造谣言,引发网络上的"战争",无端攻击他人;有些人为了让他人将自己视为中心,令他人对自己刮目相看,更是不惜做出损害他人数据、破坏他人网站、侵入他人系统等过激甚至违法的行为。同时,网络毫无边界的交往方式缺乏有效的管理和控制,令一些自控能力很低的青少年失去了对自己行为的道德约束,暴露隐私、暴力、恐吓、欺诈等行为层出不穷,这也引发了人们对于安全的焦虑。总之,网络在某种程度上确实引发了一系列的道德问题。

2. 不当地使用网络对孩子造成了身心伤害[①]

适当地运用网络虽然带给我们诸多好处,但是不当地使用网络却会造成极大的危害。许多时候,当孩子们在学校学习压力太大或者觉得自己生活太单调时,网络就成了他们逃避和发泄的场所。置身于网络游戏、聊天等之中,可以暂时将烦恼抛之脑后,这就使得许多自控能力较弱的孩子无节制地上网,最终完全依赖于网络,将自己的真实情感深埋于心,与现实生活脱节,显出一副不为任何世间感情所动的冷漠姿态。此时的网络不再是孩子们发展与创造的自由之门,反而成为了孩子面对现实世界的心灵之锁,使得整个生活都受到极大的影响,引发的一些心理疾病和身体疾病,例如网络孤独症、颈椎炎等都对孩子的身心健康构成了危害与威胁。

此外,在网络的信息传播中,人们对信息的需求往往是个性化的而非全方位的,用户往往会基于个人偏好去选择接触媒介信息,长此以往,就会把自身束缚在像蚕茧一般的"茧房"之中[②]。在新媒体技术的驱动下,个人获取信息、交流观点时都会被巨量信息的"圈子"所包围,更是会形成趋同性群体压力的信息内向现象[③]。生于网络时代的青少年们,在自己的精神世界尚未完善,对信息的选择能力也尚未成熟之时,若无正确而及时的引导,出于天性就更容易陷入个人偏好信息所构筑的"茧房"之中,使得接收的信息失衡,进而造成对信息的选择性理解和记忆,强化先入之见,产生过于自我化的思考、反常性的敌视和选择性的漠视[④],变得封闭和偏执。久而久之,不仅会失去正常的辨识能力,甚至会影响到世界观的形成和对

---

① 周文.论网络时代的家庭教育[J].新闻界,2005(05):124—125.

② [美]凯斯·R.桑斯坦.信息乌托邦——众人如何生产知识[M].毕竟悦,译.北京:法律出版社,2008.

③ 张音.打破"信息茧房",压实媒体担当[J].青年记者,2017(06):4.

④ 汤广全."信息茧房"视阈下大学生思维品质的培养和塑造[J].当代青年研究,2018(02):52—58.

社群的归属感,不利于孩子正常的身心健康发展。

3. 亲子关系面临新的挑战①

随着网络时代的来临,传统的亲子关系也受到了挑战,有了巨大的变化。而在这些变化中,固然有积极的一面,却也发生了许多的问题。第一,亲子两代对网络的接受和熟悉程度不同,使得两代的交流和沟通产生了障碍。子代的孩子们受到网络的影响,出现了其特有的语言和词汇,网络的流行用语如"yyds""扩列""绝绝子"等,在孩子们的圈子里被广泛被使用,而作为亲代的父母却很难第一时间准确地了解这些词汇的含义,因此,两代之间的沟通会出现问题。第二,子代对于网络的需求和依赖增加,造成孩子们和亲代的父母直接交流相处的时间变少,较为极端的孩子甚至对家人越来越冷漠,两代人之间的心理差距也被拉大。第三,网络在给予孩子们丰富的知识同时,增加了孩子在社会化过程中的自主性,削弱了父母对孩子的影响力和控制力,使亲代在子代面前不再具有权威,削弱或干脆剥夺了亲代对于子代在一些关键问题上的指导能力,造成阅历尚浅的子代因冲动或不成熟的选择而出现各种问题,甚至酿成违法犯罪等悲剧。第四,互联网时代社会节奏的加快,使亲代在处理工作上缺少了明确的上下班界限,工作与家庭时间相互混淆。网络时代新的休闲方式甚至令有些亲代比孩子还深陷网络世界不能自拔,这就减少了对孩子的陪伴时间,也降低了对孩子的陪伴质量,忽视了对孩子内心需求的了解,以至于形成了亲情淡漠的情状。第五,由网络给孩子造成了一些诸如网络孤独、网络成瘾等问题,家长在焦急之下却又没有好的方法来应对这些问题,更是加深了两代人之间的代沟,使得亲子关系破裂。

二、家庭教育在信息时代的应变

家庭教育要应对信息时代的变化是不可避免的。为此,我们根据信息时代所特有的情况,提出家庭教育的若干对策与建议。

1. 家长应科学地认识网络,学习掌握信息技术

科学和技术是促进社会及观念变更的动力和源泉。网络作为一种工具,为学生创造了无边界、无时限的大课堂,引发了教学方式和教育管理模式的深刻变革。同时,也为学生日后走向社会、适应信息时代打下良好的基础。陈建翔甚至提出了与情商、智商所并列的"网商",他认可网络的使用能力也是衡量孩子发展的重要因素之一。② 因此,家长们应该理解,网络对孩子而言已经是生活不可或缺的一部分,因其具有潜在的危险就谈网色变、一禁了之,完全是因噎废食,只会让自己和子女都滞后于互联网时代的发展,被新技术、新成就所抛弃。父母应该做的,是对网络采取一种积极的态度,不害怕,不排斥,而是走进它、了解它,将

① 张忠山,郁琴芳,杨治中.聚焦网络时代的亲子关系[J].家庭教育(中小学生家长),2007(C1):12—18.
② 常艳春,寒羽.信息时代,家庭教育要有新观念——陈建翔教授访谈录[J].家长,2006(Z2):4.

关注的焦点放在如何充分发挥网络的正面作用上，将网络这样的信息技术纳入家庭教育的内容中，为家庭教育服务。

而想要做到这点，家长首先自己得了解和掌握信息技术。因此，家长在这一方面应该切实地做到“育人先育己”。对网络与信息技术了解不足的家长，应该多加努力，通过自己学习或与孩子一起学习甚至向孩子请教的方式，来尽快掌握相关知识。同时，在学习的过程中，家长应当理解信息技术作为一种教育工具本身的意义和价值。当前的信息技术多种多样，各种互联网软件功能五花八门，但最终它们都是为了更好地服务家庭教育才会存在，因此不可一概而论。在国内学校教育普遍滞后于网络发展的今天，家长在子女教育尤其是子女的网络教育中，势必要采取更加积极主动的态度，了解更多、学习更多、付出更多。

2. 家长应提高自身信息素养，引导孩子理性上网

互联网时代是信息爆炸的时代，在这个时代的父母只有注重自己信息素养的提升，才能不断与时俱进，跟得上孩子成长的脚步。在如今自媒体高速发展的时代下，对家长们的信息分辨能力提出了更高的要求①。微信公众号、新浪微博、B站、抖音短视频、知乎网站等当代青少年获取信息的主要来源平台，发布的信息真假不一，良莠不齐，因此需要家长们去甄别和筛选，向孩子传播更多官方和权威的知识，推送更多理性思考的文章，起到信息“过滤器”的作用。同时，作为家长也应该熟悉网络文化，常和孩子们聊聊他们的网络世界，“请教”孩子们时下的流行元素，了解孩子们通过网络获取信息的情况，以便及时发现可能的问题，让孩子们树立正确的网络道德规范，做好“防火墙”的工作。

网络有利有弊，家长作为阅历更加丰富的人，应当比孩子更懂得应该如何利用网络。孩子陷入网络成瘾的两大诱因是网络游戏和网络聊天，作为父母，应引导孩子理性上网，将网络作为获取信息、增加知识、丰富自我和展示自己的平台②。从孩子学习使用计算机开始，家长就应着重培养孩子适度地使用网络，可以采用和孩子共同协商签订合同等方式，与强力的督促双管齐下，保证孩子形成合理使用网络的习惯。但是，家长也要意识到，网络作为一种工具，不仅可以用来学习，也可以用于娱乐。因此，并不应当强硬地禁止孩子玩网络游戏或进行网络聊天，而是要加以适当的控制和引导。

3. 家长应营造宽松的家庭氛围，做好孩子的陪伴者

从各种现实的例子中可以看到，孩子受到网络的不良影响，往往有着家庭的原因。有些孩子因为父母太忙无暇顾及他们的精神需要，有些则是在学习或生活上遇到了自己无法超越的困扰却又没有及时从家庭中获得帮助，还有些则是无法在家庭中获得合理表达自我的出口最终才会求助于网络而陷入进去。因此，为孩子营造良好而宽松的家庭氛围，丰富孩子

---

① 李海月，王吉. 抖音中的家庭教育视频内容分析[J]. 新媒体研究，2021，7(08)：95—98.

② 杨庆华. 被互联网改变的家庭教育[J]. 父母必读，2022(03)：68—73.

的生活，是降低网络可能带来的危害的好方法。正所谓亲其师，信其道，只有在融洽的氛围中才能建立起优质的教育。对家长而言，只有把孩子当作一个个体，给予足够的关心与尊重，才能让孩子建立起真正的自信，从而得以茁壮成长。无论是就严肃的问题与孩子进行平等的交流，耐心听取孩子内心的想法，或是日常生活中随意地与孩子聊天等，氛围的营造都需要家长不断的努力。

此外，家长应尽可能抽时间和孩子在一起，加强对孩子休闲生活的指导。要让孩子知道，网络是生活的一部分，但不是生活的全部。为孩子合理地安排好休闲活动，陪伴孩子进行户外运动、旅游、看电影、参观博物馆等除了网络娱乐之外的活动，当孩子从更加多样的休闲生活中体会到乐趣之后，自然能减少对于网络的依赖和受到的不良影响。

4. 家长应做好自我情绪管理，促进与孩子的有效沟通

随着网络时代的来临，传统的亲子关系发生了极大的改变，家长权威被削弱，父母在家庭中的话语权降低，孩子的成长与发展经过网络的延伸而变得难以掌握，两代人出现“代际鸿沟”等，使不少父母在与孩子相处时产生了不自觉的挫败或焦虑情绪。但是，同为家庭的一分子，家长的情绪好坏会直接影响孩子的情绪，若是双方都不能冷静下来正确地面对情绪，就会使整个家庭陷入不断的争吵、指责和愤怒之中，破坏和谐的家庭氛围，严重影响孩子的健康成长。此时，家长作为家庭中更加成熟的一方，应该做好对自己的情绪管理，接受坏情绪的存在，也给自己一点时间，冷静下来之后再处理与孩子相关的问题，这样对孩子而言也是一种良好的示范，有利于孩子的自我管理和自我约束。

沟通的本质在于建立起良好的关系。孩子的成长是一个不断试错、不断纠错的渐进过程，作为家长，需要积极地与孩子进行有效的沟通。有效的沟通不是下命令，也不是强硬地干涉孩子，更不是各执己见地对立或争吵，而应该是真实地陈述事实，真诚地表达意愿，给情绪和理性都以充分的表达空间。在与孩子沟通出现阻碍时坦然地告诉孩子自己暂时不知道该如何表达，需要时间整理思路，或是有规律地定期进行家庭会议共同讨论家庭中的大小事宜等，对促进有效沟通都是可行的办法。

三、网络学校成为家庭教育的新领地

在信息时代，家庭教育的形式也产生了极大的变化，网上家长学校的出现就是最好的例子。所谓网上家长学校，就是以数字化信息技术为核心，以在校学生的家长为教育对象，以家庭教育知识、技能为主要教育内容，以全面提高家长素质为宗旨的成人业余学校。这是一种在互联网和相关应用及软件的相互结合下，充分发挥家庭教育、社会教育和学校教育三者的合力的新方式。

（一）网上家长学校建构的必要性

长期以来，我国传统的家庭教育都是采用一家一户分散的教育方式，因此，各个家庭之

间相对封闭,缺乏足够的交流。许多家长可能为了一些共同的问题在独自伤脑筋,一些家长摸索出来的经验也无法让其他人来学习。同时,以往的家长若想要较为系统地学习关于家庭教育的知识,往往也是通过学校组织的专家不定期的讲座,或家长的自学等方式来完成。而网络家长学校的出现,正好为广大家长更好地开展家庭教育提供了有利的条件。通过这种新型的方式,我们可以获得平台来整合家庭教育所有的资源,并且进行大范围的家庭教育的指导和交流工作。①

(二) 网上家长学校的内涵及其特点

网上家长学校的活动主要在局域网或广域网上开展,这种活动围绕现代教育思想、教育目标和教育内容进行,它既与学校教育有着紧密的联系,也是家庭教育延伸的一个部分。这种学校的产生是教育现代化发展的必然趋势。网上家长学校的特点主要体现在以下几个方面:

1. 开放性

网络是一个自由而开放的平台,而网上家长学校自然也承袭了网络的这一优势。网上家长学校没有任何的限制,对所有的家长都是平等地开放的。任何在家庭教育方面有学习需要的家长都可以到网上家长学校进行学习。同时,它也为家长们提供了交流的平台,家长可以在这里自由地交换各种与家庭教育有关的信息和心得。

2. 整合性

网上家长学校的整合性体现在两个方面:一是其要求充分发挥网络信息技术的强大交互功能,将信息技术的应用和家长学校的建设有机结合起来,使得网络信息技术在家庭教育中起到积极的作用;二是这种学校应有专门的教育工作者为其提供支持,它所包含的内容是集中、科学而系统的家庭教育知识,是学校、家庭和社会各方面信息资源的合理配置与共享。它能为家长的学习提供可靠的保证。

3. 先进性

因为网络是信息大量交换的中心,所以世界上最前沿的知识和技术都能在网络上找到。网络家长学校也不例外。在网上家长学校应该能找到最新的家庭教育内容以及方法,这是网上家长学校先进性的体现。

(三) 网上家长学校的运作方式

1. 网上家长学校包含的模块

网上家长学校作为联合社区、家庭和学校的新型学校,根据实际的需要及参考一些相关文献,其内容体系主要应该包括以下模块。

---

① 刘逸坚,梁丰宁,叶昊栋.构建网上家长学校、社区教育与学习的方式——兼谈网上家长学校网站的建立[J].中国科教创新导刊,2010(07):247—248.

(1) 个人用户管理。在网上家长学校学习的家长是作为个人用户参与的,因此每一个家长需要在学校里有一个自己进行个人用户管理的地方。这个模块可以包括家长的个人基本信息、家庭构成以及与学校合作的内容。

(2) 短信息及即时通信。短信息和即时通信是帮助家长实现无阻碍交流的平台。家长用户可以通过这个模块的功能进行收发信息、建立好友群、沟通交流等,根据自己的需要组建个人交际网络,交换经验和资源,这也有利于家庭教育的信息能够广泛地交流和传递。

(3) 网络课程。这是网上家长学校最重要的一个模块,它由各种类型的系统课程构成网站的家庭教育资源库,对家长开展家庭教育具有现实的指导作用。它根据家长遇到的最常见的情境和问题设置学习内容:一是学生学习类课程,这类课程介绍孩子所学习内容的重难点等,帮助家长指导孩子在学业上的困难;二是家庭教育的基本课程,这类课程包括父母的教育职责介绍和成功的家庭教育案例等,帮助家长了解自己在家庭教育中的角色;三是心理类课程,包括一些儿童心理发展的规律、家长自身不同时期的心理情况等内容,帮助家长了解与教育相关的心理学知识;四是计算机培训课程,包括一些计算机的基本使用教程,帮助那些对计算机不够熟悉的家长更好地学会新的知识技能,缩小亲子差距,使家长能够和孩子走得更近。

(4) 在线心理咨询与辅导。在家庭生活中,无论是孩子还是家长都有可能遇到一些心理问题,而有些问题则是他们自身无法克服的,这时候在线心理咨询就成了重要的指导方式。而网上家长学校可以邀请一些心理专家协助回答问题,提供支持和帮助,或利用聊天软件进行即时的辅导,还可以利用电子邮件、短信息等进行交流。

(5) 问题中心。在家庭教育活动中,家长一定会遇到许多困扰和无法解决的问题,问题中心这一模块就是为此而设立的。家长可以将自己的问题在这个部分提出来,学校老师针对这些问题给予较为专业的解答。同时,老师也可以根据提出的问题分析家长在家庭教育中的现状,找到大多数家长的共性问题,有针对性地安排家长学校课程。

2. 网上家长学校教学的流程

网上家长学校是一个家庭教育的新平台,它的教学有其符合信息时代特有的运作流程。在这个学校里,给予其支撑的是相关的教育工作者和网络的管理员。前者提供内容上的帮助,负责学校内容和课程的安排,后者则提供网络技术上的支持,负责网站本身的维持和管理。家长作为用户参与进来,吸收学习网络上的知识,同时反馈一些自己在家庭教育中遇到的问题作为学校课程的素材。相关教育工作者接受这些问题,进行分析和整理后,重新调整安排学校的课程。这个过程周而复始,构成了网上家长学校的教学流程。

第四节　政策立法与家庭教育

人的成长始于家庭,发展于学校,成熟于社会。家庭、学校与社会三者构成了人的教育与成长的基本环境，而家庭教育、学校教育与社会教育也构成了塑造人的完整教育体系。千百年来，我国重视家庭教育的传统源远流长，家规、家书、家训等薪火相传，生生不息。而随着当今社会教育现代化进程的不断加快，"科学育儿"的观念更是被广为宣扬，为越来越多的家长所接受和重视，家长对于学习家庭教育知识、掌握教育孩子的有效方法也有了更为迫切的需求。既是对传统的赓续，也是顺应新时代的需求，在发扬现代社会的基本精神——法治精神的基础上，党和政府以法治为引领和驱动、以社会主义核心价值观为主要内容、以立德树人为根本任务的新模式迭代升级，将"家事"上升为了"国事"，把家庭教育作为教育事业乃至社会建设的一个组成部分，纳入到了国家社会发展规划及教育改革方案之中，并从法律上给予了保证。

一、家庭教育立法的意义和价值

长久以来，家庭教育在维护社会稳定、推动社会进步以及培育未成年人健康成长等方面均发挥了重要作用，世界上很多国家都非常重视家庭教育。苏霍姆林斯基说过："社会教育是从家庭开始的。形象地说，家庭教育好比树木的根须，供养着教育的树干、枝叶和花朵。"[①]家庭教育是教育系统的基石和起点。从立法的层面看，我国教育相关的法律已有《中华人民共和国教育法》《中华人民共和国教师法》《中华人民共和国义务教育法》《中华人民共和国高等教育法》等，它们确立了学校教育的法律地位，《社会力量办学条例》《中华人民共和国民办教育促进法》等也使得社会教育在我国的教育系统中获得了法律地位。[②] 而家庭教育作为教育系统的基石，自然也应当进行立法，赋予其应有的法律地位。2012 年 8 月的全国家庭教育工作会议指出了家庭教育立法的必要性：家庭与学校、社会共同构成人成长的基本环境，家庭教育与学校教育、社会教育共同形成人成长的完整教育体系。其中，家庭教育是学校教育乃至社会教育的基础，是个人幸福、社会稳定和提高国家竞争力的基石。从此意义上说，家庭教育不仅是私事，也是一种关系到国家未来命运的，具有重要公共利益的公共社会事务。为此，家庭教育既需要家庭投入，进行家庭私育，也需要国家的支持、指导和保障，提供社会公育，尤其是在未成年人健康成长过程中给予全面的组织指导。

针对家庭教育进行立法以促进教育的整体发展，首先是现实的需要。随着我国社会经济的发展和城市化进程的加速，人口结构、家庭关系等在发生着前所未有的变化，家庭教育也面临了太多的问题，如校园霸凌、未成年人犯罪及自杀、儿童虐待等[③]。这些问题大多不仅是家庭内部的问题，而是混合了社会问题在其中，需要法律来明确家庭和政府各自应当承担何种责任，各司其职。其次，法律作为一种具有规范性和强制性的工具，也可以明确国家和

---

① [苏]瓦·阿·苏霍姆林斯基. 睿智的父母之爱[M]. 罗亦超，译. 石家庄：河北人民出版社，1999：2.

② 熊少严. 关于家庭教育立法问题的若干思考[J]. 教育学术月刊，2010(04)：46—49.

③ 王其晋. 家庭教育政策及发展概述[J]. 宁夏教育，2022(C1)：30—33.

社会将从哪些方面对家庭、对孩子予以支持，以便有效解决家庭教育领域内一些现实的问题，例如投入经费、指导者的资格、相关培训管理、相关的科学研究发展等。最后，已经被证实和总结出的家庭教育的一些成功经验，可以通过家庭教育的立法进行推广，家庭教育行为能通过立法程序而得到规范，间接地确保青少年的健康成长和发展。总而言之，对家庭教育进行立法，是有着相当的价值和意义的。它也是中国教育获得突破性发展的重要一环，能从法律和政策上确立家庭教育的地位与作用。

二、家庭教育政策法律的发展概述

近代以来，为了保证家庭教育能更好地进行，许多国家制定了相关的法律或政策。我们在这里对一些现有的家庭教育相关法律法规以及政策的发展进行简述，以期梳理家庭教育政策及法律的发展方向，作为理解家庭教育正式纳入国家法治化管理的基础。

（一）国外的情况

世界上很多国家都非常重视家庭教育的功能，给予了家庭关系、家庭教育相应的法律地位。如德国在《德意志联邦共和国基本法》（1949 年）中规定，“抚养和教育儿童是父母应尽的首要职责，国家有权监督其履行情况”。日本为了让家长认识家庭的功能、作用和家庭教育的重要性，于 1999 年 4 月颁布了通俗易懂的《家庭教育手册》，在民众中传输和普及科学的家庭教育观念和家庭教育方法；在 2006 年通过了经过全面修订的《教育基本法》（1947 年 3 月 31 日颁布，第 25 号法律），更是在第 10 条中新增了家庭教育的相关内容，[①]确立了家庭教育切实的法律地位。美国在 1966 年的《初等和中等教育法》中提出了为移民家庭学生提供教育服务的项目，要求接受此项目基金的学校要提供同等幅度的家长咨询活动；1970 年的《初等和中等教育法》的修正案中也提出了家长参与拨款项目，要求学校和家长一起制订书面的家长参与计划；而在 1983 年的《国家处于危机之中》的报告里提出家长们在有权利要求学校为其子女提供最佳教育的同时，也肩负着积极参与其子女教育的责任；[②]1994 年颁布的《2000 年目标：美国教育法》要求每个州至少应建立一个父母信息与资源中心，以提高父母在教养子女中的信心与能力，加强父母与专业人员间的伙伴关系，满足 5 岁以下儿童的教育需求及家校间的工作关系，促进儿童发展。[③]

从国外的立法情况可以看出，对家庭教育进行立法是完全可行且有必要的。从国外的情况也可以看出，其立法特点是相关法律干预的内容大多关于国家与社会的公共利益，没有过多地涉入家庭教育属于较为“私人”的部分，仅仅是对作为“家庭”所需要的基本要素做出

---

① 罗朝猛. 日本《教育基本法》修订的历程、动因、内容及其争论[J]. 比较教育研究，2007(08)：60—64.

② 黄河清. 家校合作导论[M]. 上海：华东师范大学出版社，2008：59—60.

③ Goals 2000-Educate America Act. [EB/OL]. (1994 - 04 - 21)[2022 - 08 - 05]. https://www.doc88.com/p-9008719558796.html.

了规定;且其条款大多是以倡导性的而非强制性的语言提出。总之,各国很好地把握了家庭教育立法的"度"——既对家庭教育必要的部分进行了法律保障,也为家庭教育私人的部分留出了空间。

(二) 国内的情况

家庭教育在我国一向有着悠久的传统,我国在很早以前就有了法律法规和政策涉及了家庭教育,近现代以来更是出台了不少具有影响力的政策。

1. 清末至民国时期的情况

1903 年张之洞、张百熙和荣庆拟定了《奏定学堂章程》。这一学制,对蒙养院的四年教育专门通过了《蒙养院及家庭教育法》。这是我国近代第一个家庭教育法令,其中确定了进行儿童蒙养教育的主要形式是家庭教育,规定要大力向家长传播家庭教育知识,规定了学龄前儿童家庭教育的教育目的、教育作用、教育对象、教育内容和教育方法,[①]对于家庭教育的推行作出了一个简单的规划。

1938 年 12 月,南京国民政府教育部颁布了《中等以下学校推行家庭教育的办法》,该法规明确规定了家庭教育应该由各级教育行政机关督导,各级学校、社会教育机关及有关团体积极推行。该办法让家庭教育的推行不仅受到家庭,也受到社会的保障,同时也令政府各部门能够各司其职,承担起各自在家庭教育方面的责任。另外,此法规还规定了诸如家庭教育技术指导、家庭教育问题研究,以及家访、儿童教育指导等家庭教育工作的具体方式方法。

1940 年 9 月,南京国民政府教育部颁发了《推行家庭教育办法》,其中融合了《中等以下学校推行家庭教育办法》的内容,并对其进行了一定的补充。此法规中增加了对各级各类学校推行家庭教育的方式的规定,还增加了推行家庭教育的各级学校及社会机构等在年度计划、使用经费、督导考核和年终报备上的制度。这项法规保证了家庭教育在推行的时候,从计划到过程再到总结,每个实施阶段皆有法可依。

1941 年 5 月,南京国民政府教育部根据《推行家庭教育办法》中的有关条文,制定并颁布了《家庭教育讲习班暂行办法》,详细规定了对中等以下学校及社会教育机构开办家庭教育讲习班的目的、培训对象、主持人员、教学时间及方式、教材、组织机构、场地设施、经费来源及考核等事项,其具有很强的操作性,且容易监督执行。

1941 年 10 月,南京国民政府教育部又根据《推行家庭教育办法》的第三、五条分别制定了《各县市家庭教育委员会暂行组织通则》和《各学校家庭教育委员会暂行组织通则》,分别指出了"家庭教育委员会"是推行家庭教育的主要管理机构,是主持推行家庭教育的直接领导实体,进一步确定了家庭教育推行的统一机构。

1945 年 9 月,南京国民政府教育部又公布了《家庭教育实验区设施办法》,选定了某些学

---

① 李天燕.家庭教育学[M].上海:复旦大学出版社,2007:46.

校按照设想来实验家庭教育，并试图用这种先个别试点再做经验推广的方式更加有效地推行家庭教育。这个办法的公布是对家庭教育推行办法的一个新尝试，也是将家庭教育相关法律法规和政策落到实处的一个尝试。

2. 新中国成立后的情况

1982 年的《中华人民共和国宪法》在“公民的基本权利和义务”中，明确规定了“父母有抚养教育未成年子女的义务，成年子女有赡养扶助父母的义务”。这确定了家庭最基本的要素之间的相互关系和应承担的义务，可作为制定家庭教育专门法案的法律依据。①

1986 年 4 月，我国颁布《中华人民共和国义务教育法》。第五条提到，“各级人民政府及其有关部门应当履行本法规定的各项职责，保障适龄儿童、少年接受义务教育的权利”。在此条中，还提到了学校和家庭有义务保障适龄儿童、少年接受义务教育，学校和家庭作为平等的力量并列出现在国家法律文件中。

1995 年 3 月，我国颁布了《中华人民共和国教育法》。教育法在第六章“教育与社会”中的第四十七条提到了国家鼓励企业事业组织、社会团体及其他社会组织和个人，可以通过适当形式，支持学校的建设，参与学校管理。就此，包括家庭在内的各种组织、团体甚至个人支持学校建设和参与学校管理的行为有了国家的法律依据。在第五十条中则强调了未成年人的父母或者其他监护人有配合学校及其他教育机构，对其未成年子女或者其他被监护人进行教育的义务。同时也指出学校、教师可以对学生家长提供家庭教育指导。

另外，《中华人民共和国未成年人保护法》第二章也指出，未成年人的父母或者其他监护人应当学习家庭教育知识，接受家庭教育指导，创造良好、和睦、文明的家庭环境。各级人民政府应当将家庭教育指导服务纳入城乡公共服务体系，开展家庭教育知识宣传，鼓励和支持有关人民、团体、企业事业单位、社会组织开展家庭教育指导服务。这里对父母接受家庭教育的知识提出了要求，并对相关国家机关提出了提供家庭教育指导的要求。

3. 现代的情况

国务院妇女儿童工作委员会在不同的时间段制定了《中国儿童发展纲要》。2001 年—2010 年的纲要中提出要促成家庭教育、学校教育和社会教育的一体化；2011 年—2020 年的纲要中提出了基本建成适应城乡发展的家庭教育指导服务体系的目标；2021 年—2030 年的纲要提出到 2030 年，保障儿童权利的法律法规政策体系应更加健全，儿童应享有更加和谐友好的家庭和社会环境。

全国妇联、教育部及相关部门也在不同时间段制定了《全国家庭教育工作“十五”规划》《全国家庭教育工作“十一五”规划》《关于指导推进家庭教育的五年规划》等政策，明确了家庭教育的对象，首次提出了家庭教育工作的指导思想，回应了新的社会发展阶段家庭教育出

① 熊少严. 关于家庭教育立法问题的若干思考[J]. 教育学术月刊，2010(04)：46—49.

现的问题并增加了推进家庭教育工作的原则和内容。

2010年2月,教育部、全国妇联等联合有关部门颁布了《全国家庭教育指导大纲》(以下称《大纲》)。在《大纲》中,根据儿童不同阶段的身心发展特点提出了家庭教育指导内容的要点。2019年,《大纲》进行了修订,完善了家庭教育的指导原则,确保了家庭教育指导应始终坚持立德树人的正确方向,并增加了家庭教育的八大核心理念。《大纲》的颁布和修订进一步深化了家庭教育的指导服务,对提高全国家庭教育水平、促进儿童全面健康成长有非常积极的作用。

2015年10月,教育部出台了《教育部关于加强家庭教育工作的指导意见》,明确了家长在家庭教育中的主体责任,提出学校应在家庭教育中发挥重要作用,强化学校对家庭教育的指导工作,指出应加快形成家庭教育社会支持网络并完善家庭教育工作保障措施。这一政策强调了家庭教育既是"家事",也是"国事",为家庭教育立法提供了坚实的政策基础。

2020年12月,教育部颁布了《家庭教育指导手册》,全面论述了开展家庭教育指导工作的基本理论和实践问题。这一手册指导家长负担起家庭教育的首要责任,也指导学校更好地承担家庭教育指导的责任。

2021年6月,中共中央宣传部、中央文明办等七部门联合印发了《关于进一步加强家庭家教家风建设的实施意见》(下称《意见》),《意见》指出要以习近平新时代中国特色社会主义思想为指导,立足新发展阶段、贯彻新发展理念、构建新发展格局,以培育和践行社会主义核心价值观为根本,以建设文明家庭、实施科学家教、传承优良家风为重点,突出少年儿童品德教育关键,推动家庭家教家风建设高质量发展。要强化制度保障,把新时代家庭观的要求体现到法律法规、制度规范和行为准则中,体现到各项经济社会发展和社会管理政策中,彰显公共政策价值导向。要加强组织领导,强化部门有效协同,形成家庭家教家风建设合力。①

从我国制定的这些家庭教育政策及法律来看,对于家庭教育的意义和重要性,我们已经有了相当的认识,对于家庭教育的实施也有了制度上的保障。已有的政策法律从过去到现在,总体目标不断明确,价值理念不断澄清;工作内容逐步扩展深化,涉及家庭教育各个方面的规定都十分详尽,兼具了指导性和操作性;政府在家庭教育公共服务中的责任逐步明确,其组织机制、队伍建设、评估机制等更是逐步细化,变得更加科学,从宏观的层面提出了要保障家庭教育的顺利进行,关注对家长进行家庭教育指导。这些政策,结合全国各地为推进家庭教育而开展的许多实践工作和一些家庭教育地方立法的先行实践,最终使得家庭教育正式纳入国家法治化管理成为现实。

三、《中华人民共和国家庭教育促进法》及未来发展

2021年10月23日,十三届全国人大常委会第三十一次会议通过了《家庭教育促进法》。

---

① 中宣部、中央文明办、中央纪委机关等联合印发《关于进一步加强家庭家教家风建设的实施意见》[EB/OL].(2021-07-23)[2022-08-05]. http://www.moe.gov.cn/jyb_xwfb/s5147/202107/t20210723_546277.html.

在本法出现之前，已有十个省市相继出台了促进家庭教育发展的地方性法规，其中无论是立法目的、规范重心、法律框架或原则制度等，富有成效的做法都在本法中得到了继承，充分传递了地方立法的智慧和经验，开启了家庭教育法治化的新征程。

(一)《家庭教育促进法》的意义

家庭教育作为整个教育系统中与学校教育、社会教育相并列的一种教育，从来没有人会否认其重要的价值、地位和作用。家庭不仅对未成年人具有保护功能，同时也对未成年人具有重要的教育功能。特别是在引导未成年人形成正确的生命观、良好的法律意识和道德意识方面具有重要的价值[①]。作为我国首个以"家庭教育"为名的法律，《家庭教育促进法》更是具有特别的时代意义。

1. 实现了家庭教育的全面法治化

《家庭教育促进法》分为总则、家庭责任、国家支持、社会协同和法律责任五个不同的部分。在总则部分，明确了家庭教育的定义、立法的宗旨、根本任务、基本要求、主管机构、经费保障等，为促进家庭教育开展提供了原则和纲领；在家庭责任部分，明确了父母或其他监护人的家庭教育职责、内容方式、行为要求等，为父母或其他监护人实施家庭教育提供了规范和准则；在国家支持部分，确立了从国务院到各级政府及其职能部门对家庭教育的支持举措和工作职责，为推进家庭教育发展提供了法律保证和路径支持；在社会协同部分，指出了婴幼儿照护服务机构、中小学校、幼儿园、居民委员会、医疗保健机构、公共文化服务机构等应对家庭教育进行配合、协作、宣传和服务，为家庭教育的社会支持提供了依据；在法律责任部门，明确了家庭教育涉及各方的责任限制与约束，为家庭教育立法的实效性提供了保障。这些可以说是从现实生活中的家庭教育出发，对家庭教育进行了全方位的规制，给予了家庭教育在法律上应有的地位，实现了家庭教育的全面法治化。

2. 为家庭教育现代化提供了规范与保障

我国家庭教育的历史和文化可谓源远流长，但随着时代的发展，传统家庭教育的粗放式教养与单向度传承逐渐难以应对文化的变迁，现实生活中的家庭教育遭遇了前所未有的困境与障碍，出现了养而不教、教而无方以及留守儿童家长缺位等诸多问题。因此，家庭教育的现代化与科学化成为了势在必行之事。《家庭教育促进法》的出现，首先，明确了家庭教育"立德树人"的价值导向，确保了正确、文明与和谐的家庭价值观念；其次，明确了家庭教育的原则和要求，提出父母必须虚心学习家庭教育的相关知识，尊重未成年人的身心发展规律和个体差异，将家庭教育定义为父母和未成年子女的双向学习与共同成长；再次，明确了家庭教育的内容和方法，关注品德的塑造、能力的培养、习惯的养成和心理的健康，同时要求父母运用更加多元化的教育方式和手段与未成年子女平等交流，使得家庭教育的规范也得以与

---

① 冉源懋，汤文丽，孙庆松. 家庭教育立法：困境儿童权益保护路径探析[J]. 教育学术月刊，2021(03)：49—54.

时俱进;最后,对当代留守或困境未成年人的家庭也提供了特别的帮扶措施,对于这些特殊群体予以了政策上的关注和法律中的倾斜[①],保障了随着时代出现的特殊群体家庭教育的权益。这些可以说使得家庭教育摆脱了过去不专业、不科学、不规范的状况,为现代化家庭教育提供了规范与保障。

3. 充分体现了共产党关于家庭家教家风建设论述的核心意义

党的十八大以来,习近平总书记站在培养担当民族复兴大任时代新人的高度,向全党全社会发出了注重家庭、注重家教、注重家风的动员令,并就家庭教育发表了一系列重要论述,党的十八大、十九大,十九届四中全会和五中全会也对家庭、家教、家风建设提出了要求[②],强调了家庭教育的核心是立德树人,家长在家庭教育中应当有模范作用,家庭家教家风建设在国家发展、民族进步和社会和谐中也具有重要的价值和意义。而《家庭教育促进法》第一条指出要引导全社会注重家庭、家教、家风;第三条明确了家庭教育以立德树人为根本任务;第四条将国家与社会的支持纳入家庭教育之中;第十四条指定了父母或其他监护人才是实施家庭教育的主要负责人;第十五条论述了家庭的观念,并规范了家庭教育的环境与家庭文化的建设。这些条目清楚地将习近平总书记强调的内容纳入其中,体现出了鲜明的立法导向,将传统的"家事"转变为了现代的"国事",把未成年人的不良行为习惯及违法犯罪同家庭教育直接关联起来,忠实地体现了习近平关于家庭家教家风建设论述的核心意义。

(二)《家庭教育促进法》的内容

《家庭教育促进法》从规范的类型上来看,主要包含了宣明立场(如第四条、第十一条等)、提倡道德(如第三条、第十六条等)、奖励扶持(如第十二条、第三十六条等)、管理约束(如第五十条等)四种类型。而最终的法律文本删除了草案中针对怠于或不当履行家庭教育责任父母的罚款、拘留等处罚措施,避免了国家对家庭教育的过度介入,更多体现了国家在家庭教育领域的支持作用,充分突出了法律名称中"促进"两字的立法特色。具体而言,其内容主要包括如下几个方面。

1. 明确立法目的

如第一条提出了《家庭教育促进法》立法的目的,是立法宗旨的概述:"是为了发扬中华民族重视家庭教育的优良传统,引导全社会注重家庭、家教、家风,增进家庭幸福与社会和谐,培养德智体美劳全面发展的社会主义建设者和接班人。"

2. 界定家庭教育的定义

如第二条明确了《家庭教育促进法》所称"家庭教育,是指父母或者其他监护人为促进未成年人全面健康成长,对其实施的道德品质、身体素质、生活技能、文化修养、行为习惯等方

---

① 吴静.家庭教育立法研究:价值、梗阻及完善思路[J].重庆理工大学学报(社会科学),2020,34(11):127—136.
② 陈爱武.从家事到国事:《家庭教育促进法》的意义阐释[J].中华女子学院学报,2022,34(02):14—20.

面的培育、引导和影响”，对家庭教育进行了法律上的统一定义，划定家庭教育包含的内容和实行的范围，为家庭教育的统一推行和管理奠定了基础。

3. 明确家庭教育的主管机关及其职责

要保证家庭教育工作能够顺利长效地推行，必定需要各级政府相关部门作为主管机关的支持。

如第六条、第八条、第九条等指出：“各级人民政府指导家庭教育工作，建立健全家庭学校社会协同育人机制。县级以上人民政府负责妇女儿童工作的机构，组织、协调、指导、督促有关部门做好家庭教育工作。教育行政部门、妇女联合会统筹协调社会资源，协同推进覆盖城乡的家庭教育指导服务体系建设，并按照职责分工承担家庭教育工作的日常事务。县级以上精神文明建设部门和县级以上人民政府公安、民政、司法行政、人力资源和社会保障、文化和旅游、卫生健康、市场监督管理、广播电视、体育、新闻出版、网信等有关部门在各自的职责范围内做好家庭教育工作。人民法院、人民检察院发挥职能作用，配合同级人民政府及其有关部门建立家庭教育工作联动机制，共同做好家庭教育工作。工会、共产主义青年团、残疾人联合会、科学技术协会、关心下一代工作委员会以及居民委员会、村民委员会等应当结合自身工作，积极开展家庭教育工作，为家庭教育提供社会支持”等。这部分内容明确了究竟由哪些部门主要分管家庭教育的工作以及这些部门具体的职责如何。

4. 明确家庭教育的有关主体及职责范围

家庭教育想要顺利而科学地开展，对承担家庭教育的主体及其职责作出规定和划分很有必要。《家庭教育促进法》的“家庭责任”一章正是用倡导性的规定对此进行了义务性的要求。

如第十四条、第十五条指出了家庭教育的实施主体和基本原则：“父母或者其他监护人应当树立家庭是第一个课堂、家长是第一任老师的责任意识，承担对未成年人实施家庭教育的主体责任，用正确思想、方法和行为教育未成年人养成良好思想、品行和习惯。共同生活的具有完全民事行为能力的其他家庭成员应当协助和配合未成年人的父母或者其他监护人实施家庭教育。未成年人的父母或者其他监护人及其他家庭成员应当注重家庭建设，培育积极健康的家庭文化，树立和传承优良家风，弘扬中华民族家庭美德，共同构建文明、和睦的家庭关系，为未成年人健康成长营造良好的家庭环境。”

如第十六条、第十七条为父母或其他监护人实施家庭教育提供了规范性的指导：“未成年人的父母或者其他监护人应当针对不同年龄段未成年人的身心发展特点，以下列内容为指引，开展家庭教育”“应当关注未成年人的生理、心理、智力发展状况，尊重其参与相关家庭事务和发表意见的权利，合理运用以下方式方法”。

如第十八条、第十九条对家庭教育的实施者提出了要求：“未成年人的父母或者其他监护人应当树立正确的家庭教育理念，自觉学习家庭教育知识，在孕期和未成年人进入婴幼儿照护服务机构、幼儿园、中小学校等重要时段进行有针对性的学习，掌握科学的家庭教育方法，提高家庭教育的能力。”“应当与中小学校、幼儿园、婴幼儿照护服务机构、社区密切配合，积极参加其提供的公益性家庭教育指导和实践活动，共同促进未成年人健康成长”。

而第二十条至第二十三条则明确了未成年人的父母或者其他监护人在家庭教育中应当遵守的规定和应当履行的责任。至此，家庭教育的有关主体及职责范围被全部明确。

5. 提供国家及社会对推进家庭教育的支持措施

受到经济及文化各种原因的限制，我国各地发展并不均衡，完全依赖家庭本身进行统一的家庭教育推进和展开并不现实。况且家是最小国，国是千万家，家庭教育所影响的也并非一家一户，而是千家万户，因此国家及社会对推进家庭教育的支持是必不可少的。《家庭教育促进法》中“国家支持”与“社会协同”的部分，正是为此而存在。

如第二十四条至第二十八条、第三十条等明确了各级政府对家庭教育推进提供的支持：“省级人民政府或者有条件的设区的市级人民政府应当组织有关部门编写或者采用适合当地实际的家庭教育指导读本，制定相应的家庭教育指导服务工作规范和评估规范。省级以上人民政府应当组织有关部门统筹建设家庭教育信息化共享服务平台，开设公益性网上家长学校和网络课程，开通服务热线，提供线上家庭教育指导服务。县级以上地方人民政府应当加强监督管理，减轻义务教育阶段学生作业负担和校外培训负担，畅通学校家庭沟通渠道，推进学校教育和家庭教育相互配合。”“县级以上地方人民政府及有关部门组织建立家庭教育指导服务专业队伍，加强对专业人员的培养，鼓励社会工作者、志愿者参与家庭教育指导服务工作。”“设区的市、县、乡级人民政府应当结合当地实际采取措施，对留守未成年人和困境未成年人家庭建档立卡，提供生活帮扶、创业就业支持等关爱服务，为留守未成年人和困境未成年人的父母或者其他监护人实施家庭教育创造条件。”

如第二十九条、第三十一条至第四十七条等明确了社会各其他部门对家庭教育推进提供的支持：“家庭教育指导机构开展家庭教育指导服务活动，不得组织或者变相组织营利性教育培训。”“婚姻登记机构和收养登记机构应当通过现场咨询辅导、播放宣传教育片等形式，向办理婚姻登记、收养登记的当事人宣传家庭教育知识，提供家庭教育指导。”“儿童福利机构、未成年人救助保护机构应当对本机构安排的寄养家庭、接受救助保护的未成年人的父母或者其他监护人提供家庭教育指导。”“居民委员会、村民委员会可以依托城乡社区公共服务设施，设立社区家长学校等家庭教育指导服务站点，配合家庭教育指导机构组织面向居民、村民的家庭教育知识宣传，为未成年人的父母或者其他监护人提供家庭教育指导服务。”“中小学校发现未成年学生严重违反校规校纪的，应当及时制止、管教，告知其父母或者其他监护人，并为其父母或者其他监护人提供有针对性的家庭教育指导服务；发现未成年学生有不良行为或者严重不良行为的，按照有关法律规定处理。”“广播、电视、报刊、互联网等新闻媒体应当宣传正确的家庭教育知识，传播科学的家庭教育理念和方法，营造重视家庭教育的良好社会氛围。”

6. 确保家庭教育推行的经费保障及法律责任

要推进家庭教育的相关工作，必定需要经费作为支撑。而法律功能的发挥，更是需要管理和约束性的条款，来规范秩序的形成。《家庭教育促进法》中自然也有相应的条款来明确这些内容。

如第七条为家庭教育推进工作确立了经费来源：“县级以上人民政府应当制定家庭教育工作专项规划，将家庭教育指导服务纳入城乡公共服务体系和政府购买服务目录，将相关经费列入财政预算，鼓励和支持以政府购买服务的方式提供家庭教育指导。”

如第四十八条至第五十四条明确了对负有家庭教育工作职责的政府部门、社会组织及实施主体的规范和责任设定：“未成年人住所地的居民委员会、村民委员会、妇女联合会，未成年人的父母或者其他监护人所在单位，以及中小学校、幼儿园等有关密切接触未成年人的单位，发现父母或者其他监护人拒绝、怠于履行家庭教育责任，或者非法阻碍其他监护人实施家庭教育的，应当予以批评教育、劝诫制止，必要时督促其接受家庭教育指导。”“公安机关、人民检察院、人民法院在办理案件过程中，发现未成年人存在严重不良行为或者实施犯罪行为，或者未成年人的父母或者其他监护人不正确实施家庭教育侵害未成年人合法权益的，根据情况对父母或者其他监护人予以训诫，并可以责令其接受家庭教育指导。”“家庭教育指导机构、中小学校、幼儿园、婴幼儿照护服务机构、早期教育服务机构违反本法规定，不履行或者不正确履行家庭教育指导服务职责的，由主管部门责令限期改正；情节严重的，对直接负责的主管人员和其他直接责任人员依法予以处分。”“未成年人的父母或者其他监护人在家庭教育过程中对未成年人实施家庭暴力的，依照《中华人民共和国未成年人保护法》《中华人民共和国反家庭暴力法》等法律的规定追究法律责任。”这些内容为法律的实效性提供了保障。

（三）家庭教育立法的未来

家庭是保存与传承文化的根本，正如习近平总书记指出的那样：“我们要重视家庭文明建设，努力使千千万万个家庭成为国家发展、民族进步、社会和谐的重要基点，成为人们梦想启航的地方。”[①]家庭教育的立法正是为此迈出的第一步，在这第一步之后，如何对家庭教育进行规范、管理、指导和监督，提高家庭教育水平、减少家庭教育中的问题、消除家庭教育中不负责任的状况，将《家庭教育促进法》的功能从纸面上的规定转变为现实生活中的具体行为活动，未来还有很长的道路要走。

1. 与其他法规和政策体系的有效衔接

从《家庭教育促进法》的内容可以看出，本法明确和规范的主要是家庭教育宏观性层面

---

① 习近平. 在会见第一届全国文明家庭代表时的讲话[N]. 人民日报，2016-12-16(002).

的基本框架与发展方向,对具体事项、手段和措施的规定较少,因此想要发挥其应有的效力,需要配合相关的法律和政策来执行。例如第四十八条规定:"发现父母或者其他监护人拒绝、怠于履行家庭教育责任,或者非法阻碍其他监护人实施家庭教育的,应当予以批评教育、劝诫制止,必要时督促其接受家庭教育指导",在实施的时候就应当配合第六条中所列举的各部门与机构,明确何种情况为可干预的情形、应由哪个部门进行干预和介入,严格把握住介入私人生活领域的尺度。又例如第五十三条规定的:"未成年人的父母或者其他监护人在家庭教育过程中对未成年人实施家庭暴力的,依照《中华人民共和国未成年人保护法》《中华人民共和国反家庭暴力法》等法律的规定追究法律责任",在实施的时候无疑需要配合民法中对未成年人监护制度,在民政部门中设置专门的未成年人监护机构及监督机构,以便在父母或者其他监护人违反该条内容时及时介入,落实责任并保障法律的执行。此外,家庭教育作为整个教育中的重要一环,《家庭教育促进法》与其他教育立法也应有整体的有机融合,在整个教育法典中确立自己的定位,以完善教育的法典化。而父母或其他监护人作为《家庭教育促进法》指定的实施主体,如《中华人民共和国劳动法》《中华人民共和国就业促进法》等保障其具有实施能力的法律的执行与落实也是需要进一步考量和努力的问题。

2. 满足需求的配套机构

在《家庭教育促进法》中,第十八条规定:"未成年人的父母或者其他监护人应当树立正确的家庭教育理念,自觉学习家庭教育知识",即父母或其他监护人有学习家庭教育知识的义务。为了满足这种需求,由国家和社会提供对应的配套机构是必不可少的。正如第十条规定:"国家鼓励和支持企业事业单位、社会组织及个人依法开展公益性家庭教育服务活动",第十一条规定:"国家鼓励开展家庭教育研究,鼓励高等学校开设家庭教育专业课程,支持师范院校和有条件的高等学校加强家庭教育学科建设,培养家庭教育服务专业人才,开展家庭教育服务人员培训",第二十八条规定:"县级以上地方人民政府可以结合当地实际情况和需要,通过多种途径和方式确定家庭教育指导机构",在政府的支持下设置家庭教育指导机构,在幼儿园、中小学校、高等学校或师范院校的支持下建立家长学校,在企事业单位及社会组织等的支持下组织专门的公益性指导及服务机构等,都是切实可行的方案。而在这些配套机构中建立健全起统一、高效的家庭教育专业人员认证和培训制度、家庭教育指导服务活动补助制度、机构履职监督及整改制度等支持性的制度,也将是未来家庭教育立法执行应当前进的方向。

3. 法律实施的监督与评估

法律实施的效果重点关注的是因该法律实施带来的目标群体状况或者全社会状况的改善和作用。促进型立法容易受到法律责任虚化、措施力度偏软等方面的质疑,进而使其权威性和实效性亦遭到质疑。[1] 因此，对《家庭教育促进法》实施的过程和落实的结果进行监督与评估势在必行。考虑到家庭教育本身有部分属于私密领域，对立法实施的监测与评估不应过度介入与家长责任相关的部分，而应针对各级政府和教育行政部门的职责落实。首先，由各级政府设立相应的考核评价机制，对责任部门履行职责的程序、执行法律规范和结果进行确认与评估，才能落实各部门的主体责任。其次，对于家庭教育和儿童教育等更具专业性的相关条款的效果评估，如第二十五条提及的开设公益性网上家长学校，第二十八条提到的设置家庭教育指导机构等，则可以考虑由立法机关引入高校、科研机构或具有资质的社会组织等第三方专业评估团队来做出反馈。最后，建立完善的社会公众诉求受理及反馈机制，综合社会公众的监督反馈，对促进《家庭教育促进法》的贯彻落实也不可或缺。总之，做好对法律实施的监测和评估工作，及时总结各项措施的实施效果，才能顺应未来环境与政策的变化，使得“促进”两个字真正地落到实处，也为未来可能存在的法律修订打下基础。

21 世纪科技突飞猛进，知识经济冲击全球，既有的知识及观念不断被更新替换，社会形态急剧变迁，对家庭生活产生了巨大影响。良好的家庭教育不但为每一个家庭造福，同时也为社会、国家造福。现代的父母，不仅应对子女尽到养的责任，更应重视教的责任。因此，为父母者应注重自我教育，终身学习，以获得新的知识观念，改进教养子女的态度，从而建立一个和谐融洽、完美幸福的家庭。与此同时，国家、社会和学校也要依托《家庭教育促进法》，为家庭教育的推行和发展提供各方面的支持。

延伸阅读

1. 蒋亚辉. 网络时代的家庭教育[M]. 广州：广东科技出版社，2011.
2. 周晓虹. 文化反哺：变迁社会中的代际革命[M]. 北京：商务印书馆，2015.
3. 赵刚，王以仁. 中华家庭教育学[M]. 北京：研究出版社，2016.
4. [美]查德·拉特利夫，帕姆·莫兰，伊拉·索科尔. 终身学习：让学生在未来拥有不可替代的决胜力[M]. 韩小宁，刘白玉，译. 北京：中国青年出版社，2020.

① 邓静秋. 家庭教育促进法的宪法逻辑[J]. 苏州大学学报(教育科学版)，2021(04)：64—71.

主要参考文献

一、著作

1. 张雯. 父母的5堂必修课:家庭教育的心理学智慧[M]. 上海:华东师范大学出版社,2021.
2. 刘晓,程毅. 家是另一个学校:给父母的12种家庭教育能力[M]. 上海:华东师范大学出版社,2021.
3. 陈鹤琴. 家庭教育(升级版)[M]. 武汉:长江文艺出版社,2021.
4. 朱永新. 新家庭教育论纲——新教育在家庭教育上的探索与思考[M]. 长沙:湖南教育出版社,2020.
5. 周奇. 家庭教育理论与实践[M]. 北京:科学出版社,2019.
6. 李德. 中国家庭教养方式[M]. 北京:社会科学文献出版社,2018.
7. 侯静. 流动儿童学校教育、家庭教育和社区教育[M]. 北京:科学出版社,2016.
8. 郑福明,骆风. 学前儿童家庭教育[M]. 北京:教育科学出版社,2017.
9. 李文玲,舒华. 儿童阅读的世界Ⅳ:学校、家庭与社区的实践研究[M]. 北京:北京师范大学出版社,2016.
10. 费孝通. 生育制度[M]. 北京:群言出版社,2016.
11. 赵刚,王以仁. 中华家庭教育学[M]. 北京:研究出版社,2016.
12. 王小英. 家庭改变儿童:当代儿童家庭教育专题[M]. 北京:教育科学出版社,2015.
13. 周晓虹. 文化反哺:变迁社会中的代际革命[M]. 北京:商务印书馆,2015.
14. 张敬培,等. 3—6岁儿童家庭教育现状调查[M]. 北京:教育科学出版社,2014.
15. 李希贵. 面向个体的教育[M]. 北京:教育科学出版社,2014.
16. 蒋亚辉. 网络时代的家庭教育[M]. 广州:广东科技出版社,2011.
17. 《中国大百科全书》总编委会. 中国大百科全书(第二版)[M]. 北京:中国大百科全书出版社,2009.
18. 张丽丽. 和谐家庭——理论与实践探索[M]. 上海:上海社会科学院出版社,2009.
19. 黄河清. 家校合作导论[M]. 上海:华东师范大学出版社,2008.
20. 东子. 父亲教育,决定孩子的一生[M]. 桂林:漓江出版社,2008.

21. 池瑾.观念决定成长:中国城市与农村家庭教育的背景差异[M].兰州:甘肃教育出版社,2008.

22. 李天燕.家庭教育学[M].上海:复旦大学出版社,2007.

23. 上海社会科学院家庭研究中心.中国家庭研究[M].上海:上海社会科学院出版社,2007.

24. 李建军.我国青少年自杀问题研究[M].北京:中国社会科学出版社,2007.

25. 冯友兰.中国哲学简史(英汉对照)[M].赵复三,译.天津:天津社会科学院出版社,2007.

26. 周新富.家庭教育学——社会学取向[M].台北:五南图书出版公司,2006.

27. 史秋琴.城市变迁与家庭教育[M].上海:上海文化出版社,2006.

28. 何齐宗.现代外国教育理论流派述评[M].南昌:江西高校出版社,2006.

29. 费孝通.乡土中国[M].上海:上海世纪出版集团,2007.

30. 沈德灿.精神分析心理学[M].杭州:浙江教育出版社,2005.

31. 关颖,鞠青.全国未成年犯抽样调查分析报告[M].北京:群众出版社,2005.

32. 方建移,何伟强.家庭教育与儿童社会性发展[M].杭州:浙江教育出版社,2005.

33. 中国社会科学院语言研究所词典编辑室.现代汉语词典(第5版)[M].北京:商务印书馆,2005.

34. 房阳洋,关阿津,汤海清.观念决定成长:影响世界的30个教育新观念[M].北京:团结出版社,2005.

35. 胡亚美,江载芳.诸福棠实用儿科学第7版(下册)[M].北京:人民卫生出版社,2002.

36. 陆志谦,胡家福.当代中国未成年人违法犯罪问题研究[M].北京:中国人民公安大学出版社,2005.

37. 彭聃龄.普通心理学(修订版)[M].北京:北京师范大学出版社,2004.

38. 杨宝忠.大教育视野中的家庭教育[M].北京:社会科学文献出版社,2003.

39. 嘉义大学家庭教育研究所.家庭教育学[M].嘉义:涛石文化事业公司,2003.

40. 陈向明.在行动中学作质的研究[M].北京:教育科学出版社,2003.

41. 吴奇程,袁元.家庭教育学[M].广州:广东高等教育出版社,2002.

42. 何瑞珠.家庭学校与社区协作——从理念研究到实践[M].香港:香港中文大学出版社,2002.

43. 马和民.新编教育社会学[M].上海:华东师范大学出版社,2002.

44. 唐莹.元教育学[M].北京:人民教育出版社,2002.

45. 赵忠心.家庭教育学:教育子女的科学与艺术[M].北京:人民教育出版社,2001.

46. 陈桂生. 教育原理[M]. 上海:华东师范大学出版社,2000.
47. 彭德华. 家庭教育新概念[M]. 兰州:甘肃教育出版社,2001.
48. 万建中,周耀明,陈顺宣. 汉族风俗史:第三卷(隋唐·五代宋元汉族风俗)[M]. 上海:学林出版社,2004.
49. 关颖. 社会学视野中的家庭教育[M]. 天津:天津社会科学院出版社,2000.
50. 林淑玲,等. 家庭教育学[M]. 台北:师大书苑有限公司,2000.
51. 陈桂生. 教育原理[M]. 上海:华东师范大学出版社,2000.
52. 孙培青. 中国教育史[M]. 上海:华东师范大学出版社,2000.
53. 台湾家庭教育学会. 家庭教育学[M]. 台北:师大书苑有限公司,1999.
54. 缪建东. 家庭教育社会学[M]. 南京:南京师范大学出版社,1999.
55. 刘燕,刘志光. 主体·创造·实践·发展[M]. 北京:中国财政经济出版社,1999.
56. 张文新. 儿童社会性发展[M]. 北京:北京师范大学出版社,1999.
57. 马忠虎. 基础教育新概念:家校合作[M]. 北京:教育科学出版社,1999.
58. 郝卫江. 尊重儿童的权利[M]. 天津:天津教育出版社,1999.
59. 吴康宁. 教育社会学[M]. 北京:人民教育出版社,1998.
60. 吴志宏. 中小学管理比较[M]. 上海:上海教育出版社,1998.
61. 李时人. 古训新编[M]. 何满子,审定. 上海:上海科技教育出版社,1998.
62. 杜成宪,王伦信. 中国幼儿教育史[M]. 上海:上海教育出版社,1998.
63. 马镛. 中国家庭教育史[M]. 长沙:湖南教育出版社,1997.
64. 谢宝耿. 中国家训精华[M]. 上海:上海社会科学院出版社,1997.
65. 毕诚. 中国古代家庭教育[M]. 北京:商务印书馆,1997.
66. 北京市科学技术委员会. 科教兴国词语释义[M]. 北京:学苑出版社,1997.
67. 王雅林. 人类生活方式的前景[M]. 北京:中国社会科学出版社,1997.
68. 周晓虹. 现代社会心理学多维视野中的社会行为研究[M]. 上海:上海人民出版社,1997.
69. 陆学艺,等. 社会结构的变迁[M]. 北京:中国社会科学出版社,1997.
70. 曾国藩. 曾国藩往来家书全编(中卷)[M]. 钟叔河,汇编校点. 海口:海南出版社,1997.
71. 赵中建. 教育的使命——面向二十一世纪的教育宣言和行动纲领[M]. 北京:教育科学出版社,1996.
72. 邓佐君. 家庭教育学[M]. 福州:福建教育出版社,1995.

73. 杨宝忠.家庭教育学[M].太原:山西高校联合出版社,1995.
74. 赵忠心.家庭教育学[M].北京:人民教育出版社,1994.
75. 陈佑兰,焦健.当代家庭教育学[M].北京:科学普及出版社,1994.
76. 施修华.德育学理论与实践[M].上海:上海交通大学出版社,1994.
77. 彭立荣.家庭教育学[M].南京:江苏教育出版社,1993.
78. 朱智贤.儿童心理学[M].北京:人民教育出版社,1993.
79. 倪文杰,等.现代交叉学科大辞库[M].北京:海洋出版社,1993.
80. 叶霞翟,等.新家政学[M].台北:华欣文化事业中心,1993.
81. 陈桂生.教育原理[M].上海:华东师范大学出版社,1993.
82. 王兆先,等.家庭教育辞典[M].南京:南京大学出版社,1992.
83. 王振宇,等.儿童社会化与教育[M].北京:人民教育出版社,1992.
84. 吕建国.家庭生态与教育[M].太原:山西教育出版社,1992.
85. 陈佑兰.家庭教育[M].北京:北京大学出版社,1990.
86. 吴鼎福,等.教育生态学[M].南京:江苏教育出版社,1990.
87. 顾明远.教育大辞典(第1卷):教育学.课程和各科教学.中小学校[M].上海:上海教育出版社,1990.
88. 鲁洁.教育社会学[M].北京:人民教育出版社,1990.
89. 陶春芳,段火梅.简明妇女学辞典[M].北京:大地出版社,1990.
90. 韩寿根,等.学科大全[M].沈阳:沈阳出版社,1989.
91. 赵忠心.家庭教育[M].北京:中央广播电视大学出版社,1989.
92. 简明国际教育百科全书总编委会.简明国际教育百科全书[M].北京:教育科学出版社,1989.
93. 黄迺毓.家庭教育(台湾)[M].台北:五南图书出版公司,1988.
94. 沈灌群,毛礼锐.中国教育家评传(第一卷)[M].上海:上海教育出版社,1988.
95. 龚书铎.中国近代文化探索[M].北京:北京师范大学出版社,1988.
96. 黄崇岳.中华民族形成的足迹[M].北京:人民出版社,1988.
97. 黄育馥.人与社会——社会化问题在美国[M].沈阳:辽宁人民出版社,1986.
98. 中央教育科学研究所.鲁迅论教育[M].北京:教育科学出版社,1986.
99. 中国大百科全书总编辑委员会《教育》编辑委员会 中国大百科全书出版社编辑部.中国大百科全书·教育[M].北京:中国大百科全书出版社,1985.

100. 任素芳. 新兴学科手册(上册)[M]. 沈阳:辽宁人民出版社,1985.

101. 郑其龙,等. 家庭教育学[M]. 长沙:湖南教育出版社,1984.

102. 费孝通. 生育制度(1947 年旧著重刊)[M]. 天津:天津人民出版社,1981.

103. 陈鹤琴. 家庭教育:怎样教小孩[M]. 北京:教育科学出版社,1981.

104. 叶恭绍. 家庭育儿百科全书[M]. 北京:北京出版社,1981.

105. 熊章. 家庭教育漫谈[M]. 西安:陕西人民出版社,1981.

106. 林巧稚. 家庭教育顾问[M]. 北京:中国青年出版社,1981.

107. 少年儿童出版社. 父母信箱[M]. 上海:少年儿童出版社,1981.

108. 宋子成. 独生子女养教指南[M]. 北京:知识出版社,1981.

二、 译著

1. [美]查德·拉特利夫,帕姆·莫兰,伊拉·索科尔. 终身学习:让学生在未来拥有不可替代的决胜力[M]. 韩小宁,刘白玉,译. 北京:中国青年出版社,2020.

2. [美]凯瑟琳·史塔生·伯格尔. 0—12 岁儿童心理学[M]. 陈会昌,译. 北京:中国轻工业出版社,2016.

3. [美]黛安娜·帕帕拉,等. 孩子的世界:从婴儿期到青春期[M]. 郝嘉佳,等译. 北京:人民邮电出版社,2013.

4. [日]松田道雄. 育儿百科[M]. 王少丽,主译. 北京:华夏出版社,2009.

5. [美]F. 菲利浦·赖斯,金·盖尔·多金. 青春期(第 11 版)——发展、关系和文化[M]. 陆洋,林磊,陈菲,译. 上海:上海人民出版社,2009.

6. [美]约翰·W. 桑特洛克. 毕生发展:第 3 版[M]. 桑标,等译. 上海:上海人民出版社,2009.

7. [德]卡尔·威特. 卡尔·威特的教育[M]. 赵健,邹舟,译. 呼和浩特:内蒙古人民出版社,2008.

8. [美]劳伦斯·斯滕伯格. 青春期:青少年的心理发展和健康成长[M]. 戴俊毅,译. 上海:上海社会科学院出版社,2007.

9. [美]贝蒂·卡特,莫妮卡·麦戈德里克. 成长中的家庭:家庭治疗师眼中的个人、家庭与社会[M]. 高隽,汪智艳,张轶文,译. 北京:世界图书出版公司,2007.

10. [美]罗伯特·K. 莫顿. 社会理论和社会结构[M]. 唐少杰,齐心,等译. 南京:译林出版社,2006.

11. [美]加里·斯坦利·贝克尔. 家庭论[M]. 王献生,王宇,译. 北京:商务印书馆,2005.

12. [美]戴维 R. 谢弗. 发展心理学：儿童与青少年[M]. 邹泓，等译. 北京：中国轻工业出版社，2005.

13. [法]埃德加·莫兰. 复杂性理论与教育问题[M]. 陈一壮，译. 北京：北京大学出版社，2004.

14. [日]筑波大学教育学研究会. 现代教育学基础[M]. 钟启泉，译. 上海：上海教育出版社，1986.

15. [美]弗洛姆. 爱的艺术[M]. 刘福堂，译. 桂林：广西师范大学出版社，2002.

16. [德]福禄培尔. 人的教育[M]. 孙祖复，译. 北京：人民教育出版社，2001.

17. [英]约翰·洛克. 家庭学校[M]. 张小茅，译. 北京：京华出版社，2001.

18. [苏]瓦·阿·苏霍姆林斯基. 睿智的父母之爱[M]. 罗亦超，译. 石家庄：河北人民出版社，1999.

19. [德]O. F. 博尔诺夫. 教育人类学[M]. 李其龙，等译. 上海：华东师范大学出版社，1999.

20. [美]戴维·波普诺. 社会学第 10 版[M]. 李强，等译. 北京：中国人民大学出版社，1999.

21. 联合国教科文组织国际教育发展委员会. 学会生存——教育世界的今天和明天[M]. 华东师范大学比较教育研究所，译. 北京：教育科学出版社，1996.

22. [法]埃米尔·迪尔凯姆. 自杀论[M]. 冯韵文，译. 北京：商务印书馆，1996.

23. 联合国教科文组织. 教育——财富蕴藏其中[M]. 联合国教科文组织总部中文科，译. 北京：教育科学出版社，1996.

24. [美]J·罗斯·埃什尔曼. 家庭导论[M]. 潘允康，等译. 北京：中国社会科学出版社，1991.

25. [美]P. H. 墨森，等. 儿童发展和个性[M]. 缪小春，等译. 上海：上海教育出版社，1990.

26. [美]伊恩·罗伯逊. 社会学(上册)[M]. 黄育馥，译. 北京：商务印书馆，1990.

27. [美]A. 马塞勒，等. 文化与自我——东西方人的透视[M]. 任鹰，等译. 杭州：浙江人民出版社，1988.

28. [美]S·E. 佛罗斯特. 西方教育的历史和哲学基础[M]. 吴元训，等译. 北京：华夏出版社，1987.

29. [美]克特·W. 巴克. 社会心理学[M]. 南开大学社会学系，译. 天津：南开大学出版社，1987.

30. [法]莫洛阿. 人生五大问题[M]. 傅雷，译. 上海：上海三联书店，1986.

31. [日]森重敏. 孩子和家庭环境[M]. 愚心，译. 北京：人民教育出版社，1984.

32. [苏]B. A. 瑟先科. 夫妻冲突[M]. 陈一筠，戴风文，译. 北京：中国妇女出版社，1984.

33. [苏]瓦·阿·苏霍姆林斯基. 家长教育学[M]. 杜志英,等译. 北京:中国妇女出版社,1982.

34. [日]井深大. 怎样教育婴幼儿:从零岁开始的教育[M]. 骆为龙,陈耐轩,译. 北京:中国农业机械出版社,1981.

35. [波]加莉娜·费利普楚克. 您了解自己的孩子吗[M]. 杜志英,译. 北京:教育科学出版社,1981.

36. [苏]安·谢·马卡连柯. 父母必读[M]. 耿济安,译. 北京:人民教育出版社,1957.

三、 论文

1. 高书国. 论我国家庭教育知识体系的构建[J]. 南京师大学报(社会科学版),2022(01):47—56.

2. 孔晓娟. 我国家庭教育政策 40 年:嬗变与前瞻[J]. 教育科学研究,2022(05):11—17.

3. 余晖. 家长专业化进程中家庭教育指导的价值误区及其澄清[J]. 南京社会科学,2022(07):145—154.

4. 吴重涵,张俊,刘莎莎. 现代家庭教育:原型与变迁[J]. 教育研究,2022,43(08):54—66.

5. 边玉芳,张馨宇. "双减"背景下如何做好家庭教育指导[J]. 中国电化教育,2022(05):8—12+34.

6. 徐思雨.《家庭教育促进法》背景下对高质量父亲陪伴的探索[J]. 福建教育,2022(25):50—52.

7. 王亚军,郑晓冬,方向明. 留守经历对农村儿童长期发展影响的研究进展[J]. 中国农业大学学报,2021,26(09):277—290.

8. 杨雄,刘程. 新时期家庭教育学科发展与课程建设思路研究[J]. 当代青年研究,2021(02):5—12.

9. 刘倩倩,洪秀敏. 二孩家庭儿童社会适应的特点及影响因素[J]. 全球教育展望,2021,50(06):116—128.

10. 辛治洋,戴红宇. 家庭教育功能的历史演进与时代定位[J]. 教育研究与实验,2021(06):34—41.

11. 张东燕,高书国. 现代家庭教育的功能演进与价值提升——兼论家庭教育现代化[J]. 中国教育学刊,2020(01):66—71.

12. 杨平,盛晓娟,赵云珠. "90 后"子女和父母双视角下的原生家庭关系研究[J]. 当代青年研究,2020(03):40—45.

13. 郭熙婷. 卢梭自然教育思想对我国中小学生家庭教育的启示[J]. 教育理论与实践. 2019, 39(08):21—23.

14. 陈荟, 杨卉霖. 新媒体对儿童成长的冲击[J]. 当代教育与文化, 2019, 11(03):32—37.

15. 单志艳, 汪卫东. 我国家庭建设与教育问题及政策建议[J]. 教育科学研究, 2017(12):84—88.

16. 汪昌华. 家庭背景对小学课堂师生冲突的影响[J]. 教育学报, 2015, 11(06):69—74.

17. 李雷雷, 汪洋, 王宏, 等. 重庆市中学生抑郁状况及与应对方式的相关性研究[J]. 第三军医大学学报, 2010(10):1071—1073.

18. 刘逸坚, 梁丰宁, 叶昊栋. 构建网上家长学校家庭、社区教育与学习的方式——兼谈网上家长学校网站的建立[J]. 中国科教创新导刊, 2010(07):247—248.

19. 熊少严. 关于家庭教育立法问题的若干思考[J]. 教育学术月刊, 2010(04):46—49.

20. 侯乐荣, 张艺宏, 秦朗, 等. 我国青少年体质健康现状分析[J]. 四川体育科学, 2010(01):102—105.

21. 张莉莉. 构建"网上家长学校"的理论意义与应用研究初探[J]. 中国科教创新导刊, 2009(12):151.

22. 任路忠, 刘贵敏, 童卫红, 等. 教养方式与儿童注意缺陷多动障碍关系的队列研究[J]. 中国学校卫生, 2009, 30(05):429—431.

23. 刘秀丽, 刘航. 幼儿家长家庭教育观念:现状及问题[J]. 东北师大学报(哲学社会科学版), 2009(05):192—195.

24. 周琳琳, 范娟, 杜亚松. 上海市中学生抑郁症状现状及其与生活事件关系的研究[J]. 上海精神医学, 2009, 21(03):133—135.

25. 程立海. 单亲家庭孩子特点、表现及家庭教育探究[J]. 贵州教育, 2009(02):21—22.

26. 余晓宏, 宗韵, 钟曙阶. 明清商品经济发展与传统家庭教育观的更新[J]. 宿州学院学报, 2009, 24(01):34—37+23.

27. 刘黎红, 胡伟. 关于构建流动儿童家庭教育社会支持体系的思考[J]. 中共青岛市委党校. 青岛行政学院学报, 2009(02):44—48.

28. 冯波. 学校教育、家庭教育与社区教育"三结合"的意义[J]. 时代教育(教育科学版), 2009(01):112.

29. 赵忠心. 中国家庭教育理论研究三十年的发展历程[J]. 中国家庭教育, 2009(01):4—8.

30. 马兵. 隔代教育误区多[J]. 好家长, 2008(24):15—16.

31. 但菲, 徐桂娟. 对城市独生子女家庭隔代教育现象的思考[J]. 幼儿教育(教育科学版),

2008(12):52—54.

32. 李艳.家庭教育新途径:网上家长学校[J].湖南教育(教育综合),2008(11):37.

33. 留守老人:我们怎样做祖辈——关注农村留守儿童隔代教育问题[J].家庭教育(幼儿家长),2008(10):5—7.

34. 李妍.隔代教养问题的社会工作视角分析[J].井冈山学院学报,2008(04):121—122+136.

35. 顾燕燕.谈农村隔代教育的负面影响及思考[J].当代教育论坛(宏观教育研究),2008(05):11—12.

36. 汤新华.美国学校与社区的互动及其启示[J].广西师范大学学报(哲学社会科学版),2008(05):28—31.

37. 顾正国."基于'家校互动'平台的中小学网上家长学校"实施方案[J].现代教学,2008(05):68.

38. 周新良.攸县 2004—2007 年中小学生视力监测结果分析[J].实用预防医学,2008(05):1477.

39. 李逢超.儿童社会化双重内涵分析[J].河南大学学报(社会科学版),2008(04):131—134.

40. 徐慧,张建新,张梅玲.家庭教养方式对儿童社会化发展影响的研究综述[J].心理科学,2008(04):940—942+959.

41. 李洪曾.《中学生家庭教育指导内容大纲》的编制思路与初步研究成果[J].中国家庭教育,2008(04):7.

42. 李梦娟.中国高离婚率调查[J].政府法制,2008(14):34—36.

43. 张翼.中国当前的婚姻态势及变化趋势[J].河北学刊,2008(03):6—12.

44. 李洪曾.《小学生家庭教育指导内容大纲》的编制思路与初步研究成果[J].中国家庭教育,2008(03),71—77.

45. 孙丹,杨勇,宋彦,等.牡丹江市小学生多动症的流行病学调查[J].四川精神卫生,2008(03):164—166.

46. 李洪曾.《学前家庭教育指导内容大纲》的编制思路与初步研究成果[J].中国家庭教育,2008(02):69—76.

47. 曾荣.独生子女大学生家庭教育状况的调查分析[J].中国家庭教育,2008(02):5.

48. 姜志荣,夏禹波,纪丽华.青岛市单亲家庭子女教育状况调研报告[J].青岛大学师范学院学报,2008(01):122—128.

49. 杨本付,宋红梅,刘秀惠,等.济宁市儿童多动症及影响因素的现况调查[J].公共卫生与预防医学,2008(01):34—37.

50. 史晓波.从个体心理学视野看家庭教育中的父母角色[J].徐特立研究(长沙师范专科学校学报),2008(01):3.

51. 朱华.中学生视力状况调查分析[J].医药论坛杂志,2007(23):45—46.

52. 张忠山,郁琴芳,杨治中.聚焦网络时代的亲子关系[J].家庭教育(中小学生家长),2007(C1):12—18.

53. 朱巧玲.刍议家庭道德教育[J].黑龙江科技信息,2007(11):150+229.

54. 刘莉,齐慧,王佩云.上海市浦东新区 2002—2006 年学生视力监测结果分析[J].上海预防医学杂志,2007(09):452—453.

55. 刘霞.小学语文教材中的儿童观探析[J].上海教育科研,2007(09):66—69.

56. 成艳华,黄隆英,刘国秀.1985—2005 年永州市中小学生视力低下状况分析[J].现代预防医学,2007(08):1500—1502.

57. 罗朝猛.日本《教育基本法》修订的历程、动因、内容及其争论[J].比较教育研究,2007(08):60—64.

58. 黄姗,陈小萍.隔代教育研究综述[J].现代教育科学,2007(04):63—65.

59. 吴旭辉.隔代教育的利弊及其应对策略[J].重庆文理学院学报(社会科学版),2007(04):111—112.

60. 芮彭年.文化反哺对当今家庭教育提出的挑战[J].思想理论教育,2007(06):50—52.

61. 王文辉,王艳丽.阿克苏城区 3—7 岁儿童肥胖的发生率及其影响因素分析研究[J].兵团医学,2007(02):14—18.

62. 陈焕达.留守儿童家庭教育现状调查与思考[J].中国德育,2007(07):35—37+58.

63. 孟育群.亲子关系:家庭教育研究的逻辑起点[J].中国德育,2007(02):40—43.

64. 葛茂林.文化养成教育视角中的家庭养成德育[J].石家庄学院学报,2007(01):115—120.

65. 常艳春,寒羽.信息时代,家庭教育要有新观念——陈建翔教授访谈录[J].家长,2006(Z2):4.

66. 史俊芳.大学生抑郁症的患病率调查及与体质的相关性分析[J].中医药管理杂志,2006(11):21—22.

67. 刘秀丽,赵娜.父亲角色投入与儿童的成长[J].外国教育研究,2006(11):13—18.

68. 解鹏,王金奎.当代大学生恋爱观的分析和指导[J].广西教育学院学报,2006(06):

52—53.

69. 岳亿玲,李颖,李玉芹,等.淮北市儿童注意力缺陷-多动障碍患病情况[J].中国学校卫生,2006(05):454.

70. 龚林,颜春荣,黄美娥,等.深圳市儿童性早熟及影响因素的调查[J].中国自然医学杂志,2006(04):269—272.

71. 郑日金,郑晓燕.家庭隔代教育的正负效应与良性联动机制的建构[J].新余高专学报,2006(04):66—68.

72. 刘佳宁.中国城乡家庭规模与类型转变及其社会经济效应分析[J].生产力研究,2006(03):96—97.

73. 高玉洁.重组家庭幼儿的心理问题分析及教育对策[J].教育导刊(幼儿教育),2006(01):28—30.

74. 王跃生.当代中国家庭结构变动分析[J].中国社会科学,2006(01):96—108+207.

75. 周英.转型期社会家庭教育中家长角色的失调[J].四川教育学院学报,2005(12):47—48.

76. 卢林,施琪嘉,钟运芬,等.武汉市儿童青少年注意力缺陷多动障碍相关因素调查:12个年级的2199份问卷分析[J].中国临床康复,2005(12):116—118.

77. 冯维,于志涛.父母教养方式研究的新进展[J].中国特殊教育,2005(08):52—56.

78. 汪洁.做了新妈妈之后——如何在重组家庭中酿造亲情[J].家庭教育,2005(06A):2.

79. 徐东.论离异家庭子女的家庭教育策略[J].西华大学学报(哲学社会科学版),2005(05):97—99.

80. 骆风.20世纪90年代以来我国家庭教育研究进展述评[J].教育理论与实践,2005(09):51—55.

81. 周文.论网络时代的家庭教育[J].新闻界,2005(05):126—127.

82. 王化丽.对兰州市家长家庭教育观念的调查分析[J].甘肃科技纵横,2005(04):152.

83. 高海燕,门伯媛,殷妍.某高校大学生抑郁状况调查[J].疾病控制杂志,2005(03):228—230.

84. 林丹华,方晓义.不同干预者在青少年吸烟行为预防干预活动中的作用[J].心理科学,2005(03):702—705.

85. 金绪泽.论终身教育背景下的家庭教育目标定位[J].河南技术职业师范学院学报(职业教育版),2005(03):69—71.

86. 朱红.搞好家长终身学习　提高家庭教育质量[J].成人教育,2005(03):47—48.

87. 李朝英.关于“留守儿童”的十个问题[J].中国家庭教育,2005(01):4.

88. 郝波,梁卫兰,王爽.影响正常幼儿词汇发育的个体和家庭因素的研究[J].中华儿科杂志,2004(12):32—36.

89. 晏红.家庭生命周期与家庭教育系列[J].家庭教育,2004(5):32—33.

90. 张翠娥.武汉市流动儿童家庭教育调查报告[J].当代青年研究,2004(05):52—56.

91. 徐建,姚建龙.家庭教育立法的思考[J].当代青年研究,2004(05):24—28+11.

92. 杨青.父母的教养方式与儿童人格发展关系之探讨[J].内蒙古师范大学学报(哲学社会科学版),2004(05):79—83.

93. 郑伟.现代生活环境和方式对青少年儿童身心健康发展的负面影响[J].上海体育学院学报,2004(04):73—75+94.

94. 王渝.对高等院校开设家庭教育课程的探讨[J].中国家庭教育,2004(04):4.

95. 赵娟.南京市流动人口子女家庭教育的现状调查[J].上海教育科研,2003(08):38—40.

96. 赫·斯宾塞,颜真,译.父亲,孩子通往外部世界的引路人[J].学前教育(家教版),2003(03).

97. 杜红梅,冯维.论家长素质对未成年人犯罪的影响[J].陕西青年管理干部学院学报,2003(03):29—30.

98. 徐勇,谭琪.我国儿童青少年肥胖的现状及发展趋势研究[J].中国卫生事业管理,2003(03):166—167.

99. 胡雁波.试论亲子关系对儿童发展的影响[J].本溪冶金高等专科学校学报,2003(S1):90—91.

100. 庞丽娟,胡娟.论社会化及其现代教育意义[J].北京师范大学学报(社会科学版),2003(01):45—52.

101. 李瑞平,袁黎景.网络时代的家庭教育[J].兰州教育学院学报,2003(01):47—49.

102. 陈建强.父亲教育:育儿素质的条件——父职教育的目标、课程与实施策略[J].家庭教育,2002(10):36—37.

103. 陈陈.家庭教养方式研究进程透视[J].南京师大学报(社会科学版),2002(06):95—103+109.

104. 崔朝晖,黄建荣,王继东,等.血清 IGF-Ⅰ和 IGFBP-3 在检测女童性早熟中的意义[J].中国儿童保健杂志,2002(05):297—299.

105. 郭佳华.有效父职教育方案之研究[J].中国家庭教育,2002(04):9.

106. 黄河清.家庭教育与学校教育的比较研究[J].华东师范大学学报(教育科学版),2002(02):28—34+58.

107. 侯静,陈会昌,王争艳,等.亲子互动研究及其进展[J].心理科学进展,2002(02):185—

191.

108. 陈建强.新世纪的父亲角色——父亲研究的新视角与新发展[J].家庭教育,2002(01):4—7.

109. 厉育纲,赵忠心."加强家庭教育学科建设"学术研讨会综述[J].教育研究,2001(07):80.

110. 雷雳,王争艳,李宏利.亲子关系与亲子沟通[J].教育研究,2001(06):49—53.

111. 谷忠玉.我国古代家庭教育思想论要[J].辽宁师范大学学报(社会科学版),2001(05):39—41.

112. 王建军.论中国古代家庭教育思想[J].华南师范大学学报(社会科学版),2001(02):99—106+123.

113. 范秀双.论学生家长参与学校教育的权利[J].教学与管理,2000(08):3—5.

114. 刘宝驹.现代中国城市家庭结构变化研究[J].社会学研究,2000(06):31—37.

115. 蒋有慧,曾晓燕.家长参与管理西方国家基础教育改革的新动向[J].江西教育科研,2000(05):25—27.

116. 杨俊懿.网络时代与文化反哺[J].上海青年管理干部学院学报,2000(04):44—45.

117. 蔡秀美.终身学习的理念与政策探讨[J].开放教育研究,2000(04):24—27+48.

118. 刘楚魁.试论家庭终身教育[J].求索,2000(04):78—80.

119. 周晓虹.文化反哺:变迁社会中的亲子传承[J].社会学研究,2000(02):51—66.

120. 李成月.尊重孩子的隐私权[J].现代家教,1996(07):30—31.

121. 董小苹.父亲在家庭教育中的特定角色作用[J].当代青年研究,1999(06):12—14.

122. 孟育群,宋学文.父亲淡出家庭教育与父爱的作用[J].教育科学,1998(04):41—44.

123. 高丙中.西方生活方式研究的理论发展叙略[J].社会学研究,1998(03):61—72.

124. 黄河清.父母的教养方式与子女的心理健康[J].教育评论,1998(02):43—45.

125. 何瑞珠.家长参与子女的教育:文化资本与社会资本的阐释[J].教育学报(香港中文大学),1998(02).

126. 张丽华.父母的教养方式与儿童社会化发展研究综述[J].辽宁师范大学学报(社会科学版),1997(03):20—23.

127. 毛志成.人之初,"性本真"[J].父母必读,1997(04):1.

128. 严瑜.父亲在儿童性别化过程中的作用[J].父母必读,1996(11).

129. 潘允康.家庭生命周期[J].百科知识,1996(05):39—41.

130. 刘华山.社会变革中的中国人育子观念初析[J].华中师范大学学报(哲学社会科学版),

1996(04):32—38+107.

131. 戴胜利.论离异家庭子女的教育[J].上海师范大学学报(哲学社会科学版),1996(03):123—129.

132. 刘华清,李献云.自杀行为的研究现状与趋势[J].国外医学.精神病学分册,1996(02):81—86.

133. 佐平.论家庭德育[J].前沿,1995(09):62—67.

134. 李玉杰,冯淑英.关于社会主义市场经济条件下家庭教育观念与导向的探讨[J].教育探索(哈尔滨),1995(06).

135. 李百珍,关颖.家长教育观念研究[J].天津师大学报(社会科学版),1995(04):9—13.

136. 徐惟诚.树立三个观念,搞好家庭教育[J].中华家教,1994(06).

137. 周纯英.论家庭教育中母亲的教育职能[J].贵州师范大学学报(社会科学版),1994(04):67—68+71.

138. 杨宝忠,田稳根.语文学习科学思维"七法"[J].语文教学通讯,1993(07):32—33.

139. 陈帼眉.家长的教育观念[J].父母必读,1992(02).

140. 叶章永,柳明,郑晨.期待和发展——广州地区一千多位父母对子女期望的统计分析[J].社会,1990(12):31—33.

141. 周晓虹.试论当代中国青年文化的反哺意义[J].青年研究,1988(11):22—26.

142. 潘允康.试论我国城市核心家庭的生命周期[J].社会,1985(05):34—36.

143. 黄乃松.关于"个性"中几个问题的探讨[J].江苏师院学报,1981(04):80—89.

四、 学位论文

1. 傅琳.大陆家庭教育学之学科发展分析:1980—2007[D].上海:华东师范大学,2009.

2. 张敏.我国古代家训中的家庭教育思想初探[D].上海:华东师范大学,2009.

3. 邹强.中国当代家庭教育变迁研究[D].武汉:华中师范大学,2008.

4. 赖越颖.流动儿童家庭教育现状的个案研究[D].重庆:西南大学,2008.

5. 王飞.教育议事会:宁波家长参与学校管理模式创新研究[D].上海:同济大学,2008.

6. 宗韵.明清徽商家庭教育研究[D].芜湖:安徽师范大学,2004.

7. 李伟梁.流动人口子女家庭教育问题研究[D].武汉:华中师范大学,2003.

8. 南钢.我国家庭教育的近代转型[D].兰州:西北师范大学,2001.

9. 陈陈.家庭教养方式影响因素研究[D].南京:南京师范大学,1996.

后　记

时光荏苒，转眼《家庭教育学》已经出版了近十年。我们常认为在中国古代，家庭观念便是催生政治制度和文化理念的基础。而现今社会，对孩子的培养和辅导更是万千家庭最为挂心的议题，家庭教育受到了全社会的关注与重视。2021 年 10 月 23 日，中华人民共和国主席习近平签署的中华人民共和国主席令第九十八号，公布《中华人民共和国家庭教育促进法》，并在 2022 年 1 月 1 日起施行。作为我国首部以"家庭教育"为名的法律，《中华人民共和国家庭教育促进法》具有划时代的意义，它印证了我国的家庭教育发展进入了崭新阶段。

《家庭教育学(第二版)》在保留第一版基本框架的前提下，各章新增了一些小栏目。"本章导语"便于引导学生更快地进入学习的状态、"学习目标"提纲挈领地罗列了每章的重点，结合各章学习内容，新增了"资料链接"栏目，以便扩大学生对所学内容的背景的了解和加深对相关知识的掌握，各章末尾的"延伸阅读"，除了给学生推荐文本资料外，还包含了网络资源、影片等，为有兴趣的学生提供了更丰富的材料。

本书的分工如下：

我负责第二版修订的基本思路，充实及更新"上编　家庭教育的理论概述与历史发展"和"中编　家庭教育与儿童发展"的内容。重点修改"下编　家庭教育与社会发展"。特别感谢我曾经的硕士研究生们。她们在修改的过程中孜孜不辍、心无旁骛，付出了大量的时间与精力：李慧慧抢挑重担负责第一章至第八章，将十年来家庭教育理论与实践的成果充实到各个章节。下编分别由李慧慧负责第九章、张祎负责第十章、周旭负责第十一章、吴怡然负责第十二章。李慧慧通读了修改好的全部文稿，并做了必要的调整。我负责审阅、修改、增删和最终定稿。

《家庭教育学》能在我们母校的华东师范大学出版社再次出版是我们的荣幸！希望本书能给读者们带来一点启发。

黄河清

2023 年 11 月 28 日